厦门市翔安区文体广电出版旅游局 编

蒋大营 编著

谨以此书献给翔安建区10周年

鸣谢以下单位为丛书出版提供帮助及经费支持：
中共厦门市翔安区委宣传部
厦门市翔安区教育局

编委会

顾　问：陈永裕　陈飞铭　黄奋强　林进胜
策　划：曾东生　林奕田　朱丰收　邵文化
总主编：王才能
编　著：蒋大营
编　委：蒋大营　洪水乾　潘志坚　蔡伟璇
版式设计：潘志坚

执行机构：厦门市翔安区文化馆

总序

　　翔安山川毓秀、人文荟萃、历史悠久。

　　翔安前身为马巷厅,据《马巷厅志》记载,古马巷厅治广三十二里,袤五十里,辖翔风、民安、同禾三里共五十八保,辖区为今翔安的大嶝、新店、马巷、内厝、新圩及金门县等地。区名集翔风里、民安里古地名而得,寓意翱翔安康。

　　宋代理学宗师朱熹曾于翔安设堂讲学,翔安因"紫阳过化"而得誉"海滨邹鲁之乡,声名文物之邦";邱葵、许獬等曾在香山隐居求学;理学名宦林希元、兵部侍郎洪朝选、文坛怪杰辜鸿铭、妇科名医林巧稚、交通部部长彭德清、中科院院士蔡启瑞、"七月诗派"代表鲁藜等翔安优秀儿女更是增光邑乘。因之,境内文化遗存无数,民俗活动丰富。

　　2003年,翔安新区成立伊始,文化部门就着手对区域内的民俗文化、民间艺术、文物古迹进行系统性的发掘、整理,香山文化丛书的编写也全面启动。编写人员采访民间传人,收集一手资料,取精华,去糟粕,汇文字资料一百多万字,集图片五千余幅,收集了大量翔实生动的素材。继而韦编三绝,披览典籍,求证方家,几易其稿,历时十年,终可付梓。

香山文化丛书第一辑收录《翔安印象》《翔安掌故》《翔安民俗》《翔安话本》《翔安文物》五册。《翔安印象》用一千余幅图片直观展示翔安的人文历史、自然景观。《翔安掌故》收录八十余则民间故事,详述闾阎情事。《翔安民俗》较完整地描绘翔安的民俗风情,举凡婚丧嫁娶,乡规民约,皆可洞见,信乎"鸟去鸟来山色里,人歌人哭水声中"。《翔安文物》一书是文物普查的结果,通览该书,翔安区内现存文物风貌了然于心。方言是地域文化最重要的载体,是文化多元性的重要特征,《翔安话本》一书厚重而平实,文读雅驯,俚读幽趣,一卷卧看,既可得扪虱之乐,亦可窥乡先贤退食而事教化之功。

厦门文化的根在翔安,香山文化丛书集民间传说,民俗文化,文物古迹,方言文化于一体,是翔安"正简流风,紫阳过化,文教昌明,海滨邹鲁"历史文明的见证。该丛书以丰富的内容、图文并茂的形式阐述丰厚的民俗文化,读者展卷,如阅翔安民俗风情和历史古迹的长卷。

丛书的出版是保护和传承民俗文化所需,是文化强区之举,是展示翔安风土人情之窗,也是联系海内外翔安人感情的桥梁和纽带。这些珍贵的文化遗产,更是供后人学习的乡土教材。

香山文化丛书的出版值翔安建区十周年,我们欣慰,翔安传统文化传承有序,我们期待,今后丛书内容更加丰富。

是为序!

陈飞镇

2013年8月于厦门翔安

(序者为厦门市翔安区人民政府区长)

闽南话源远流长，其源头可追溯到上古时期的中原汉语。语言学家发现，在词汇方面，许多古籍中可以看到的基本词汇，如"箸""囝""卵""鼎""铰"……闽南方言一直沿用并保留原意，而标准语中或已有所改变。在我国的诸方言中，闽南话保留古汉语的成分最多，是得天独厚的古代汉语"活化石"。

闽南话在现代汉语诸多方言中占有的这种显著的地位，同它历史之悠久、语言成分之稳固丰富、流播范围之广泛是分不开的。但是，由于非物质文化遗产保护意识淡薄，加上外来人口大量涌入闽南地区和普通话的推广，闽南语使用人数正呈锐减趋势，许多当地儿童甚至不会讲闽南话。

语言是文化最重要的载体，闽南文化的传承离不开闽南方言。没了闽南话，闽南文化也将逐渐没落，因之，编撰一本有我区特色的方言话本刻不容缓。

我区蒋大营先生一直致力于闽南话的传承与研究,被闽南语学界和家乡人誉为"闽南语活化石"。接到我们编著这部典籍的邀请,他不顾年迈体弱,欣然应允,夙兴夜寐,把多年收集的材料,研究的心得,悉心编撰,几经删改,审慎校对,历经数年,终于完成《翔安话本》一书。

《翔安话本》一书辟故旧话、改意话、物名话、便套话、俗语话、媲论话、教示话、佝骨话、闲间话九个章节,以风趣、诙谐、睿智和形象化的风格呈现民众喜闻乐见的谚语、熟语,加以直白的注音解释和深入浅出的例句,读来如沐乡间凉风,眺金黄田野,赏牧童嬉戏,乡野情趣活泼浓郁,又似与老友品酌本土佳酿。

本书除可作为传承本土方言之典籍文献,可供学习闽南话之用,还是语言学家研究闽南方言和文化的工具书,有助于了解古代汉语的风貌,为汉语史研究提供宝贵的语言材料,为民族史、文化史等的研究提供极有价值的材料。

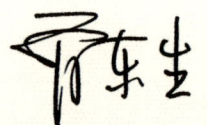

2013 年 8 月于厦门翔安

(序者为中共厦门市翔安区委常委、宣传部部长,文联主席)

编者的话

　　语言是人类活动的产物,留着历史的烙印。据史书记载,自汉代开始,北方中原地区的百姓三次大举南迁闽南,所带的河洛汉语与自石器时代就在此繁衍生息的原住民的古越语言融合,逐渐形成和发展为闽南方言。

　　闽南话的故乡在闽南金三角,即厦、漳、泉地区。靠口耳相传的口语是动态不稳定的,泉州受北边莆仙话的影响,漳州受南面客家话的干扰,厦门有南洋西方语的掺杂,说的闽南话已经渐渐走样,不那么地道了。唯独翔安地处金三角中心,又相对封闭,加上翔安人安守本分,才保存了最"草根"原始的闽南话,即上古、中古时期汉语的基本语素和特点。

　　古汉语的显著特征是单音词多,翔安话的单音词比比皆是。如,【阮】ggùn 我们,【恁】lìn 你们,【伵】yīn 他们(详见附录一)。

　　翔安话里保存大量的古义字,这些古义字在普通话里已被新字顶替了,有的已改变了字义,但在翔安话里仍然保持不变的古义。如,【沃】àr 浇水,淋雨;【滗】àd 挡渣舀液;【蕯】ǎm 茂盛,繁密(详见附录二)。

　　翔安话里的古义字是无处不在的。许多与普通话意思相同的词语,翔安话也尽量运用古义字当词素。如,【走路】【行 gniǎ 路】、【眼镜】【目 vǎr 镜】、【锅灶】【鼎 dniá 灶】(详见附录三)。

翔安话里有许多古汉语词汇,这些词汇在普通话中已弃之不用,或有新词代替,或转变了原意。许多只有在古典名著中才能找到的词语,仍然流行在翔安人的口语中。如,【古意】gô yǐ 待人热情,为人厚道;【播田】bô cán 插秧;【弯远】diào wàn 距离遥远,鞭长莫及(详见附录四)。

翔安话是与普通话关系最密切的方言。人们都称文字是"千年的说话",可是,汉字从象形的甲骨文至今,字形字体已变得面目全非,只有考古学家才能认得其中一二。而早于文字出现的语言,仅凭口耳相承,并无录音记录,且无表音符号支撑,翔安话与普通话却能不约而同地保存相当数量完全相同的语音。如,【来】、【回】、【乖】、【夯】、【笋】……即使音调稍有差异,其音节也完全一致。如,【农民】、【温馨】、【公关】、【太空】、【四川】、【延安】、【辽宁】、【昆明】、【天津】……这简直是奇迹!

更有趣的是,许多翔安的语词,词序颠倒即成普通话的词语。如此你中有我,我中有你,足见二者深厚的渊源。如,【鞋拖】wê tuā 拖鞋,【使唆】sái sǒ 唆使,【咙喉】lǎ áo 喉咙(详见附录五)。

语言特色是其生存的条件和发展的活力,每一种方言要在世界"语林"中占一席之地,必须具有不可替代的独特性。翔安话就富有鲜明的特色。

翔安话复杂,初学者戏说比外语难得多,大部分字词都有文读音、白读音和异读音,无形中使语汇量成倍地增加,从而提高了语言的表现力。

文读音又称"孔子白"、"读书音"是私塾里的文言音,原本是官方的语言;白读音就是"土话",是平头百姓日常说话的口语。如【翔安】与【同安】,【翔安】的【安】取文读音"ān",【同安】的【安】取白读音"wnā"。在长期的语言交际中,文读音和白读音已经混在一起了,同一个词语,有人文读,有人白读,也可通用。如【聪明】,文读"cōng míng",白读"cāng miá";【名片】文读"mǐng piǎn",白读"miǎ pnǐ"。也有不通用的情况,如【行动】,文读"hǐng dǒng",表示活动、行为、举动；白读"gniǎ dǎng"，表示走动、来往、找关系。又如【老师】，文读"lō sī"，意为教师；白读"lǎo sāi"，意为师傅或技术高明者。再如，【十全】，文读"xǐm zuán"，是一种补药；白读"zǎm zńg"，是周至完善的意思。这就大大提高了词汇的语感。

翔安话有文读音和白读音，所以汉语的普通话可直译成翔安话，而本书的语汇都是翔安方言的特有词，有的在字面上与普通话的词汇相同，但应赋予翔安话的独有语意。如，【土豆】tô dǎo 落花生；【称心】qìn xīn 失望；【利害】lǐ hǎi 泼辣；【粗俗】cô xiôr 便宜；【涂炭】tô tunǎ 煤。

异读音并不单纯是多音。在普通话里，大部多音字都在与不同字配词时出现（偶尔也有多义词），翔安话的异读音则不同，除了出现在不同词语中，更多地出现在不同的多义词中。如【枪】，在【镖枪】里读"qniū"，在【长枪】里读"qǐng"，字义完全不同。又如【断路】，翔安话中据义定音，表示"断绝关系，互不来往"时音为"dǐng lô"；表示"设障拦阻，破坏道路，使其不能通行"时音为"duǎn lô"。再如，【落雨】，读作"lǒ hô"时表示天下雨；读作"làr hô"时表示刚下零星小雨……如此准确便捷的表达，普通话是办不到的，翔安话就有这特殊功能。

翔安话秉承古汉语单音词多的特点，加之文读、白读、异读的字音比比皆是，要是这些字恰巧碰在一起，就变得非常有趣，让不会辨音的人一头雾水（切不可误为叠音词）。如，【干干】gān dā 徒然，白白地；没有水分的或含水分很少的；表示限于某个范围，相当于"只"、"仅仅"。【香香】pǎng hniū 用细木屑掺香料做成的细条，拜神佛上供时点燃。【指指】gí znài 食指。猜指拳时代表鸡，因而又称"鸡指"（详见附录六）。

翔安话的音变很微妙、敏感、灵活。最普遍的只要配成词，下字不变，上字必变。如【狗】单字读"gào"，【狗屎】的【狗】就读成"gáo"，与【猴】字同音。【猴屎】的【猴】又变成"gǎo"，与【厚】同音。甚至有些词语字序对调，语意不会变，音却会变。如【醉酒】音"zuì jiù"，【酒醉】变成"jiú zuǐ"；【姓名】音"xnì miá"，【名姓】音"miǎ xnǐ"；【嫌弃】音"hiǎm kǐ"，【弃嫌】音"kì hiám"。这样的突变，初学者常说不好。其实，时间一久，说顺了或听惯了，习惯成自然就好了。

有的音变更离奇,说快了,音也混了,无意中蒸发了部分声母或韵母,但意思不变,反而有简明快捷之感。如,【落来】lò lài—luài;【汽油桶】kì yǒu tàng—kiù tàng;【给人骗】hô lǎng piǎn—hǒng piǎn(详见附录七)。

翔安话的语音变化,似乎是临时随意的,既不是文读音、白读音,也不是多音字,而在特定的词语中突然冒出来,出人意料,让人匪夷所思。如,【中意】dìng、【化灰】wà、【朴实】pò(详见附录八)。

翔安话的注音,旧时采用"呼音",现已基本失传;也有用国际音标的,但很难普及。本书用人人都已学过的汉语拼音,虽难以尽善尽美达到精准。姑且用之,简易方便且不太影响效果。为使其不致失真,稍作如下变通:

一,增加了与"g"相近的"gg",发音时舌根向后缩成带鼻音。如,【牛】ggú、【鹅】ggiá;增加了与"o"相近的"ô",发音时也是舌根后缩,似有悬空感。如,【都】dô、【裤】kô;"m"字作音素时闭口发鼻音不出声,如,【金】gīm、【蚶】hām。单独成音节时,闭口发出鼻音的声,如【呣】(不)m̌。

二,保留了汉语拼音中少用的"ê",取代"ie"和"ei",如,【家】gê、【茶】dê;复用"v"为声母,如【米】vì、【麻】vuá;开发了"ng"的功能:既恢复韵母功能(发 ang、eng、ing、ong 的尾音),如【汤】tīg、【门】mńg,又增加了作声母的功能,如【营】ngiá、【样】ngiǔ;"—i"(发 z、c、s、r 的尾音)的保留,现只存留在翔安和同安的方言中,如【猪】d-ī、【去】k-ǐ。

三,对特有的韵尾进行了特殊处理。翔安方言带鼻音的"a"和"i"很多,在前加"n"成"na"、"ni"使其带上"ng"音,以示区分"a"和"i",如【碪】knā 有别于【脚】kā、【先】snāi 有别于【西】sāi;【扁】bnì 有别于【比】bì、【张】dniū 有别于【丢】diū。翔安话有的韵尾差别极小,只作收音口型。为便于分辨,采用在音节最后加声母"d"或"r"。加"d"后,舌稍前伸,舌面挺起贴上颚。加"r"后,舌根后缩,似有悬空感。如,【力】(la+d……làd)、【六】(la+r……làr),【得】(di+d……dìd)、【德】(di+r……dìr)。

XIANG AN HUA BEN MU LU

故旧话	1
改意话	119
物名话	216
便套话	222
俗语话	257
媲论话	278
教示话	297
侰骨话	318
闲间话	336
附　录	350
后　记	359

故旧话

　　故旧话就是古早话，草根文化色彩浓厚，许多语汇都保留着原始的认知和朴实的情愫。随着社会的发展，新的词汇替代了故旧话，但旧的词汇仍有旺盛的生命力，意思并未消亡，仍然在农村的老人中流传着，成为地方文化的亮丽风景。

A

【阿倌】ā gunā　讲究吃穿图享受，不肯劳动又摆架子的人：伊归日唔做代志，若～咧。

【阿迓】ā ggà　①大略的推测、估算：这摆闹热你～要开偌多钱？②安排、管理：我要上街，家内的代志你着～。

【阿达仔】ā dǎd à　长得又黑又瘦小的模样：個效生真觞出人前，一箔若～。

【阿饱】á bà　原本是逗引婴幼儿吃食的话。泛指进食、吃东西，又隐指私吞、侵占：众人趁的钱互头人～了了。又做"阿嗒"á dà。

【阿狗气】ā gáo kuǐ　缺乏自知之明，总是自我感觉良好，又不拘小节：你唔通～，自己品脚仓白。

【亚铅线】á yǎn sunǎ　镀锌的铁丝，不易生锈：买～拍桶箍。

【亚铅板】á yǎn bǎn　镀锌板，即白铁：这奇铁桶是～做的。

【轧味】ǎ vǐ　调味去腥或用强烈的好气味把难闻的气味掩盖掉：煮鱼着用姜丝～者觞臭臊。

【盒坯】ǎ pē　厚纸板。
【押霸】à bǎ　霸道、侵占他人利益，贪得无厌：伊这个人真～。
【遏】àd　①折断：～柴葩。～树枝。②滗，从液汁中挡住杂物取汤：～汤。～泔。
【沃】àr　①浇水，浇灌：～菜。～花。②淋雨：～着雨。衫仔～澹。
【沃靤】àr zàr　①闷热、空气不流通或环境条件差引起的烦躁或不舒畅：厝低佫狭小，倚人真～。②无名火发作：你自己～甦煞。③身体或皮肤有刺痒感的难受：南风天互人真～。
【哀】āi　①悲伤的啼哭，到死者身旁的哭声：致～。默～。②诉说苦处：归日～～吼。③油脂放久后，有刺喉的味道：臭油～。
【哀睐】āi lài　懊恼、烦躁、自怨自艾：叫着做工课，你定定～唔振动。
【哀哀抽】āi āi tiū　①因病、伤，痛苦而发出的呼叫或呻吟：伊跌折手骨，痛甲～。②叫苦不迭：做着工课，归日～。
【哀哀叫】āi āi giǒ【哀哀呻】āi āi cān【哀哀吼】āi āi hào（同【哀哀抽】）
【哀怨怨】āi wàn wǎn　不断地叹气，埋怨、抱怨：归日使破烂唔做代志，只顾～。
【爱仔物】āi ā mǹg　小玩艺儿、小把戏。一般指小孩特别喜爱的食物或玩具。有时做出了小巧玲珑的东西，

受到称赞时，或送人东西时，作自谦的说辞，含"小意思"之意。
【安流】ān láo　羡慕称赞：唔通～人呷好穿好，着～人骨力佫才情。
【安尼】ān nī　如此这般，这样：你～做我真欢喜。
【安养人】ān yniǔ láng　待人宽容、热情、厚道：伊真会～。
【俺誊】án gg-ǐ　用食指划婴儿的腮帮，以逗笑。
【俺妮仔】ān nì a　称叫母亲。常指惹人讨厌的、好指摘、限制他人的人。
【俺这叔】ān jiè jìr　称叫陌生的成年男子。（俺这婶，同义）
【牢笃笃】ǎn dôr dôr　绳索系得很紧，卯榫塞得很密实：索仔缚甲～，任敧都甦开。
【按算】àn sňg　①打算、考虑：我～要起厝。②估量、预测：你～今年收成咧几担粟。
【按盞】àn zunà　怎样，怎么样，为什么：你～唔去找伊？
【匟婿】āng sǎi　丈夫。
【匟仔书】āng ā zī　即连环画、小人书。
【匟仔标】āng ā piāo　旧时指画有人物图像的小纸片，常附在香烟等小商品赠送。
【匟仔座】āng ǎ zǒ　泥塑、木雕的人物座像。
【匟仔煎】āng ǎ jiān　面糊在饼铛烤

出的食品,有人物或水果形状。

【尫仔脓】ǎng ā láng 耳朵里流出的脓液。

【红薰】ǎng hūn 烟叶切成的烟丝,常掺入涂珠,故称之。

【红圆】ǎng ngí 面做的小包子,表皮涂红色,敬佛之用。

【红魔灰】ǎng mô hē 又称乌灰(ô hē)。即水泥。

【红魔番】ǎng mô huān 外国人,因头发红棕色故名。

【红髻溜】ǎng gè liū 用红毛线扎缠的发梢。

【红贡贡】ǎng gòng gŏng【红得得】ǎng dē dē【红支支】ǎng gī gī【红火火】ǎng hè hè【红沉沉】ǎng dìm dìm

【红冇冇】ǎng pnà pnǎ:红通通、红艳艳的火、花、果实、脸色等。也指兴旺发达、地位显赫。

【红花米】ǎng huē vì 可食用的红色染料。

【红木耳】ǎng vôr nì 血苋,草药名。

【红竹叶】ǎng dìr hiò 朱蕉,草药名。

【红涂单】ǎng tô dunā 红色坚硬的土疙瘩。

【瓮冻】àng dǎng 奸狡的眼神或不理人的目光。

【闇】ām ①不懂事,头脑不清醒,呆傻:你真~,连这几字也唔八。②自私,贪心:~贪。

【闇歁】ām kàm 傻乎乎,正常人弱智:你唔通~,无做有通呷。

【闇贪】ām tām 缺乏自知,不认本分,把别人的客气宽容礼让当成无知可欺,一味贪占便宜不知足。

【掩勘】ām kǎm 掩盖,遮拦。物件着~好势,唔通晒着日。

【掩公物仔】ām gōng mǹg ǎ 小孩学大人玩炊事的游戏。自谦做"小玩艺"、"小意思"的工作。

【含】ām ①合在一起、混合:一家口仔相~,伙食费卡省。②兼顾:伊有你咧~我真放心。

【暗病】àm bnǐ 不好告诉别人的病,如性病等,又称阴症。

【暗畅】àm tiŏng 窃喜。

【暗毿】àm sǎm 阴暗、私秘的地方,不干净,见不得人:囝仔唔敢去~的所在。

【颔垂】ǎm xê 脖子与下巴之间的赘肉。

【颔胿】ǎm dǎo 猪脖子上的肥肉。

【蓊】ǎm 又艳。草木的枝叶茂盛、旺盛:山顶坑沟边的柴草真~。

【泔】ām 又饮。①粥的汤或饭捞出后留下的汤。②稀的汤,与浓相对:糜真~,呷着𣍐枵。③空缺无内容:脚仓肉~通通。

【喉韵】áo wěn 食物(常指茶等液体)入喉后,喉头的感觉:这泡茶的~𣍐歹。

【喉俚铃仔】áo lì lǐng à   喉结。

【后帮】ǎo bāng   下一次:这摆买无等~。

【后摆】ǎo bài   以后,下次、日后:这摆原谅你,~若佫者安尼着唔放你煞。

【后靪】ǎo dnī   脚后跟。

【后过】ǎo gě   ①下一回。②从今以后:~唔通佫安尼。

【后缯】ǎo zān   牙齿的后面又长出的新牙,即后白齿。

【后世人】ǎo xì láng   下辈子。

【后岫堂】ǎo xiǔ dńg   厅堂屏风后的地方,供两后房的相通。

【恶】ǎo   ①食品腐烂散发出的难闻气味:臭~味。②人品、手段、表情坏、不好:~谱(坏主意)。③颜色灰暗、浑浊、不鲜艳:~黄。

【恶幸】ào hǐng   心怀叵测,心地不善,满腹坏水:伊满腹~,心底真歹。

【恶味】ào vǐ   难闻的腐臭味。

【恶色】ào xìr   颜色灰暗不好看:这块布真~,赡新焉。

【恶脓味】ào lǒng vǐ   物品腐烂发出的恶臭。

【恶侣恼】ào xiǎo nào   赌气而使性子,破瓮破摔:伊~归日倒歇晒,唔做半项。

【拗】ào   ①弄弯、折叠或折断:~纸摺飞机。②强行改变或压制,使人受委屈或吃亏:~人的理。硬~落性。③压价或克扣重量:~价钱,~称头。

【拗袯】āo bô   缝衣时,折向里子边上的窄条。

【拗角】áo gàr   纸的边角折起。

【拗痕】āo hún   折叠后产生的痕迹:新纸字无~。

【拗蛮】āo mán   蛮横不讲理,带十足野性,固执:伊做人真~,任讲赡度。

【拗跷】āo kiāo   折弯,使弯曲。

【拗绉】āo riáo   使纸或布(衣)变摺绉。

【拗落底】áo lǒ duè   被压服、限制,时间长了成习惯,变得听话了:自细~,大汉赡变歹。

B

【巴】bā   ①晒干的东西或痕迹:屎~。②形容很瘦:瘦~~。③占很大的地盘:丕~(故意多佔)。

【巴囵吞】bā lūn tūn   不加细嚼,整个儿或完整地囵囵吞咽下去:唔通~,者赡伤脾胃。

【鲍】bá   用手掌使劲击打:~头壳,搧嘴边。

【爬】bǎ   ①奔跑:脱缰的马乱~乱踢。②四处奔波以寻找、索取:~钱,~物件。

【饱胀】bá dniǔ   因吃得太饱或其他缘故,胃觉得发胀难受。

【饱嘴】bá cuǐ　大口吃好东西:封肉呷着真～。

【饱浆】bā jniū　五谷生长期的颗粒饱满:今年雨水饱,粟麦都真～。

【饱滇】bá dnǐ　充实饱满:钱据人拿,逐个嘛袋甲真～。

【饱仁】bá rín　豆类的籽实丰满:涂豆逐粒真～。

【饱眠】bā mín　睡眠充足:睏甲真～。

【别位】bǎd wǐ【别迹】bǎd riǎ【别所在】bǎd sô zǎi　别处,别的地方。

【八】bàd　又识。【八字】(识字),【八人】(认得人)。

【别块去】bǎd de k-ǐ　离开家,出远门,到别的地方:偆老爸最近～。

【八通想】bàd tāng xniǔ　很诚实勤勉、听话,不用大人操心:伊自小着真大人意致～。

【腹】bàr　①～肚(肚子)。②量词:一～尿(一泡尿),一～火气(满腔怒火)。③器物中空的部分:灶～(灶膛)。

【北馆】bàr guàn　京剧的曲调。

【北仔饼】bàr ā bniǎ　烧饼,大饼。

【剥皮鱼】bàr pê h-í　绿鳍马面鲀,鱼鳞细密,不好刮掉,只能把皮剥掉。

【缚】bàr　①捆绑:～蚵。②缠绕,使感到紧束或束缚:～脚～手。③约定:～条件。④编制:～笼床。⑤包裹,扎:～粽。

【缚脚】bǎr kā　古代女人以小脚为美,从小要用长布条缠足裹脚。

【缚活抠】bǎr wǎ kāo　没把话说死,留有回旋余地:我明乎是～的无讲死。

【缚甲若蚵咧】bǎr gà ná jím lê　形象地描述人被五花大绑的样子。

【排】bái　①详细的申述、说明:是你先唔着,佫～甲真有道理。②陈列、摆设:～队,～桌椅。③量词,用于成行列的东西:一～枪籽。

【排改】bái gài　即处置、处理的意思:有困难我来～。同"排解"。

【排白要】bǎi bê vè　明争暗抢,硬要:你唔互伊,伊横直～。

【排白讲】bǎi bê gòng　明说,打开天窗说亮话:伊～唔读书。

【排笑面】bǎi qiò mǐn　陪笑,以笑脸来求取人家息怒、宽恕或欢心:你骂伊,伊甲你～。

【排无抠】bǎi vǒ kāo　排队等候,等不上。摆不上议程:无你份,～。

【败害】bǎi hǎi　害处,坏处,不利:这种物件呷落无～。

【败统仔】bǎi tóng a　败家子,不可收拾,没有希望的局势:出你这个～,互人真清心。

【拜祖】bǎi zô　结婚时或高中升官时到祖祠祭拜祖先。

【摆】bǎi　①量词:次、回:顶～,后～。②更换,卖出去:这只牛太老啦,想要～一只牛牨。

【摆背】bái buě ①接触不相吻合：眠床枋～无平坦。②又"摆步"bái bô 挑拨离间，从中作梗，让双方不和睦：奸臣势～。

【摆拨】bái buà ①消除：求佛公紧将病疼～清气。②向人暂借：起厝的钱是先共～的。

【摆辈字】bǎi buè ryǐ 相命先生卜卦并根据属相推算运气：伊去互看命的～。

【办桌】bǎn dò 设宴：佛生日～请人客。

【办公货仔】bǎn gōng he a 又"安公物仔"ān gōng mǐng a 儿童的一种游戏。用瓦片、瓷片、石块、树枝、草叶等替代锅灶碗碟和米肉菜，模仿家庭的烹饪工作，然后一起"享用"或送人。大人们自谦做了小事，不显眼的成绩，也如是说。

【崩败】bāng bǎi 衰弱、破败，比喻丢人现眼：要～啦，出甲你这号子。

【崩纱疔】bāng xê dīng 一种溃烂向四周侵蚀扩展的疔疮。

【绑腿】báng tuì 军人用的裹腿布，远程行军使脚肚不酸。

【放步】bàng bô 迈大步、快步走：咧要落雨啦，着行卡～咧。

【放袚】bàng bô 把衣服的下摆放下，使长：衫仔短，着～。

【放板】bàng bàn 办丧事时买棺木。

【放煞】bàng suà 不再追究，宽恕放过：代志过了着～。

【放金】bàng gīm 又放纸钱。闽南民间习俗，送葬时，由女婿在送葬队伍前沿途撒金银冥纸。

【放冗】bàng lěng 由紧而放松：呷甲裤龙带～。

【放赐】bàng sǐ 苍蝇产卵于食物之上，很快就成小虫子。

【放奶】bàng līn 哺乳妇女因乳房发胀而挤掉部分奶水。经久未喂，开始喂唧时常如此放掉"臭酸奶"。

【放筋路】bàng gūn lô 属按摩的一种，靠抓、捏患者身上的穴位来达到治疗的效果。缓解中暑有效。

【放孤飞】bàng gô bē 跟不上队伍，落在后面独自一个：别人做齐去了，你者～，唔知死会行无路。

【放四蠓】bàng sì màng 眼皮半开半合或睁一眼闭一眼：团仔做歹事，伊目瞤佮～唔管。

【放眱睚】bàng nì kuè 闭紧双眼。

【放水灯】bàng zuí dīng 不规则、断断续续、三三两两出现的行为：代志者重要，恁者一个一个～。

【包稳】bāo wěn 准保、肯定：这帖药呷落～现好。

【贸涂豆花】bǎo tô dǎo huē 花生刚开花的时候，商人就与农民约定全部收购的总价钱，并给一定的订金，待花生收获后，不论丰歉，商人都按预定的价钱买走全部花生。

【贸龙眼仔】bǎo ggíng ggǎi a （同上）。

【婆】bó ①对老女人的称呼：俺～。②男性对配偶的称叫：老～。细着母，老着～。③蔑视某类女人的叫法：乞呷～（女乞丐）、贼～（女贼）。

【报】bó ①介绍：～亲成。②通知、告诉：～警察。③申请、禀报：～户口。④报应、报复：好人有好～，歹人有恶～。⑤下注：～六合彩。⑥指引：～路。

【报说】bò sè 传报消息，常指私下密告或多嘴的绕舌：人逐个知，啀免你来～。

【报仔】bò a 旧时专门给升官、考试得中的人家报喜而讨赏钱的人。

【薄】bò ①与厚相对：～纸，～茶，～酒。②数量少,分量轻:纸字真～，情义～～仔。

【薄饼】bò bnià 翔安特色小吃，用很薄的面皮包裹煮熟的什锦菜为馅料成卷筒状。常在寒食节时吃。

【薄徛】bò diǎ 瘦削、单薄的样子：伊生成骨块卡～。

【薄哩丝】bò li xi【薄哩哩】bò li li 很薄很轻、没有分量，这阵纸字～，有钱买无物件。

【薄竹仔纸】bò dǐr a zuǎ 质地结实且薄得几近透明的纸，旧时学生习写毛笔字常用它做为"书方纸"。

【薄底仔鞋】bò duě a wê 平底的布鞋。同"贫惮鞋"bǐn dunǎ wê,又同"娄烂鞋"lám nuǎ wê。

【薄甲若搦纸咧】bò gǎ nǎ xiān zuǎ lê 搦纸：沾糊上纸。形容又薄又稀疏，质地不好，不耐磨耐用。一般指织物，如布、衣服等。

【磅】bǒng ①台秤或用台秤称货物：用～，～看偌重。②比喻境况衰败、穷困潦倒、失志气馁：最近真～，生意做到了到。③量词,重量为16盎司,453.6克：一～羊毛。

【磅鞭】bǒng biān 出乎意料,出其不意地突然出现：你～一下来,我煞脚忙手乱。

【磅鞭鞭】bǒng biān biān 突如其来，没有缘由地，事先没有征兆，乘人不备：念弥时～要共我讨钱。

【磅心】bǒng xīm 萝卜、枝茎内部质地松而不实：缺水的菜会～。茭白太老会～。

【唪】bǒng ①造谣胡说,流言蜚语：缴输～台湾反。②风传小道消息：物件最近～要起价。四界风声～影。

【唪米芳】bòng vī pāng 把米、麦、玉米等放进铁制滚球内封闭起来，然后加热火烤且不断转动，到一定程度后开封，响出"唪"声，喷出膨胀的谷物即爆米花。

【埔】bô ①较宽阔的平地：草～，球～。②闽南地名常用字：后～，面

【埔山】bô sunā　旱地及其适宜耕种的作物。

【晡】bô　时间单位,相当于半个白天或比半天稍短的一段时间:顶～,下～。

【晡时仔】bô xǐ a　白天半晌的时间:～闲闲无代志。

【瓿】bô　木材及其制品腐朽:门扇吹风晒日～去了。

【蚹】bô　未劈开的带壳海蛎,称蚝～。

【步拍】bô pà　途径或招数:你有啥好～紧讲。伊拍人真有～。同"步数"bô sô。

【暴弱】bô riôr　当面羞辱、辱骂:～忠厚人,实在无天良。同"哺辱"。

【哺】bô　食物在口中咀嚼:我无嘴齿赡～。

【哺齿】bô kì　睡觉时下意识地磨牙,多为蛔虫寄生于肠道或消化不良引起。

【稙】bô　因失去水分等原因而萎缩:蔫～～。

【脯】bô　①萎缩,凹陷,不饱满或不丰实:老奶～,绉～～。②干制或腌制的食品:菜～(用萝卜腌制);树莓～(用杨梅腌制)。

【补冬】bô dāng　民俗:在立冬时节吃有滋养的食物或补药进补,据说效果特别明显。其实是为秋收冬种的强体力养好身子骨。

【补组】bô tǐ　缝补衣服:老查某势～。

【爆】bôr　皮肤长出疙瘩:肩胛～一粒热结仔。

【卜卦】bôr guà　把铜钱放入龟壳内进行占卜的迷信活动。同"跋卦"buǎ guà。

【赔跟】bě dě　①对人情世事的交际应酬、陪伴、奉陪。②不情愿地跟着付出资助或扶持。

【赔会】bé hě　①商榷:这项代志怎两个～看咧。②向人道歉赔不是:囝仔拍人,大人着去～。

【褙】bě　①结巴,身上沾粘的东西干了以后的难受感觉。②脊背或腰间长出的毒疮,严重的可致命:生～。③投入、占用的:起这间厝～去真多钱。

【褙巴】bè ā　沾粘的东西干了,留下的痕迹:呷糜无拭嘴,嘴边～。

【掊】bè　窃取,夺取:空手～官刀(使出空手道)～灰连棺柴去(因小失大)。

【掊食】bē jià　用欺骗手段赚取,或有难度地占有或取得:无技术～赡落。

【掊赡烂】bé vuě nuǎ　力不从心,难以胜任或争取不到,难以获取:我能力有限,复杂的工作～。同"掊赡落"bé vuě làr。

【扒】bê 用筷子将碗里的食物拨到嘴里吃下去:碗内的米粒着～伊清气,者赡恁猫某。

【笆】bê ①抓挠:我加脊咧痒,你共我～一下。②把疏散的柴草或谷物聚拢:～柴。

【爬际】bê jê 勤劳又节俭,努力经营好家庭:伊真～,逐项真拾习。

【爬龙船】bê lǐng zún 即划龙舟。农历五月初五,为纪念屈原而举行的一种民俗活动,划龙舟竞赛。同"挖龙船"。

【憋】bê 食物堆积在胃里消化不了的郁闷感觉:心肝头真～。

【憋腹】bê bàr ①烦心、苦闷、忧虑的难受感觉:伊～无钱做生意。②操心、担心,放心不下:我的代志唔免你～。

【跁】bê ①由低处往高处攀爬:～树,～大山。②从躺或坐的状态变成直立:伊破病～赡起来。

【擘】bê 用手指把东西分开:～涂豆。～做两爿。同"掰"。

【擘变】bê bnì ①千方百计尽力而为:父母～互子儿读书。②特地执着的行为:你真～,路途者远也挑工来。

【擘工到】bê gāng gǎo 刻意、特地的行为,本不该做的,与之无关的事,却主动积极地做:无你的代志,你也～头跟到尾。

【白泊澜】bê pê nuǎ 带有白色泡沫

的唾液:伊讲话讲甲嘴角流～。

【白册册】bê qiè qiè 白得刺眼且范围大,数量多。

【白灰涂】bê hē tô 白垩土。

【白鱼饵】bê h-ǐ ryǐ 用小鱼切段当钓白带的诱饵,腌盐防腐出售,穷人常买来当下饭菜。

【白原量】bê gguǎn lniǔ 棉纱不经漂白而织成的布,较粗,越洗越白。

【白善善】bê xiǎn xián 平白无故,毫无补偿地付出或损失:鸡鸭饲大只互人偷掠去刣,～干焦了。

【啡】bī 训斥、责骂,多用于上司对下属的呵斥。源于早年开拔到翔安的北方军队,长官对士兵常骂"妈个啡",因此"啡"又作骂声:工头看见大家偷歇困,就大声～～吼。

【捭】bí 逮住,揪住:昨昉跋缴的人全部互警察～去。

【匕钻】bí zǒng 匕首,短的尖刀,是锐利的凶器。

【备办】bí bǎn ①筹划、准备:团仔大汉啦,着紧～钱起厝。②置办、操持:过年的代志是阮老母～的。

【比并】bí bǐng 比较,相提并论。

【比论】bí lǔn 用比喻或打比方。用一事物来说明另一事物或道理:我是～话咧讲的,唔是成实的。

【比在】bí zǎi 换做,如果是:～你放见物件,会赡伤心。

【必厕】bì qê 破裂的东西,使用或

碰撞时会有异样的响声。

【必仔鸟】bìd a jiào 经人驯化，用以卜卦时代人抽签的小鸟。即看命鸟。

【笔墨砚】bìd vǎr hnǐ 泛指书写用具，有时也指文房四宝。

【逼人命】bìr rǐn mǐng 刻不容缓，紧追不舍：欠你小可钱，归日若咧～。

【焸】bìr 猛火爆烤，使熟或出油。

【焸沙】bìr suā 罐子置于沙中，盛在铁锅里，用烈火烤：羊肉～，呷着特别燥补。

【壁龛仔】bià kǎm a 墙上挖进去的崖洞，以供奉神像。

【别签诗】biàr qiǎm xī 抽签问卜时，根据签诗的内容判断或猜想结果。

【变善通】biàn xiǎn tōng 想办法找出窍门，找出解决问题的巧妙方法：无钱通买，～用五谷去换。又作"变神通"biàn xǐn tōng。

【便便】biǎn biǎn 现成就有的：要买车的钱～，呣免佫去银行领。

【便搦搦】biǎn làr làr 现成的，不用事先准备，非常方便：要出门自己有车～。

【遍地锦】biàn duěr ggǐm 草药名，大胡荽：叶茎绞汁治发高烧。

【婊仔间】biǎo a gnāi 妓女卖淫的地方。同"查某间"zā vô gnāi。

【摽哗】biō huǎ 戏闹狂笑：楼顶住户归日～吵别人。

【标会】biō huě 原系民间的一种经济互助组织，存钱可以获高利，借钱也很方便，但因不具法律保证，主办人经常骗取储户的钱卷逃。

【摒挡】bīn dǎng 收拾整理，善于经营料理：伊一间厝内～甲真清气。

【贫惮】bǐn dunǎ 懒惰，不勤快：伊真～，逐项拢呣做。

【平洋】bǐng yóng 平坦而广阔的土地：山脚一片～，都种五谷。

【富涝涝】bù lào lào 很富裕，富得流油：现时～的人家真多。

【富甲碰泡】bù gà pòng pǎ 形容富得不得了：做大生意的逐个真好额，～。

【稃谷谷】bǔ gôr gôr 长时间放在水中浸泡，因吸水而肿胀得很大：蚝甲蛏浸水浸甲～，煮着真无额。

【不目】bùd vôr 看不惯，因不平的事而愤怒或不满：大人拍囝仔，众人逐个看～。

【不物】bùd vùd 烂崽，无用的人，没用的东西。样样不如人，让人讨厌、卑弃：你真～，无半撇。

【不宗】bùd zōng 所作所为或穿衣戴帽不像样子，让人瞧不起、不习惯：你真～，连钮仔也钮长短粒。

【不接一】bùd jiām yìd 不能连续不断，经常断档。意想不到，事先没估计到的偶然出现：出外着多带些钱，预防～。

【不管时】bùd guān xí 经常、随便的时间：春天～咧落雨。

【不成仁】bùd xǐng rín 不正常的瓜果五谷或人：这只猪饲咧～，万年大万斤。

【佛鸟母】bǔd jiáo vò 注生娘娘的侍者，看护婴幼儿的女神。同"佛姐母"bǔd jiá vò。

【佛生日】bǔd xnī rê 菩萨得道成佛的纪念时日。

【拨工】buà gāng 抽出时间，抽空或特地的行为：无你的代志，你真～到。

【拨碓】buà duǐ 用碓舂米谷时，把石臼里的东西翻拌匀均。

【跋】buà ①跌倒：脚头夫～一空。②掉下：厝顶～落涂脚。③投掷：～胚。④赌输赢：～牌仔。

【跋横】buà hunái 使横，呈凶，耍赖撒野：讲咧输甲人～。

【跋散】buà sǎn 豁出去，铤而走险，孤注一掷：～，小汉拍大汉。

【跋胚】buà buē 在神佛前烧香后问卜，投掷筊胚，（用竹木制成，也用铜钱（钿））。一阴一阳为圣胚。

【叛】buān 挑拨离间，唆使：～同姒加工艅和。

【八角香】buè gàr hniū 大茴香，烹饪（特别是炖肉）时常用的香料。

【八角碪】buè gàr giāng 一种装菜或盛饭的大碗。

【八角碗】buè gàr wnà 吃饭常用的大碗。

【肥只只】buǐ jì jì 形容很肥胖的样子。同"肥嗙嗙"buǐ piàng piàng。

【肥只索】buǐ jí sò 用黄麻纤维绞结成的粗绳子，用来拉重物或"拔河"之用。

【拔虎须】buǐ hô qiū 抓阄的一种方式，用来决定胜负或分配财物。原始于用甘蔗两个各执一端，齐力折断后，比谁的纤维长。后把分配的财物按序写在纸上，划不规则的弯曲线拉到上面的数字上，遮住曲线，留出序号，让人填写名字，各人再循线找到物品。

【嗌】bún ①吹气：～啡仔，～熄火。②张扬，比喻乱说乱传：伊都咧惊人知，你者四界～。③嫌弃、厌烦：见着伊，逐个～。④因困难、不顺心而叹息或遗憾：真～，四界找无修车的。

【粪病】bùn bnǐ 无能，不中用：你真～，连一碗糜也捧甲车倒。

【搬车车】bunā qiǎ qiā 不平静安稳，要经常变动：你归日唔定唔着爱～。

【搬厅边】bunā tniā bnī 民俗：把临死的人在咽气前移铺到厅堂的一侧。

【盘薄】bunǎ bò 发生口角、争吵：你爱盘话，害人误会～。

【半痟】bunà xiāo 似疯似傻，神志不正常：你是咧～，你的讲我的。

【半招嫁】bunà jiō gê 男女结婚兼

顾两家,即"双爿顾"。

【半放早】bunà bàng zà　上午的半晌,大致在9～10点之间。

【半罗老】bunà ló lǎo　中年人,半老徐娘:新招的工人都是～。

【半阉羊】bunà yǎm ngiú　不男不女,两性人:焦埔穿花仔衫若～的。

【𩛩】bnāi　发霉后留下的斑迹:绡～,猫佫～(脸部麻点多,很难看。)

【扳变】bnái bnǐ　摆弄、耍弄或想办法筹措:呣通自己去～(自杀)。无钱也着去～。

【扳爿】bnāi bín　内外、左右、上下前与后倒反:衫仔穿～,旧的变新的。

【扳尼扣】bnái nì kàm　倒扣,正面朝下:晒～会赡大汉。

【扳安薯】bnái ān zí　到人家收获完的地瓜地里,用锄头翻土深挖,拾捡遗留在地里的小或残的地瓜。同样方法,可"扳芋"、"扳涂豆"。

【扳筋缚】bnái gūn bàr　别出心裁地摆弄,其实并没有多大作用:我据伊去～,看伊有啥好谱。

【平抵直】bnǐ dū did　互相对抵正刚好,互不相欠:用伊欠你的钱来还我～。

【平抵朕】bnǐ dú tǐn　相差无几,势均力敌,旗鼓相当:個两个气力～,拍赡啥输赢。

【变】bnǐ　①晒稻谷时,去掉谷壳,米粒显出透明状,称"变"啦,表示已晒

干。②摆弄:老的老步在,少年的～形骸。③想办法实现或获取:无钱着去～。～钱来娶某。④改变,变化:跟好人会～好,跟歹人会～歹。

【变弄】bnì lǎng　①作弄、玩弄,耍弄:伊真勢共～。②伺弄、摆弄,处理:这几日我咧～猪朝仔。

【变相】bnì xniǔ　性征开始出现:個子开始咧～啦,声变粗,鼻空口发毛箭。

【变款】bnì kuǎn　开始变化,与先前不一样了:无钱真忠厚,有钱会～。

【变形骸】bnì hǐng hǎi　变花样,做轻松的事以消磨时光:我无代志做闲～。

【变样相】bnì ngiǔ xniǔ　装模作样耍花招(同"变形骸"),无聊时找些轻松活儿做,以打发时光(自谦)。

【变磅款】bnì bǒng kuǎn　做滑稽的动作逗乐或玩弄无聊的新花样:囝仔人～。

【病相思】bnǐ xiū xī　对异性的爱慕求之不得,单相思而引发的情绪低落,睡难眠,食无味的病态。

【抨】bniā　①用力扔、摔或掷:物件乱～。②不客气地说狠话:伊互我～甲无做无声。

【平】bniá　①把液体从一处移到另一处:滚水着～～咧者赡相烧。潭仔水要灌山顶田着几仔～。②转抄或誊写:～药单。

【平仄】bniǎ jê 语言的抑扬顿挫：读古诗着注意～,韵味者会到位。

【饼路】bniálô 饼类食品的总称：伊真重～,干焦食甲饱。

【饼霎】bniá sàm 酥饼破碎留下的残屑：饼食了,连～也好。

【拼】bniǎ ①使劲、卖力、拼搏：伊做工课真揀身,～甲有暝无日。爱～者会赢。②比试、竞争：两间店咧～生理。③倾斜：～水,～大雨。④闯入、冲进：战士～入城消灭敌人。

【拼俗】bnià xiôr 竞比便宜廉价：货头卖高价,货尾着～。

【拼房】bnià báng 兄弟间的争斗或两分支的相互倾轧：祖墓坮着～穴,一柱人真多,一柱无半人。

【拼生死】bnià xnī xì 决一死活：兄弟仔分家,为一支锄头～。

【拼输赢】bnià sū ngiá 决胜负：最后伸两队咧～。

【帮】bng 赌博的一种方式,在庄脚的一方参入赌资,同样与庄主决输赢,又称"帮脚"。

【傍】bng ①依附他人(也跟着得到同样的祸福)：脚踏马屎～官气。②从旁贴补或增补：这块柴无够厚,着佮～一块。

【饭(粳)】bng ①米煮成的干饭：食～(除吃到饭的意思之外,另有一起生活的意思)太稠密：潭仔一焦,鱼虾若㳺～。③某些动物体内有饭团状的卵块或朒块：章鱼有～。

【饭春】bng cūn 红色的小纸花,插在除夕年夜饭上。

C

【柴精】cǎ jnī 木楔子,用于塞进榫头,使木器具的连接更牢固。

【柴担】cǎ dnā 专用于挑柴草的两端尖的木棍。

【插】cà ①打赌,赌一把：落～,你若呣信,咱来～一下。②放进、挤入、穿入、刺进：～红旗。上山下乡去～队。～短枪。③从腋下扶起：伊獪行,紧该～一下。

【插招】cà jiō 被叛死刑的犯人,在被押上刑场处决时,后背上插的那支写着罪犯罪行的签。

【插青】cà qnī 插在田间、地头、岸边,作为警示标志的带叶树枝。

【嘈】càr ①讨厌、嫌弃的情绪：我看着你真～。②捏紧拳头扎打：伊用拳头母,～我腹肚边。③刺痛的感觉：加者后～～,呣知啥咧～。

【菜堂】cài dńg 寺院或道场供人吃斋的地方：乡里内起一间～。

【菜姑】cài gô 吃素的女佛教徒。

【茬】cǎi ①竖立：～电柱。②站立,占位置：你～地路中央,无人敢过。③揍,击打：伊置腹肚边共我～一下。④直立不移：你归晡～歇呣振动。

【茝茝坐】cǎi cǎi zě 一直坐着，不想动身做事：你归晡～，无想做工课。

【茝茝倚】cǎi cǎi kiǎ 老是站着不做事：你做着工课～，简做有代志，卡加嘛一垄涂豆锄半日。

【葱珠油】cāng zū yiú 葱花放在热油里炸过后，连同熟油一起，可用来拌面条面线和其他食物，起调味作用。

【翀】cǎng 毛发竖起：～毛，气甲～须。

【翀毛管】càng mǎng gòng 毛骨悚然。方言又称"绡毛猴"qniǔ mǎng gáo。

【插】càm ①介入，参与：～代志。乡里内的代志我无～。②洗牌：～牌仔，～扑克。③理睬，理会：据伊去，免～伊。

【插插茹】càm càm rí 帮倒忙，碍手碍脚：你去做你的代志，呣通要来～。

【操】cāo ①把下垂的东西往上提或撩起：衫仔～拢裤内。②精心准备或备办：伊今日～一舒新衫。伱老母～一顿好料的物件。

【操裤头】cāo kô táo 旧时穿汉装裤，裤头宽大，必须对折贴身才系上腰带。一不小心，裤头会脱掉一部分，要及时撩起、塞紧。

【撨】cáo ①移动、整理：～椅桌。②矫正：～时钟。③惩罚：卡停叫人共你～～咧。

【撨徙位】cáo suá wěi 搬移位置，不在原地：眠床呣通乱乱～。

【臭】cǎo ①难闻的气味：～屎味。②恶劣让人讨厌：～人，～名。③坏东西：～铜庀。④用在人名前，表示亲热或熟悉：～柱仔，～拱仔。⑤用在词头，表示程度深：～力，～笨。

【臭奥】cào ǎo 鱼虾水产品腐败发臭，气味难闻。

【臭膻】cào hiǎn 牛羊身上或肉的气味。

【臭贱】cào jiǎn ①因多或不值钱而粗俗：旧衫裤真～，一领5箍据人拿。②生命力旺盛不容易死：杂草真～，无人管也会活。③被冷落、不理睬：我无要食你的～麋。

【臭殕】cào pù 受潮发霉时散发出来的气味：逐日落雨，衫仔晒甲～。

【臭嘴疡】cào cuì ngiú 嘴角或嘴唇发炎或溃烂：流澜矛习惯呣改会～。

【臭抵坎】cào dú kǎm 凑巧，偶然的巧合：～我甲伊坐同车。

【臭火熏】cào hē hūn 饭菜烧焦产生的气味：米真粘，煮饭会～。同"臭火烙" cào hē lō，又同"臭鼎啰" cào dnià lō。

【臭接味】cào jiàm vǐ 食品哈喇，即开始变质，不新鲜后产生的汗臭味：昨日煮无了的豆腐有～。

【臭狗溜】cào gāo liū 狗的鬃毛和身体散发的那种气味：着共狗洗身躯者赡～味。

【臭汗酸】cào gunǎ sng 汗臭。流汗渍存产生的酸味。

【臭脚俗】cào kā xiò 脚汗液发臭的味道，特别是穿胶鞋不洗脚时味更浓。

【臭奶呆】cào līn dāi 说话时舌音太重，发音不清，小孩刚学说话时常有的现象：大人大种啦讲话还～。

【臭涂气】cào tô kuǐ 正当烈日高照，地面发烫，突然下雨，升腾的气味。或鱼虾水产携带的烂泥浆味。

【臭澜脍】cào nuǎ gué 唾液沾渍的味道：婴仔流澜，衫仔胸前～味。

【臭油哀】cào yiǔ āi 食油或含油食物日久变质的一种味道。同"臭油惮"cào yiǔ dunǎ。

【臭青枵】cào qnī yāo 不正常的突然觉得特饿，低血糖患者常有的征兆。

【草鞋礼】cáo wê lê 旧时给搬运工或传递消息的人的赏钱：第二报的无～。

【臊】cō ①腥气，水产品鱼虾的气味。鱼～。②荤菜：油～（泛指荤类和含油的食物）。③上瘾：食咧嘴～。④黄色的带"性"的。伊讲的故事～气真重。

【殩】cò 用粗话骂人：伊讲咧输煞起～。

【殩三代】cò sām dǎi 连祖宗也骂，表示很仇视、憎恨、生气的痛骂：你若乱做，会伍～。

【创】cǒng ①做、干、弄：你咧～啥货，好势～甲歹。②欺负，作弄：你去伍～去啦阿嗨知。

【粗】cô ①不精细，不光滑：～沙，～皮。②粗野，下流：伊讲话真～，（～话）。③喻指粪便：～桶。④普通，一般的：呷～饱的，衫仔～穿。

【粗穿】cô qǐng 日常穿的衣服：有钱人新衫做～。

【粗残残】cô cǎn cón 做事大手大脚，不瞻前顾后：做工课～，不时拍歹家伙仔瓮重。

【撮】côr ①蔑视人或骂人时，常伸出中指对着人说"～"。表示异议、反对、不相信或瞧不起。②量词，表示数量少：一～仔米。

【撮宗】côr zōng 随意、顺便，不经过精心挑选，也没有精确的计算：我～拿淡薄钱互伊。

【箠】cé ①特指竹板或用竹做的小木棍：火～（搅火棍）旧时常用来鞭打小孩：唔听话着食～。②成群的鸭或一群不受欢迎的人：一～鸭，歹人结归～。

【脞】cě 悬吊的东西放下或放置：吊篮～仔涂脚仔。

【找头路】cě tǎo lô 求职，找工作或找事做：学堂毕业着紧去～。

【舒】cī 把成卷或折叠的被席等东西铺展伸开或推开：～席底（铺床垫）

【舒盆】cī pún 专供病人躺在床上使用的便盆。

【觑目】cī vàr ①指近视眼：伊～。②比喻目光短浅：你真～，城门唔看佫要看针鼻。③眯着眼睛看：伊～看艋清。

【鼠侵】cī qīm ①以强凌弱，欺侮、侵犯、霸占：～忠厚人实在无天良。②常指妇女受性骚扰或侮辱。

【趋趋脱】cǔ cǔ lùd 扎（或套）得不牢固，动不动就脱落掉下来：裤龙带太冗，一领裤穿甲裤头～。

【漱】cǔ ①喷射液体：～水。②用中指对准他人。

【漱中营】cǔ diōng ngiá 用中指对准人，表示侮辱、蔑视人。

【出擢】cùd diò 出众：超出一般，成绩业绩显著：阮这社伊最～。

【出鲜】cùd sunà 盛产，东西多得不得了，不新鲜珍贵，很容易得到：这种果子阮厝真～，家家户户都有，要卖无人买。

【出恭】cùd giōng 大便上厕所的委婉说法。（旧时文雅之说）

【出癖】cùd pià 皮肤出麻疹，是婴幼儿常患的疾病。（应主意防风保暖，可服芫荽籽和豆腐加盐以预防）

【出山】cùd sunā ①出殡送葬的仪式。②复职，再度重操旧业：请离休老干部～把关。

【出珠】cùd zū 出天花，严重的会丧命，即使病好了也会麻脸。

【出人前】cùd lǎng znái 胜人一筹，出人头地：個子真～，考试定定第一名。

【焘路鸡】cuǎ lô guē 新娘出嫁的三天内要回娘家，称"头倒客"，娘家要送两根有头有尾的甘蔗，和一对鸡。这对鸡带回家后要先放到新娘床下，如果先出床底的是公鸡，第一胎能生男，反之则生女。

【泄屎星】cuǎ sāi qnī 流星。旧俗，看到此星人会倒霉，要赶快吐口水。

【跩】cuà ①歪斜不正：字写甲歪歪～。②因不高兴把头或身体一扭：伊～咧瞬行。③正面的旁边：～对面。同"斜"。

【跙】cué 贴擦地面，慢慢地拖着往前走：你归日跙～，无惊磨破衫裤。物件捾无法咧，沿路拖歇～。

【粞】cuě 米浸泡后磨成浆或碾、舂成的粉状：米～，舂～。

【擦】cuě 摩擦：脚头夫～破皮，～鼎，～粗桶仔。涮具：棕～，鼎～。

【繀】cuī 勒、拉紧：～死人，拍纽～。

【嘴潽】cuī pô 因病或失眠等原因觉得嘴苦涩，不想吃东西或吃了无味：今日～唔爱呷。

【嘴泉】cuī zuná 吃东西后残留或沾粘在碗筷或食物上的涎沫：你呷的碗漫你的～，我唔敢呷。

【春花】cūn huē 妇女在喜庆时插在

发髻上的红丝线扎成的小红花。办丧事时也以此祛邪。

【存】cún ①谦让,关照:相～食有伸。②预料,早有打算、准备:～输的甲你拼看咧。

【存办】cún bǎn ①预先估计:我～你艙来。②准备:买物件～要过年。③存心打算:我本然～考艙入,无疑佫考真好。

【寸白】cùn bê 建筑物(房屋)或傢具的构件应符合的规定尺寸:这间厝的木门无照～。

【篊】cunā 竹、木的毛刺儿:刺着～。

【篊刺】cunā qǐ 篊为竹木的细纤维,刺是荆棘的芒锋。比喻有点小问题或困难:個两个艙合,一点仔～都艙过角。

【掭】cnài ①刷子:～仔,鸡毛～。②涂抹:～灰水。③清扫:～屯,～涂粉。④心脏急促地跳:心肝头嘆嘆～。

【穿】cng ①细孔,小洞 衫仔破一～。②贯穿而过:～针,～线。③小孔洞的量词:枋互虫蛀一～。

【串】cǒng ①贯穿:柚柑～。②闯、快速跑:归日～无歇,唔知要读书。③穿越,通过:～人缝。～柴叶。

【串话】cǒng wê 挑拨离间,在有过节的人之间加油加醋、捕风捉影地传话:伊若爱～,不时会伍掠去责。

D

【焦埔】dā bô 翔安方言称男人为"焦埔",丈夫为"焦埔人",是有历史渊源的。

历史上,中原人大规模南迁至福建闽南有过两次。第一次是唐总章二年(669年),闽南和粤东之间的原住民骚乱,唐高宗命陈政为岭南行军总管,率府兵3600名到闽南镇抚。次年,陈政之兄陈敏、陈敷又奉旨招募58姓军校士卒5000多人入闽增援。平定骚乱之后,这些士卒就在闽南开屯建堡,垦荒种田,成为当地农民。唐时设漳州郡,陈政之子陈元光因为在其中居功至伟,被尊为"开漳圣王"。

唐末安史之乱,中原动荡。河南固始人王潮、王审知兄弟率数万农民起义队伍南下占领闽地,建立闽国,这是第二次中原人大规模南迁入闽。王审知被拥为开闽王,开闽第一人。

两次大规模南迁都发生在唐朝时期,随陈政和王审知入闽的人大多数为男性军民,他们落籍闽地,成家立业,因此闽南方言称这些来自中原的男性为"唐部人",后因谐音缘故,传成了"焦埔人"。

【焦官】dā gunā 丈夫的父亲。

【焦家】dā gê 丈夫的母亲。

【罩】dǎ　①牲畜交配：牛母咧疯，紧牵去互牛牨～。②遮盖，笼住：～雾，鸡庵～鸡仔。③手脚落地趴在地上：四脚虎仔～仵涂脚。

【搭】dà　①沽，购买：～烧酒，～豆油。②乘、坐：～车、～船。③用手轻轻地拍打：～肩头（表示友好）。④支、架：～戏棚。⑤套近科乎、亲近，与人粘乎：你真爱四界抵～～。

【搭吓】dà hnià　①受惊动而吓了一跳：吼一声互我～咧煞精神。②内心惶恐不安：青惊～。

【搭锄头】dà d-ī táo　把用钝的锄头修理得锋利些。

【踏】dà　①某些家禽交配：鸭母着掠去鸭角～咧，生卵者有雄。②时钟里分针的指向：五点～四个字。③踩：你～着我的脚。

【踏大】dǎ duǎ　兄弟分家时，先留出一部分家产给老大，其余的才均分。

【踏岫】dǎ xiǔ　鸡鸭母在开始下蛋之前，会在偏僻的地方不停地走动。

【踏本钱】dǎ bún jní　把本钱扣除留下。

【牴】dàr　①争斗、吵架：同姒仔不时爱～。②牛羊以角打斗或伤人：牛～人。③用笔稍加记录：这个数字我～一下，卡艁去艁记咧。同"触"。

【牴嘴】dàr cuǐ　口角、相骂：焦家新妇不时会～。

【蛤】dái　螨虫，肉眼依稀可见的昆虫，会吸血，奇痒：鸡～，糠～。

【大人】dǎi rín　迷信者用纸做的小纸人，用于代替本人受罪，常比喻笨拙无能：你无半撇，若～咧。

【大阅】dǎi yàd　让人讨厌的骄傲自大，神气十足：有几个圆仔～溜溜。

【大才】dǎi zái　多指青少年举止、神态端庄，稳重，有知识本领不外露，不炫耀：伊自小着真～。

【代理概】dǎi lí kǎi　①大约、大概、粗略：我～算好咧。②不拘小节，大大冽冽：无人请你，你也～吃甲有来有去。

【冬龟】dāng gū　民俗，冬节要"做冬"宴请族人，并备有一个大面糕，称～，接此面糕的则明年轮到"做冬"。

【踼】dāng　脚掌因猛然碰到石子或硬物而受伤，受伤后淤血化脓（可用香菇浸尿，贴患处治之）：我脚只底～着，艁行路。

【铜鼎】dǎng dnià　钢盔。倒反过来像只锅，战时也确实曾有人把它当锅烧水煮食。

【冻】dǎng　①气温低，冷：今日真～，我唔爱出门。②含水分的或液体凝结成固体或半流体：肉～，土笋～。

【冻籽】dàng jì　冻疮，耳朵、手指或脚趾因受冻而结成坚硬的粒状物。

【冻露】dàng lô　夜晚受露水侵袭：晚上露天看戏，头毛～，冻甲澹漉漉。

【揀】dǎng　用指甲刺压或用大拇指

与食指拧皮肉掐,使伤痛或淤血:买匏着用 指甲该～看过阿幼。

【动着】dǎng diò 动辄,轻易随便:伊教子～拍甲骂。

【担力】dǎm làd 达到能承受的能力:子儿若～,爸母着看活。

【澹】dám 湿,含水分多:衫仔互雨沃～。

【澹哩漓】dǎm lì lôr 形容很湿,饱含着水,几乎要滴出水来。也指生活拮据,负债累累:伊欠人真多钱,归身～。同"澹漓漓"dǎm lôr lôr。

【胆胆】dám dàm 有点儿担心、害怕:我心肝内～,唔敢去。

【胆智】dám dǐ 能独立完成一定难度的工作:伊真～,五六岁着会晓上街做买卖。

【颔】dǎm ①向下垂:树尾～着厝顶。②低头,表示难为情或表示同意:这项代志着头家～头者有准算。

【颔头】dàm táo 点头,作为行礼打招呼,又表示同意。

【答人】dàm lǎng 回报,还报他人的好处或恩惠,答谢:伊半路救你,你着买淡薄物件去～。

【昼】dǎo 特指中午:日～、下～。

【斗】dào ①帮忙、协助:农忙时,着厝边相～。②拼合、凑合:若无够人,我也来甲恁～。③配合、相处:同伙仔～甲真好势。④安装、组装:伊厝顶～一个电视天线。

【斗阵】dào dǐn ①结伴而行或一齐从事相同的工作。②和睦相处,互助友爱。

【斗钮】dào liù 用金属制造的阴阳对扣的衣钮。

【斗的】dào ê 俗称再婚的双方。個老爸是外位人来～。

【斗头】dào táo 搭档或配偶,也泛指夫妻之间或合作者。

【斗无闲】dào vǒ ngái ①帮助、当助手:过年着你来～。②添麻烦:到时着互你～。

【斗相共】dào snā gǎng 帮助:阮若要搬厝着你来～。

【斗老鼠】dào niǎo cì 用老鼠夹诱捕扣死老鼠。也比喻人被诱惑上当。

【倒】dǒ ①回去、返回,也讳称老人逝世。②倾倒出去:～水,～粪扫。③相反,反而。④更加、更甚。

【倒扳】dò bnài 相反、倒反,正面与反面对调。

【倒手】dò qiù 左手

【倒囹】dò lūn 脸朝前,脚往后退。或缩回去。

【倒啄鼻】dò dôr pí 鼻梁倒钩,(欧美人种都如此)俗称此种面相的人较奸诈、自私、善算计人,爱贪占便宜。

【倒头囊】dò tǎo lōng 衣服上下穿反了,顺序相反,本末倒置。

【倒头载】dò tǎo zāi 倒栽葱,头向下,脚向上倒反。

【倒跲青】dò nì qnī 回光返照,起死回生。

【倒】dò ①躺、卧:～伫眠床。②失败、垮台:生理做～蚀本。③钱物被吞没:一批货去伍～去。④相当于"行""得起"的意思:我教你唸～。

【倒担】dó dnǎ ①砍柴时,成捆的柴草放平着挑。②常指小摊贩因亏本或其他原因而停止贩卖活动或歇业。泛指倒台、失败。

【倒店】dó dnǎi 店铺倒闭。也指某组织机构消失。

【倒甲若国民党咧】dō gà nā gôr mǐn dòng lê 国民党号称八百万军队,又有美式武器,被小米加步枪的中国人民解放军打得落花流水,龟缩到台湾孤岛去,实在是垮台得很惨重。所以老百姓凡是说到严重的失败,都以国民党作比。

【幢幡】dǒng huān 招魂旗(纸质),出殡时开路在前。

【撞壁钱】dǒng bià jní 一种用铜板赌博的方式。参赌者用铜板掷墙壁,弹得远的拾起铜板投近者,击中为胜。

【撞撞返】dǒng dǒng dàng 像无头苍蝇那样,无序地乱闯:你归日一出一入～是咧无闲啥代。

【荡眤峭】dǒng nì qiào 静悄悄,什么声音也没有:厝内空鲁苏,暗弥摸～。

【挡】dǒng ①阻止:～涂墙。②忍受:～唸朝。③扔、丢弃:～仔丢。

【侗忲】dòng ggǒng 痴呆傻,失头脑,不开窍,净说弱智的话或做傻事:你真～,自己骂自己。

【途】dô ①哪里:何处:你是～人。②行业,从事的职业:做饼路的这～真好趁。

【图】dô 用不正当的手段得到、骗取:伊四界～人的物件。

【肚幸】dô hǐng 心情、感情状态或小孩有心计:伊真有～,唸去互人骗去。

【洇】dô ①渗透,液体落在纸或布上向四处逐渐蔓延、散开:白云衫～着铁笔水。②临摹时把薄纸放在原字(或图)上描摹:字～。③传染、扩散:有人感冒,～甲全家都跟他感冒。④从别人身上沾染上不良品德或习惯,被别人带坏:伊跟歹子～着歹习惯。

【洇纸】dô zuà 复写纸

【洇字】dô ryǐ 临摹:初学毛笔,常用薄竹仔纸～。

【剅】dôr ①刹,砍,用刀尖捣。②雕饰,又"琢":雕～。

【腚】dé 雄鸭的生殖器:鸭～,唸朝～(不会受孕)

【跟】dě ①偷野汉,泡小妞,不正当的男女关系:自己有家有口佫去～人。②效仿:你出偌钱我也～你。③跟从:我～伊去福州。

【跟轿后】dè giǒ ǎo 原意指寡妇再嫁时,前夫所生的儿女跟在其乘坐的轿后走到再婚的夫家。现意是耻笑模仿人家或跟在人家后面学。

【跟焦埔】dè dā bô 女人背地里与男人发生不正当关系。

【跟查某】dè zǎ vô 男人与女人发生不正当关系。

【啄鸟卦】dè jiáo guǎ 相命的一种方法,以小黄雀啄出有诗文的纸牌再占卜命运。

【嗲嗲顨】dê-dê-dán 形容讲话声音大,嘈杂:婴仔咧睏,恁呣通~。

【砥】dê①施加压力:掠鹅~鸭母。用石头~侬牢。②阻止,稳定:~惊,~嗽,~煞。③种植、插植:~安薯,~甘蔗。④下赌注:~花会,~十二支仔。⑤对送礼者的回敬:~篮仔底。

【砥底】dě duè①用钱物作抵押或垫本钱从事某项活动:我借钱用厝宅去~。②打基础,保住底线才无后顾之忧:好歹先扒淡薄来~。

【砥煞】dê suà 把事情或纠纷压着,不再提起。或故意把不愉快的事情忘记:过了的代志着~,呣通佫讲。

【砥辇宝】dê lián bò 一种赌博的方法。庄家掷色子,庄脚预猜点数下赌注。

【抵人情】dǐ rǐn jíng 得了好处后,用钱物或帮做事以回报人家的情谊。

【置香仔桌】dì hniǔ á dò 把香案移至厅堂前,对着天井烧香,祈求苍天保佑或发誓、诅咒。

【直】dǐd①语言行动无顾忌,性格简单直爽:你这个人真~。②清楚、了结:我欠人的钱还~啦。③翔安流行的简易围棋:行~。

【直透】dǐd tǎo 直达,不拐弯、不改变、不断地:雨~落无停。

【直文文】dǐd vǔn vǔn 形容又直又长:一条路~,竹篙~。同"直浪耸"dǐd lǒng sǒng,又同"直呹殊"dǐd lǔ sǔ。

【竹马】dìr vê 竹做的支架,上铺放木板或床板之用。

【轴】dìr 挽幛,亲戚朋友给丧礼挂出的条幅。

【展】diàn①夸饰、炫耀、显摆:伊真爱~,惊人呣知。②刮起:~秋风。③撑开:地场小~赡开。

【展嗲】diǎn dê 唯恐他人不知晓,故意到处大声张扬呼喊,四处游说:都咧惊人知,你佫四界~。

【展谱】diǎn pô 好夸饰自己,以逞能耐:无技术佫爱~。

【展皇】diān hóng 耍威风,故意在人前显摆逞能,以期待人们的称赞、羡慕:伊穿一付西装四界~。

【展威】diān wī 显示威风,旧指老虎或猫的跳跃窜动:虎~跳咧真远。

【展封龟】dián hōng gū 炫耀自己的能耐或富裕。

【恬】diǎm ①性格内向,不好动,沉默不语,不闹:这个囝仔真～,唔爱讲话。②坐着不动:你～～不通徙动。

【恬才】diǎm zái 文静内向,却满腹经纶和技术。伊真～,无做无声逐项会。

【点断】diǎm duǎn 点穴,触及要害部位以警示:你若唔听话着欠～。

【点藤】diǎm dín 做事认真细致,精益求精且有耐心:做代志着～者有质量。

【点醒】diǎm qnì 提醒。迷信者生活中觉得有奇异的地方,就认为有神明在冥冥之中的警示。

【刁挽】diāo vàn 固执己见,不听话:個子真～。

【条直】diáo dìd ①干脆,我归气呔去卡～。②朴实直爽:伊做人真～。③形容事情完结:代志还未～。

【吊】diǎo ①自尽的一种方式,上绞索悬挂。②用绳子捆住向上提:做贼伓掠去～。③中医疗伤的方法,将膏药敷于伤口处,祛除脓血或淤血。④黑眼珠向上翻,形容病危临死之状:目瞷～高高。

【吊带】diǎo duǎ 缝在裤子、裙子上,挂在双肩的带子,也指搭在肩上,系住西裤的带子。

【吊膏】diǎo gō 祛伤拔毒的膏药,常贴于患处的皮肤。

【吊加勒】diǎo gā lè 原指提线木偶,比喻用桔槔提水时,人拉住绳索。

【吊高水】diǎo gō zuì 清高,自命不凡,不平易近人:人欠用伊,伊挑工～。

【鸢远】diāo wàn 相隔遥远,鞭长莫及:我离倚家真～,交通又呣方便。

【趒侗】diǒ dáng 神棍跳神。也指受刺激瑟瑟发抖。

【钓白】diò bê 挑明:代志好歹你着该～。

【着】diò ①对,正确:你讲的话真～。②应该、得:路真滑,你行路～细腻。③挨上、碰触:竹篱抵～厝顶。④就:你讲好～好。⑤中,获得:伊考～头名。

【着灾】diǒ zē 遭灾或瘟疫而死:一群鸡鸭～了了。

【着症】diǒ jěng 女人厌恶、嫌弃的骂语。得不好的病症:你真～,无甲一路长。

【着枪】diǒ qīng 女人的咒骂,让人去吃枪子中弹。

【着虫】diǒ táng 发生虫害:白菜～,收成受损失。

【着加灘】diǒ gā zà 食物吃入食道或咽口水时突然引起剧烈的咳嗽。

【着诓头】diǒ gǒng táo 南洋地方的一种巫术,受害者犯冲了以后会神经错乱致死。比喻失理智、失态胡来。

【着猴损】diǒ gǎo sǔng 婴幼儿由于营养不良,得了疳积疾病等原因而面黄肌瘦,个子瘦小,最后成为佝偻病。

【着青惊】diǒ qnī gniā 碰到突然或意外的事件引起的恐慌:主人揭簸仔,鸡鸭逐只~乱飞乱走。

【着大枪】diǒ duǎ qǐng 女人咒语,咒人去挨枪子死掉。

【着癌的】diǒ ggám ê 女人咒语,骂人患癌症,不治而亡。

【中气】diōng kuǐ 肺活量,民间认为呼吸或心跳的情况:伊~真饱,声牵咧真长。

【中营】diōng ngiá 中指,骂人或表示极度鄙视对方时,一般都要伸出中指对人,称"㧐中营"cǔ diōng ngiá 或"挢中指"giǎo diǒng znài。

【胀】diǒng ①女人骂语,专指吃食:你~唔知饱,真夯鼓~。②超出限度:安薯~水会必裂。③多出来:收入比支出卡~头。

【胀心】diòng xīm 看到他人获得好处,心里难受,不舒服,眼红:看着人趁大钱伊着~。

【胀胆】diòng dnǎ 受到惊吓,胆脏破裂而死。

【重】diǒng 嗜好,偏爱:伊~烧酒,我好豆腐。

【重眠】diǒng mín 又"重睏"嗜睡、贪眠:伊真~,睏艋瘠。

【重食】diǒng jiǎ ①贪吃,馋嘴:伊真~,归日食无停。②对生活费的安排侧重在吃的伙食方面。

【重值】diǒng dǎd 值得:10斤米换8斤米粉会~咧。

【炊】dǐm 在食物放在盛器中,隔开水加盖蒸煮:~鸡鸭,~鸡卵,清糜~烧通呷。

【炊燕】dǐm yǎn 主料为鸭蛋(鸡蛋也可)搅拌成浆后装入碗盘,入笼蒸凝即可,分甜、咸两种。翔安民间宴客此道菜为档次高的大礼。

【镇】dìn ①占据地盘:戏还未搬,先去~所在。②阻挡、阻塞、妨碍:车停仁路中央共~路。③守护、镇住:画符令~宅。

【镇埕】dìn dniá 在晒谷场上放树枝叶或龙舌兰片,表示此处已有人要利用。

【镇煞】dìn suà 驱邪镇妖,让阴鬼不敢作孽:贴王爷的符令~。

【叮】dīng 交代、吩咐:你着不时该~咧,者艋去艋记咧。

【灯猴】dīng gáo ①旧时照明用的灯火,油灯有用来吊挂的把柄。②迷信的传言:除夕上出来作弄小孩和老人的妖邪,须用鞭炮驱赶,所以除夕夜在翔安"烧灯猴,放连炮"的习俗。

【灯猴鬼】dīng gáo guǐ ①同上。②形容很瘦:伊生成若~。

【重】díng ①量词,层的意思:这领被是双~的。②覆盖:今日真寒,盖被着~毯仔。③又、再、重新:我佫~讲一遍,你者会记咧。

【重谭】dǐng dná　说话或听话混沌出错,计算有误差出入:是你讲～,唔是我听～。

【重舌】dǐng jī　舌根长了毒瘤,可致命,又称"喉遨"ǎoggó。

【重巡】dǐng sún　双眼皮:目瞤～的人看着卡有精神。

【顶】dìng①上,头～(上面)②代替:我～阮老爸来。③抵挡、担当:伊真势,一个～咧二三个。④表示前面的时间:～日(前天)。⑤量词:一～帽仔,一～轿,一～车。

【顶落】dìng lò　旧式房屋中的前排的房子:老人倚～,少年的倚下落。

【顶世人】dīng xì láng　前生,前世,上辈子:～结冤仇,这世人者会结夫妻。

【中】dìng　心仪,喜欢,满足:这领衫真～我的意。

【中看】dìng kuǎ　入眼,看中,值得看:这位风景真～。

【中意】dìng yǐ　满意:这领衫你若～,互你穿。

【搝】diù　①短促地发力拉、牵,使平直:拨绉的衫着～依平坦。②发炎的伤口或受伤的筋有阵痛抽搝痛感:粒仔奋脓～～痛。③肌肉不自主地收缩抖动:目瞤皮～几仔下,脚后肚～一下。

【搝搝弹】diù diù dunǎ　心理上的难受或皮肉上的疼痛感觉像脉冲一样,阵阵袭扰:看着人咧趁钱,伊心肝头～。

【搝搝走】diù diù zào　走路的步伐很快:伊～现来,唔免互你等。

【推手尾】dū qiú vè　斗手力。二人用手掌推着扁担或木棍的两端,手臂应伸直,被推得手臂弯曲或退得无路时为败。也比喻较劲。

【拄(抵)】dú　①遇上:半路～着雨。②支撑,抵顶:三脚～,蚝～石。③刚刚,正在进行:我～来。④抵消:你欠的钱着先～起来。

【拄数】dú xiǎo　①抵账。②抵额,顶替:欠钱唔还掠鸡鸭来～。

【拄仔者】dú ā jià　刚刚,刚才。

【拄仔好】dú ā hò　正好,刚好,正巧,得当。

【注】dǔ　①赌注:落～,拼孤～。②量词,一宗的意思:一～生意。

【注注想】dù dù xniǔ　眼巴巴地等待,一直渴望着:～食好料。

【注注等】dù dù dàn　默默耐心地等着:想要坐车,在半路～。

【渚】dǔ　①堆积阻塞:一嘴痰～在喉咙。②往液体里浸放:～水。③厌腻、生气:我看着你着～心肝头。

【揬】dù　①戳:～破天通(道破奥秘)。②羞辱人的粗鄙话:～恁老母。

【驮】duǎ　①翻土犁地堆成垄:～安薯垄。②前面的车或船牵引后面的行走:车歹仵半路,叫别只车来～。

【带】duǎ ①顾念，顾及：拍狗～主人。②条状物：皮～，裤龙～。③引领：老师～学生去春游。④呈现，含有：伊讲话～笑面，轻声细说。

【带孝】duǎ hǎ 死者的亲属在办完丧事后的一定时间内，衣服上（男）、头发上（女）别着麻纱或白布条，以表示对死者的哀悼。

【带手】duǎ qiù 探访亲朋时顺手带着礼品，或给客人带走伴手礼：我无啥互你～。

【大办】duǎ bǎn 举止自然不拘束，式样大方不俗气。

【大港】duǎ gàng 风、气流或水、液体流量大：～风，～水。

【大轿】duǎ giǒ 佛像或侗乩乘用的佛辇，需多人抬。

【大位】duǎ wǐ ①地盘大：门口卡～。②旧时宴客时，特别是请舅父上酒席，坐的上首左边的位置。

【大厝】duǎ cǔ ①大宅院，常指闽南大九架的正屋。②旧时讳指棺木。

【大头】duǎ táo ①脑袋比常人大：～吉仔。②旧时特指正面有袁世凯头像的银元。

【大肚胿】duǎ dô guī 肚皮大，下腹大：爱饮啤酒者会～。

【大对重】duǎ duì diǒng 重要的、居主要位置的：要仔呣，会成仔鲙成，个老爸～。

【大广弦】duǎ gōng hián 乐器名，闽南地方戏曲芗剧、锦歌用的一种主要乐器。同"冇胡"pnà ô。

【大笒盏】duǎ kô zunà ①不懂得客气，无代价地占人便宜还心安理得。②不认本分，超越身份的言行。

【大脚筒】duǎ kā dáng 橡皮腿：麻疯患者～。

【大笒呆】duǎ kô dāi 傻里傻气，不明事理，呆滞的傻大个。

【大闹渶】duǎ nǎ cnǎ ①把事情闹大：～者呣知好歹。②热闹、喧哗，轰轰烈烈，大操大办，或指浩大的花费：小可代志也要～。

【大细仙】duǎ suè xiān ①连襟，姐妹的丈夫之间的互称。②人、佛像、玩偶大小尊的区分。

【大龙熕】duǎ lǐng gǒng ①大炮。②声响极大的天地炮：一手火龙一手～（比喻心急的样子）。

【端摘】duān dià 简单，单纯、清静、不复杂，没有多子女的纷扰：個一家真～，孤子孤新妇。

【题】dué ①捐款：～钱起祖厝。②签写名字：～名。

【题缘】dué yán 化缘，善男信女向佛寺捐款。

【底置】dué dǐ ①基础：骨力者有～。②底细、根底：個的家庭～逐个知，呣免探听。

【对拗】duì ào ①从中间对折：纸字～者鲙滑仔丢。②一半的折扣：价钱

～拚俗（半价的便宜）。

【对看】duì kuǎ　解放后开始流行的相亲形式。

【对年】duì ní　丧满一年的祭祀。

【坠脚气】duì kā kǐ　①脚气病，橡皮脚。②女人怀孕时，有的会出现小腿浮肿。

【脮糍】duì jí　脸庞或下巴、脖子有赘肉堆积：伊下怀～，若大颔滚咧。

【撖盯】dùn dīng　强力推却，力争逃避：叫伊去，伊～呣去。

【谭】dná　干扰别人说话或做事：我讲一半，互你～咧煞𣍐记咧讲到涂。

【诞】dnǎ　①误差，有出入：现金甲账面有～。②错误，不正确：你做～讲～，着共和呣着。

【打】dná　①折算：猪脚呣呷要～钱。②量词，旧时常十二个为一打：一～手巾仔12条，一～铅笔12枇。③尸体入棺后没入土埋葬，应做密封处理：～棺。

【打扎】dná zà　①收拾、整理、处理：伊一身～甲真伶俐。②扶持、帮助：伊有亲成咧～，生活𣍐歹。

【打棺】dná guān　尸体入殓后没有下葬，对棺木进行密封处理，常用桐油和棉仔纸层层封贴。

【打只】dná jiá　买卖家畜、家禽时，不以重量计算，而是整只用目测估算。

【打钱】dná jní　以现金代替实物支付：娶新娘的猪脚糖仔饼统统～。

【缠】dní　①被丝条状物绕住，难摆脱：头毛～着蜘蛛丝。②被事情或人纠缠住：我咧无闲，你呣通～呣知煞。

【缠跟】dní dě　伺候、照料、陪伴，多用于对老人、小孩或伤病者：人若呷老着伍～。

【𰯂】dní　①使劲用力，使产生某种结果：呷芳仔拔屎～出来。②假装、伪装：你咧～痛～呣知。③勉强挤出或冒出：～钱买一只车。涂豆芽～出涂面。

【𰯂痟】dnì xiāo　①装疯。②故意做出滑稽可笑的姿态动作：伊真爱～，𣍐摆架子。

【𰯂青】dnì qnī　假装糊涂，即"装蒜"：你明明知影佫咧～。

【𰯂湿湿】dnì xìm xìm　对事不表态、不吭声，装着若无其事的样子：贼咧偷隔壁间，伊～。

【唸】dnì　讽刺、指桑骂槐、说风凉话，说反话。

【唸丹】dnì dān　说风凉话逗人发笑，讽刺取笑的话：伊爱～讲俗话。同"唸俗话"dnǐ xǒ wê。

【鼎边趖】dniá bnī só　米浆做成的类似面片状的地方小吃，相当于不包馅的馄饨。

【张】dniū　①使性子，做出不理不睬，甚至赌气扭身离去等作态：伊～呣呷糜。②设置、制作、筹办：～碓，

~犁,~路箭。③量词,用于纸、皮:一~纸字,一~牛皮。用于床铺:一~眠床,一~犁。④携带:呷佫甲~。⑤卖东西时,事先分成整数份额:呣成安薯块佫~九斤半。

【张弛】dniū dí 小心防备,戒备,警惕:要过年啦,着~贼来偷。

【张嫁】dniū gê 新娘出嫁时从娘家带走的财物。

【张老】dniū lǎo 老人为自己的后事做准备:做一付卡好的衫裤通~。

【张掇】dniū duà 赌气而作态,不理不睬甚至赌气扭身离去:伊无啥代志~呣去读书。

【当】dňg ①守候、等待或盯梢,找机会:~老鼠。②捕捉禽兽的工具:老鼠~。③正处在,正值:潭仔鱼~肥,这阵~热。④面向、面对:有话~面讲。⑤担任,承担:敢做敢~,~班长。

【当初时】dňg cô xí 起初、当初:~呣八通想,有钱乱开。

【长】dńg ①占便宜,有利可图:租厝比买厝卡有~。②经常、常常:伊~~来阮内聊天。③与"短"相对,表示距离大:时间还真久~。

【长甲】dńg gà 长期配合,固定不变,已经成为习惯的行为:個~相佮做生意,~一个出货,一个卖货。

【长头】dńg táo 甜头,赚头:有~的生意者有人要做。

【长长】dńg dńg 经常或固定:我~行这条路。

【长衫】dńg sna 旧时男人穿的袍,结婚拜祖应穿,当成礼服。

【长短脱】dńg dé lùd ①长短错开。②有先有后,长短不一致。

【长寿眉】dńg xiǔ vái 特别长的眉毛,盖过睫毛和眼睛。

【躞斗】dǹg dào 身体结实健壮,臀部肥胖。

【顿】dǹg ①饭食、餐:饭~。②量词:一日呷三~。③跺地:越脚~地。④猛力放下或坐下,同"躞"。⑤盖章:~印,~手印。⑥稍放置一段时间,以产生某种效果:糜煮好小~咧卡涝。⑦较量或叫板:无气力佫敢甲人~甲大小声。

【顿(躞)涂坐】dǹg tô zê 因滑倒,身体后仰,屁股坐在地上。也比喻失败、垮台、输了。

【返】dǹg ①调解、劝和:乡里内咧冤家,伊去~煞。②转让,出让:这间店要~互人。③向好的方面转变:伊这阵面色有~卡红。④改变或转变:西北~南风。⑤挪动、周转、转移:本钱无够,生意~艕遨。巷仔太小,车~艕过。⑥翻头回来:幹倒~。⑦告借:无钱先共~咧。

【返大】dǹg duǎ 发身,开始发育成形,逐渐长为成人的样子:伊十三四岁开始咧～。

【返途】dńg dô 放弃原来的行业，从事新的行业：我本然开店～整车搞运输。

【返嘴】dńg cuǐ 改口，把话题或话的性质转到另一个方面：伊看晤是势，快赶～讲别项。

【返脐】dńg zái 接生，必须对婴儿的脐带进行处理。

【返声】dńg xniā ①指人在青春发育期嗓音变低变沙哑。②转换口气：笑甲觟～。

E

【倭】ē 指日本，～奴（矮个儿的日本人）。

【倭灾】ē zē 原意指日本倭寇烧杀掠抢造成的灾害。后人把胡作非为、糊涂蛮干、污秽肮脏……一切让人讨厌、难受、不高兴、不文明、不理智的行为都冠称之为"～"。

【呃】ē ①溢出、吐出：婴仔呷相饱会～奶。②打嗝：吐～。

【呃秽】è sě ①肮脏不卫生的东西：归间厝内真～。②不文明、不健康的下流言行：正经人讲～话。③不光彩、不明智、见不得人的丑事：你着自己看知影～唔。

【呃臭苙】è cào hiām 打嗝时带出恶臭的味道：呷物件觟消化会～。

【恼】ē ①恼火，厌恶、生气：我愈想愈～。②从某些东西掉下来的细碎物：虾仔酺～。碎～～。

G

【加张】gā dniū 因对神明不敬，或做不道德的亏心事，或残杀无辜，而遭到惩罚性的报复：拍死乞鸟仔会互伊～。

【加郎】gā lńg 凑整数，完整，齐全：笑人笑一腔，互人笑～。

【加懔恂】gā lún sùn 打寒颤，受冷或惊吓而浑身颤抖：霜条呷甲～。

【交定】gā dniǎ 预先定购或定购的定金：我～要掠个的猪仔。

【交巴拉】gā bā lā ①旧时对印尼的称呼。②比喻遥远的地方：卡停踢一下互你到～。

【筊自】gā zǐ 旧时用咸水草编成的简便盛物袋，乞丐都背此袋：乞呷要做，～着整。

【嘉撩】gā lió 叫狗的呼唤声。

【绞面】gá mǐn 挽脸。用线修绞脸上的汗毛。

【甲】gà ①手指和脚趾上的角质硬壳：指～。②天干的第一位，表示居第一位：～等，～级。③篮子的边缘：篮仔～。④和：我～你。⑤雇人或差使：～人来起厝。⑥结构助词，用于动词或形容词跟补语之间，相当于

"得":喊~真大声。⑦直接做补语，表示某种动作或性质状态达到较高程度，相当于"很"、"极了"：伊生成水~若月咧。⑧做介词，相当于"同""跟"：我~你去上街。⑨搭配：好歹着照~。买薰~火拭。

【甲盘讲】gà bunǎ gòng　违心敷衍的言语，不是真心诚意的，只是应付的好听话：伊答应要，是~的，无办以后会推唔。

【合意】gà yǐ　中意，满意：这领衫我真~。

【合嘴】gà cuǐ　爽口，好吃，适合胃口：你煮的菜我食着真~。

【合目】gà vàr　顺眼，看着舒服、高兴、中意：这个查某囝仔我愈看愈~。

【葛力水】gàd lǎd zuì　硫酸。

【结】gàd　①系，绑扎：破粪箕仔佫~彩。②绳索等打成疙瘩：索仔拍死~。③量词，指成束的线状物：一~面线。

【结耳带】gàd hǐ duǎ　亲戚朋友给满月剃头的婴儿的红包，祝贺孩子健康成长。或久别重逢时，亲友给孩子的红包。

【角】gàr　①某些雄性的家禽：鸡~，鸭~。②货币的比分大的辅币单位：一元等于十~。③物品的残缺部分：砖仔~，石头~。④表示方位：恁俺伫途一~。桌~。厝~。嘴~。

【该再】gāi zǎi　幸亏，好在：今日~无落雨。

【该抵再】gāi dú zǎi　凑巧，巧遇，不经意偶然发生的事：我~半路抵着伊。

【干过】gān gě　关联、关系：这项代志共我无~。

【干杰】gān giàd　不富裕，物质贫乏的地方：山内真~。

【干血】gān huì　未渗水的猪血。

【干焦孂】gān dā ggiǎn　喜爱某种东西却又无法得到，只能干瞪眼，眼巴巴地望：看有呷无~。

【奸宄】gān guì　刁滑、奸险：伊做人真~。

【奸雄】gān hióng　狡猾凶狠，阴险奸诈且有野心：伊连别人的厝也要霸占，实在太~。

【干】gǎn　①男性骂人的粗话：~恁老母。②骂粗话：伊讲无二句现起~。③与此字相同意思的字，闽南各地均有特殊字：泉州用"使"sài，漳州用"鄙"pì，翔安用"笍"kô。

【干三代】gàn sām dǎi　①侮辱三代人的骂语。②严厉的指责骂娘、批评或训斥：这项代志若互俺老爸知，一定会~。

【工情】gāng jíng　所耗费的精力和付出的心神：起这间厝我用很大~。

【公】gāng　多放在禽兽名称后，表示雄性：狗~，猫~。

【公姆对】gāng ḿ duǐ　一雌一雄搭配

成对。

【港】gǎng ①水道及其出口或港湾、泊船的地方：厦门～。②量词，用于某些气体或液态，相当于"股"：一～风，一～泉水。

【共】gǎng ①作弄、欺负、惹：大汉呣通～细汉。②介词，相当于"与"、"跟"、"向"、"对"伊～我借一本书；相当于"替"、"为"：伊～我的钱偷了了。

【监办】gàm bǎn ①督办。②检测，偿试：这种茶你来～看好阿孬。

【含屁】gǎm puǐ 顶屁用，无济于事：物件人买了啦你者要去～。

【感仔】gàm ǎ 古代作战时用于自卫的圆形藤(竹)盾。

【感头】gǎm gáo 丧事中妇女罩在头上的斜开的口袋形头盖，一般用麻布制成。

【佮】gàm ①合伙：相～。②用纸包折或装订：～一本簿仔。③按药方买药(中药)：～一贴补药。

【佮嘴】gàm cuì 开口处连接的地方：这块桌面～无觅(密)。

【佮房】gàm báng 旧指成亲结婚(进洞房)：～做大人。

【交替】gāo tuě 迷信者认为屈死的冤魂要超生，须勾引活人以同样死法来替换自己，又称掠交替：这堀潭仔八死人，去洗身躯会伓掠～。

【交插】gāo càm ①交际来往：我甲伊无好，呣爱～。②掺杂、交错：物件无同，呣通～做一下。③参与、插手：这项代志我无～。

【交邻】gāo lín 先辈留下的资产(果树、田地等)，晚辈轮流享有。

【交辜】gāo gô 交代，委托：你无信用，觞伍～咧。

【钩抵】gāo dù 挑重担时，用来中途暂歇时撑住挑杆的棍棒。

【钩仔索】gáo á sò 分桠的一叉系着长绳，用来捆扎柴禾的绳子。

【钩樱桃】gáo yīng tó 结婚时嬉弄新娘的一种地方民俗。在很高的竹竿末端吊两粒蛋壳象征"樱桃"，让新娘钩下来。里面装着水或草木灰，新娘常被水和草木灰弄得很狼狈。

【猴】gáo ①猴子。②蟋蟀。③奸夫，与女人发生不正当关系的男人。④干瘪、瘦小难看的身材：伊这个人～～，无大汉。

【猴去】gáo kì ①裹挟被强行招引带去：伊呣去，互人硬～。②戏谑语，指事情受挫折或完蛋、坏掉、遭了。也指人死去：这项代志互伊创咧～。佫老爸早起～啦。

【猴枣】gáo zò 民间称猴的结石症的名字，专用于治婴幼儿的佝偻病。民间把猴、马、牛的结石症分别称为：猴枣、马宝、牛黄。

【猴损】gáo sòng ①婴幼儿患佝偻病。②小孩由于营养不良、厌食、疾病等原因而面黄肌瘦，个子瘦小。

【猴恅】gǎo è　窝心恼火,心情不爽快,无名火上升:无啥无代共我骂,我愈想愈～。

【猴蹽】gǎo liáo　逃跑,偷偷地溜走:看着唔是空,我赶紧～。

【猴猴遴】gǎo gǎo lǐn　①无用的东西没人理睬,让人踢来踢去。②孤寡的老人或小孩得不到关照,孤独的生活:父母早死,伊自己一个～。同"猴猴撑"gǎo gǎo gǒ。

【到】gǎo　①打麻将或玩牌时,达到规定的要求而取胜,又称"和":这盘我～啦。②秤杆称重量时,显示出的量比实际应达到的数量少:这支秤真～。

【到雕】gào diāo　快受不了,真够呛:腹肚枵甲真～,无气力啦。

【厚】gǎo　①数量多,事情繁杂:～雨(雨水多)　蠓仔真～(蚊子多),做古早衫真～工(费功夫),农村人～世事(世俗事物繁杂)。②味道浓,度数高:我啉～茶会睏咧。啉～酒会醉。③与"薄"相对:这本书真～。

【厚熏】gǎo hūn　旱烟、烟丝。同"红熏"ǎng hūn。

【厚话屎】gǎo wê sài　啰嗦,多余无用的话太多,口头禅过多:别人无意见,抵仔你～。

【厚性地】gǎo xìng dê　脾气不好,动不动就生气发怒:伊真～,艙堪咧侬嫌咧。

【沤】gào　因受潮湿又不透气而发酵或变质:稻草～雨,衫子～汗生黑斑。

【滒】gào　在沸水中略煮或粥煮沸时的情况:糜着～～咧才好食,唔通～相烂。

【狗癣】gáo cunà　人身上的一种顽癣,常在脸部出现,可用唾沫擦刀锈涂之,能治:互狗舔着会着～。

【狗相带】gáo snā duǎ　原指狗交配。现指①不正当的男女关系。②比喻形影相随,总是相跟在一起。

【狗屎埔】gáo sài bô　不毛之地,荒芜的坡地。

【狗降腰】gáo gàng yō　腰部细软,常比喻男性雄健有力的腰围。

【狗母锅】gáo vō ē　大型的陶制土锅。

【裹糖螺】gǒ tǐng lé　旧时农村的糖廍榨甘蔗,在蔗汁熬煮到很稠粘的时候,取一根鲜甘蔗浸入锅里滚裹,让糖沾附在甘蔗上,抽出风凉就是糖螺,像麦芽糖那样好吃。

【佫】gò　①副词,相当于"又"、"再":我昨昉来,今日～来。②副词,相当于"还":路歹行,你～着细字。

【公亲】gōng qīn　调解纠纷的人:人咧冤家,伊去共做～。

【狂拐】gōng gunài　不和谐、不协调,稍有抬杠之意:個兄弟仔艙和,不时咧～。

【狂乒胼】gǒng pīn pniā　风风火火，胡闯乱撞，不耐心不稳重，一味图快：做工课～，不时弄歹物件。

【狂狂滚】gǒng gǒng gùn　像无头苍蝇那样无序无目的那样冲撞，显得很混乱：车一到站，旅客～相争要上车、落车。

【沽成】gô jniá　附和赞成或努力促成，好言相劝或央求：伊唔苦要去，是我～伊者姑不而将去的。

【孤倔】gô kùd　孤僻，不合群，不愿与人交往，不善言谈。心胸狭隘，容不得人。

【孤酸】gô sng　度量小，小气，只顾自己不肯帮助人：伊真～，有物件无通分人。

【古意】gô yǐ　①热情、诚挚待人，好客。②老实厚道，憨厚：伊做人真～。

【鼓吹灰】gô cē hē　办丧事时，旧俗逝者的女婿应负担道士和墓地灰壳的费用。即负担～。

【过】gè　①传染疾病：肺痨会～人。②经过，度过：桥～拐杖放。③转让：店面～互别人。④量词：次，回：我去两～厦门。

【过重】gè bǎng　①超出原来规定的重量。②经过秤称过：这袋米着～咧者知影几斤。

【过着】gè diǒ　别传染上（疾病或不良习惯）。

【过枝】gè gī　①领养别人的孩子为自己传统接代：养一个子来～。②一种果树的嫁接方。

【过光】gè gng　①旧时布织好后，要经石碾压平，称～。②在器物的表面摩擦，使光滑精致透亮。

【过姩】gè ggiǎn　过瘾，有趣。

【过症】gè jǐng　病人膏肓，病到晚期，无药可治了：伊病咧～无法度啦。

【过辽】gè liǎo　旧称歌曲的过门或开奏曲：大曲着～者开始唱。

【过番】gè huān　旧指到国外去，多指到南洋。

【过门】gè mng　出嫁入夫家：伲查某仔已经滕人阿未～。

【过身】gè xīn　①老人去逝的俗称：伲老爸～啦。②事情结束之后：伊伤心哭哭咧，～着好。

【过抓】gè zuā　超过时间，来不及了：菜无沃水，晒咧～，下脚叶掉了了。

【过五关】gè ggô guān　旧时小孩的一种游戏。

【粿】gè　用米面制成的食物：面～，金瓜～，咸～。

【粿稞】gé gê　糕粿的统称：过年着做～。

【垾】gè　①垫，使加厚或升高：斩指头仔～碗（竭尽全力扶持）。②挡驾、抵挡：若无我共你～刀你着伓拍甲半死。

【垾脚】gè kā　①垫脚的东西：这双

拖鞋先～咧煞凉。②拿东西垫脚,增加高度:揭椅子～者拿会着。

【家伙】gê hè　家产,家财:饲鸟～了(不正当的花钱,会败家破产。)

【家怪】gê guĕ　工具、器械:修理车无～无法度。

【家倌】gê guā　儿媳对婆婆公公的合称:做人的心妇着有孝～。

【家司】gê xī　一种长柄的尖刀,旧式武器之一。

【加少】gê jiò　或多或少,多多少少:我共你做工,你～拿淡薄互我。

【加减好】gê giám hò　①多少能得一点也好。②捞到一点总比没有好。③胡乱伸手,贪得无厌:你～,逐项要。同"加少好"gê jió hò。

【枷】gê　①囚具:揭～(比喻自找麻烦)。②卡住:喉～着鱼骨。

【假势】gê ggáo　事实上是不懂或无能,却摆出很有办法的样子:你煞晓咧着静静,呣通～插插茄。

【假皇】gê hóng　装出或摆出一副盛气凌人和傲慢的样子:伊无半撇佫要～。

【假佬】gê lào　冒充内行或冒充熟悉老练的样子:煞晓开车佫要～,卡加嘛出事故。

【假死】gê xì　①某些动物遇到危险,为了保护自己的一种伪装。②装蒜,假惺惺:明明是你偷拿佫～讲呣知。

【假痟】gê xiāo　装疯卖傻:你心中有数佫咧～。

【假歁气】gê kám kuĭ　虽无能或本事不大,却装出一副了不起,盛气凌人或自以为是而飘飘然的态度,借以吓人。同"假歁生"gê kám lǎn。

【低孤】gê gô　矮矮的:这枞树真～,卡壮。

【格】gê　①田地疏松泥土下面坚硬的土层:赤涂～。②风度:人～,风～。②格子:米字～。

【隔日】gê rìd　次日,第二天。

【隔暝】gê mí　隔一夜,第二天的夜里。

【隔子仔子】gê zí á gnià　随母改嫁的儿女。含鄙视意。

【搿】gê　①相对立,不和睦:兄弟仔意见煞和,定定相对～。②顶撞:你一个要～众人。③卡住:鱼骨～着喉。

【搿口话】gê káo wê　绕口令。

【嗝嗝死】gê gê xì　大声叫嚷,叫苦连天:你出无几个圆,甲人～。同"嗝嗝吼"gê gê hào,又同"嗝嗝叫"gê gê giŏ。

【吱吱瑱】gī gī dán　声响尖利而宏亮,而且响不停。

【吱吱哭】gī gī kǎo　不停地大声哭。

【吱吱溅】gī gī zuǎn　水注不停地喷射:水桶破一穿,水～。

【旗袍】gǐ pǎo　女式长袍。因满族

人入关而盛行而得名。

【旗牌】gǐ bái　跑龙套的。

【奇巧】gǐ kà　奇怪而罕见：我真爱收藏～物件。

【记认】gì rīn　记号，标志，以便辨认：我要买的衫昨昉做～。

【记池】gì dí　记性：伊～真好，佫卡久的代志都会记咧。

【车】g-ī　象棋或小纸牌的一种。

【据伊去】g-ì yī k-ī　随他去，不管不顾不受限制：囝仔饲大汉着～，呣通管甲死酸去。

【格】gìr　①推究、探索和检查原因或道理：伊要来阿呣我稍～咧着知。②改变原来的布局，隔成不同的空间：客厅～一间房。③砌：壁边～一个水池。

【格理】gìr lì　按理推测，估计：我～唫出伊简要安尼。

【激】gìr　①佯装，摆出：伊～静静唔讲话。②酝酿：天真闷热咧～雨。～烧酒。③忍住，憋：一腹尿～甲真呷力。④熬炼：鸡～液呷补。⑤用水堵住通道：～老鼠。⑥挑逗：你挑工要～互伊气。⑦因窄小对肌肉有压迫感：～脚。同"偈"。

【激康】gìr kāng　故意表现自己有权有势或有办法的样子，以抬高自己的身价：伊真～，办挂两个手表仔。

【激气】gìr kǐ　生闷气，懊气：小可代志呣免自己～。

【激奶】gìr līn　①催奶，用药物或食物使产妇分泌出乳汁。②指哺乳期妇女因奶水过多而乳房发胀。

【激尿】gìr rǐŏ　憋尿：激尿艁枢，～下消。

【激屎】gìr sài　①憋着屎不拉。②摆臭架子：你无啥定，唔免～。

【激力】gìr làd　憋住气用劲，使发出力气：担头重，着～者会上肩。

【激死】gìr xì　指室息而死，通常是淹没水中溺死或浓烟熏死：伊跛落潭仔互水～。

【激脚】gìr kā　因鞋太小，穿后对脚趾头有压迫感或伸不直：鞋小真～。

【揭】giá　①举起：～雨伞。②抬起来：桌～过来。③旧病复发：心肝头～起痛。

【揭手】giá qiù　举手，表示赞成。

【揭缯】giá zān　在岸上抛撒渔网并固定下来，待会儿再收网捞获入网里的小鱼小虾。

【揭扬扬】giǎ ngiǎ ngiǎ　老是抬头，挺身，直挺挺地站着，并东张西望：别人头刺刺专心做工课，抵仔你归哺～看东看西。

【寄棺】jià guān　停柩，埋藏或火化前，把灵柩暂时停放在殡仪馆等的地方。

【揭】già　①挑出或拨弄出来。②拨打、计算：～算盘，～帐。

【揭箋】già sunā　用针尾把扎在身上

的木或竹的细纤维挑出来。

【揭田螺】già cǎn lé　用竹签把煮熟的田螺肉挑掏出来。

【揭甲子】già gǎ jì　以天干地支推测天象、物侯或人的运气。

【咸淡】giǎm dnǎ　①味道,咸或淡的情况:菜熟啦,你来试～。②有点咸,但并不太咸:这碗咸糜有淡薄卡～。

【咸洘】giǎm jnià　①咸的和淡的:菜汤～抵仔好。②特指用于下饭的配料,也泛指食物:你捎家放甲无～。(家中没吃的)。

【咸酸甜】giǎm sng dnī　蜜饯,果脯的统称。

【咸金枣】giǎm gīm zò　用金枣去核后加盐腌制,切成小粒,可做药用,有健脾去痰醒酒,治晕船与消化不良有效。

【咸光饼】giǎm gōng bnià　圆形的小烧饼,正中有个小圆孔,可用咸草串起来。传说是明朝抗倭名将戚继光给自己的部队做的干粮。

【减】giàm　①从一碗里扒出一些给另一碗:我～淡薄仔分你呷。②降低、减少:～肥,～产。③短缺,缺少:今日～穿一领衫去呷着风。

【减敛】giám liàm　稍加俭省:开钱着～,者有通存积。

【挢】giǎo　①撬:～石头。②伸出中指对着人,表示侮辱。

【挢中指】giǎo diōng znài　收缩四指,只伸出中指直对他人,用于骂人,侮辱人,也表示不满。

【缴】giào　①赌博。②交出:趁的钱着上～。

【缴库】giáo kô　为逝者做的一件法事,祈盼死者早日超度。

【叫墓】giò vô　丧葬七天后,家属要为逝者做"七日",到墓地哭祭。

【叫饭】giò bng　民俗,人死后到周年祭之间,每逢初一、十五早晚,媳妇女人应在灵位前放一碗饭哭祭。

【脚】giò　角色。文～,武～,好～,歹～。

【脚数】giò xiǎo　原为演戏里扮演的角色,现指人的模样或能耐:伊生成武盾武盾,～媠歹。

【局】giôr　①必然,必定:你该招呼咧,伊～会来。②情趣,意思,常与"有""无"连用:佮孙真有～,得人疼。③下棋或比赛的次数。

【局不局】giôr bùd giôr　①表示出于无奈,不得不,非如此不可:我无块去,～跟伊去拍工。②一定,必然,不出所料:你猜真准,伊～无来。

【金银礼】gīm ggǔn lê　旧时送给死者家属的钱,用来代替祭品。

【金金相】gīm gīm xiǒng　凝视,睁大眼睛仔细地看:两个人相向面～。同"金金看"gīm gīm kunǎ

【金当当】gīm dāng dāng　光泽闪烁:嘴齿补甲归嘴～。同"金闪闪"

35

gīm xnì xnì，又同"金爁爁"gīm nà nǎ

【金扩扩】gīm kôr kôr 清醒,视力好,目光炯炯有神:囝仔目瞤～,会骗咧大人嫰骗咧囝仔。同"金眤眤"gīm nì nì。

【弓】gīng ①支撑使张开:～蠓帐,～篷布。②用力蹬,使劲赶:大步～走第一名。③硬塞,使肥胖:用好饲料～猪卡伀肥。④量词:表示枝桠:一～水仙花。

【弓鞋】gīng wê 旧时裹脚女人穿的绣花鞋。

【穷贡】qìng gǒng ①强盗入室抢夺,越货掠夺。②胡搅蛮缠,赖着硬要:归日～呷,～穿。

【敬】gǐng ①上供:～佛祖公。②孝顺、尊重:晚辈应孝～长辈。

【敬意】gìng yǐ 诚挚的心态:伊物件真～要互你,你着该收卡好势。

【勼】giū 收缩,缩回:～头(缩回头)

【勼脚】giū kā ①退却:我～唔敢甲伊比赛。②退缩或改变主意:贼看到歹势面者～赶紧走。

【勼寒】giū guná 畏寒冷而留居无风的地方:伫厝内～唔敢出门。

【勼水】giū zuì 纺织物下水后收缩:衫仔～煞嫰穿咧。

【跔】gū ①蹲。～壁脚边。②长期相处:伊甲我～做一下。③留处:你～伫涂咧做生理。

【龟怪】gū guǎi ①性格脾气古怪:

伊性癖真～,甲人无同。②抗拒,不顺从:伊真～唔听话。

【龟仔车】gū ā qiā 旧称轿车。

【灸】gǔ ①烧灼:衫仔互香～一空。②中医的一种疗法:针～。③戏谑被夺去钱财:个外甥娶某,伊做母舅着伓～去一大空。

【灸戒】gù gǎi 当和尚出家时的剃度。

【滑鳗鳗】gǔd muǎ muǎ 像鳗鱼那样滑溜溜,抓不住。同"滑溜咻"gǔd liǔ xiù。

【柯涩涩】guā xiàm xiàm 吃起来很硬且无味:煮菜无落油,煮甲～。同"柯味箞"guā vǐ vì。

【羁】guā 停留、溜达:我闲闲四界～。

【挂】guǎ ①把东西吊在钩子上:吊篮～伫壁顶。②戴,系:～目镜,～红领巾。③打电话:～电话。④钩住:汽车～斗。⑤量词:榨蔗时一组牛拉蔗车的时间:一～牛挤的蔗汁。

【挂孝】guà hǎ 戴孝。

【挂碍】guà ggǎi 挂心,怀念并稍微有担心:伊真～外家。

【挂念】guà liǎm 想念,怀念:你无消息,互我真～。

【挂赖】guà luǎ 无端地诬陷或牵扯无辜的他人,并加以责怪或抱怨:伊放见手指～是我偷的。

【挂大裾】guà duǎ g-ī 旧时妇女穿

的汉服,右开衽的上衣。

【挂保家】guà bō gê　上保险,表示保证没问题:你若唔信我共你～。

【刮香】guà hniū　宗教民俗,指派人到祖庙分出香火,分出神威的进香活动。参与的人很多,因此也叫"挂乡"。

【割】guà　①截断、切除:刣,～盲肠。②整批货物的交易:这批货全部～互人。

【割颔】guà ǎm　自刎。常指自绝人世或无计可施的自绝。

【抉】guàd　①涂抹在脸上:～水粉。②拍打三合土:～灰硒,～屎岩。③用巴掌拍打:～嘴边,～脚仓。

【诀说】guàd suàd　唆使,煽动,设圈套骗取,诱骗怂恿:自己无主意听人～。

【乖甲若糜咧】guāi gà nā vé lê　形容听话、顺从,让人喜爱,让人放心。

【枴】guǎi　①不公平、不合理的影响:你安尼安排会相～,有的呷亏,有的占便宜。②偏私心,从一方改给另一方:明明是我的,却强道～互别人。③扭伤:行路无小心去～着脚。

【枴仔戏】guǎi ā hǐ　芗剧。同"歌仔戏"guǎ ā hǐ。

【关帝爷】guān dê yá　对关羽的称呼,民间供奉他为神明。

【馆夫】guān hū　负责烹饪的师傅,即今厨师。

【观音妈】guān yīm mà　佛教的菩萨之一,也叫观音佛祖。佛教徒认为她是慈悲的化身,是救苦救难的神。也比喻忠厚老实有爱心的人。

【观三姑】guān sñā gô　女巫所行的一种引人入阴间与家人交流的降灵术或催眠术,是一种迷信活动。

【观音佛祖】guān yīm bùd zô　观音妈。

【管甲垂尾螺】guān gà sē vē lé　垂尾螺:尾巴下垂。形容样样都严格地管束,被限制得很死,听话顺从:個大姐真劵,全家互她～。

【鸡膏】guē gō　鸡的稀屎,色黄质黏,奇臭。搜鸡膏:比喻办事迟钝。

【鸡胿】guē guī　①嗉子,装食物的囊。②旧时煤油灯上用的烟罩,(玻璃制品)。③打气助威或说大话:嗑～。

【鸡角刺】guē gàr qi　旧时常用来种植为篱笆墙。学名大蓟(草药名)。又叫"雷公刺"。

【鸡屎藤】guē sài dín　清风藤,味臭。

【鸡腱膜】guē giǎm mô　鸡内金,鸡肫的内皮,黄色,多皱纹,中医可做药用。

【鸡卵茶】guē lňg dê　招待宾朋的甜点,两个脱壳全蛋加糖煮汤而成。

【胶】gué　①腌制的水产品:麦螺～。②豆乳:豆～。③稀烂状:田涂漉

~~。

【侩】guĕ ①快：两个圆结耳带互你~大汉。②容易：这种花真臭贱，称采栽都真~活。

【归阵】guī dǐn 众多成行：日一暗，~人客禚到

【归山坪】guī sunā pniá 遍山坡，表示很多，到处都有：像你这种脚数，~四界是，唔免咧吊抗五。

【归倒断】guī dó dǎng 干脆，决断，毫不犹豫：我甲伊~无相交插。

【归遍饭】guī piàn bǎng 范围很大，一大片，比比皆是：山坪~的松栢。

【膭】guǐ ①怀身孕；一般用于兽畜，用于人含戏谑、嘲弄味：牛母有~拉。②谷物孕穗：稻开始做~。

【鬼月】guǐ ggè 民间称农历七月（因普度）故名。

【鬼仔风】guī ā huāng ①旋转风，常出现在夏天。②旧指一种邪风，被吹到会脸颊歪斜或肢体麻痹。

【鬼仔火】guí á hè 夏天夜晚坟场上的磷火。

【鬼仔圩】guī ā h-ī 旧时集市小，买卖很快就散的集市。

【鬼拍的】guǐ pà ê ①口头语，活见鬼，形容离奇或无中生有：你是去互~，甲我有啥牵连。②骂人莽撞、冒失或没知觉而言行出轨：都是~共我偷拿的。

【贵数】guì xiǎo 昂贵，价格很高：补药真~，呷物味卡实得。

【贵茫茫】guì māng māng 很昂贵：年兜逐项物件~。同"贵响响"guì xiāng xiāng。

【贵甲若仙丹咧】guì gà ná xiān dān lê 仙丹很稀罕难得，当然极贵。

【筋咧】gūn lê 精肉或猪肝中一种类似筋像韧带的白膜：这快肉的~我哺艍烂。

【滚】gùn ①水开、沸腾：~水。七~无毒（煮沸多次可消毒。）②闹腾、耍笑：厝内一群团仔咧~。③一种缝纫的方法，在边沿处又缝上圆棱的边：~墘。

【滚哗】gún huǎ ①嬉笑，游乐。②闹腾。

【滚推】gūn dū 推脱，推辞，推诿：物件要互你就拿去，唔免佮~。

【滚懔捘】gūn lún zǔn ①扭曲歪斜变形成螺旋状：布条扳牢者舣~。②打颤时全身抽搐抖动的样子：伊寒甲归身~。③不顺从，耍态度：伊敢甲头家~。

【捾】gunǎ ①垂手提，拿：~水洗身躯。②器物上的提梁：篮仔~，桶~。③量词，成串的东西：一~炮仔，一~珠仔。

【捾定】gunǎ dniǎ 下聘礼，订亲：个查某仔今日甲人咧~。

【赶气】gunǎ kuǐ 过瘾，对某事有满足感，心情舒畅：物件据伊呷甲~。

【赶癀】gunā hóng 伤口四周发炎红肿。

【含】gná ①携带:这领大裯是伊从番爿～倒来的。②看顾、培养:一身查某要～三个囝仔,实在真猛。③帮带,辅导:师傅～徒弟,从艄～到会。

【敢伓闹热】gná hǒng lǎo riad 耻笑一种人,无功受禄得到好处,沾沾自喜,还觉得心安理得,认为理该如此。

【硋】gnǎi ①暗中给好处、行贿:～空。②照顾、帮助:個外家～伊真多。③塞垫或相靠使稳固:大石也着石仔～。兄弟～偎来,无人敢来恶。

【经】gnī ①某些兽类交配的统称,但也各有专用词:狗相～(带),猪哥～(牵)猪母,虎相～(交),马相～(骑),牛相～(罩)。②编织纱线:～纱织布,～蜘蛛丝。③纠缠、缠绕:～前跟后。

【经相篮】gnī snā ná 私下交往频繁:你无甲伊咧～,伊简会借你钱。

【经经跟】gnī gnī dě 亦步亦趋,形影相随:有通呷伊～。

【见刺】gnì qǐ 看见棺材里死人的面。(大忌)

【惊死死】gniā xī xì 谨小慎微,胆怯细心:伊逐项～,唔敢伸脚手。

【惊营营】gniā ngiā ngiá 担心、惊吓状:伊见着头家～唔敢喘大气。

【惊甲勼脚】gniā gà kiǔ kā 害怕得蜷缩着手脚身子,躲在角落里:看见人咧相拍,伊～。

【惊甲入四川】gniā gà rǐm sì cuān 形容极度的惊恐害怕,到处躲避。

【行】gniá ①行走:～路。②走动:时钟艄～。③畅通:血路艄～。④有效应或作用:药气还未～。⑤交际,来往,特指谈恋爱:個两个最近～甲真热。⑥表示完蛋,指人死:個公仔昨昉～去啦。⑦竹编器具底部或开口较坚固的硬圈:篮～。⑧怕锅里的东西沾黏锅底,用锅铲从最底处铲动:用煎匙～一下。

【行直】gniǎ dìd 民间一种棋类游戏,人们称之为闽南首创的"土围棋"。

【行房】gniǎ báng 性交。

【行世事】gniǎ xê sǐ 奔丧的婉语。

【子孙桶】gniá sūn tàng 闽南风俗,女儿出嫁时,娘家的嫁妆中要有马桶及脚桶,可作为新娘生育临盆的用具。

【子婿半子】gniá sǎi bunà gnià 女婿相当半个亲生的儿子。表示疼女儿连女婿也疼惜。

【贯话】gòng wê 饶舌,传话让人产生争吵:多话婆势～。

【碍磕】ggǎi ggiò 不自然,不顺畅,不舒适,不自在,不顺手,不习惯:这领衫配这领裤看着真～。

【卬去】ggǎng ①发呆,愣神儿:伊惊咧归个人～去。②迟钝,笨拙:～

39

～煞振动。

【卬卬】ggǎng ggǎng 傻愣愣,木讷,失神的样子。

【偡】ggǎm 呆,笨拙,傻:你真～,无路长。

【偡面】ggǎm mǐn 呆傻的面相:伊人大股,唔久真～,煞灵巧。

【嗧】ggám ①亲密,亲昵:個两个真～。②合意而随便不加挑选:伊真～呷(贪吃)。③投币的赌博,一个铜板压住了另一个铜板,算作击中获胜。

【馅】ggàm ①用嘴张合呼吸,喝水:鱼～水。②侵吞:伊～众人钱。③硬钱币有标面值的一面为"字",有图案的一面为"馅"。

【馅水】ggàm zuì 鱼的嘴巴一张一合地喝水:鱼还会～,还未死。

【势】ggáo ①有本事,有才干,有能力:伊真～。②善于做某事:伊真～讲话。③经常或容易发生的某种行为,情况或变化:伊真～流汗。

【偶】ggào ①并列成双:两个凑一～。我甲伊凑～。②量词:一～鲎。③男女蜗在一起:伍看见個咧～。

【恭】ggǒng ①傻、呆、笨:～头～面(呆头呆脑)。②目眩头晕或失神的样子:～～行相撞。

【恭神】ggǒng xín 傻里傻气,失神无主意:你真悾歁～。

【恭子】ggǒng gnià 傻孩子,老辈对自己孩子的爱称,也指讥笑做了傻事的人。

【恭吗吗】ggǒng mā mā 不谙世事,啥都不懂:团仔～唔八半项。

【恭大呆】ggǒng duǎ dāi 傻大个。

【五服内】ggô hôr lǎi 指祖父、父亲、本人、儿子和孙子这五代的直系亲属。

【五脚器】ggô kā kǐ 街道两边沿街不露天的人行通道,也叫骑楼。因大约五步之距而得名。

【五爪龙】ggô riào líng 动物的爪,人的手指:我互伊用～獠咧流血。

【五总头】ggô zāng táo 人体要害的部位,也指后脑勺地方的头发:揪伊的～,伊着走无路。又指腕骨和跗骨周围的部位。

【愕】ggé 犯傻,心神混乱,神志不清醒:心肝头～甲煞晓做工课。

【愕煞煞】ggě suà suà 手忙脚乱,六神无主:人客一来,我～煞顾咧煮点心。

【衙人】ggê láng ①官府的人员。②中介人员。

【衙页】ggê yà 旧时官府的士卒或官员。

【讶】ggê 指桑骂槐,旁敲侧击损人脸面的话,旧时妇女对付仇人的办法。

【孽】ggiàd ①多指小孩调皮捣蛋,顽皮:伊自小着真妖～。②也指好近女色,性萌动或下流:伊真～,见着查某咁咁吼(kǎm kǎm hào)。

【孽话】ggiǎd wê 调皮话。也指带色的下流话。

【孽古】ggiǎd gô 下流或黄色的故事折子。

【凝】ggián 翻白眼,眼睛瞪着或斜着看,表示愤懑、不满或轻蔑:我该～一下共伊提醒。

【妍吹吹】ggián cē cē 撒娇献媚的状态:伊真风流,行路～。同"研纸纸"ggián dē dē。

【姸】ggiǎn ①嗜好,上瘾:～烧酒,～跛缴。②爱好,喜欢:～拍球,～看戏。③经常或容易发生的行为:～哭,～笑,～装挺。

【姸术术】ggiàn sǔd sùd 喜爱得急不可耐的样子:见着烧酒～。

【姸卡惨死】ggiǎn kà cám xì 垂涎三尺,如痴如醉:腹肚枵看人呷,～。

【姸甲流澜】ggiǎn gà lǎo lunǎ 眼馋得流口水:看着人有手表仔～。

【謇】ggiǎng 对话:偶见着面～归晡。

【挠】ggniāo ①皮肤受刺激时引起的痒的感觉:畏～。胳下空真～。②在别人身上的某敏感部位抓挠,使发痒:伍～咧笑觥停。③掏,从孔洞里扒取。

【偶的】ggió 称呼与自己同名的人:恁～的这摆趁大钱。

【谑】ggiò 旁敲侧击用语言去讥笑人家或挑逗人家来生事,并以此取乐:甲查某团仔相好会伍～。

【锦棚】ggīm bní 可扛着游行的彩棚,上面彩扎景物并坐着化妆的人,可表演唱歌。

【汲汲仔】ggīm ggìm ǎ 数量有限,似足非足:十尺布要做一付大人衫～。

【恨】ggǐn 厌恶、讨厌、憎恨的心情或神态。

【恨神】ggǐn xín ①恼怒、憎恶、厌恶:看着你我真～。②一气之下或一激动之下的干脆或索性的行为:我～唔去。

【囝仔】ggìn ǎ 小孩子。

【凝风】ggǐng huāng 食物放冷了表面发酥或风干的样子:肉皮～变有。面粿～卡Q。

【牛嘴笼】ggǔ cuì làng 竹篾编的有眼的用于套住牛嘴巴的笼子。

【牛屎蚼】ggǔ sāi gū 蜣螂,俗名屎壳郎。

【谔】ggnāi 假借不相干的内容说话中伤讽刺打击他人:伊归日爱～人。

【谔讶】ggnāi ggê 旁敲侧击,恶意中伤:无啥代志,伊也～无停。

【硬】ggnǐ ①比喻任务艰巨,困难:这项工作真～,限时限日着完成。②勉强忍耐或支撑:有困难着～挂朝。③性格刚强,意志坚定,态度坚决或执拗:无通伊去伊～要去。④坚硬,不易改变形状:石头和钢铁相同,真有～度。

【硬会】ggnǐ huě　手指冻僵,行动不灵活:指头仔冻甲～去。同"腊交" lǎ gāo。

【硬直】ggnǐ dìd　刚强耿直、直爽,说话算话不食言反悔:伊真～,艁斤斤计较。

【硬缭】ggnǐ liāo　艰巨、费劲的工作任务:唔八字当头家真～。同"硬斗"、"硬气"。

【硬镫】ggnǐ dnǐ　虚伪地勉力装出或做出某事某动作:伊哭归晡者～一滴目屎。

【硬当硬】ggnǐ dōng ggnǐ　明摆着相当为难、棘手、难办的事。难以胜任的艰巨任务或重荷:一个人要做两份工课是～的。

【硬头货】ggnǐ tǎo hě　①繁杂、烦琐、重要的任务:我串负责的是～。②时间紧、难度大的工作。

【硬当当】ggnǐ dōng dōng　很强硬,松懈不得:一个一项头路～,无人通相帮助。同"硬栋栋"ggnǐ dòng dòng

H

【缚】há　①系、束、打结:～柴草,～裤带。②围上:颔滚～领巾。

【缚步】hǎ bô　稻草尾端相结,用以捆柴禾:续～通～柴。

【下沙】hǎ sā　木桶或盛水的木制器具干裂或松隙而渗漏:粗桶晒日会～。

【焓】hà　①靠近热火或暴晒。燥热的感觉:这阵日真～。相～人气(抱团取暖)。②气味冲腾:香味～起来。

【乏】hàd　短缺,缺少,不足:旧时逐项都真～。

【乏达达】hǎd dǎr dǎr　数量极有限,显得缺乏不足:糜煮甲～,逐个呷无饱。

【岩】hàr　①旧式简易厕所,粪池,沤肥用的大粪坑。②用于醃浸酸菜萝卜的大坑:菜醐～。

【嗄】hàr　大口大口地吃,狼吞虎咽:～好料(改善生活,吃美餐。)

【夆】hāi　大。

【夆在】hǎi zǎi　①稳固:这堵墙真～。②沉着不慌张:抵着代志伊真～,无惊半项。

【喊】hàn　①齐声呼叫:全场的人都～起来。②小道消息,纷纷扬言的传说:人～跟人～,人咧～讲汽油要起价。

【喊哗】hán huǎ　喧叫闹腾或传闻:有人咧～个两个关系无正常。

【寒酸】hǎn suān　①运气不好,到手的好事突然消失:你真～,要呷补者腹肚痛。②出手小气:你真～,煮咸糜连味素粉也唔甘系。

【限候】hǎn hǎo　经常没吃饱,营养不良或所需的条件不足,生长受到制约:個真赤,～甲要死。

【限慢】hǎn mǎn 动作缓慢,笨拙,思维反应迟钝,不开窍,做事拖沓,跟不上生活快节奏:伊真～,逐项跟人瘀着。同"顸颟"。

【放】hǎng 大片皮肉因伤或中毒而肿胀:伊嘴齿痛甲～嘴边。

【放鼓雷】hàng gô luí 肿出突显的圆形状:伊目䀹疼甲～。

【放垮垮】hàng kuǎ kuǎ 肿胀得很厉害。

【项重】hǎng dǎng ①物体庞大,沉重,不灵便:旧式眠床真～。②严重,难于承受:伊这种病真～,着慢慢恢复。

【含】hám ①东西放在嘴里,不咽下也不吐出。②藏在里面:目屎～目墘。③带有某种意思:～笑。④连带,包括:雍菜～水称。

【含慢】hǎm mǎn 思想或行动反应迟钝,拖沓,显得不灵活,不中用:伊做代志真～,定定跟人瘀着。

【含巴拢】hǎm bā lāng 总计,总合起来,笼统计算:今日～开去成千箍。

【泛】hǎm 随便,马虎,不计较:伊做人真～,赡计较。

【泛泛】hàm hǎm ①比喻马马虎虎,得过且过,不计较得失:做人～代,嗨免太计较。②表示"姑且可以",行:无欠人钱着～啦,嗨敢想要好额。③

相当,颇:伊买一块肉～衮。

【陷眠】hǎm mín 梦呓,说梦话,也指说瞎话:你嗨通～做泄尿梦。

【澉】hǎm 浮肿,水肿:伊脚滴面～,一定有病。

【澉浮】hàm pù ①虚肿:穿风衣看着真～。②浮肿,水肿,也指水肿病:我嗨是肥,是～。

【谣】hǎm 说话做事不实在,浮夸或马虎:伊做代志真～,靠不住。

【谣古】hàm gô 虚无缥缈,脱离现实的故事:伊真爱讲～。同"冇古"。

【扰】hàm ①用重物或使劲压、砸、撞击:伊去互石头～着脚盘。②逼哄,严惩:嗨听话着拖去～。③预测,估算:先～看着偌多钱。

【嚣】hāo 虚假,不认实,不实在,不踏实。同"疴"。

【嚣六】hāo làr ①撒谎:伊真势讲～话。②随便,马虎,不实在:伊做代志真～。同"嚣佾"hāo xiáo(粗话)。

【嚣六六】hāo lǎr lǎr ①全是谎言或假话。②做事极马虎,质量极差。

【孝】hǎo ①上供,祭奠:～佛公,～祖,～门口。②吃(含厌恶意):瘀做工课取势～。

【孝饭】hào bǧ 丧事周年内,每月农历初一、十五早晚要给逝者敬奉一碗米饭。

【孝杖】hào tǧ 丧棍,哭丧棒。出殡时孝男手里拿的桃枝贴白纸的棍儿。

【孝男】hào lám　①旧俗指父母死后居丧的人,多为儿子。②让人厌烦的大声喊叫:都咧惊人知,你者佫做～。

【孝门口】hào mňg kào　节日或有重大收获时,在门口设供,祭拜各路神仙或孤魂野鬼。

【孝棺柴头】hào gunā cǎ táo　①死者入殓后的上供。②恶意地比喻吃:夭寿贼偷掠鸡去～。

【效生】hǎo xnī　儿子。

【鲎硞硞】hǎo ggiǒ ggiò　手艺生疏,动作笨拙不顺畅:新设备操作觞习惯,做着～觞上手。

【吼】hào　①响声:～雷。②叫声:鸟咧～。③喊叫,叫苦:伊咧～无钱通开。

【吼哼哼】háo hnī hnī　经常不断叫苦、叫穷、叫难:生理歹趁,做生理的逐个～。

【和】hó　①相处得很好:個两家口仔真～。②动作一致:逐个人～力,什么代志都做会成。③配合:～药,～目镜。④配备:～锁匙,～鼎盖。

【和齐】hǒ zué　一起协力同心:逐个～大声喊。

【和药】hǒ yò　物味和药材相配合:刣一只鸡～。

【和妥】hǒ tǒ　关系融洽,配合默契:伊甲厝边头尾逐个真～。

【和兴】hǒ hǐng　志趣相投,相聚集兴:跋麻雀是～代,唔通要有钱输赢。

【熇】hò　①挤在一起觉得热:相～人气卡觞寒。②有微热:伊头额～～,有淡薄仔呷着风。③烤、蒸:甜粿佫～一下卡软。④受热气辐射或附着热气而产生某种效果:～日。同"烙"。

【好神】hō xín　过分宽容,放任不管:伊真～,据团仔乱来也唔教示。

【好额】hō ggià　富裕有钱的人家。

【好缺】hō kè　肥缺,好的职务或差事:伊做这项真～,轻松佫薪劳高。

【好得】hó dìd　幸亏,好在:～我无买,若无着去俉骗去。

【好歹】hó pài　①好与坏:你觞晓听～话。②反正,无论如何:今日真闹热,～你着来。③意外的变数,多指生命危险:甲你出门,万一若有～,你着该观顾。

【好脚数】hó gió xiǎo　①体态娇好:伊生成真～。②表演技艺优秀的演员,泛指本事高,能力强,不怕难的人:你若～着敢降拢。同"好角相"。

【好命神】hó miǎ xín　从不发性子,不懂得烦恼,着急、伤心的人:伊真～,逐项据人去。

【好所行】hó sô gniá　彬彬有礼,温顺听话,循规蹈矩,品行端正:伊真～,逐项照步来,真照起工。

【好是是】hó xǐ xǐ　平安无事,没出丝毫问题:人一家口仔大小～,你勿咧共拍衰穤。

【好嘴斗】hō cuì dào ①形容不挑食,食欲好:伊真~,清采呷。②说话有礼貌,不说晦气的话:生理人着学卡~咧。

【好年巡】hó nǐ sún 没灾没害,风调雨顺的年头:今年~,人畜平安,五谷丰收。

【好皮贼】hó pě hìr 受过伤,伤口容易愈合:伊真~,摃佫卡大空也赡运。

【好子量】hō gniá liǒng 溺爱子女太过份,从不严加管教,放任自流:伊真~,从来唔八拍骂。

【好风日】hó huāng rìd 风和日丽,阳光充足:趁~,衫裤紧去晒晒咧者赡臭殕。

【好食糖】hó jiǎ táng 收破烂的用于换取杂物的糖,小孩常用牙膏皮、鸭毛、废铁换取。

【疯】hōng ①母畜发情:猪母咧~,紧叫猪哥来牵。②迷恋痴心于某项不正经的事,不专心做正经的事:伊读书真~心。

【封】hōng ①用巴掌打(耳光):讲器六话会俉~嘴边。②一种密闭焖烂的烹饪方法。

【封籽】hōng jī 惊堂木。

【风头】hōng táo 喜欢作秀:伊真爱出~。

【风鼓】hōng gô 用煽风的方法把已经碾过的谷类的壳皮和米粒分开的一种木制器械。

【风唪】hōng bŏng 吹嘘,夸张,谣传:无影无迹的代志四界乱~。

【皇】hóng 漂亮神气的样子:展~(显摆)。

【皇金】hŏng gīm 盛放尸骨或骨灰的坛子。

【伍】hŏng "互"与"人"的合音字,给人或被人的意思:~拍,~骂,~设仙。

【奉承】hŏng xíng ①对长辈的伺候照料:我着~序大人。②用好听顺耳的话向人讨好,献殷勤:伊真势讲~的话。

【呼】hô 事先就把有关条件、要求等说清楚:明~。

【呼调】hô diǎo 案堂上无有佛坛,采用烧香呼叫神明,并上供祭拜的敬佛形式。

【戽】hô ①用特别的桶从池塘汲水并泼洒:~水。②用脚踢:我互伊用脚~着八肚边。③做事大大咧咧,马虎随便:伊做代志嘻~~,真紧。④捞取、捕获"这物件你是去途~的。

【戽施】hô xī 东西随便乱放或丢弃:好好物件你四界~。同"戽掖"hô yǎ。

【戽啷】hô lāng 一种讨小海的劳作。在浅滩涂挖穴,穴中放杂物,让鱼虾蟹躲藏,海水退朝后,把穴中的水戽干,再捕捉。

【虎头蜂】hô tǎo pāng　马蜂。

【虎武口】hô vú kào　手掌张开,大拇指与其余四指相连的部位。

【虎佳祀】hô gā gǐ　传说有个男人被老虎咬死,吃得只剩下头部,那头后来在阴天的夜晚会飞来飞去,并发出哀叫,遇到人会讨东西吃,讨烟抽。但它没有下巴,天亮以后,可以发现昨夜它吃的东西还在原处。

【虎姑婆】hô gô bó　闽南童谣里的反面人物。一头凶猛的母老虎变成伪善的老太婆,她嘴甜心毒,到处害人,特别爱诱骗和吞噬儿童。常潜入人家哄小孩,夜里再吃小孩,连手指头都啃吃。坊间常以此来比喻口蜜腹剑、心狠手辣的女人。

【唬】hô　用狡猾奸诈的手段骗人,以赚取不义财物:伊卖物件～称头。

【唬人年】hô láng lǎn　让人厌恶的欺诈:你真～,货歹俗贵。

【服伤】hôr xiōng　对受伤的人给以赔偿及医治:拍人着共～。

【火鸡】hé guē　①土绶鸡。②火焊的工具,烧红后沾锡以补空洞。③比喻好事,也指好事之徒。

【火气】hé kǐ　①怒气。②中医指人体内的能使大便干燥、口腔发出恶臭味或烦躁等病症的病因。

【火屎】hé sài　①极小的火,火星。②余火未灭的灰烬。③油灯或蜡烛的灯芯结炭,影响燃烧发亮。

【火龙】hē líng　引火用的柴稿、藤蔓或纸捻。

【火窗】hē tāng　手炉。一种取暖的用具,竹篾编织的笼里,放着陶罐,内盛在炭火,上有梁可用手提。

【火石】hé jiò　①燧石,用以击出火星的石头。②装在打火机擦出火花的化学制品。

【火刀】hē dō　小钢片。在火柴还没出现之前,人们取火用火石擦火刀,擦出的火星跳在纸卷上,扩展后可吹出火焰,称"火奴"。此法至上世纪四十年代翔安农村还普遍使用。

【瘊痀】hê gū　哮喘病:咳嗽。

【下】hê　①投放:～本钱,多～肥。②搁置,放在:钱～仵银行,物件着～好歹。③祈祷、许愿:～神,～佛。同"系"。

【下本】hê bǹg　投入本钱:要做大生理着敢～。

【下愿】hê gguǎn　许愿,发愿,发誓,事先的许诺:伊～若有通起大厝要请厝边头尾。

【下力】hê làd　使劲,用力气,力气大:伊共我拍一下真～。

【系下】hê xi ê　猛然发力,一次性地尽量:我～互伊真多钱。

【嘻胡胡】hí hô hô　做事不干脆利索,拖泥带水。常指胡涂乱抹,不整洁。有时也指到处借钱未还:伊做代志定定～舣清舣楚。

【嘻屎屎】hī hô hô 做事图块,应付了事:伊做工课～,取一步紧,做无一过好势。

【嘻哈哈】hī hnā hnā 马大哈,捕风捉影,听话不听清楚,说话不说完整,做事没有着落:伊这个人～,靠不住。

【嘻咻咻】hī hiù hiù 轻浮不稳重,行为不检点,办事不尽力:伊行路无成咧行路,沿路～。同"嘻甩甩"。

【嘻赴赴】hī hù hù 性急,办事毛躁:伊真紧心性,逐项～。

【嘻欽欽】hī hàm hàm 松动,不紧凑:鞋太大,穿着～。

【嘻娆娆】hī hnào hnào 斑驳脱离:壁顶的灰～。

【鱼补饭】h-ǐ bô bǎng 旧时办丧事,主人常以咸鱼干当菜招待送葬的来宾亲朋。因此,奔丧,吊唁即诙称呷～。

【䐑】hìr ①肉:猪～。②东西的本身:锄头～。③实质的东西:这块布剪咧真呷～。安薯碌皮磜咧相呷～。

【桸】hiā 舀水的瓢:鲎～、匏～、粗～,岩～。

【呵】hiā 大声呵斥,怪罪他人的过错。

【呵人】hiā làng 责怪呵斥人,冷言冷语,恶语相向,让人失面子:好歹一句话,何必～。

【呵洗洗】hiā sué sué 厉声地不断责怪训斥。

【献】hiǎn ①张开、伸展,露出:大门开～～。②东西的两部分向左右分开:～胸,～领。

【献胸】hiàn hīng 穿衣不扣纽扣,衣襟分开在两边,有时袒露胸部。

【献领】hiàn niǎ 衣领各向两边分开,如西服的衣领。

【献纸】hiàn zuǎ 清明节扫墓,在墓上放彩色纸。

【献白白】hiàn bê bê 赤露,赤裸裸,完全暴露:伊～输你要。同"献裂裂""hiàn lê lê。

【现搦搦】hiǎn làr làr ①敞开,暴露:穿破衫,身躯～。②明摆着:团仔甲大人比,团仔～稳输。

【荅】hiām 浓烈的气味(多指不好的)臭～～。

【拹】hiàm 用力摇动使松动:出力～一枞柱。

【挍】hiāo ①翻东西:～箱底找寒衫。②搅拌:食物用箸乱～,歹款。

【佬】hiāo 背弃,毁约,不认账:～人狨好。

【佬人】hiāo lǎng 对人背信弃义。

【佬反】hiāo huán ①平的东西由于湿度变化而翘曲:柴晒无焦做家具真熬～。②违约或变化:伊的病本然卡好啦,昨暝佬～。

【佬人狨好】hiāo lǎng vuê hò 爽约、背信弃义的人没好下场:甲人登记者佬嫁别人,～。

【姣】hiáo 女人举止轻佻,风骚,作风下流:这个查某团仔真～。

【姣俚勒】hiáo lì lè 专指女性(特别是女孩)言行举止放荡不羁的色诱、挑逗行为:痟查某～,念弥甲这个,念弥迄个。同"姣勒勒"hiáo lè lè。

【歇】hiò ①休息,稍停:半路～咧者佫行。②归巢或停住:鸟～伫树顶。③住宿:～客店。

【歇天露】hiò tnī lô 露宿或无处投宿:四界无乡里,着去～。

【凶】hiōng ①肮脏,不干净:恐～。②丑,难看:伊生成真～。③灾难,不吉祥:～事。

【凶戒戒】hiōng gài gài ①形容太脏。②形容凶相吓人。③形容动作粗鲁伤人。

【凶陷陷】hiōng hǎm hǎm 形容恐怖吓人的情势。

【香纹纱】hiōng vǔn xê 一种提花真丝的织品,适于制夏服。

【雄】hióng ①凶狠,凶恶:伊拍人真～。②猛烈或高涨:米起价真～。③凶暴或胆大:伊心肝真～。

【雄心肝】hióng xīm gunā ①欲望大,不知足:伊真～做一睏买十斤肉。②心地凶狠:伊真～,自己生的子掠互人。

【雺】hìm ①因闷热引起的不舒服的感觉:门窗关密密,厝内真～。②蒙盖使不透气,以达到某种效果:～鸭仔(机器孵鸭子的方法)。③威胁、恫吓、欺压:我互伊掠去哄佫～。④拍照,照相:～电影。⑤饭粥煮熟后不揭锅盖,让其焖一会儿:糜煮熟稍～咧卡湆。

【雺瓯】hìm āo 一种有盖的茶盅,用于沏茶,也指有盖的大碗,用于装物上蒸。

【雺胸】hìm hīng 胸闷,呼吸时胸部不舒服或疼痛:趴桌顶看书写字会～。

【雺豆豉】hìm dǎo xǐ 将煮熟的豆子密封起来,使发酵成豆豉。

【眩晃虚】hín hǒng h-ī 昏厥,神志不清:我八肚枵甲～。

【兴外景】hīng gguǎ gìng 墙内开花墙外香,在本地不被看好,在外地却反响很大,倍受吹捧。

【麸】hū ①细碎或碎屑:豆仁～。②东西腐朽:这块柴～去啦。③酥脆:嘴口酥入嘴～。

【麸咾咾】hū lǎo lǎo 形容很松脆:这堵墙～,风雨来稳倒。

【符】hú 迷信者认为神佛在黄色纸上的文字符号,带在人的身上可保平安;贴在墙、门、器物上可安镇。

【呋】hú 哀哮,痛哭声、孝男或送丧时男性祭拜时的哭声。

【呋呋哭】hù hù kǎo 痛哭流涕:伊放见物件,伤心甲～。

【赴圩】hù h-ī 赶集。也指牲畜赶得上卖掉或宰杀。

【赴流势】hù lǎo xǐ 赶上潮水涨落的时间,以便上船或下海捕鱼。同"赴水时"hù zuí xí。

【搲】hùd ①比喻大口吃:伊一顿～三碗。②用力击打:伊互扁担～着半腰仔。③比喻尽力拼斗:免惊,甲伊～看咧。

【核】hùd ①雄性的睾丸。鸡～,生～。②量词,表示结成团块的颗粒:一～乌糖。③形容小:伊效生无一～仔。

【哗】huǎ ①开玩笑,嬉闹:咧～。②喧闹,闹哄哄:人真多～～吼。

【哗新娘】huǎ xīn niú 结婚时,邻居嬉闹洞房。

【哗哗落】huǎ huǎ làr 纷纷掉落:起大风,厝顶涂沙～。

【哗哗趖】huǎ huǎ só 昆虫的蠕动或虾蟹纷乱爬行:呷糜桌拭无清气,狗蚁、加绁～。

【𥕢】huà 把刀在布、皮,石上反复磨擦,使锋刃:～刀。刀稍～咧卡利。

【喊】huà 又"喝"。

【喊煞】huà suà 叫停。制止纠纷。

【喊奶啷】huà līn lōng 旧指当众叫卖的一种形式,相当于拍卖的竞标。现比喻调侃的话。

【伐】hùà ①脚步,迈出:～脚步,一大～。②跨越:～过户填(跨过门槛)。

【伐虎崟】huǎ hô hiǎm 民俗认为用脚跨过别人的头部或身体,会让人长不高、倒霉或受晦气,是一咱欺负或侮辱人的行为。

【发】huàd ①长出:～芽。～粒仔(长疖子)②分送、交付:～钱,～分数单。③兴旺,发财:伊一家～甲真好看。④变质,腐败:面粉园甲去～了了。⑤发酵:炊糕着有～者软路好食。

【发愿】huàd gguǎn 许下愿望并承诺:伊～效生考入大学要搬三日戏。

【发辇】huàd liàn ①民间有人认为神明降灵,乩童开始起舞,抬的神轿摇动不止。②比喻粗暴的性子大发作,或生气得暴跳如雷。

【发面癀】huàd mǐn hóng 无端地脸发热发红。有时也因心理作用(如害羞、害怕等)引起。

【发瘢仔】huàd tiǎo ǎ 脸上长粉刺,长青春痘。

【活】huàd 面团放久风酥时,加点水重新和揉,使之变软,恢复弹性。

【番】huān ①形容思维或言行怪异不正常,有时也指不开化或不谙事理,还会胡搅蛮缠:你这个人真～。②旧称外国或南洋诸国:伊个公仔过～(出国到南洋)。

【番仔】huǎn à 外国人,多指西洋人。

【番爿】huān bín 旧指南洋一带。

【番婆】huān bó　南洋诸国的土著妇女。

【番客】huān kê　从南洋回国的华侨。

【番卵】huān lǐng　带彩纹的糖果,早年从外国传入。

【番仔火】huān ā hè　火柴。

【番仔码】huān ā vě　旧指阿拉伯数字。

【番仔肥】huān ā búi　化肥。

【番仔琴】huān ā kím　留声机。

【番仔楼】huān ā láo　洋房,原指外国人盖的楼房,现指高楼大厦。

【番仔饼】huān ā bnià　饼干的统称。

【番仔正】huān ā jnià　元旦。

【番仔历】huān ā lìr　阳历,新历。

【翻骄】huān giao　驴或马在松地上打滚。

【还愿】huǎn gguǎn　迷信者用用心酬答鬼神的礼俗。也指先有发愿的许诺,实现了愿望后的履约。

【费气】huì kǐ　麻烦、费事:要暝伊出钱～。

【睏目】huì vàr　①合眼。②用合眼瞪来示意:我该偷～叫他唔通。

【熏支壳】hūn gī kàr　烟盒,包香烟支的纸制盒子。

【瘟爱】hūn ǎi　腮腺炎(小孩较常见)。

【浑遁】hǔn dǔn　混杂,分不清好坏优劣的界限,也指误会:你讲话相抠衔,人听着会～。

【魂身】hǔn xīn　纸人,迷信者用它代替本人受罪。同"大人"dǎi rín。

【奋】hǔn　①蚕食侵占:伊～岸边占人田园。②疗疮发炎生脓:～脓。③做鞋子的木模:鞋～。

【燃】hniá　用燃料烧火。同"烆"。

【显】hnià　①突然惊吓害怕:生惊搭～,婴仔咧睏。念弥时～一下。②显眼:～目。同"吓"。

【显场】hnià dniú　怯场,在公众场合或正规场合临场心慌意乱或退却:头一摆上大场肯定会～。

【向】hniǎ　倾斜,后倾:这堵墙～归片,要倒啦。

【向后】hniǎ ǎo　向后倾。

【香】hniū　①用木屑加香料制成的细条,燃烧时能散发出好闻的气味:烧～拜佛。②比喻纤细、瘦弱:伊小汉饲无起,一个人真～。③地瓜霉变所产生的气味:臭～。

【香火】hniū hè　①善男信女敬神拜佛时点燃的香和烛:～真旺盛。②迷信者用红布制成的小袋,装进香灰,然后缝密,挂在小孩身上,以为可以驱邪消灾纳吉。

【香客】hniū kê　在寺庙朝拜的信徒:南普陀的～真多。

【香埔糜】hniū bô vé　招待外地前来请火、出巡信众的伙食。到三坪祖师公请火,半路有～通食。

J

【渣】jê ①榨出提取物后留下的下脚料:豆～。②食物变质,失去正常的口感,不滑腻:鱼肉食着～。

【渣勒勒】jê lě lè 口感极差,毫无味道:这种菜～,无味狗素。

【济众水】jê jiòng zuì 旧称十滴水,治肚子痛或胃肠不适。

【这】jê 最近,现时:～你简无来阮内。

【只尾身】jī vē xīn 最近:～的人逐个卡聪明。

【接面的】jì mǐn ê 继室与丈夫前妻娘家的互相关系。

【折掌】jǐ jniù 断掌。

【一办势】jǐd bǎn xê 从已出现的征兆估计即将产生的情况或变化的趋势。

【一碎仔】jǐd cuì ǎ 一点点,表示数量少。

【一对时】jǐd duì xí 一昼夜,24小时。

【一透雨】jǐd tào hô 雨水稍能满足作物需要或刚够翻田犁地。

【一辄久】jǐd diàm gù 一会儿,表示时间短。同"一辄仔"jǐd diàm ǎ。

【一大括】jǐd duǎ guà 一大帮,一大串。

【一庀仔】jǐd pì ǎ ①一点儿,表示条状物很短。②也表示片状物面积小。

【一丝仔】jǐd xǐ ǎ 一点儿。①表示粉状物很少。②丝状物细而轻。

【一博漉】jǐd pôr lôr 表示数量多(常用于贬义):伊欠人～的钱。物件无够,还差～。

【一家伙仔】jǐd gê hè ǎ 全家人:甲人相拍,～全出动。同"一家口仔"jǐd gê kào ǎ,又同"归家伙仔"。

【责】jìr ①追究,追逼地问:互人～甲无话。②索要或挤出:我硬～淡薄钱互伊相添。

【责承】jìr xíng ①重大的责任:代志做无好势是我的～。②指定专人或机构负责办好某件事:逐个～伊着检查。

【遮勘】jiā kǎm 遮盖,遮掩,也表示掩饰、掩盖。

【遮瞒】jiā muá 把真相掩盖隐瞒起来不让人知道:你做歹代志佫要～。

【嗟】jiǎ ①独立语,提醒对方注意:～!物件系伫者。②中指戳向人,随口说的话,表示鄙视或愤怒:～,这个有螺无?

【呷根】jiǎ gūn 不断取得利益或关照的源头:番爿断路,～断去。伲亲成无做官,伊～断啦。

【呷工】jiǎ gāng 费劲,耗费时间:这种工课真～。

【呷风】jiǎ huāng ①招风:这片墙卡～。②受到风寒:团仔～咧发烧。

【呷朥】jiǎ hìr ①吃肉。②侵入内部:铰指甲铰咧～,煞流血。

【呷浆】jiǎ jniū 布匹或衣服在米汤浸泡,也称上浆,晒干后比较硬括。

【呷闲米】jiǎ ngǎi vì 闲人,光吃不干活,或指吃便饭。同"呷闲糜"。

【呷名声】jiǎ miǎ xniā 靠声誉赢得好处:名牌货～,其实贵佮无好货。

【呷称头】jiǎ qìn táo 短斤少两,靠称得轻贪占便宜:伊卖的物件卡俗,呣久真势共～。

【呷奶力】jiǎ līn làd 比喻使出最大的力气,竭尽全力:我连～都拼出来。

【呷四秀】jiǎ xì xiù 吃零食:时顿呣吃,爱～。

【呷无睏补】jiǎ vǒ kùn bǒ 睡足精神比吃饱吃好更有益身体健康:～,睏饱眠卡好咧呷山珍海味。

【贱】jiǎn ①形容小孩顽皮好动:这个团仔真～,小汉无缚脚手者会～车车。②爱胡乱摆弄别人的东西或偷拿:呣通～人的物件。

【贱骨】jiǎn gùd 生性顽皮好动,爱摆弄各种东西的性格或癖性:伊真～,归日无定着。

【贱车车】jiǎn qiā qiā 好动,乱寻找翻动东西,而且没完没了不停歇。

【尖】jiām ①末端,顶端:山～。②有锋芒,容易刺破其他物体的东西:钻仔真～。③声音高而细:伊唱歌的声真～。④高超、高明,出类拔萃:伊技术真～。⑤耳目灵敏、锐耳:伊目睭真～,一下着认出是我。

【捷律律】jiǎm lùd lùd 快而不间断:伊讲话～,无注意听会听无。

【招菜】jiāo cǎi 腌制过的芥菜,又称"酸菜"、"咸菜"。同"醮菜"。

【照步来】jiāo bô lái 按既定的程序进行,按部就班,照章办事。循规蹈矩,有教养:伊做代志真～,赡夭寿骨。

【照起工】jiāo kǐgāng 由遵照"纪纲"谐传为"照起工",意思是为人循规蹈矩,做事精心细致。即为人处事遵照法度,为人不胡作非为,做事不偷工减料。

【招】jīō ①邀:我～伊去上街。②吸收:工厂咧～工人。③男到女家入赘:去伍～,一日三顿烧。

【招子婿】jīō gniá sǎi 男子被招进女家为夫,招赘:今日咧叫子～。

【缉】jìm ①追:我走你～。②尽力奔波以获得:走～(想办法解决)。～钱起厝。同"执"。

【缉前缉后】jìm znǎi jìm ǎo 紧紧跟随或到处寻找:有紧急的代志,我～咧寻无你。

【真】jīn ①清澈:水～鱼现。②与"假"相对,真实。③表示程度,相当于"很":天气～热。

【真圣迹】jīn xnià rià 神佛很灵,有应验:抽签真有影～。

【真鼻泡】jīn pǐ pǎ 汤液很稀,清澈,很少混杂物:这顿糜～,呷饱也侩枵。同"真疑疑"jīn ggǐ ggì。

【绳】jín ①木匠,泥水匠打直线用的带墨汁的绳子:牵～,～索。②定睛细看:两个人相对～,～真久者认出来。

【精】jīng ①准确:伊射箭真～,你约着真～,②提炼出来的精华物质:酒～,糖～,芳～。③机智聪明:伊做代志真～。

【精差】jīng cā ①差别、相差:赤人讲话甲好额人讲的有～。②差劲,不如以往:年岁大目睭有～。③误差、出入、差错:你讲的话甲事实有～。

【精灵灵】jīng lǐng líng 清醒开窍,思维敏捷灵巧:做工无精神,见着呷～。

【整】jīng ①购置、添置:开店着～货架。②筹措、支付:我～钱互伊做生理。③惩治,使吃苦头:伊伍打～甲觫徛起咧。

【整钱】jīng jní 垫钱;筹钱:你先替我～买物件。

【整本】jīng běn 垫付本钱:～和番(花本钱到南洋)。伊开店我替伊～。

【咒】jiù 跳神之前所念的"经":念～出神。

【咒趄】jiù zuǎ 发誓,赌咒:我当这个天～,物件唔是我偷的,我若有偷,出门着去互车碾死。

【就孝婆】jiù hào cuǎ 翔安民俗:可在父母丧期四个月内娶亲办婚事。否则要等到周年祭以后。

【守】jiù ①把守,等待。②女人丧夫没改嫁。

【守年】jiū ní 守岁,农历除夕夜,通宵达旦迎新年。

【精】jnī ①机灵,狡黠:伊人小细真～。②妖魔,鬼怪,用在词尾时,表示某一类的人,多含贬义:白骨～,白蛇～,生理～。

【揤】jnī ①楔子,打进椎缝的塞子:柴～,锄头～。②塞,挤进去:伊唔排队～头前。③用拳头猛力揍:手～脚踢,乱拍一场。互人～一下着暗伤。④藏匿:你物件～伫途,我找拢无。

【钱伯仔】jnǐ bê ā 诙谐称"钱",尊为人称。把花钱买的戏说成～衔的(送的)

【芢】jnì ①幼小、未成熟,鲜嫩:涂豆还未饱仁,真～。②阅历浅,缺乏经验(或力气):伊还～觞担力。

【芢力】jnī làd 力气小,担当不了重任。

【精】jniā ①瘦肉,脂肪肥肉少:这块肉真～。②命运好:伊命真～。

【正手】jnià qiù 右手

【正音】jnià yīm 京班,京剧。

【正板】jnià bàn 符合正式规定或一般公认的标准,或为人正派:伊做人真～。

【正港】jniàgàng 古时候交通极不方便，凡大宗的，繁重的货物的运输，都靠水路的舟船，进行远程的贩运。因此，不但人们择江河边居住，就连作坊，厂房也选择可用船水运的地方。因此，货物产品最早生产的地方，即来自原产地的货物称之为"正港"，说明是原厂家的正牌货，不是异地生产的，更不是假冒伪劣产品，表示对货物品质纯正的称赞和认可。后来引申到人对货物或服务的感受，凡"好"、"质地纯正"、"感觉舒服"都称之为"正港"。

【洰】jnià ①淡，与"咸"相对：这碗菜真～。②味薄或无味：茶冲多遍，味素真～。

【浆泔】jniū àm 把衣服或布放在米汤里浸过，晒干后会绷直绷硬，显得笔挺。

【酱】jniù ①涂抹，弄脏：你归身躯～甲无一块清气。②乱放、占据：小可物件～归间。③烂糊状：豆～，面～，落雨天，涂路真～。

【酱脍脍】jniù guě guě 形容泥泞。同"酱汁汁"jniù zàm zàm。

【酱糊糊】jniù gô gô 形容又烂又粘的稠状物。同"酱漉漉"jniù lôr lôr。

K

【脚帛】kā bê 旧时女人裹脚的缠脚布。

【脚液】kā xiò 脚汗，脚底或趾缝的渗出液。

【脚缝】kā pǎng 胯下：钻～鲘大汉。

【脚搭】kā dà 手脚的灵敏程度：伊真歹～。（也指跛脚）

【脚手肉】kā qiú và 手与脚的肉，也指脚与手：我惊甲～搦搦搦。

【敲】kǎ ①击打：～门，～甫豆。②打：～电话。③敲竹杠：～伊的钱饮烧酒。

【敲更】kàgnī 打更，古代没钟表，设有更夫用～报时。

【敲甫豆】kà hǔ dǎo 黄豆成熟拔起后铺在场上晒，用木棍敲打，使豆荚裂开以便收集豆粒。

【敲巧仔】kà kiāo ǎ 儿童的一种游戏玩艺，用棍棒敲打。

【闿】kà ①虚掩，没上栓：～门。②靠拢或滞留：船～伫码头。③接近、靠近：～西迄卟有水沟。④牵扯在一起或有一定的关系：这项代志甲伊有牵～。

【尅身】kàd xīn 身体经常出毛病：伊命带～，不时咧明代（生病）

【尅时】kàd xí 请迷信职业者占卜运气：有代志着紧去～看咧。

【壳仔弦】kār ā hián 用椰壳制成的乐器，大体似二胡，适用于演奏芗曲锦歌小调。

【开】kāi ①花费，开支：～钱买物

件。②分配:我甲你三七~。③量词:表示一张纸的若干分之一,如十六~,即一张纸的十六分之一的大小。④嫖:~查某。

【开刣】kāi pùd 用钱大手大脚,挥霍无度:伊一有钱着~了了。

【牵】kān ①拉:~牛上山。②指导、带:师父~徒弟。③比喻吃,撮:~大顿。④关连或影响:这项代志~着你。⑤牲畜,常指猪的配种:猪母咧疯啦,着紧去~。

【牵核】kān hàd 因身上某处发炎而引起淋巴肿大的现象:脚缝咧~。

【牵拖】kān tuā ①把毫不相干的事情牵强附会,生拉硬扯在一起。攀扯:甲我无关系的代志唔通~做一下。②牵连,累及:你做歹势,害我~伍骂。③责怪,抱怨:鲶泅~乇葩生瘤。

【牵成】kān xíng ①培养,栽培:若无伊~着艙出头。②扶植,提携:个亲成~伊去呷头路。

【牵手】kān qiù ①手拉手。②指称妻子,有时也指未婚但已确认关系的女友。

【牵大顿】kān duá dǒng 改善生活吃美食,或放开肚皮"撮"一顿。下昉仔~有好料通呷。

【牵直喉】kān dǐd áo ①大口喝,仰着头直灌水。②拉长声音喊。

【空】kāng ①洞眼、口子、窟窿:衫仔破一~。②没有东西,没有内容:厝内~~无半项。③白白的,徒劳:~行一趟。④表示"事"、"把戏"、"毛病":你找我要创啥~。

【空觅榫】kāng vǎ sùn ①配合默契,协调一致,天衣无缝。②不谋而合,偶然巧合,正中下怀。

【空鲁苏】kāng lô sô 一点东西都没有,空空如也:一间房~,无半项物件。同"空苏苏"kāng sô sô。

【磕】kàm ①碰触,撞击:鸡卵甲石头无~。②怀孕的女人胎儿受到外力,也指流产。③涉及、中伤:伊讲话爱~别人。④乱说,一派胡言:伊一个嘴真爱乱~,逐个唔爱听。

【磕脚】kǎm kā 数量极有限,差点就不够:一日趁的钱要开一日的费用真~。

【磕着】kàm diǒ 孕妇受伤或流产:伊无小心去~,惊那落胎。

【磕咧着】kǎm lê diò 动辄,动不动,表示很容易发生的动作,多含厌烦意:伊鼻气真歹,~发性地。

【抠】kāo ①拔:~涂豆。②刨,刮:~菜瓜皮。③削或刮削:~铅笔。④拉:~帆。⑤特指人工流产:违反计生佫有身着紧去~。⑥玩弄女性,诱骗妇女,搞不当关系:~查某。

【抠捾】kāo gunǎ 获取利益,收获成果(常用于比较或计较)买归批的比随个买卡有~。

【抠头】kāo táo　原意为连根拔掉。引为骂人的话,咒人全家死亡绝后。(见后"抠头死绝")

【抠头死绝】kāo tǎo xī zè　骂人家破人亡:伊咒趆若偷拿着去～。

【口灶】káo zǎo　民间的户籍单位,户头,指家庭:小乡里只有五六～。

【哭】kǎo　①诉说苦处或困难:～无钱。②因疼痛、悲伤或激动而流泪。

【哭爸】kào bê　①制止人说话的骂人的粗话:你咧～啥货。②叫苦或哭叫:伊小可代志真势～。③口头语,表示糟了或遗憾:～啦,我锁匙放见。

【哭呻】kào cān　诉说苦处、困难,叫苦:伊趁无钱四界共～。

【哭调】kào diǎo　歌仔戏中常用的曲调之一,较慢板,常运用于悲切带泣的表现及内容。

【哭赖人】kào luǎ làng　大哭大闹,不讲道理地撒泼无赖:你无钱～人。

【哭路头】kào lô tóo　已出嫁的女儿闻父母死讯后,奔丧时应从路岔口号哭着进屋。

【哭好命】kào hó miǎ　①新娘临上轿及刚上轿时应放声大哭,一则表示难舍父母,二则民俗认为生儿育女不会"臭头",三则民俗认为女子出阁时大哭是吉兆。故称之为"～"。②嫌弃人好哭:无啥代志你咧～。

【哭甲掉脐】kào gǎ làr zái　婴儿长时间的啼哭:婴仔无奶通食,～也无办法。

【扣扣颠】kǎo kǎo diān　走路步伐不稳:抵者咧学行,行着～。

【烞】kō　熬煮:蚝仔～豆酱。

【逛】kó　溜达,踱步,慢慢地走:我归日无代志四界～。

【可侣噁】kó xiǎo ô　太可恶,蛮不讲理胡闹:伊真～,共呰澜弄身躯。

【考教】kó gǎo　旧指参加科举考试。

【考水偏】kó zuī pnī　往水里投掷瓦片,使其打到水面上又重新跳起,可一连在水面上打跳多次,并使水产生涟漪或许多波纹而组成的水痕。同"考偏"。

【考状元】kó jiǒng gguán　①旧时参加科举考试的殿试,第一名称状元。②旧时小孩跳格子的一种游戏。

【洘】kò　①粥、汤显得浓稠:粥真～,呷着卡飫栳。②海水退潮而水少:海水～逐个通落海掠鱼虾。③把水庠干:～潭仔掠鱼。

【洘流】kō láo　海水退潮,也指落潮的情况:今日～抵着大流势,逐个掠真多鱼。

【洘田】kò cán　水稻快成熟时放干田里的水,以便日后收割。

【洘坻】kō dê　海水退潮称"坻",词义为退潮到海底滩涂出现,人可行走。

【洘潭仔】kó tǎm à　把池塘的水庠掉,便于捉鱼,也指用鱼网捞捕水塘里的鱼。

【浩秩秩】kó zǔd zùd 聚集在一起的人或物多,显得拥挤:归潭仔底的鱼～。

【倥】kōng 比喻蒙昧无知,傻愣样,并带有神经质。

【倥坎】kōng kǎm ①犯傻:你真～,热天佫戴帽仔。②傻、痴、呆:伊真～,连鞋也穿唔着脚。

【倥坎神】kōng kǎm xín 自以为了不起,其实是狂妄无知:你真～,要互你你就拿。痴呆样,少根筋:你真～,出门唔八要带锁匙。同"倥坎气"kōng kǎm kuǐ。

【倥倥颠】kōng kǒng diān 站不稳,或行走时跌跌撞撞:抵出世的牛仔站簓在,行路～。

【孔交】kōng gāo 广交朋友,比喻善于交际:伊真～,朋友满六万。

【孔子白】kōng zī bê 文言音,又称读书音。

【孔明灯】kóng mǐng dīng 利用灯火的热气上升,飞上空中的纸与布灯。

【旷旷等】kòng kòng dàn 耐心而长时间地等待:你唔来无讲一声,害我～归半哺。

【箍】kô ①围成的圈框:画圆～,四角～仔。②骂人的粗话:～恁老母。③量词。货币元,一～银,两千～,又表示单位个:一～人。

【箍干撬骂】kô gàn giǎo mǎ 用粗话放肆地漫骂:伊找爸母讨钱,若唔互伊瞬～。

【箍甲无看嘴】kô gà vǒ kunái cuǐ 臭骂,带有埋怨的情绪:看着你安尼,逐个～。

【糊】kô ①涂抹,放屎～宫角。②纠缠或赖着要人家做某事:伊自己贫惮,四界要～人。③连累,殃及:一个人做歹事～着归家口仔。

【苦澜】kô lunǎ 早晨睡醒时的唾液。

【苦唌】kô yàm 有点发苦,稍带点苦味:煮芥菜无下油有～味。

【苦旦】kô dunǎ 戏剧里的一种女角,又叫青衣。

【苦毛仔】kô mǎng à 汗毛,毫毛:伊鼻空口的～开始咧粗啦。

【苦丧仔】kô sǒng à 儿子未成长、家庭主力父亲死亡,遗留年迈的长辈和年幼的晚辈,这样的丧事称～。

【苦叶叶】kô yǎm yàm 味很苦,让人受不了:这种药丸～,成实真簓入嘴咧。同"苦埭棣"kô dě dè。

【库钱】kô jní 烧给亡魂的冥纸。

【扩扩拜】kôr kôr bǎi 表示敬意的一种礼节,形象描述频频叩拜的动作。常用于求神灵保佑,求人饶恕,或深表感恩:恁嬷真诚心,见着佛公～。

【扩扩遨】kôr kôr ggó 无所事事,漫无目的地走动,经常到处行走:归日无代志四界～。

【咯胶】kē luā ①雌鸡快下蛋以前的骚躁,会"咕咕"叫。②比喻女人肆意滋事向人叫板(含鄙视意)。

【渴渴赵】kě kě diǒ 急不可耐的心情:讲着要做客,你就一时一刻～。

【喀】kè 以埋怨的情绪唠叨:焦家～新妇贫惮晤做工课。

【楔】kê ①有隔阂,相互关系不和谐、不自然,先前有过节而互不来往:個两户死～,晤八相交插。②事情受阻而搁置,长时间得不到解决:几仔年啦代志还～着。

【客兄】kê hniā 女子婚外的情人:讨～(与丈夫之外的男人发生性关系)。

【客栈】kê zǎn 旧指小旅店,现指旅社。

【痕迹】kí rià 脸部因长疮留下的伤疤:伊的脉鼓有～。

【气怅怅】kì cáng càng 满脸怒色生闷气,不理睬人:伊～无讲半句话。

【忌嘴】kǐ cuǐ 因病或其他原因忌吃不相宜的食品:会生头发尾的人抵着青臊着～。

【忌克】kǐ kìr 避讳:臭头的～人讲"灯"甲"光"。

【忌生相】kǐ xnī xniǔ 婚配或一些活动应避开某一属相。

【起】kì ①上去:～楼顶。②建筑、修建:～大厝。③发生、产生:～狂。④涨价:～价。⑤翘高:称尾真～。⑥量词:一～案件。

【起裔】kí ê 白内障。眼睛像蒙着一层雾。

【起气】kí kuǐ 起色,开始显露业绩或兴旺:生理做甲真～。

【起魔】kí mô 耍赖,无理纠缠,或突然失去理智:无钱通还煞～。

【起狂】kī góng 失理智,发狂:输缴输咧～,连自己的钱也舥认咧。

【起雄】kī hiǒng 使性子逞凶:抢钱～拍死人。

【起痟】kí xiāo 装疯卖傻或丧失理智:想钱想甲～,连粗纸也看做是纸字。

【起势】kí xê 借助他人势力显威风:你晤通要～恶人。

【起鼓】kí gô 戏剧演出前敲起开场的锣鼓,泛指开端:生理抵仔者咧～。

【起报头】kí bò táo 春天天气多变,午后经常天气突然转阴,刮起大风,气温骤然下降:三月经常～寒死播田兄。

【起恨神】kí ggǐn xín ①动起气来,恼怒起来:伊伍讲笑挂舥朝煞～。②发起狠来,受刺激或影响而发狠做某事:我～五百箔都互伊。

【起尾面】kí puì mǐn 翻脸:头先答应要出一千,后来～煞无出半砘。

【乞的】kìd ê 要来的,特指抱养的:

这个团仔是～。

【乞呷神】kìd jiǎ xín 小气、吝啬,爱计较蝇头小利:小可物件也呣甘分人,成实是～。

【乞呷坯】kìd jiǎ pē 比喻生性好吃懒做:贫惮人～。

【乞呷骨块】kìd jiǎ gùd dě 生性懒惰:伊生成～,做无一项成器。

【剋】kìr 五行相冲突或属相相对冲,能产生破坏、损失,甚至殃及性命:生相八字相～,互相忌～。

【克亏】kìr kuī ①吃亏,无辜受伤害:伊分无着钱卡～。②使吃亏:你呣通～忠厚人。

【奇】kiā ①奇数、单数、不成对的。②量词 a 不配对的:一～箸,一～鞋。b 只、个:一～袋仔,一～手指。同"单"。

【欹】kiā ①怪罪,抓把柄为难人:你无先讲清楚犯人～。②诬赖:～人做贼。③结婚时因计较而数落对方:外家～内家呣八礼素。

【欹人】kiā làng 怪罪人,用一定的理由根据说人的不是,责怪人:你无明呼乔苦苦,～呣八礼素。

【骑】kiá ①俗称动物交配,多用于牛马等:牛相～。也作男人的骂语:～恁祖公。②比喻凌驾在他人之上:惠甲～伫头壳顶放尿。

【骑马势】kiá vê xê 蹲马步,双脚叉开弯曲而立:伊～想要出拳甲人相拍。

【骑马啷】kiǎ vê lōng 像骑马那样坐在他人的肩上。也指双腿分开骑坐的姿势:我～坐后架伍载。

【倚】kiǎ ①居住:我～伫乡下。②站立:我～伫门口等你。③竖起,树立:～铜线批柱。④直立的,竖的,纵的:竹篙揭打～。⑤登记,注明:买新厝～我的名。⑥独据,独占:行棋伊会～馆。⑦使产生某种效果:～醉。⑧掌管、经营:～鼎的师傅。

【倚家】kiǎ gê 住家,居住生活的场所:街路厝都是头前店面,后尾仔～。

【倚寿】kiǎ xiǔ 生前就购置了棺木,不能横躺着放,应立起来,称"园棺"。

【倚酵】kiǎ gnǎ 用酵母让面团发酵,以便蒸发糕。

【倚马鱼】kiǎ vê h-í 倒立,拿大顶:伊去武术班学～。

【倚桌头】kiǎ dò táo 丧葬礼的司仪:出山由老大～。

【牵揭】kiān kiàd 稀奇有趣的事或话语:伊串讲是～的代志。

【乾意】kiǎn yǐ 热情而诚意:伊真～请我去,无去歹势。

【乾坤袋】kiǎn kūn dě 什么东西都可以装的袋子,即八宝袋。也比喻男性的精囊(男葩)。

【芡损】kiàn sǹg ①使用巫术让人受害:伊真呣是空,会共做～。②忌讳、禁忌:～多,偲巴锐(前怕狼后怕虎,什么也别想干)。

【勥】kiǎng ①能干、精明,厉害;有时也指贬义:individual查某仔真～,无通着人偏。②凶悍厉害,让人惧怕:individual老母真～,唔好要共拆食死。

【勥马马】kiǎng vê vê 形容精明能干,动作敏捷利索:伊～唔免你出手。

【勥得得】kiàng dē dē 自理或独立办事能力强:伊～逐项会。

【讲】kiàng 申诉,言明:甲伊价钱明～,者赡过后歹势～。

【歉采】kiám cài 或许,也许:伊～会来,我稍等伊一下。

【俭碨】kiǎm kuē 能省的就省,尽量少花钱:伊真～,逐项唔甘买。

【俭嘴头】kiǎm cuǐ táo ①舍不得吃:伊～互囝仔呷。②把该吃的粮食省下来:着靠～者有钱买淡薄物件。

【俭摄涩】kiǎm liàm xiàm【俭涩涩】kiǎm xiàm xiàm 钱袋子捂得很紧,节省得不甚:伊逐项～,一世人活要乏死。

【跷】kiāo ①弯曲,不直:拗～。②民间舞蹈,脚绑木桩:踏～。

【跷跔】kiáo gū 驼背,伛偻,腰背弯曲:刘罗锅～做宰相。

【跷扳扳】kiāo bnái bnái 很弯,很不直:这支竹篙～,歹势晾衫。

【乔】kiáo 刁难:你若有才调着无惊人～。同"诮"。

【乔苦】kiáo kô 刁难,故意为难或使人不便:你嗨来,～我着去。

【乔人】kiáo làng 有意为难人,要挟人:你嗨自己行,～着鞍伊。

【乔甲跙壁】kiǎo gà bê bià 动辄提出苛刻要求,得不到满足就胡搅蛮缠:伊小汉教无倒,大汉啦还不时～。

【翘嘴】kiào cuǐ 撅嘴,①表示不乐意:叫伊做工课,伊着挽目～。②常用于向人提醒的暗示:我看见individual老母去揭篲仔,紧该～叫伊走。

【翘童登】kiào dōng dēng 摔倒四脚朝天:伊趄倒四脚～。

【翘当当】kiào dōng dōng【翘冬冬】kiào dāng dāng 条状物的一端翘得很高,常指秤杆的末端翘起,表示重量足够:团仔稍该呵咾咧,伊现一葩尾～。

【拾瓯】kiò āo 把鸡鸭与猪肉堆积在钵头上叠高,到祖祠上供祖先。

【拾怨】kiò wǎn 积怨,抱恨:过了时煞了代,唔通佫～。

【拾和】kiò hó 互相通气采取统一的言行:逐个～唔甲伊好。

【拾笑】kiò qiǒ 正面向上:伊～躺仔眠床。

【拾生】kiò xnī 接生。

【拾虽】kiò suī 牲畜配种时动手帮忙。常比喻做下贱的事,成全他人的美事。耻笑人奴性:～趁无钿。

【拾破屑】kiò puà xê 捡别人不用或丢弃的东西:小汉的共大汉的～。

【拾着一捋】kiò diǒ jǐ luǎ 意外地捡到大便宜而喜出望外：逐个分伊，互伊～。

【撖掠】kǐm liǎ 抓手，依靠的凭借：这片壁无～跕艁起。

【框】kīng ①四周围：相～，镜～。②把附着物或残留的东西刮取收集起来：～岩脚。

【捞】kíng 把分散的钱或物收集、收拾在一起。

【捞钱】kíng jní 向人收钱：～起宫。

【捞口灶】kíng káo zǎo【捞人口】kíng rǐn kào 挨家挨户收取凑份子的钱，～通要互搬戏的。

【捞钱粮】kǐng jní niú 收农业税：政府来～。

【捞拱仔米】kǐng góng ā vì 一人出一点，聚集凑起来：众人～援助伊。

【掬俭】kiǔ kiǎm 节约，俭省：赤人逐个卡～。

【掬慊慊】kiǔ liàm liàm【掬慊涩】kiǔ liàm xiàm【掬涩涩】kiǔ xiàm xiàm 度量小，吝啬，太小气：你真～，请人客呣甘伓呼。

【屈撑撑】kǔd qǐng qíng 孤僻，冷漠，不乐意与人交往：伊做人真大势，应话～。

【阔头仔】kuà tǎo à 近海或江河上用桨划的小船，头部扁平形。

【阔阔吼】kuà kuà hào 形容做事敏捷动作快，说话嗓门大无所顾忌：伊做代志～，讲话也～。

【阔莽莽】kuà vóng vòng 宽阔无边，一望无际：四界～无块找人。

【缺不缺】kuǎd bùd kuǎd 果然，不出所料：伊～成实买无车票。

【缺缺搙】kuǎd kuǎd làr 乱抓乱爬，不停地操劳，却见效甚微：伊归日～，做无啥工课。

【款】kuàn ①整理，备办，收拾：伊～衫裤要去做客。②种类，样子，情况：最近你唎变～，甲永过仔无同。

【款势】kuán xê 姿势，架势，样子：你这种～无人安留。

【款担】kuán dnǎ 整理担子：上大山割柴～要落山。

【款了了】kuàn liǎo liǎo 装模作样，好为人师，喜欢指手画脚：自己无半撇佫～爱做头兄。

【碨】kuē 用利器刮皮、毛或污垢：～毛。

【碨鼎】kuē dnià 以前烧柴火做饭，锅底常结着灰垢，一些日子后，要反扣在平地上，用锄子刮干净，留下的黑圈要锄子画个叉，警示小孩别踩。

【魁头】kuē táo 棺木的前面部分。

【喫牛杙】kuè gǔ kiǎ 七八岁的孩子乳牙掉了，恒牙久久不长出，哄小孩要啃牵牛的木桩才能再长。

【挤港仔】kuè gàng ǎ 潮水退尽后，截流水沟捕捉鱼虾的一种讨小海。

【碶油】kuè yiú ①儿戏之一，一群小孩背靠墙而立,两边从中央挤,挤出的就接到边上再挤。②榨油。

【开】kuī ①打通,创办:～路,～店。②舒展,张开:～花,～框(散架)。③与"合"相反:～门,～嘴。④行驶、启动:～车,～船。⑤发射:～炮,～枪。⑥举行:～会。⑦分摊:照～,～份。⑧送出,开发:～球。

【开桌】kuī dò 设宴,办筵席:～请人家。

【开面】kuī mǐn 处女出嫁前的挽面。

【开脚天】kuī kā tiān 叉腿,腿分开:伊咧学行,行路～。

【开门喜】kuī mňg hì 特指新婚的当月内就怀孕。同"入门喜"。

【睏硞仔】kùn gǒg à 女人骂语,咒人夭折装在陶瓮埋葬。

【衔】kná 交错、相交接,牵连也比喻带领呵护:大人～细子。

【衔倚】kná wà 使靠在一起或靠近:兄弟仔若～,无人敢来欺侮。

【衔心】kná xīm 旧时点灯用花生油,灯芯"结炭",吸不上油,火焰变小或熄灭:油灯～紧该挑咧。

【衔音】kná yīm 相近口腔或相近字音混在一起,形成另一语音。

【盖顾】knài gô 呵护,关照,照顾,多方无微不至的帮助扶持:伊真～外家。

【钳棺】knǐ guān 出殡抬起棺材往外走时,孝男孝妇们用手抓住棺材,以示阻止棺材出门,表示舍不得死者离开。

【钳乌乌】knǐ ô ô 光顾的人很多或黑压压一片聚集在一起:物件真有销,买的人～。

【腔口】kniū kào 方言的口音:伊讲话带晋江话的～。

L

【拉】lā ①说话,语言表达:伊真会～,一讲着一晡。②语气词,表示结果(啦)。

【拉柯】lā guā 闲聊。

【拉囵】lǎ lún 温水,不冷不热。～烧(微温不烫)。

【挠藠】lǎ ggiǒ 蒜子一样的蔬菜,无瓣:呷蒜仔吐～(说谎或把侵吞的财务被迫退还)。

【挠块献】lǎ dè hnǐ 孤零零晃荡或乱扔且无人理睬:物件呣通～。

【挠哩挠献】lǎ lí lǎ hnǐ 稀稀拉拉地挂着,晃晃荡荡,无人管理随便放着:物件四界～。

【腊交】lǎ gāo 手指冷僵,活动不灵活,僵硬:寒甲手～。

【落壳】làr kàr 油漆的一种,即硝基清漆。经多次上漆后,漆面光亮而坚硬。

【搦】làr ①抓,手指聚拢,把东西牢

牢抓在手中。②简单的漂洗衣服：～衫裤。③量词，相当于"把"：一～米，一大～涂豆。

【搦搦掣】lǎr lǎr cuà 因惊恐、气愤、寒冷或病痛等而战栗，瑟瑟发抖：伊气甲脚手～。

【利】lǎi ①锐利，锋利：刀真～，呣通割着。②物质的功效或产生的厉害结果：旺梨真～，食多会伤胃。③能力强：这个人真～。④动作敏捷：嘴尖舌～。⑤目光灵敏：你目睭真～，一下着看见。⑥利息：纳～钱，放重～。

【利路】lǎi lô 熟练或设备齐全科学：伊的新厝装修甲真～。

【利剑剑】lǎi giàm giàm【利试试】lǎi qì qì 原指刀锋很快，常指人的言行很厉害，有水平。

【利甲过剑棉】lǎi gà gè giàm mí 棉絮吹过剑刃，就被切断，可见锋利无比。比喻人很机灵、聪明、技术高、本领大，再大再复杂的困难也能迎刃而解。

【㞗】lǎn ①男性生殖器。②粗话，表示呆傻或无能（含厌恶意）。

【㞗鸟】lǎn jiāo ①阴茎。②骂人的话，常指"无能"：笨拙、低下、丑陋：～人，～面。

【人厝灶仔】lǎng cù zào ǎ 原意为"人家的女儿"，特指"处女"。

【硦】lǎng 用碓舂麦、高粱的颗粒，使去表皮：～大麦。

【弄】lǎng ①间隔，跳过，漏掉：仁这～一字。我～三日无去。②手拿着，摆弄着，或引逗人：变～，～伍姆。③抖动，撩拨或挑逗，唆使：～被风，～狗相咬。④天晴而显得天空开阔：天～啦，会出门咧啦。

【弄钹】lǎng buà 和尚做佛事时，让一只铜钹竖起在另一只托着的钹心转动，以示绝技。

【弄车鼓】lǎng qiā gô 又作"车鼓弄"。翔安民间的一种文艺表演形式，一对老公婆抬一个彩鼓，边唱边舞逗趣。

【喃】lām 不给人家却在人前炫耀、诱惑：贪呷人伓～甲流澜。

【淋沙疕】lām suā pì 小孩种痘（种珠）结痂之后，要坐在拨箕当中，罩上袷子，浇淋炒熟的花生、黄豆、大麦等，让伙伴们捡着吃。

【淋蚶炒豆】lām hām cá dǎo 民俗，翔安人除夕围炉之后，要淖花蛤、炒花生（带壳），以表示热闹、吉祥。

【滥】lǎm ①掺杂，混合：无同物件～做一下，好歹相～。②过度，过多：伊真贪呷，呷甲真～，无人请伊也去。③衣服太长太大：这领衫穿着哩～～。

【滥呷】lǎm jià 贪吃，随便乱吃：你真～，卡加嘛肥只只。

【滥阵】lǎm dǐn 比赛、打仗、械斗双方的人员混杂交错在一起:两爿的人大～。

【滥累】lǎm luī【滥累累】lǎm luī luī 任务或子女多而杂,重负的拖累:子女～,欠人钱真多,归身～。

【娄】làm ①身体虚弱:～身命。②次品:～货。③不牢固:这张眠床真～。同"溦"。

【娄烂】làm lunǎ 懒散,不肯料理收拾,屋内杂乱不整洁:伲某真～,归间厝真乱。

【塌】làm ①凹底的地方:涂脚～一窟。②填补、填塞,补充:钱无够我来～。

【塌济】làm jê 衣冠不整,无精打采:伊生理去伍倒去,一个人变甲真～。

【塌塌呷】làm làm jià 形容随便吃或大口吃的样子:伊见着物件～,真无卫生。

【跒】làm 猛力踩踏或踢:伊用大脚共我～。

【纳钱粮】lǎm jnǐ niú 向国家缴交农业税,即交农业税,我国在21世纪初已取消。

【流】láo ①液态移动,淌:～血,～汗。②潮汐:大～,洘～。③表示某一时限或时刻:过～(超过时间)。④量词,表示海水涨落的次数:一～水。

【流鼻六】láo pǐ làr 流鼻血。(因碰伤,着急等原因所致)

【流鼻血】láo pǐ huì 传说屈死在外的人见到亲人时会流出鼻血来。借此调侃陌生人相互认亲、攀关系。或说人久别重逢时,没完没了地倾诉别后离情。

【流目油】láo vǎr yiú 因受刺激流眼泪:老人目睭见着风会～。

【老】lào ①熟练,有经验的:伊技术真～。②陈旧,很久以前就存在的:这间厝真～啦。③草书:字真～我看无。

【老娆】lào hiáo 女性年老还风流:～家伙了。

【老戏】lào hǐ 旧指大梨园戏,常指老年人当演员的戏班。

【老的】lào ê ①儿子对人称自己的父亲。②妻子称丈夫。

【老匀】lǎo wén 老前辈,行辈高的老人。

【老步在】lǎo bô zǎi 又"老步定"。老练的技术或丰富的经验仍旧保留着,虽然年纪大或长久没有操作了,仍能应付自如,显得沉着稳重。引申为处变不乱,沉着以对:少年的变形骸,老的～。

【老破胼】lǎo puà pniā 不中用的东西(指人,含鄙视义)。常用于骂老人:你这个媱好死的～。

【老番颠】lǎo huān diān 老糊涂,言行与常理常规不合拍,或不合时代:你是咧～,好好物件拗仔丢。

【老风骚】lǎo hōng sō 年纪大了还好玩,有时也指风流:你真～,三更半暝去外乡看戏。

【老查某】lǎo zā vô ①年老的妇女(含厌恶意)。②丈夫对人称自己的妻子,表示谦卑,带戏谑味。

【老叔的】lǎo xiôr ê 成年人对陌生老人的称呼。

【老古旧】lǎo gô gǔ ①旧时的东西或交情:伊是我～的朋友。②陈年老旧的思想观念或人:乡里内剩阮这～"树头仔"。

【老伙记】lǎo hé gǐ ①妻子与丈夫的戏谑互称。②多年的店员。

【老伙仔】lǎo hé ǎ ①老头子(略含鄙视意)。②妇女对他人称自己的丈夫。

【老斗头】lǎo dào táo ①老搭档。②有时也指老夫妻。

【老套头】lǎo tò táo 老一套,陈旧的做法:伊贯串迄～,无啥新谱素。

【老兄弟】lǎo hniā dǐ 指老朋友或老相知,带亲热口气:～呣通相创治。

【老巧巧】lǎo kiào kiào 年迈。

【老婴仔】lǎo ngī ā 年岁与长相不匹配,年纪大过长相的小孩。

【老叔公仔】lǎo jìr gǒng ā 年纪大而身体萎缩的老人。

【老家婆仔】lǎo gê bǒ ā 戏剧中的丑角老旦。

【佬】lào ①技术熟练:伊开车手路

真～。②小偷小摸:我钱去伓～去。③欺骗:你呣通共我～。

【佬仔白蚁】lào ā bê hiǎ 翔安民间猜拳的一种方法:五个手指各有代表,每次出一指,代表物相剋决胜负。

【磅】lào 扭伤。

【磅着筋】lào diǒ gūn 扭伤了筋脉,因疼痛而行动生硬:我脚去～,赡行路。

【落胎】lào tē 流产。

【落风】lào huāng ①开始刮风:～着无雾。②因牙齿空缺而走音:老伙仔无嘴齿讲话会～。③轮胎泄气。

【落吐】lào tô【落吐泻】lào tô xiǎ 又吐又泻。也指霍乱。

【落泻】lào xiǎ 拉肚子,也指痢疾。同"腹泻"。

【落走】lào zào 落荒而逃,偷偷溜走:我看呣是势,赶紧～。

【落裤隙】lào kô kià 裤头从腰带脱下一部分:穿裤若～,会伓笑～,饲猪会大只。

【漏屎】lào sài 内急,有便意,想拉屎。

【漏尿】lào riǒ 急着想小便解手。

【漏漎漎】lào cà cà ①液体纷纷从容器漏出来:一个面盆～。②内急厉害,想方便:一腹尿～。

【闹台】lào dái 戏开演前的一阵锣鼓:～过啦,紧来去棚脚看戏。

【闹热】lào riàd ①热闹:菜市真～。

②给有喜事、结婚的人家送贺礼：我该～一千箍。

【闹厅】lāo tniā 闹洞房。

【闹热刺刺】lāo riǎd qi qì 形容人多而显得热闹：個咧结婚，～。

【唠】lō ①唠叨，说起来没完没了：你嘴闲闲真爱～。②比喻对某事纠缠不休，有时还不讲理：小可代志你～唔知煞。

【醪】ló ①混浊不清：落雨天井水会～。②眼睛迷糊：老伙仔目睭～看赡清楚。③欧美人的蓝色眼珠：番仔目～～。目睭起～（比喻发性子逞凶相）。

【醪黏香】ló liǎm hniū 醪黏树的木屑，浸出液可替代发胶。

【醪涕包】ló tī bāo 奶油面包。

【醪董董】ló dáng dàng 形容非常混浊：这窟潭仔水～，赡洗身躯咧。

【劳】ló 专注某事而费心或操心繁忙：伊～书人卡瘦。

【躼】lǒ 身材高。

【躼脚】lò kā 脚长，比喻高挑的身材。

【躼躼长】lò lò dńg ①形容很长：这条路～，一日也行赡到。②形容日子久：一世人～，末八末艰苦起头。

【落田】lǒ cán 溶田，准备下秧。

【落插】lǒ cà 打赌，较劲，比输赢：你若唔信，我甲你～。

【落注】lǒ dǔ 下赌注或出手参与：人咧相拍，伊也甲人～。

【落软】lǒ lńg ①服软，态度软化或变得柔和温顺：你若无～，伊嗨放你煞。②外人从中劝和、撮合：若有人来～，着唔通计较。

【落科】lǒ kē 用眼角余光挑逗、色迷迷地勾引人。

【落场】lǒ dniú ①入场，参与：伊～甲人跛缴。②退场：我～换别人。③比喻摆脱困境：你若该会唔着，伊卡好势～。

【落力】lǒ làd 卖劲，出大力气：这摆搬家伊真～。

【落后年】lò ǎo nì 大后年，即明年的后年。

【落准年】lò zún nì 大前年，即去年的前一年。

【落昨日】lò zò rìd 大前天，即昨天的前一天。

【哴狮】lōng sāi 双脚叉开骑在脖子上：伊共我～去看戏。

【唧唧踅】lōng lōng sè 团团转，到处溜达：我互你骗甲～。

【农哥仔】lóng gǒ à 农民，略带轻蔑意味，有时也用于自我谦称：我是～，唔八出门内外。

【挵】lòng ①用力碰、砸、撞击：呷紧～破碗。②竭力计较，强烈要求：伊～要去做客。

【挵损】lòng gǒng 以粗暴的方式胡搅蛮缠，向长辈或领导强烈要求，不达到目的不肯罢休:伊正事唔做,归日～呷,～穿。

【浪柳练】lǒng liú liǎn 形容无所事事,闲逛游荡:伊归日～无想要做工课。

【浪通天】lǒng tōng tiān 形容激烈、热烈的程度:两个相拍甲～。

【浪柳浪练】lǒng liú lǒng liǎn 义同"浪柳练"。

【漉泃泃】lôr gǎo gào 泥泞,烂乎乎:落雨过后一条路～,真歹行。

【鹿鹿走】lôr lôr zào 幼儿能独立行走,而且走得步伐稳健,速度也快:伊二岁着～,真势行。

【鹿鹿趖】lôr lôr só 悠闲的信步行走:伊退休无代志,爱自己一个四界～。同"鹿鹿跎"。

【乐畅】lôr tiōng ①性格豁达乐观:伊做人真～。②高兴痛快或和兴:兄弟人相佮～。

【乐扩腔】lôr gôr kiāng 不值钱的杂碎东西:旧厝的～真多,搬家带艙去。

【咧】lê ①开玩笑,嬉闹:囝仔逐个爱～。②正在进行:牛～行,狗～走,人～做,天～看。

【咧哗】lê huǎ 嬉笑,玩闹:归日～无想做工课。

【嘞】lê ①意志、气势、神态等转弱:伊破病咧归个人～落去。②指秤的分量不够,秤尾下垂:你称卡～,肯定无够重。

【厘厘仔】li li ā ①即将,快要:我～要来啦。②极少,极轻微:这领衫薄～,敢穿无一冬着破。

【哩遛遛】lí liù liù 言行不诚实,到处忽悠人:伊做人无实在,讲话～。

【哩弄弄】lí lòng lòng 动作粗残,经常摔坏东西,也形容声响大,噪声扰人:徛楼顶～,会互楼脚提意见。

【哩勒勒】lí lè lè 小偷小摸,好顺手占便宜拿走他人的东西:看见人的物件爱共～,会伓惊。

【哩律律】lí lùd lùd 扎得不紧,套得不牢,不断脱落:一领裤穿甲～。

【哩燃燃】lí nà nà 做事不专心,没定性,浅尝辄止,喜新厌旧:找对象唔通四界甲人～。

【哩摄摄】lí liàm liàm 经常捏造骗人的话:我无要听你～。

【哩慑慑】lí liàm liàm 胆小怕事:伊真无胆,做代志～。

【哩哩跊跊】lí lí làm làm 比喻穿着邋遢,不整洁利落:一身穿甲～,出门真相㾺。

【离基】lí gī 高挑的身材:伊生成真～伶俐。

【离弃】lí kǐ 较偏远,交往不便:伊徛山内卡～,买东西艙方便。

【理落】lí lò 办理、处置:伊真好脚手,一个家～甲真四是。

【里栗】li làd 淋巴结核病。

【裂狮狮】lǐ sāi sāi 裂开的缝隙很大:伊笑甲一个嘴～。

【汝】l-ì 即你。

【碌】lǐr 劳累地从事某种活动,产生疲乏:做这种工课活要～死。

【碌路】lǐr lô 不顾劳累,不停歇地赶路:归日～,人瘝甲真呷力。

【碌马仔】lǐr vê à 像快马那样不停地奔跑:伊归日若～四界走无朝内。

【勒裥】lǐr gnài 衣服上打褶子:这领衫半腰仔～卡艁相阔。

【慄胆】lǐr dnà 胆怯,胆子小:见着我伊～三分。

【慄色】lǐr xìr 惊吓失色:听着吼雷,面惊甲～。

【录金】lǐr gīm 镀金,比喻打扮包装:伊去培训班～。

【绿扦扦】lǐr qiàm qiàm 绿油油:一领皮衫生菇生甲～。

【掠】liǎ ①提,抓,捕:～老鼠。②编织:～篮仔。③用捏的方法按摩:～颔滚(刮痧)。④量词:表示拇指与中指张开的距离:尺仔两掠长。

【掠筋】liǎ gūn 按摩的一种:腹肚痛～现好。

【掠折】liǎ jiàd 戳穿假象,揭短,让人难堪:伊专门爱共～。

【掠蚨壳】liǎ qí kàr 一种称"挑绷绷"的游戏。

【掠壮丁】liǎ zòng dīng 旧时抓人去当兵。

【连】lián ①相接:一排厝～做一下。②和:我～你。③强调:～你也敢骂我。④量词,常用于块状物:一～豆干。

【连珠嗽】liǎn zū sǎo 百日咳。

【捻】liàn ①用手指搓转,拧转:～嘴须(悠闲自得,惬意)。②比喻敲诈勒索:伊靠势～人钱。③钻空,挖洞:～空(比喻找茬,钻空子)。④挑拨,私下挑唆:伊真势拴～,害人相骂。同"撚"。

【捻指】lián znài 弹琴或琵琶时,用五个指头尖连续弹拨,形容技术十分老练。

【辇】lián ①神轿,又称大轿。②步行:步～。③车轮:车～。

【辇补】lián bô 菜叶蔬果严重缺水时的皱状:安薯消水皮～。

【辇宝】lián bò ①一种赌具:跋～。②一种地方小吃,糕饼类,方形的烤蛋糕。

【辇补补】lián bô bô 形容因缺水而折皱得厉害,形容人瘦弱且无精打采的样子:伊最近归个人看着～,是有啥代志无?

【辇补舌根】lián bô jǐ gūn 同上。

【练】liǎn ①丢、扔、脚:伊用石头仔共～厝顶,弄破厝瓦。②闲扯、闲聊。

【凉】liáng 没有负担,逍遥自在,称心惬意:子儿长成,一对爸母真～。

【凉甲若葛必丹】liǎng gà nā gàd bê

dān 葛必丹：由外国传人的止痛药，入口时冰凉冰凉的，似钻入舌。形容称心如意，舒适：有钱人呷老本，～。

【拈】liām ①手脚轻轻地动：我行路～仔无声音。②抽取：～抠（抽签，抓阄）

【拈抠】liām kāo 抽签，抓阄：～併运气，好歹是命。

【拈脚】liām kā 用脚尖轻轻地走，不敢作声：逐个咧睏，我～入内，惊共拍醒。

【拈田婴】liām cǎn ngī 抓蜻蜓。

【临弥】liām mī ①刚才，刚刚，刚过去的时间：伊～甲我咧讲话。②立刻，一会儿，随后：你～来，～去。

【临弥时】liām mī xí 突然：～雨落甲真大。

【黏】liám 比喻粘住不放、缠住、纠缠不休：我归日互伊～朝朝，行艁离脚。

【黏忒忒】liám tē tē 黏乎乎，一沾到就脱离不了：麦芽糖～，唔通黏着衫仔。也比喻情感笃定，关系密切：伊甲我～，放艁离脚。同"黏绨绨" liám tī tī

【捻】liǎm ①拧，拇指和食指夹住并旋转。②摘，折：～涂豆。③量词，用于成串成束或一小把：一～韭菜，一～秧。④五指缩紧成团：～拳头母，～依牢唔通放。

【捻嘴边】liǎm cuì bnī 拧嘴巴脸旁的皮，常用于对贪吃、偷吃或乱骂人、说谎等的惩处方式：艁见笑，偷食物件伓～，捻甲乌青。

【念】liǎm ①背诵：越～。②想念，牵挂：数～，生～。③絮叨，唠叨：杂～，嘇～。

【念咒】liǎm jiù 乩童跳神之前，营下念的催神歌诀，又称"催咒"。

【念四句】liǎm xì gǔ 像念快板那样的有押韵的句子。

【摄】liǎm 说谎，编造，故意把不是事实的说成是事实：乱～。无影的代志，伊也～甲有枝有叶。

【慑】liǎm 害怕，胆怯：也要～伱也要放贴。

【慑甲睏去】liǎm gà kǔn k-ì 形容很害怕，几似吓昏了：伊见着我～，唔敢喘气。

【捏】liǎm ①用手指把东西弄成一定的形状：～涂尪仔（捏泥人）。②乱摆弄，收效甚微：伊归日～无半项代志。③比喻养育拉扯：伊自细是我～大汉的。

【捏呷死】liǎm jià xì 不依不饶。很凶地揪住不放，像要把人生吞活剥一样：你若互伊知，会去互伊～。

【仜】liāo 手脚发麻或乏力，产生筋脉有收缩感：我惊一下脚手～～来。

【寥寥仔】liāo liāo ā 慢慢地：你唔免赶紧，～行也会赴。

【撩】liāo ①用鞭子抽打或木棍打：用扁担伫半腰仔～落。②锯、裁、截：～枋、～纸。

【嘹拍】liǎo bìr 节拍，音乐中每隔一定时间重复出现的有强弱分别的一系列拍子。

【蹽】liáo ①迅速地或偷偷地跑开或开溜：浪～，猴～。②徒步涉水或横跨过：～过溪，～空园。

【蹽坻】liáo dê 走退了潮的海底滩涂：有船搭船，无船～。

【繚】liǎo ①秤杆上手提的绳纽：揾头～（比喻决策者）②牵牲口的绳子末端的木桩钉在地上放牧：牛～伫草埔。

【料】liǎo ①预想、猜测：我～你唔来。②人的品质：好～，歹～。③材质，货品：好～，歹～。

【料数】liǎo xiǎo ①菜肴的种类或数量：今日这顿真有～。②人的品质及能力：你真歹～，顾佚佗唔读书。

【料索】liǎo sò 捆绑东西的绳子或拴牲口的绳子：牛～。

【料草】liǎo cào 货物花色品种：货架顶的～真饱，互你看咧甲目瞤花。

【了工】liǎo gāng ①白费劲：放屁脱裤加～。②很费工夫或时间：做这种衫真～。

【了离】liáo lǐ ①事情完结清楚，完成，结束：工课做无断～。②脱离关系：兄弟仔来往絵～。

【了然】liǎo rián ①明白清楚：一目～。②死心，无奈看破，灰心断念，不存在希望或幻想的心态：物件放见着～，无者佫买。

【撩】lió 从液体表层轻轻舀取：～油，～泔。

【撩泊】lió pè 把浮在液体上面的泡沫轻轻舀取掉。

【撩油】lió yiú ①用勺或汤匙舀取浮在汤汁表层的油花。②用力割取或剽切表皮与肉之间的脂肪。

【撩沟】lió gāo 园地起畦之后，把畦与畦之间的沟里散落的泥疙瘩拉上畦，使之平顺，以利灌溉时通水。

【量】liǒng ①礼让：～人偏无代志。②度量、气量，常与"有""无"连用：伊真有～，真常衔人物件。③比计划数量多出一些、备用或防不测：团仔咧大汉，新衫着～卡长咧。

【量早】liǒng zà 趁早，赶早，尽早，及早：要搭车着～去等。

【量约】liǒng yiô 粗略的不精确的估计：做代志着斟酌唔通～。

【量冗】liǒng lǐng 宽绰，富足有余：最近我钱关卡～。

【量盛】liǒng xǐng 东西物资富足，随处可得：春天的雨水真～。

【量大小】liǒng dǎi xiǎo 多少都可以，量入为出：你若要出钱，～出淡薄着好。

【谅情】liǒng jíng 谅解，原谅，宽恕：

你唔通互伊气,～伊卡小汉唔八道理。

【两扯赏】liòng qê xiòng　对抵差不多,刚好,没出入,得失相当,扯平:跋一倒拾着五角银～。

【略其续】liòr gǐ xiôr　①陆续:你要的货～到齐啦。②平常一般化,适可而止:我要求无高,～着会用咧。

【临】lîm　①液体注满盛器:潭仔水真～。②时间接近:～日昼者落大雨。

【临泅泅】lîm xiǔ xiú　液体,常指水充盈:大雨过后,四界～。

【凛】lîm　差一点,非常接近:我卡～六十岁。

【凛墘】lîm gnî　接近边缘,接近极限:过桥唔通行相～,踏颠会栽落桥脚。

【凛凛仔】lîm lìm ǎ　非常接近,仅差一点点:碗内的水差～着溢出来。

【奶齿】lǐn kì　乳牙。婴儿开始长出的第一茬牙齿(相对于恒牙)。

【奶虎】lǐn hô　女性乳头上长的奶疮。

【恁祖妈】lǐn zô mà　①上年纪妇女自称,表示自负并含愤怒意。②含骂对方祖先或前辈的口头语:我箔恁祖公,干～。

【轔】lîn　①轮流:父母互子儿～(轮流赡养)交～(祖先留下的田产让后辈人轮流耕作。)②滚动或旋转:酒矸

四界～。③闲游、逛荡:～一百～趟(到处都走过)④生活无人照顾,孤苦零丁:孤儿猴猴～。⑤量词,表示旋转的圈数:索仔缠三～。

【轔轔遨】lîn lîn ggó　形容很快地旋转:玻璃珠仔～。

【轔轔踅】lîn lîn sè　①不停地转动。②到处游荡:我闲闲四界～。

【拎】líng　①抓住要害处而加以掌握控制:伊共我～胸仔。我～马互伊骑。②强行夺取:所有的钱互伊～了了。

【灵】lîng　①形容思维敏捷、聪明:伊真～,一学着会。②反应迅速,功效明显:这种药真～,一呷着好。

【灵厝】lîng cù　民间习俗。为死者所做的纸屋,用于祭奠(常于七日祭时供于案上)。

【跆】lǐng　①跃起,向上腾跃:伊跳高～咧真高。②挣脱开,脚用力踢:伊共我揽牢牢,我无力通～。

【冗】lǐng　①松散,不紧:裤龙带着绽卡～咧者艱苦。②时间或经济宽裕、充盛:最近手头卡～,钱关返会遨。

【冗气】lǐng kuǐ　宽松有余地:最近我手头卡～,你要钱者来拿。

【冗戏唇】lǐng hì hô　又"冗唇唇"lǐng hô hô　太宽松,系得不紧不牢,容易松散,担心脱落:裤头～,真势落裤隙。

【遛】liū ①用食指在脸颊上不停地划,以示嘲讽对方做了错误或可耻的事。②抽取:～抠(抓阄)。同"羞"。

【遛抠】liū kāo 抓阄,抽签,以取决好坏或先后。

【遛嘴边】liū cuì bnī 嘲笑,讥讽:唅见笑贪食伍～。

【遛虎须】liū hô qiū 抓阄的两种形式。一是把所得的物品名与序号以不规则相牵连,捂盖物品名及连线,待抓阄者签名在序号后,再掀开物品名,循线取得物品。二是把一段甘蔗从中切开一圈皮,二人各持一端对折,折断后手中的甘蔗纤维长者为胜。

【绺】liū ①用绳索套拴住:歹子偷～狗去刣。②引诱上当:你去伍～去了还唔知,这是柴柿唔是洋参。

【绺縗】liù cuī 打结或活扣:矸嘴着用索仔拍～者缚会牢。

【绺阿夷】liù ā yí 捕蝉。在竹竿末端缚住做了活扣的毛发,伸近知了时,可套住而捉之。

【捋】lū ①冒昧直冲往前:伊唔惊歹势,直透～到人内。②推或碰倒:汽车～咧墙倒去。③赠送或推诿:我约略拿几筘银仔甲伊～,伊唔收,甲我～来～去。同"撸"。

【跙】lǔ 跌倒时身体往前滑,摩擦到地板:我趋倒～去真远,脚头肤～咧破皮。

【跙脚仓】lù kā cīng 婴幼儿坐着想移动,屁股不离地的挺身移位:团仔咧要学行先着会晓～。

【噜噜吼】lū lú hǎo 不满意,不接受时,当面顶撞或背后发牢骚,喃喃嘀咕:伊真贫惮,便若叫着做工课,伊逐过～,真唔情愿。

【䐢】luā 鸡鸭腹腔黄色的油脂或雌性的腺体。

【偌】luǎ 问数量多少:～钱,～重,～长,～多。

【𢤨】luǎ 尚未生蛋的雌鸡(雏鸡):鸡～。

【内艺】luě gguě 轻松的事,伴着消遣时光:无～,拿淡薄手工来做～。

【詈】luè 女性不断咒骂:伊真努共～。

【詈骂】lué mǎ 叫骂,谩骂(多为女性用)

【钿】luī ①旧时用的硬币,即铜板:一钿等于十个铜钱。②泛指金钱,钱财。

【擂】luí ①研成糊状或粉末:炸枣掺的安薯着～依散。②出其不意地拳打脚踢:雄雄该～落。③纠缠着计较或要求:伊～钱要去糊嘴空。

【擂佫槌】luí gò tuí 拼命地死死纠缠,不达目的不肯罢休:你若唔钿互伊,伊归晡甲你～。

【垒】luǐ 调换、掉包:伊用假币～真钱。

【泪】luĭ ①用绳子拴住东西从上往下送:物件伫楼顶~落去。②液体从边沿溢流而下:蜡烛~。泔~甲归碗墘。

【忍注】lún dŭ 原指赌博不敢下注,比喻收手或忍耐:伊这摆真~,无甲人出手。

【挼】lŋg ①伸出:我~头出来看。②穿过:手~过手袄尾。③搁置,放:伊物件~伫途。

【软邵邵】lŋg xiŏ xiŏ【软喃喃】lām lām【软趖趖】lŋg sŏ sŏ【软猴猴】lŋg gǎo gǎo【软十十】lŋg zàm zàm 软鼓囊囊,软绵绵:油食粿系久~,吃着韧揪揪。

【囹皮疗】lng pĕ ding 沿皮下溃烂扩展的疗疮。

【囹硋仔】lng gng à 女人骂语,咒人死后蹲在小瓮里,意为夭折。

【两辚半】lng lìn buǎ 一瞬间,一会儿:坐车去厦门,~着到。

【两步半仔】lng bô buǎ ǎ 不消一会儿,表示很近或很简单容易做的事:全家的衫裤我~洗了了。

M

【唔】m̆ ①不要:我~去。②用在句尾表示疑问,常与"要"呼应:你要去~?

【唔八】m̆ bàd ①不曾,未曾:我~去过北京。②不懂,不认识:我~伊叫啥。

【唔成】m̆ jniá ①不成样,不像话:你真~,衫仔穿倒扳也唔知。②不会:你免惊,我~互你漏气。

【唔抵好】m̆ dú hò ①不巧,不小心:~跋一倒。②做错事向人道歉:我~共你损一下。

【唔好成】m̆ hō jniá 不会,不可能:阮兄弟仔~看你输人拍。

【唔成款】m̆ jniǎ kuǎn 不像样,不成体统:你愈变愈~,太唔八通想。同"唔成鬼"。

【唔知死】m̆ zāi xì 事情严重还全然不知:你做贼做唔煞,~会互警察掠去关。

【唔甘愿】m̆ gām gguǎn 并非自愿,受欺侮或受欺骗产生的厌恶和报复心理。或过错、失败产生心理不平衡:跋缴输咧~拍某出水。

【唔过意】m̆ gè yī 不忍心,怜悯,对他人的不幸表示同情:看着伊咧哭,想着真~。

【唔过心】m̆ gè xīm 过意不去,心里不安:我害伊伍拍,我愈想愈~。

【唔插定】m̆ càm dǐng 不理睬:伊共我好嘴,我也~伊。同"唔插侣"。

【唔情愿】m̆ jǐng gguǎn 不乐意,马虎随便应付:伊做工课真~。

【唔八通想】m̆ bàd tāng xnīǔ 不想做正经有益的事,贪图享乐,虚度年华:伊呷甲三四十岁还～。

【迈】māi　英美制长度单位,一迈即一英里,相当于1.6093公里。常引为速度:拼尽～(最快的速度)也比喻尽量:我呷糜拼尽～(放开肚皮大吃一顿)。

【耄】mào　①瘪陷,物体向中心凹陷,边缘呈包着的状态:桌球有一～。②瘪嘴者吃东西时的动作:老伙仔无嘴齿,呷物件～咧～咧。③吞食,吞没:寄伊的钱也共～去。

【耄齿】mào kì　同上,也指"地包天"的嘴型。

【么】mô　瘪,干瘦。伊最近瘠咧人～落。

【么所所】mô snô snô　没什么,分量轻:今日～买无几项开去百外箍。

【么溠溠】mô qê qê　干瘪瘪,不充实:马齿豆失水,逐粒～。

【漠漠】mô mô　平庸无奇,无足轻重:你呣通看伊～,伊逐项都会。

【搣】mī　用五个指头抓取或捏起细碎的东西:～沙,～米。

【面线亲】mǐ sunà qīn　远亲,血统关系疏远的亲戚:我甲伊呣相八,伊甲我咧牵～。

【明载】miá zǎi　明天。

【明呼】mǐng hô　事先或当面说好,说清楚:要去以前你着甲伊～好势,者艙过后长短脚话。同"明品""明唱"。

【明那那】mǐng ná nà　明摆着,一目了然,清晰可见:合同写甲～,互你艙魔咧。

【明若柴橑】míng ná cǎ suǎi　板上钉钉,明摆着:当时我无在家,这项代志甲我无关是～咧。

【猛】mìng　①身体健康:個公仔成百岁啦还真～。②有本事,能力强:伊真～,一个要趁饲一家口仔五六个。③力气大:伊真～,担咧两百外斤。④旧时一些流氓集团派别的谑称:二四～,十八～(指好汉的人数)。

【猛溠溠】mìng cà cǎ　常指老人还很健康,体能还没有减:個老母八十外岁啦还～,行路唪唪吼。

【幔】muā　①披、搭在肩上:起风啦,着加～咧一领衫。②披搭在肩上的衣物:我新做这领～互恁婴仔。③把手搭在别人肩上或勾住脖子,表示友好或亲密:伊～我去侎侘。同"裲"。

【瞒姨】muā yí　巫婆,以装神弄鬼替人祈祷、问卜为职业的女人。

N

【若】ná　①像,好像。②在两个相同的词语间,表示跟词语的内容毫无相干或不屑一顾:伊据你讲～讲咧,一耳入一耳出。③如果,假设,要是:我～无钱者共你借。

【爁】nǎ　①光亮闪耀:～光。②被

火烧着:头毛～着火。③轻微或稍微碰触:狗～日。④来去匆匆:伊～一下着无看见人啦。

【凹】nà 塌陷。桌球～一毫。

【蔫】nāi ①作物,草本的叶子缺水而萎。②比喻人精神不振,瘫软:伊最近人～～。

【蔫补补】nāi bô bô 因脱水而干瘪。也指人提不起精神,很疲倦或很瘦弱的样子:刺瓜失水,逐条～。

【剁】nǎi 用刀捣。～肉做肉丸。

【啮】nào 咬:肉包～三嘴者到馅。

【眅眅看】nì nì kuǎ 焦急地望个不停,比喻心里焦急地盼望、等着:伊无来,互我～。

【捏】nì ①用拇指和别的手指夹:用指头仔～看硬仔软。②用手掌紧紧握住:伊有钱～牢牢唔甘开。③用手指往下按或压:～齿膏,～风琴。

【捏死死】nǐ xí xì 严格控制,限得太死,不放手相信他人:伊共我～,互我唔敢伸脚手。

【猫鄙豹】niāo bì bǎ ①脸上的麻点或皱纹很多:伊一个面～。②比喻太小气,度量很小:伊～,有物件唔甘分人。

【猫佫版】niāo gò bnāi 原指脸上的麻点多,大小重重迭迭。比喻极致的小气吝啬。

【猫巴巴】niāo bā bā 满是褶皱或麻点,常指小心眼,吝啬。

【蓼动】niào dǎng 轻易,动辄,动不动就:伊～张倒外家做客。

【凉伞】niǔ sunǎ 古代皇帝、大官或请神明出游出行时,所撑的圆柱形雨伞。现也指阳伞。

【烂糊糊】nuǎ gô gô 熟透或腐烂、破碎不堪的样子。也指人懒散,精神萎靡不振。

【烂汁汁】nuǎ zàm zàm 松懒散漫,有气无力,松松垮垮,无精打采的样子。

【嬲】nuǎ ①在地上或床上打滚:团仔归日～涂脚,～甲归身真流疡。②蹭:婴仔爱～老母心肝头,想呷奶,鼻奶味。

【搋】nuǎ 用力压或搓揉:～衫,～咸菜。

【掩】ňg ①捂住,遮掩:这项代志～真久无人知。②偷偷私下地给或取:伊要上街,我偷～钱互伊。

【掩勘】ňg kǎm 隐藏,掩盖:出代志唔通斗～。

【掩挹】ňg yàm 藏匿,含贬义。伊有啥都～,惊互我看。

【掩孤鸡】ňg gô guē【掩水鱼】ňg suī h-í 一种类似捉迷藏的游戏。

【掩嘴笑】ňg cuì qiô 窃喜,偷着乐:伊了钱佫无体面,互人～。

【黄酸】ňg sňg 脸黄肌瘦,人、禽畜、作物长得不起色:真～艍大。

【黄垂水】ňg sě zuī 伤口流出的黄

色脓液。

【黄岩岩】ňg ggǎm ggǎm 黄澄澄，金灿灿，庄稼、瓜果熟透的颜色：弓蕉逐条～，真好呷样。

【睭】ňg 盼，盼望，指望，依靠：伊定定～人帮助。

【䘼】ňg 袖子：手～，～尾（袖口）

【筬】ňg 原为用竹篾编制的浅盘，有提梁，装水产品等卖的秤盘：孤～仔（竹篮子）

【荫】ng 背光的地方：树脚有～䭏热。

【晕】ňg 视线模糊：目睭看着日真～。

【䶉】ngá 又"含"。①袒护，偏袒：伊目睭大细目～孤爿。②把东西拉到自己的一边，霸占，占有：狗～黄。好物件计计互伊～去。

【唔】ngô 争议：帐算䭏好势，两个起～。

【养】ngiù ①把菜蔬或植物的根浸在水里，防止脱水：芹菜无煮着先～仃水内。②抱养，抚养非亲生的：個效生是～的。

【养瘍】ngiū xniú：小孩撒娇。

【样】ngiǔ ①树木花草长出的芽：春天到树着发～。②款式，态势：化～（拓板，即按原样复制）。

O

【诃】ô ①吆喝，喊叫，叫卖：伊担菜四界～。②吹嘘，自夸，炫耀：自己～，真鼎啰。

【呵咾】ô lò 称赞，表扬：伊真骨力，逐个～。

【偲】ô 不容易，难：趁钱真～，开钱卡紧（快）。

【偲讲】ô gòng ①难说：伊仁时会倒来真～。②说不清楚：厝某仔冤家，是啥人哻着真～。

【偲硗】ô ggiǒ 一种野果。籽的浸出液可凝成果冻。

【王爷】ǒng yá ①民间各地的挡境佛。②比喻横行霸道的行为或人，霸王：伊若～咧，逐个惊伊。

【乌婚】ô hūn 未及法定年龄的结婚。

【乌青】ô qnī 皮下的淤血：头壳损咧～偏血。

【乌踏瘦】ô dǎ sàn 身体衰弱，皮肤黑而干瘦，肌肉瘦：最近卡无闲，抄劳甲～。

【乌徕血】ô lái huì 淤血：伊吐一嘴～。

【乌暗眩】ô àm hín 觉得天旋地转或天黑地暗：我腹肚枵甲～。

【乌胿头】ô guī táo 妓院老板。

【乌担仔油】ô dām ā yiú 沥青。

【乌吉宁仔】ô giàd lǐng à 像非洲、印度、南洋群岛、南美洲的土著黑人那样的黑皮肤：热天无戴笠，晒甲若～。

【胡蝶】ô diàm　安装在门窗相接位置上的合页,由两片金属构成。

【胡闸】ô zà　袒护包庇,对干预者给予回绝,不理睬或遮掩:若无伊共你斗～,你着互人掠去死。

【恶】ôr　①凶狠、凶猛、凶恶:伊这个人真～,真歹死。②欺侮人,对人斥责,骂:伊真爱～囝仔。③表示凶烈、剧烈:二锅头烧酒真～。

【恶甲若倭咧】ŏr gà nā ē lê　形容作恶多端,像日寇那样的残暴。

P

【抛】pā　①撒网捕捞:～鱼,～网。②翻越过来,攀登:倒～猇,安薯藤～过沟。③车船停在某处:～碇,～车。④不再进行:～荒,代志一～几仔年。⑤到处乱跑:～～走。

【抛荒】pā hng　撂荒,耕地不再耕种,使荒芜:乡里人外出做工,田园～。

【抛抛走】pā pā zǎo　到处乱跑:书唔读,四界～。同"趴趴走"。

【抛山奶】pā sunā lin　翻跟斗:～栽跪狗仔。

【抛遴斗】pā lìn dào　侧滚翻。

【拍】pà　①敲击,攻打,殴打:～人,～铁。②鸟禽交配:鸡角～鸡母,土番～菜鸭母。③表示多种动作:～电话,～枪。④拍子:球～,胡蝇～。⑤乐曲的节奏:合～。～籽。

【拍底】pà duè　①打基础,打底稿:画图着先～。②垫底:啉酒着先呷物件～。先赢淡薄～。

【拍派】pà pǎi　①预测,估计:我～伊做生理会蚀本。②差遣,使唤,分派,指挥,有时带有讥讽味:你真势～人去做工课。

【拍碧】pà pìr　特指南曲拍乐板,相当于打节奏指挥:我～你来唱。

【拍损】pà sng　①浪费,糟蹋:你真势～物件。②可惜:有钱唔开也是～。

【拍嘴谗】pà cuì zám　对他人的事极言阻止,反对:伊要开店做生理,佮老爸～无通。

【拍拼下】pà bniá ê　事关成败的关键举动或节骨眼:仔～有人攒气真重要。

【拍通和】pà tōng hó　事先约定统一口径或行动,私下暗中通气:佮两个～唔参加。

【拍朗泵】pà lōng póng　混合在一起:佮两个人趁的钱～相佮开。

【拍衰穗】pà suē vài　预言他人运气不好或讲别人不吉利的话:佮一家口仔好是是,你唔通共～。同"拍衰"。

【拍结球】pà gàd giú　①条状物缠绕纠集在一起:羊毛缠甲～。②比喻混乱不清或困难不好解决:伊番甲～,

无一路直。

【拍脚唱】pà kā qniǔ　打喷嚏。

【拍噗仔】pà pôr ǎ　拍手,鼓掌。

【拍晡光】pà pū gńg　天蒙蒙亮:我早起天~着出门。

【拍嗙泵】pà pín póng　游泳时双脚轮流上下击水。

【拍胸舞】pà hīng vù　翔安民间舞蹈,全部由男子赤身穿宽短裤,脚着草鞋,头扣草绳圈,以手拍胸脯有节奏起舞。

【拍猴拳】pà gáo gún　泛称打拳头。

【拍手轿】pà qiú gio　两人相向手交叉相握,让幼婴叉脚而坐。

【拍𩭴尾】pà sàm vè　旧时人留着长辫子,松开后乱散开来的样子。旧戏里的角色在落难时常甩这样的头发表示悲伤、痛苦。比喻很忙(连梳辫子的时间也没有)或落难:我无闲甲头毛~。

【歹】pài　①坏,不好,凶恶,蛮横,与"好"相对。②不容易,困难:路~行,生活~过。

【歹势】pái xê　①不合适,不理想,不满意,不符合规格:这领衬衫做甲真~。②向人赔礼道歉时常说的话,真~,欠你钱无通还。③害臊,羞涩,难为情:伊互人喧甲煞面红想~。

【歹代】pái dǎi　坏事了,糟糕:~,雨落者大,我佮无带雨伞。

【歹目】pái vàr　男性见女色流露出的亵渎淫荡的目光,或好窥视隐私不该看的地方:你真~,见着查某金金相。

【歹麻】pái vá　骂女人的话。羞辱对方不守妇道,不安本分,到处作贱。

【歹势面】pái xê mǐn　情况不妙,形势不利:看见~,逐个退开开。

【歹成气】pái xǐng kǐ　不好意思,或不好推辞:人咧请,无去~。

【歹惠弄】pái xǐng lǎng　一味溺爱,放纵,使儿女染上坏习惯:父母~,疼子是害子。

【歹嘴斗】pái cuì dào　①挑食或经常吃错东西会呕吐:伊真~,呷物件不时吐。②骂粗话,讲脏话:骂~会佴画猪嘴箖。

【歹看相】pái kunà xniǔ　难为情,当众出丑不好意思,常指给人送礼分量太轻,面子过不去觉得内疚:无共闹热干焦去佴请真~。

【歹癖鼻】pái pià pǐ　性格暴躁,脾气不好:伊真~,甲人无一个会合。

【歹命神】pái miǎ xín　杞人忧天,庸人自扰,什么都看不惯,都要指出其不足,都要按自己的意思改变。也指忧患意识特别强的人:伊真~,逐项着自己做者会放心。

【歹字运】pái ryǐ wěn　运气不好,背运。

【歹辈字】pái buè ryǐ　同上:我~者出甲你这种子孙。

【歹皮贼】pái pě hìr 皮肤容易感染，受伤溃烂不容易好：伊真～，破皮着患动真久。

【歹彩头】pái cāi táo 不好的兆头。

【歹性地】pái xìng dê 脾气性情不好，动不动就发脾气：伊真～，动着抨瓯拣碟。

【歹光景】pai gōng gìng 多灾难的年头或不好的形势：今年～，五谷欠收。

【歹风日】pái huāng vìd 不适合晾晒衣物或谷物的天气：抵着～，任晒艙焦。

【歹脚迹位】pái kā jià wǐ 所到之处给他人带来不顺，不幸或厄运：伊真～，嫁到途赤到途。

【歹甲臭青】pái gà cào qnī "臭青"为瓜果未成熟的味道，让人难以忍受的异味：伊～，无人管伊有法。

【纺】pàng ①使旋转、发动起来：风扇～伊遨。②办理、处理，多用于否定：歹～（不好办）③交谈，商议，讲条件：～价钱（讨价还价）。

【纺亲戚】páng qīn jniá 找对象，谈恋爱、谈婚论嫁：伊十八岁着开始～。

【抛绣球】pāo xiù giú 旧代官宦或富家女子往绣楼下扔彩球招女婿。

【凸】pǒng ①发胀，膨胀：木耳浸水真势～。②特指婴儿肥胖：好奶路，婴仔饲甲真～。③形容浮夸，不实在：伊讲话真～，艙实在。

【凸粉】pòng hùn 白石粉，多用于抹皮肤，有爽身之效，对防治痱子有一定作用。

【凸奶】pòng līn 婴儿因吮吸奶汁足，长得白胖肥美。

【凸疱】pòng pǎ 因烫伤等引起皮肤上长起水泡一样的疙瘩：伊互滚水烧咧～。

【凸纱】pòng xê ①毛线的一种，即"膨体纱"。②特指当头绳用的毛线。

【凸光勇】pòng gōng yòng 擅长无中生有说大话，言过其实、夸大其辞的瞎吹，以制造轰动效应的人：明知影伊～，逐个佫爱听伊响空。

【凸肚短命】pòng dô dé miǎ 骂人的话，诅咒人患肝病腹水而夭折。

【碰】pǒng ①批评，斥责：伊互头家～咧真厉害。②打麻将用语，有对时叫"～"。③撞击：～着壁。

【扶】pô ①从下往上双手捧或抬东西：你伫下底该～卡高咧。②阿谀奉承，拍马屁，攀附：伊真势～头家。

【扶扎】pô zà 搀扶，扶助，扶掖：有人～者会成器。

【普度】pô dô 闽南民俗，农历七月是"鬼节"，孤魂野鬼都从"地狱门"出来，因此要设供摆祭品孝敬，以保家人平安顺利。这一个月里，除初一、十五和三十这三天，家家户户都要供祭，其余日子各村轮流供祭。

【普度公】pô dô gōng 各村做普度

时,每个角落要上街买一个纸糊的鬼王,青面獠牙,高丈余,遍身金甲,据传此系盂兰盆会所超度的鬼魂的化身,称"普度公"。

【普普仔】pô pô à 大抵,略微:这项代志我～知。

【普其略仔】pô gǐ liôr à 略微或大抵:伊的底细我～知影。

【堡】pô ①旧指驿站。②量词:10华里为1堡。③急走或四处寻找:这种物件真僫～。

【噗仔】pôr à ①竹管制成可发射纸团的儿童游戏玩具。②掌声:伊唱的歌真好听,～声一阵佮一阵。

【被铺席】pě pô qiô 卧具,也指行李:会议结束,各人款～。

【泊】pè ①泡沫:水起～,杀文～。②量词:一～屎,一～秧。③调戏,嫖娼:～查某

【披】pī ①把东西摊开或铺开,以便晾晒:～粟,～稻草,～衫仔。②用爪扒:鸡～狗挖。

【譬相】pì xniǔ 鄙视性的数落,用刻薄的言语挖苦贬斥或批评:有钱人勢共～。

【漂撒】piǎo piàd ①漂亮,很醒目显眼:伊今日穿甲真～。②敢作敢当,主动承担责任,有错就改,不推三托四:伊做人真～,光明正大。

【品】pǐn ①炫耀,张扬:自己～脚仓白。②言明,议定:价钱着明～好势。

③倚仗某种权势或优势:你～恁老爸咧当官,四界要恶人。

【浮头】pǔ táo ①出众,超出一般,飞黄腾达:伊的业绩真～,定定拿先进。②刚露头,出现好景象:生理抵仔咧～,还趁无偌钱。

【浡浡呛】pǔ pǔ qīng 热气腾腾,体温高,热得难受:红天赤日头晒甲逐个～。

【浡浡喘】pǔ pǔ cuǎn 气喘吁吁:人老啦,跙楼梯会～。

【殕】pù ①腐坏发霉:生～,臭～。②朦胧不清晰:目睭～～无啥看见。

【刜】pùd ①用刀乱砍:伊佹用刀～着头壳。②比喻大手大脚,挥霍钱财:成万银无偌久～了了。

【跰跰跳】pǔd pǔd tiǎo 高兴或气愤时,双脚不停地踩地或跳跃:欢喜甲～。气甲～。

【破】puǎ ①劈开,剖开,使裂开:～大柴。②碎,坏,不完整:～衫～裤。

【破笔】puà bǐd 旧时指孩子开始识字或入学。学童应带松明、青葱和红鸡蛋拜祭孔子像。青葱和松明祈望孩子聪明,滚红鸡蛋祈许写毛笔字会直。

【破败】puà bǎi 败落、败坏或骂人失误:你真～,做到歹到。

【破头】puà táo 初次,第一次:感冒一摆～,煞不时感冒。

【破塭】puà wěn 早已在海中圈堰,

让鱼虾入内生活。一段时间后,打开一个缺口并围上网,放出海水捕捉鱼虾。

【破厝桶】puà cù tàng 矮小而残破简陋的小屋:個三匀人倚一间～。

【破厝声】puà qê xniā ①嘶哑的声音:我感冒咧嗽,唱歌～。②裂缝的陶瓷器或铁制品被敲击发出的声音。

【破厕锣】puà qê ló ①形容说话声很响:都咧惊人知,你者～。②形容东西很庞大:这块八仙桌若～咧无块系。

【批】puē ①信:写～,回～。②切薄,削刮:～肉片。③量词,用于大宗货或多数人:一～货,一～人。

【呸】puī 表示厌恶、唾弃、鄙视、斥责等:讲着伊逐个～。

【呸血】puì huì ①咯血,吐血:我互伊气甲～。②表示可气又无可奈何:你真～,我讲东,你讲西,敢讲有成话。

【呸臭澜】puì cào lunǎ 恶意的嫌弃鄙视:做人无道德,会伓～。

【呸呸吼】puì puì hào 很嫌弃厌恶的样子:伊表现很歹,讲着伊逐个～。

【伴】punǎ ①陪同:～客人呷饭。②附和:～嘴。③结伙:缴～。

【伴嘴】punǎ cuǐ 附和的话,勉强应付:我嘴花尾仔甲伊～,无照实共伊讲。

【伴担】punǎ dnǎ 新娘出嫁时,娘家赠送的礼品。

【伴手礼】punǎ qiú lê 拜访人家时随手带的礼物。

【冇】pnǎ ①不结实,内部空虚或疏松:～石,～炭,～蟳。②不实在,随便随意:伊开钱真～。

【冇古】pnà gô ①子虚乌有的故事或虚无缥缈的设想:伊爱讲～。②瞎扯:逐个闲闲坐咧讲～。

【偏】pnī ①占便宜:你设仙共我～。②价格较便宜,有利可图:本地产的价钱卡～。③欺负:伊爱大汉～小汉。

【嘭】pǹg 象声词。生气时喘粗气的声音,也指两相对斗,不甘示弱:個两个寥动着～起来。

【嘭嘭吼】pǹg pǹg hào ①发脾气时喘的粗气:伊气甲～拍大拍小。②气愤时的行为或行走:伊无讲无谭,～斡咧现行。

Q

【厕厕吼】qê qê hào ①大水的冲刷声:水龙头～,讲话无听见。②形容做事、讲话大大咧咧:伊八十外岁啦,讲话甲行路都还～。

【厕溜啌啌去】qê liū dāng dāng k-ǐ 无所牵挂地,头也不回地远离而去。没有告辞地,放心地长时间远去,去到很远没人知道的地方:门无关,献空城,你卒你~,五都里丈无看人影。

【嗤母嗤溠】qī vū qǐ cǎ 私下或背后小声说话,叨咕:查某人爱脚仓后共~讲闲话。

【渍】qí 湿润,呈反潮的状态:衫仔~,涂脚~。同"洏"。

【渍润润】qí lùn lǔn 空气湿度大,地面或物体潮湿:春天时罩雾,四界~。

【渍脍脍】qǐ guè guè 受潮而黏糊感,很难受:归身汗流雪落,衫裤~。

【刺和和】qì hǒ hò 表面粗糙,有扎手的感觉:这片壁抹甲~,无平无坦。

【刺刺吼】qì qì hào 形容走路、做事迅速果断,毫不犹豫、顾忌,着急样:你行甲~,赶紧要去途。

【佚佗】qìd tó ①游戏,玩耍。②作弄,玩弄:伊真猎哥,不时去~查某。

【测撮】qìr zuē 把面团分成较小的等份或打坯:我~互恁包馅。

【促】qìr ①改变或调整原来的距离,使接近或缩短:索仔~卡短咧。②把松弛或多余的绳子整理短些:~钩仔索。③切断使短:锄头柄~卡短咧。

【促就】qìr jiǔ 迁就,依附顺从:伊真霸道,逐个着顺伊的意去~。

【促岁寿】qìr hè xiǔ 折寿:做人无天良着去~。

【促马势】qìr vê xê 蹲马步:逐个人~和齐力扛起来。

【促上身】qìr jniǔ xīn ①亲临现场亲自动手,全力以赴:代志若要做着~,呣通讲咧煞。②贴近:你若互伊~着剥赊开。

【策】qìr 商议、协调:我想要甲你~一项代志。

【策价钱】qìr gê jní 讨价还价,商量价格:我要该买这只牛,抵仔咧~。

【斜】qiá ①不正,歪斜:我甲伊倚~对面。②比喻酒醉:我咧咧~啦,呣敢佫啉。

【赤鼠】qià cì ①黄鼠狼。②比喻赤身裸体或夜晚赤脚

【赤甲见骨】qià gà gnì gùd 形容极贫穷,家贫如洗,一无所有:伊~,简有通整一付西装。

【呛】qiǎng ①大声喊叫:主持人~名点人头。②讲清楚,陈说:事先着明~。同"唱"。

【呛声】qiàng xniā 出声说话,郑重、严肃地表达立场、观点、态度,带有权威性或恐吓性:伊本来想仵大埕中央开屎窖,众人~者呣敢。

【签】qiām ①供占卜者抽取的一种细而长的竹条,上面写字或诗句。②一种豆制食品,形为薄长条状:豆~,面~。③署名,画押:~字,~名。

【签诗】qiām xī 庙宇里用诗文写在竹条上,供抽签的人解读(圆签),认为此可传达神的旨意。

【钎魔非】qiǎm mǒ huī 吸毒的一种

方法,用注射器注到皮肤里。

【锹溚仔】qiám qê à ①钹,器乐的一种,成双。②谑指女阴。

【抄】qiāo ①翻动搜查:警察来～家。②掺和搅拌,使均匀:～涂。

【抄找】qiāo cě 搜索查找:你真势～,系佫卡密也互你找着。

【俏色】qiāo xìr 色彩鲜艳,清秀好看:这块布真～,做衫仔一定好看。

【猎】qiō ①指动物发情:这只鸡角正咧～。②比喻男性性冲动或好色,含戏谑嘲笑味:伊真～哥,见着查某姆甲流瀾。③比喻衣服装饰出众,体面而气派,出风头:伊穿甲真～。④比喻来势汹汹,放肆、气盛带威胁性:伊一支刀揭甲真～要共残。⑤有时也比喻女人不淡定、好惹事:查某人呣通要甲人～。

【猎哥】qiō gō 好色的人,好色的行为,也指好挑起事端的人:伊真～。

【笑】qiǒ ①高兴时露出的表情。②仰面朝天:拾～。③讥讽:怨人富,～人赤。

【笑槽】qiò zó 屋顶凹面向上的瓦片。

【笑稽】qiò kê 滑稽、幽默可笑的话语或动作:伊爱讲～的故事。

【笑怀】qiò buē 指投掷茭怀时,出现两片的凹面(或平面)均向上,表示占卜得到否定。

【笑尿】qiò riò 公羊闻到母羊的尿时,常会抬头仰面,上嘴唇翻转向上的举动。也指小孩的傻笑,无声的笑。

【笑厌】qiò sóng 因土里土气被人瞧不起,耻笑,看不起:山内人到城市不时伓～。

【笑甲落下胲】qiò gà lár ê huái 狂笑,大笑,放肆一任直笑,忘乎所以,口张得太大,就连下巴都脱落下来。常指带有幸灾乐祸的取笑。

【炽】qiò 指短时间的光的照射或照耀:房间暗搜搜,紧揭电火来～。

【蜇】qiò 被虫叮咬或刺到:头额去互蜂～一下。

【沢】qiò 短时间的浸渍,放在水里泡:衫仔先～咧者洗卡偲清气。

【清】qīn ①凉、冷。②冷漠,不热情。③比喻灰心失望:～心。

【清汗】qīn gunǎ 盗汗。由于恐惧、惊骇或体弱、休克等原因而出冷汗,同时手发冷(据说这汗是淡的,没有咸味):惊甲流～。

【清采】qìn cài ①随便,将就:有啥呷啥,我～呷。②为人随和,不会计较:伊做人真～,甲逐个会合。③马虎,不负责任:伊做代志真～,不时出次品。

【清膜】qìn mô 荨麻疹,皮肤出现成片红肿斑,多在颈部、脸颊或身上。

【清绨绨】qìn tī tī 冷冰冰。指饭菜太凉或比喻冷淡不热情,缺乏兴趣:

讲着要学画图,伊心肝～。

【清】qīng ①心情舒畅,毫无牵挂:伊呷老真～,呣免烦恼半项。②纯净,没有杂质:古井水真～,软米捡甲真～无半粒硬米。③清除,清理:～水沟。④含油脂少,不油腻:热天着呷卡～的。⑤结算并付还:逐月日着～伙食费。⑥无私心,办事公正:伊做代志真～,觞乱来。⑦比喻细小,零散的:喷雨～。

【清菜】qīng cǎi 吃素的人吃的食物,素菜。

【清真寺】qīng jīn xǐ 伊斯兰教的寺院。

【清水岩】qīng zuī ggiám 位于安溪县蓬莱乡,有清水祖师庙宇。

【清源山】qīng gguǎn sunā 泉州市北郊,又称"北山"、"齐云山"。

【清镜镜】qīng gnià gnià【清唍唍】qīng wnāi wnāi 清澈无瑕:伊做人～,呣爱只汁汁无清无楚。

【冲】qǐng ①浓烈的气味扩散有刺激:胡椒～鼻空。②由低向高处急升:价钱～真高。③烟、水、气猛地直冒:泉水伫石缝～出来。④某一强烈的味侵入另一物:茶心～着八角香味。⑤盛气凌人,神气傲慢:伊做人真～,不时甲人起脚动手。⑥同"穿"②。同"呛"。

【冲着鬼】qǐng diǒ guì 活见鬼。

【冲破鼻空】qǐng puà pǐ kāng 形容气味非常浓烈,很具刺激性:伊出门着芳水甩甲～。

【揪】qiú ①拉拢着缠绕成团:～索仔。②比喻追究,追根究底:甲我无关系,呣通共我活要～死。③众人一拥而上:物件拼俗,顾客～归间。

【啾】qiù ①稍微接触,浅尝辄止:～一下现行(做一下就走)。②蟋蟀轻声地叫。

【手轿】qiú giǒ 两人手臂交叉手掌相握,让第三者坐上去,然后抬着走,常搭给孩子坐着玩。

【手俗】qiū xiò 手的汗液。

【手捏后】qiù yàm ǎo 背着手,双手在背后相握。似悠闲样:呷饱无代志,～四界遨。

【手插腰】qiù cà yō 双手都张开手掌,叉靠在腰部两侧,表示一种姿态。

【手叠蜷】qiù tiǎm kún 曲臂交叉在胸前,似袖手旁观或沉思:我～徛伫边仔。

【手折仔】qiù jì à 精致的笔记本。

【生】qnī ①未煮熟或没煮够的:～涂豆呷着会漏屎。②不熟悉的,生疏,陌生:未学的～字。③没加工或锻炼过的:～石膏,鼎～,～丝。

【青】qnī ①泛指蓝色和绿色。②未成熟的水果。

【青臊】qnī cō 特指鱼虾之类的海产:闹热时～真有销。

【青清】qnī qǐn 凄凉、冷清:山空内真～,无半人。

【青荒】qnī hng 荒凉而可怕:着瘟疫,人死甲拢～去。

【青惊】qnī gniā 突然受惊而发愣:讲着要地动,逐个着～,呣知要走去途。

【青楞楞】qnī līng līng 瓜果未成熟的颜色。遍地青翠:金瓜～呣通挽。

【青活活】qnī wǎ wà 活蹦乱跳的鲜活水产品:鱼虾抵上岸逐尾还～。

【炡】qnī 水稻等谷物得枯心病,干枯而死。

【眵目】qnī vàr ①眼睛受不了强光的刺激,睁不开眼:目睭看日头真～。②刺眼、不顺眼,看不惯:伊穿这身躯伍看着真～。

【成】qniá ①继续做未竟之事,使完成或达到目的:这片壁你该～抹依平。②促使,成全:你～我清心,我～伊好气。③养育使成长或为儿女完成婚事:父母～子。查某仔出客是伊该～的。

【成子】qniǎ gniā 为子女办婚事:趁钱积起来～。

【成家】qniǎ gê 扶持或操持家庭:注伊要～,一只猪母出十四只猪仔。

【成尾】qniǎ vè 把剩下的收尾工作完成:～工课我来做。

【倩的】qniǎ ê 仆人,泛指被雇用的人:起厝的人都是～。

【请】qnià ①邀请,聘请:～人来介绍。②口头语:"再见"或"请您"的意思:～!后日着佫来。～,你先行。③特指吃饭、入席:你者来我～。④供奉、擎:～佛公,～神主。

【请火】qniá hè 民俗。将侍奉神佛的香炉里的香灰带回本地或家里供奉:王爷公出巡～。

【请天公】qniá tnī gōng 家中有重要喜事,全家人清早到户外或村口向高处烧香跪拜。

【上】qniǔ ①用绳子绑着东西往上提或吊。②滋生并附着在某物上:～烟屯。③堆积、堆叠:～高(堆高)。④扬抖,让杂物飘出:～粟(扬谷)。

【上溃】qniǔ qí 东西表面出现潮湿的状态:南风天,石头～,若咧流汗。

【上殕】qniǔ pù 食物等滋生霉菌而变质,产生异味:春天时衫裤无晒也会～。

【上呃】qniǔ ê 眼珠上生了一层薄膜状物。白内障:老人真多目睭～。

【上水】qniǔ zuì 用绳子挂着木桶从井里提水,或用桔槔或轳辘从深井吊水。

【上版】qniǔ bnāi 因受潮,衣物上生霉点,很难洗掉。

【上啼】qniǔ tí 因长期潮湿,长出苔藓:石头～,路真滑。

【上白蚁】qniǔ bê hiǎ 生长出白蚂蚁。

【上盐霜】qniǔ yǎm sān ①地层中

被水溶解的盐分,因某种原因而上升到土壤的表层,常在表层出现白色的结晶。②流汗太多又没洗掉,干了以后留下的白色结晶:你头额～紧去洗面。

【绹头】qniǔ táo 旧式结婚时,新郎或新娘应在当天的大清早,要在大厅堂前举行"洗礼",相当于成年仪式。要让德高望重的老妇梳头念吉祥话。

【绹鞋】qniǔ wê 缝制鞋子,纳鞋底或把鞋帮缝上。

【绹囥】qniǔ kňg 收藏,积存:你真勢～,几十年的物件还保存。

R

【二婚亲】ryǐ hūn qīn 旧时多称再嫁的妇女或再婚的男女:個是～,唔是原配。

【二步七】ryǐ bô qê 有两下子。某项知识或技术虽不足,但还是有点本事,多少还可以应付点局面:伊行象棋有～。同"二步八"。

【字洇】ryǐ dô 写有毛笔字的纸,垫在薄纸下,衬透出字迹来,让习字者按字画练写。

【字目无情】ryǐ vàr vǒ jíng 识字回生。已经认得的字如果不复习或运用,很容易遗忘:老货逐个讲～,小汉八的字这阵螫记咧了了。

【字是文章皮】ryǐ xǐ vǔn jniū pé ①文字是组成文章的基础,识字多,才能写好文章。②文章是用字写出来的,写的字好看清晰,让人看了舒服,还没读就喜欢上了。反之,文章再好,读时费劲,就读不下去了。

【茹】rí ①紊乱,杂乱无序:衫裤无折,披甲真～。②无理纠缠,撒泼:伊归日甲我～螫煞。

【茹搦搦】rǐ lǎr lǎr 各行其是,乱糟糟:大人无赵,据团仔去～。

【茹㾾㾾】rǐ hô hô 难以理出头绪或图快随便草草应付:我赶紧～呷无饱。

【茹帐帐】rǐ cáng càng 乱七八糟,杂乱无章。常指胡闹乱来,蛮不讲理,纠缠不清:账目记甲～,有趁嘛唔知。

【茹花花】rǐ huē huē 因混杂混乱而认不清:你讲甲～,我听无。

【茹甲拍结球】rǐ gà pà gàd giú 不可理喻,胡搅蛮缠,怎么劝说,解释也白搭,像一团乱麻那样。

【瑈】rì 物体被重压或摩擦而损坏、破烂:裤底～去要破啦。

【日虎】rìd hô 透过树叶或遮盖物缝隙的阳光。

【日画箍】rìd wǐ kô 日晕。太阳周围的光环,常被看做天气变化的预兆。

【热】riad ①沉迷,热衷:伊最近咧～跳舞。②往热锅注油:～油炒菜。

③发狂,发疯(女人骂语):你着～症,～甲唔知人。④食物所具有的能引起火气的性质:麻油卡～,唔通乱呷。⑤感情深厚:亲～,～爱。

【热症】riǎd jǐng 女人骂语。发高烧的疾病:我的衫途一个～的偷拿去。

【热油】riǎd yiú 往热锅里注入食用油:加～菜者会好呷。

【热纥仔】riǎd gàd ǎ 皮肤长出的疮或疖子。

【热嗙嗙】riǎd bòng bòng【热刺刺】riǎd qì qì【热髓髓】riǎd cé cè 形容热烈、热闹的景象,热气腾腾繁华的场面,或热衷、热情高涨的行为:今日佛生日,搬戏佫请人客,归乡里仔～。

【绉】riáo 皱。

【绉茧茧】riáo gnái gnài【绉栢栢】riáo bê bê【绉闭霸】riáo bì bǎ【绉巴巴】riáo bā bā 形容折皱得很严重。

【躏】riôr 用脚踩踏(稀烂的地方)。

【人茸】rǐm rióng 指甲剪得太深,触痛到指甲内的肉。也比喻深入得过分:钱开咧～去,煞着欠债。

【仁】rín ①事物的核心部分:目睭～,目镜～,虾～,电罐～,卵～,桃仔～(籽),话～……②精粹或纯净而饱满的:卡～的人伊拣了了。③去壳或荚的颗粒:涂豆～。

【偌】ruǎ 疑问词①多少,(数量):一斤白菜～钱。②多么(程度):你知影伊～欢喜。

【韧布布】rǔn bô bô 煮熟的食物咬不烂,口感极差,只是有嚼头而已:开花的韭菜～。

【韧揪揪】rǔn kiú kiú【韧横横】rǔn huài huài 非常坚韧或柔韧,有伸缩性且难扯断:老油条～,老仙公无对手。

S

【捎】sā ①抓,爬:伊去互警察～去。②搜罗,乱抓,捞取:无钱四界～,～人的钱来用。

【煠】sà ①把食物放在沸水中烫一下就捞出:～面线,菜先～一下者炒。②做难办的事,勇敢地面对:这项工课无人敢～。

【煠白水】sǎ bê zuì 形容没加料的食物:面线～无掺半项。

【拺】sàr ①用力推,搡:～门入内,～做就。②摔倒:～一倒。③摔:抨瓯～碟,磕头～额。④卖劲,尽力:～身。

【拺桶】sàr tàng 摔打稻穗使脱粒时用来盛的大木桶。

【私脚】sāi kiā 私房,私蓄,私人占有的:伊真勢拾～。

【私脚钱】sāi kiā jní 私房钱:查某人的～若性命咧,唔甘开。

【师】sāi ①师父的简称,也指能独

立掌管部门工作的人:伊已经成～啦。②对老人或有技术专长的人的称呼:老～,拍石～,××～。

【师仔】sǎi à 徒弟,学徒。

【鋠】sān ①金属生锈:生～,铁～。②身上的污垢,渍物:无洗身躯,四界专～。

【瘦】sàn ①土地贫瘠:田园真～作无食。②分量轻,简单的:～工人仔,～工课。③对熟人带轻视的称叫:～的,～××。

【瘦猴】sán gáo 戏谑语。形容人瘦得像猴子那样干瘪难看:伊～～,若鸦片仙咧。

【瘦㜺】sán ggiǎn 憔悴:伊住院真久,人～无精神。

【瘦赤】sán qià 贫穷:伊家庭虽然～,却真有志气。

【瘦巴巴】sán bǎ bā【瘦义义】sán ggǐ ggǐ【瘦尧尧】sán ggiǎo ggiǎo【瘦比巴】sán bǐ bā 形容很瘦,瘦骨嶙峋,肉少而骨显。

【散】sǎn ①无所顾忌,有胆量勇气,不害怕:伊真～,敢坐车过独木桥。②闲逛,溜达:伊无代志做,闲闲四界～。③中医指发散,即削弱抵抗力:这种风药呷着真～。

【散药】sàn yò ①指发散,对身体有副作用的药品。②比喻豁出去冒险:我这摆呷～甲伊拼一摊。

【双声响】sāng xniā hiàng 欣然同意,乐意赞成,毫不犹豫地答应:你当时～,舣使咧佫变卦。

【双个状】sāng ê zǎng 头发上有两个旋涡,民间流传这样的人脾气较坏,较凶:～恶甲无人要问。

【双糕润】sāng gō lǔn 闽南老式甜点,糯米粉团加白糖和红糖包馅料,分成两层煮熟而成。

【送定】sàng dniǎ 下聘,男方向女方送去的财物,作为订婚的礼物。

【送神】sàng xín 农历十二月二十三日,土地公(一说灶君公)上天庭,民俗要祭敬饯行。

【送天公】sàng tnī gōng 喜庆民俗,在重大节庆时清晨要"请天公",傍晚要"送天公",即到户外路口向天上祭拜。也戏指东西坏掉、损失。

【三牲】sām xīng 祭供的猪、鸡鸭和鱼等,也泛指供品。

【三坪寺】sām pniǎ xǐ 三坪祖师公的寺庙,位于漳州平和县九岩层石峡谷中,闽南信众极广。

【嗲念】sám liǎm 连续不断地自言自语,也指怀念、念叨:者久无看着你,我定定咧～。

【毵】sǎm ①毛发长而散乱、下垂:～头～髻。②衣裳破损松散:衫仔袄～去了。

【撖】sàm 撒,泼洒:～胡椒,～药粉。

【霎】sàm ①纷纷细雨不停地下:～

雨芒。②形容细小或碎屑：碎~~。③渺小，让人瞧不起，不起眼的小人物：阮是~仔人。

【霎雨】sǎm hô　不停地下雨：外口咧~，出门着揭雨伞。

【飕声】sāo xniā　声音沙哑，不响亮：昨昉去寒着，今日讲话煞~。

【哨角】sào gàr　巨型的号角，声低沉而宏越，旧时神佛出巡时吹响壮行。

【搜】sō　①抚摩，用手轻轻按着并来回移动：~头壳。②抹，擦：~粉，~万金油。③揉搓：~草索，~圆仔。④操持家务：~内头。⑤磨磨蹭蹭，动作慢，效率低：你真势~，逐项要若唔咧。

【搜家内】sō gê lǎi　忙碌于繁杂的家务琐碎事项：阮老爸上山作稿，阮老母~洗衫煮食。同"摸内头"。

【搜鸡糕】sō guē gō　做事拖拖拉拉，磨磨蹭蹭，慢吞吞，效率极低：我先行，无要等你咧~。

【搜无路】sō vǒ lô　①找不着路走：我唔八去者会~。②不懂得做，找不到下手的地方：要叫我自己煮呷我~。

【趖】só　①（虫、蛇等）爬行，蠕动：狗蚁四界~。②比喻举止动作、办事慢悠悠的：你做代志真势~（太慢，慢腾腾）③闲逛，游玩：~街路，~去厦门找亲戚。

【涑】sǒ　吸收水分：纸会~水，瘦田势~水。

【㞞】sóng　俗气，土里土气。对新鲜的或时髦的事物因缺乏知识或经验，而经常闹笑话、出洋相：你笑人~，人也笑你~，唔通互人呷~。

【㳚】sǒng　①车船慢慢向前进，或就风势、潮流、惯性行走：大船~入港，小车~入车库。②生活潦倒，提不起精神，失志失意的神态：人若无钱着漉~。

【舒】sô　让人觉得舒适、愉快的处所、衣物或食品：浆泔的衫卡~，佮三顿呷的都真~。

【所费】sô huï　①路费或办事的花费：你出门~卡重。②泛指生活费用：物件贵，一家~真重。

【趖】sè　①打转，绕，盘旋：有话唔直讲，~甲一大弯。②量词，指圈：索仔缠十外~。

【趖街】sě guē　①逛街：闲闲去~。②游街：做贼伓掠去~示众。

【趖金龟】sě gīm gū　一种用金龟子缚在线上绕圈的玩意儿。比喻绕圈子，打转。

【趖玲唥】sě līn lōng　①绕弯子：我找无路四界~。②比喻说话、办事不直截了当：有啥话直直讲，唔通甲我咧~。

【四壮】sì zǎng　粗壮结实，体形健美匀称，显得很有力气：伊身材真~，好骨块。

【四是】sì xǐ　周全妥帖：伊势捍家，逐项理落甲真～。

【四常】sì xióng　经常，常常：我～去佨内找伊。

【四五路】sì ggô lô　四面八方各个地方或各个方面：城市的人都来自～。

【蛋】sǐ　苍蝇的卵。很快就变成虫，误食会呕吐、拉肚子：户神放～一下现变虫。

【输甲招龟】sū gà lù gū　输得很惨，无力挽回败局：你想要甲伊拼，肯定～。

【输甲褪裤】sū gà tǹg kô　彻底失败，得个零，一点不留：业余的甲专业的比，卡加嘛～。

【蹜】sǔ　顺着某物体而向上攀，或滑溜。

【蹜竹篙】sǔ dìr gō　爬竿。

【摔】sùd　①用鞭子、细长的竹条木棍抽打：伊互個老爸用索仔～甲出血。②迅速地吃：我一顿～三碗。③甩拍：～蠓仔。④比喻飞快地瞧：相～目（使眼色）。

【摔目】sùd vàr　使眼色或快速地看一眼：我该～叫伊嗯通买。

【摔美】sùd vì　拂尘。旧戏里太监、神仙用的木柄末端有一束毛发的掸子。

【摔目尾】sùd vàr vè　飞眼传情：個

两个咧～，看来咧有意思。

【术】sùd　①诱骗或欺骗：伊共我甲遴遴遴。②投篮：～球。③哄：～婴仔去睏。

【硒】suà　①壳灰、沙和红土拌水而成的三合土：灰～。②一种风化的岩石，可作建筑材料：石～。

【徙】suà　迁移，移动，搬动。

【续】suǎ　接上，相继，紧接别人之后：我～你后面排队。

【续手】suà qiù　①随手，顺便：你要出门，粪扫～带去倒。②紧接着做已经在做的事，接手：我～接你的班。

【续总】suà zàng　总（zàng）：扎成束的头发。旧时头发稀少的女人，为了使发髻看似很大，在自己的头发里接一束买来的"总"。这就称"～"。

【续缚步】suà hǎ bô　把稻草等末端相接打个结，用于捆扎柴草：要缚稻草着先～。

【续嘴尾】suà cuì vè　①接话茬。接着别人的话说话：個老爸咧骂，我～也骂。②把最好吃的东西留在最后放在嘴里慢慢地品尝：这块肉留做～。

【煞】suà　①结束，完了：戏搬～啦。②算了，罢休：碗损破着～，者佫买新的。③竟然，反而：我谅你，你～呷嗯知饱。④迷信者认为冥冥之中有一种魔邪会突然对人或家畜残害：伊念弥时～咧敾讲话。

【煞着】suà diò ①人们的非正常举动,惊动了魔神,对弱者进行突然的袭击祸害:伊仂门口劈柴,佡某去~,腹肚内的婴仔险仔落胎。②何须,不必:刣死鸡仔~用牛刀。③必须,须要:看来,这项代志~叫伊来者会成。

【煞事】suà sǐ ①事情结束,了结:物资交流会已经~。②放过,不再追究:你若还钱者会~。③散伙,断绝关系:人若落薄,朋友~了了。

【煞尾】suà vè ①收尾,结尾,结局:搬戏定定刣奸臣~。②最后的:~子吮无奶。

【撒】suà 零星、小量的放入:~胡椒,~豆油。

【汕】suān 用尖刻的话数说、奚落、或讽刺挖苦人。

【汕侣】suān xiáo 用尖酸的话奚落、讽刺挖苦人:趁无钱会伓看无佫~。

【汕谑】suān ggiò 取笑:人咧纺亲成,伊共~。

【旋】suán ①急转:伊拍的桌球真~。②(东西)精纯,整齐而完美:伊拣的角数逐个真~。③比赛或竞赛得零分或取得全胜:这摆比赛伊互我该~。

【衰】suē 晦气,倒霉:着~,真~。

【衰穤】suē vài ①倒霉,厄运:脚踏着屎,实在~。②差劲,卑劣:我无~共你借钱。

【衰侣】suē xiáo 粗话。①倒霉:你若讲啀听,卡停着会~。②无能,被人瞧不起:你唔通看人~。

【衰运】suē wěn 运气不好:抵着~,收着一张假币。

【衰三代】suē sām dǎi 倒霉透了。

【衰甲落髻仔】suē gà làr gě ǎ 倒了大霉,连整头的发髻也掉光了:甲你做厝边成实是~。

【洗断】sué dǔg 洗涤,洗刷:着骨力~者会清气。

【楔】suè ①塞,挤进:~人缝。②垫:椅脚无平,用石头仔~伊在。③贿赂:要办代志着共头家~钱~物件。

【楔人缝】suè láng pǎng 从拥挤的人之间挤过去:我~挤到头前。

【繐】suī ①垂在额前的短发:毛~(刘海)。②某些容器的嘴子:茶鼓~。③比喻某些动物的阴茎,用于人含戏谑讥讽和鄙视味:大乇~,驴捅~。④绶带或扎成丝状的装饰物往下垂:灯~,旗~。

【水】suǐ 美。

【水当当】suí dāng dāng【水茫茫】suí māng māng 非常漂亮、美观:一间新厝装修甲~,徛着一定真舒爽。

【水甲若旦咧】suí gà ná dunǎ lê 旦:旧戏或京剧中的年轻貌美的女性角色。演员都是挑选漂亮的。演出时加上化妆、行头,就更漂亮动人了。

【水甲若月咧】suī gà nǎ ggè lê 人们都喜欢月亮,既不晒人又给光明。以月喻美,是人们都赞成的。语带赞叹欣赏之意。

【巡】sún ①查视:出~,~水路。②描摹:~字。③量词。指条纹:潭仔水消落一~。

【巡上大人】sǔn xiǒng dǎi rín 描红。旧时初习书法的一种练习。

【顺】sǔn ①向着同一个方向,与"逆"相对。~风。②沿着:~山边行。③趁便:~手,~便。④遂心,如意:~心。⑤依次:~延。⑥依从,不违背:归~。⑦通畅,流利,有条有理:这个故事情节真~。

【顺欻】sǔn àm 供奉神佛的甜点或果品。

【顺月】sǔn ggè 孕妇临产的月份:個某~啦,最近着会生。同"巡月"。

【瞬】sùn 立刻,马上:~来。~做~好。

【散钱】sunà jní 币值小的钞票,零钱:我无~通找你。

【散仁】sunà rín 鸡鸭蛋坏了,蛋黄散开:鸡卵~,摇着有声,肯定臭啦。

【散桶桶】sunà táng tàng 形容聚集不到一块,四分五裂,洒落失散:工厂头家无来管,放伊~。

【三脚花】snā kā huē 三点不在一直线上,有三脚鼎立之势:阮三个站~。

【三节跷】snā zàd kiāo 成三节的弯曲,表示站不直:人呷老行路~。

【三脚马仔】snā kā vê à 三脚落地的支架,供刨杉木之用。

【相斗】snā dǎo 互相帮忙,帮助:农忙时厝边~做工课。

【相牴】snā dàr 本指牛羊等用角来相斗,比喻因矛盾或不和引起的口角或争吵:個焦家心妇不时~。

【相推】snā dū 推来推去,表示谦让或推卸。

【相激】snā gìr 相互讽刺或挑衅,引逗对方发性或产生某种情绪:我伍~咧发癀。

【相佮】snā gàm ①合伙一起,一同:咱~行。②共同拥有的:这间厝阮两户~倚。

【相诤】snā jnǐ 争论,争辩:個兄弟仔真爱~。

【相媵】snā tǐn ①许配给对方:查某仔甲個~。②配对成一担:这篮仔安薯互你~头。

【相汱】snā tuǎ 互相影响:伊甲歹子行,~咧会偷拿伶真势喥酒。

【相透】snā tǎo ①搀兑,相混在一起:软米甲硬米~。②通报消息:家内人甲外人~,偷家内物件。

【相为】snā wǐ 相互袒护或保护:同厝人亿外口抵着代志着~。

【相偃】snā yàn 摔跤,相搏:囝仔咧~。

【相放拌】snā bàng bunǎ ①相互轮流帮助:农忙时厝边头尾～。②同样相待,以其人之道反其人之身。

【相带着】snā duà diò 因顾念旧情或某种原因而连带照应,并给予好处:同厝人真～。

【相弄通】snā làng tǎng 相互穿透:这堵墙～。

【相合意】snā gà yì 男女之间相互爱慕倾情,心仪:恁效生甲伫查某仔两个～。

【相交缠】snā gāo dní 相互缠绕在一起,比喻关系复杂,关联交错,难解难分:查某人跤生唔值钱,要生性命～。

【相交插】snā gāo càm 互相来往打交道:我甲伊无好,唔八～。

【相借问】snā jiò mǎng 打招呼或打听:人客来着甲人～。

【相欠债】snà kiàm jê ①不打不相识,不是冤家不聚头。本没有或不该有的联系,却又情愿或不情愿地互相认识并发生各种关系。常带有埋怨、不幸和懊悔的意思:无～结赡成夫妻。②虽不和谐但却难舍难分:怹某仔是～者会做家口。

【相摔目】snā sùd vàr 相互使眼色,暗中相约或提示:看见唔是空,個两个～斡旋偷走。

【相依偎】snā yī wà 相依相靠,抱团:赤人甲赤人着～。

【相趁样】snā tàn ngiǔ 跟着别人的样子做:有样～,无样自己想。

【相听担】snā tnia dnǎ 听话,尊重意思:一家口仔人着～者会和妥。

【相听候】snā tìng hǎo 等候,等待:你踮路口～咧者相偕行。

【相偕行】snā gàm gniá 一起走。

【相找坐】snā cě ze 串门,彼此来往:我不时甲伊～。

【相尊存】snā zūn cún 互相尊重、谦让;有物件唔通相争,着～。

【相拖坠】snā tuā tuī 连坐,连累,拖累:我讲你唔听,出代志唔通来～。

【相重谭】snā dǐng dná 误会出错:是你讲无清楚,我者会～。

【跐】snà ①猛扑,捕捉,敏捷急切地捕获:神人～蚊真利害。②喜好或随便做,形容急切或疯狂地欲得某物的神态:～着布袋筋,走到万家春。

【跐势】snà xê ①顺势:石头真重,着～者揭会起。②得意,顺畅:伊讲话真～。

【跐心】snà xīm 因合心意或正中下怀而急切地或疯狂的欲望心态:我看着真～,无嫌贵着买。

【楽】snào 芋头、安薯、萝卜等因品种关系或水分多没煮烂,吃起来有脆碎,嚼不细的口感:菜头无够熟,呷着会～。

【丧脚】sng ka 办丧事殡葬时抬灵柩的人。

【酸勼勼】sŋ giū giū 【酸喃喃】sŋ lǎm lǎm 气味或味道很酸,让人一尝就牙根发软流口水:无够熟的葡萄～,呷着连嘴齿都软。

【酸酸仔闷】sŋ sŋ ā mǔn ①胃或腹部微微胀痛。②内心深处挂念或忧郁:放见钱唔敢讲,自己～。

【赏】sǎng 悄悄地想窃取或等待:你无注意会互贼共你～去。

【繦】sǎng 勒住,被绳索束紧或套紧:他共我～揽抱。拿索仔～领滚吊死。

【损】sǎng ①损失,损坏:歹牛势～索。②损耗,损害而衰弱:呷鸦片人真～。③浪费:一块钱互你～了了。

【损断】sǎng dǎng 浪费、损坏、糟蹋:你真势～物件,一双鞋穿无几日现破。

T

【拓】tǎ ①挑,搅动:稻草～卡开咧卡会焦。②拨,翻动:涂着～者会松。③用杆子从高处取物:～树顶的虎头蜂岫。

【读素】tǎr sô 道士念祷告文:伊去东岳拜佛～。同"读诉"。

【读辈字】tǎr buè ryǐ 向人详细介绍自己的身世或向人解释、说明事情的来龙去脉:我甲伊唔相八,见面着～,实在真费气。

【刣】tái ①宰杀:～猪,～鸡鸭。②安排筹划:～无坯。③教师批改作业,在错处打叉。

【刣割】tǎi guà ①宰割,宰杀。②指手术的粗俗说法:腹肚内生一粒瘤着～。

【汰讨】tài tò 加强反问的语气副词。表示难道、竟然的意思:～有迄啰空,唔去嘛是忞。

【趁】tǎn ①驱赶:～鸡鸭,～牛上山去呷草。②利用机会,顺便:～伊咧欢喜讨细稳有的。③赚,得到,获取:这摆生理～着钱。④跟着效法或模仿:阉鸡～凤飞。

【趁时行】tǎn xǐ gniá 赶时髦,跟上时代潮流:伊跟人～整裤机。

【趁甲淹额】tàn gà yīm ǎm 盈利得盆溢钵满,很好赚,赚很多钱:过年逐间店都抢年抢节～。

【通】tāng ①可以,允许,应该:趁钱～娶某。②便宜、有利:一斤米换六斤安薯真～。一斤蚝两角银真～。

【通光】tāng gng ①消息灵通;你行情真～。②明净光亮:房间窗仔多卡～。

【虫豸】tǎng tuǎ 小昆虫的总称;热天卡厚～。

【桶挽】táng vàn 一种专用于把桶箍扳上桶墙,以便套紧桶壁的器具。

【贪博】tām pôr 贪多,贪婪,不易满足,一味求多,超出实际需要或承受力,往往适得其反:啉酒若～,十个九个醉。

【贪食窟】tām jiǎ kùd　戏称人颈后头发下端低凹处,越深的人越贪吃嘴馋。

【贪伤下】tām xiōng ê　太贪婪:大山的柴据人割,伊～割甲担媵了。

【贪心悫】tām xīm ggǒng　贪得无厌,一味想占便宜,其实结果往往是因小失大,得不偿失:有好料伊～呷甲唔知饱,结果涨甲胃痛。

【偷食步】tāo jiǎ bô　①违反常规抢先行动,以占便宜或取得好处,偷巧、取巧:伊行棋逐过爱～。②不正当地乘人不备:伊～暗人钱。

【头帛】tǎo bê　丧家亲属裹缠在头上的白布。

【头对】tǎo duǐ　童养媳的未婚丈夫。

【头七】tǎo qìd　民间给刚去世的人在第七天做"七日"称～。

【头总】tǎo zàng　①成束的发髻。②头绪:掠无～(抓不到头绪,无从下手)。

【头倒客】tǎo dò kê　新娘子首次回娘家:民俗新娘出嫁的第二天要～。

【头痒的】tǎo jniǔ ê　第一胎生下的孩子。

【头前行】tǎo znǎi gniá　女儿出嫁时,娘家除嫁妆之外还得送出的基本生活起居的小物件。

【透】tǎo　①掺兑,掺和:烧酒～滚水。②冒,不顾一切:～雨出门。③一直通到:这趟路～厦门。④掺透,穿透:这张纸会～光。⑤透彻、彻底、周遍:四界走～～。⑥大而猛烈:～风。⑦暗地里告诉、交往:内神～外鬼(内外勾结)。

【透早晏】tào zá wnǎ　趁着白天的前后,挤出时间:热天日头炎,上山着～卡媵热。

【透遍胡】tào biàn hô　满脸的胡络:伊嘴须～,人看着真臭老。

【透过龙】tào gè líng　①超过原先预料,绰绰有余:我互你的钱～。②充裕、超过,有余:做婴仔衫,一码布着～。

【敨】tào　①解开:～行李,～裤龙带,～结。②通行无阻:伊门路真～,逐项都买有。③先声远扬:伊名声真～,四界都八伊。④小便的婉词:停车互人去消～咧。

【敨脱】táo tuàd　解脱,散开,从拥挤的地方向空旷的地方转移:人多无块～。

【桃花痟】tǒ huē xiǎo　常在春季发作的神经病,又称桃仔花痟。常作女人骂语,意指神经错乱,反复无常:你是咧着～。

【套】tǒ　①事先或私下约定:恁～好好相佮要骗我。②互相衔接或重叠:～色,～种。③排练:～戏。④量词,成组的什物:一～家私。⑤施计骗取:伊用话～人的秘密。

【套钱】tò jní 垫在被连接件与螺母之间的零件,一般为扁平形的金属环

【套衫】tò snā 旧时为死者穿寿衣的丧事礼节:父母死时,长子伫天灯下～。

【讨】tò ①索取:～债。②招惹:无呷～得怪。③谋生:～趁。④私通,勾搭:～客兄。⑤请求:～呷,～头路。

【讨份】tó hǔn 自己主动要求或乞讨参与做某事:本然无欠用你,是你自己～的。

【讨命】tó miǎ 迷信者认为被害死的人或狗猫等动物,会变成冤魂厉鬼向制造命案的人索还命债:你拍死猫会互伊～。

【讨小海】tó xió hài 在海边或滩涂上拾捡贝类或捕鱼捉虾:伊咧行船,侢某咧～。

【通】tōng ①无阻碍,能通过:这条路～啦。②使畅通,不受阻塞:～水沟。③精通某一方面:伊是中国～,～汉语。④通顺:这句话赡～,着修改。⑤整个:～天下禚知。⑥聪明机灵,善于领悟理解:伊自小着真～,真得人疼。

【通人知】tōng lǎng zāi 众所周知,尽人皆知:我做的代志光明正大～,无掩无欷。

【捅】tòng ①吐露,暴露出来:～头、～样、～须。②超出:四十～岁。

【捅须】tòng qiū 蛇或蜈蚣吐信子。

【土】tô ①非正规设备技术、非科班出身的。②不合时代潮流的,土里土气:出～(出洋相)。③粗鲁,鄙俗,不文雅:伊真～公,讲话真～。

【土公】tô gōng ①旧指殡葬时抬灵柩的人,又"丧脚"。②粗鲁又耿直,还带点犟:伊真～,讲话直来直去。

【土人】tô láng ①比喻粗鄙、率直的人:咱～讲话清采讲。②旧时外地人对本地人的蔑称。

【土名】tô miá ①不是正式的名字,多指带地方性的叫法:火拭～叫番仔火。②俗名:伊的～叫大呆,其实伊叫日发仔。

【土直】tô dìd 生硬而直爽,略带粗鲁:伊做人真～,赡晓讲好听话。

【土公性】tô gōng xǐng 急躁而又率直,并带些粗暴的脾气:伊～一起,通街衆无米。

【吐呃】tô è 打嗝。吃饱时常有的现象。神棍、神婆出神的先兆也有此状况。

【吐屎呼】tô sāi-ì 打嗝,婴儿吃得太饱:伊真重呷,逐顿着呷甲～者要煞。

【吐臌箭】tô hǐr jnǐ 伤口溃烂肌肉外露或痊愈后生出部分突出的肉。

【吐甲不驴鹿】tô gà bùd l-ǐ lôr 形容呕吐得很严重。或指胡言乱语,瞒天过海的瞎扯。

【推】tê 不愿意接受：伊叫我去，我～无闲。

【茶】tê 很疲劳、毫无兴致的样子：瘴～～。

【体统仔】tê tǒng à 摆样子，装门面：要去做客，共借一领西装来做～。

【体体宝】tê tê bò 对什么东西都很珍惜，在别人眼里不值钱的东西，甚至是废弃的东西，也像宝贝那样爱惜、收藏，舍不得丢弃：伊有物件逐项～，甘烂唔甘溁（送人）。

【裼】tì ①撑开，摊开：～八仙桌，～开报纸。②张扬，自夸，炫耀：自己～脚仓白，～伊好额穿新衫。

【裼封龟】tí hōng gū 张扬炫耀：趁淡薄钱现四界～，惊人唔知。

【裼阿阿】tí ā ā 在人前炫耀，展示辉煌：有新厝通徛～，四界去共品濟。

【裼突突】tí tǔd tùd 支支吾吾，说话断断续续：我问伊，伊～唔敢讲。

【裼跙跙】tí tǔ tú 做事说话磨磨蹭蹭慢吞吞，故意拖延时间：做代志唔通～，做好者歇睏。

【裼甲两粒奶拖涂】tī gà lǐng liǎm līn tuǎ tô 好大善功，王婆卖瓜自卖自夸，而且骄傲张扬得太离谱，失态而丢人观眼，连隐私（乳房）也暴露无遗。

【铁甲车】tì gà qiā 坦克。

【追追】tìd tó 玩，耍弄：伊是咧共你～的，无真心。

【值】tìd 拉，扯，使物体伸长或舒展：～钢筋，纸～平。

【呎】tìd ①口吃，说话常重叠：伊讲话会～句。②争执，计较，纠缠：我甲伊～归晡无效果。

【拆腿】tià tuī 腿劈叉。

【拆脚裂】tià kā lì 同"拆腿"。

【天】tiān ①赌具骨牌中最大的牌。②密封器具的盖，棺材盖也称"天"。

【天财票】tiān zǎi piò 彩票，旧时奖券的统称：乞食拾着～（天上掉馅饼—喜出望外）。

【天地炮】tiān dê pǎo 二踢脚，一种爆竹：囝仔爱放～。

【展脚开】tiàn kā kuī 走路八字脚，两脚叉开：伊脚缝爆粒仔，行路～。同"开脚天"。

【添妆】tiām zng 女方父母和亲友赠给新娘的礼物或礼金：伊要嫁查某仔，亲成也来～。

【添香】tiām hniū 向寺庙捐钱物：去宫内拜佛不时有～。同"添油"tiām yiú。

【碪】tiǎm 填。

【碪海】tiǎm hài ①把东西沉入水里而不再复得，表示无用的东西：你买遐多物件要～。②将人沉入海里淹死，是一种残酷的刑罚。女人骂语，不得好死：你这个～的。

【碪本钱】tiǎm būn jní 投资，付出资本。常指亏损：这摊生理着～。

【忝】tiàm 事物严重或厉害:伊破病甲真～。

【挑夫】tiāo hū 旧时专门替人挑担运货的人:国民党兵四界掠～。

【跳佲】tiāo dáng 神棍或神婆装出鬼神附身的昏迷样子,乱说乱舞,迷信者以为可驱鬼除邪,消灾治病。

【跳加冠】tiào gā guan 旧戏开场时,由一位演员戴着面具,穿红袍或其他服装上场向观众致意、祝福。

【跳粟仓】tiào qìr cng 一种儿童游戏,在地上画几个方格,单脚落地,沿地面踢瓦片,依次序经过画好的格子。

【跳状元】tiào jiǒng gguán 跳房子,玩法同上。

【趒】tió 弹跳蹦起。

【趒跃】tió jiào 高兴的欢腾雀跃或着急的跺脚:欢喜甲～,气甲～。

【畅】tiǒng ①高兴,痛快,舒服:有钱通开真～。②乐观:伊做人真～

【畅古】tiòng gô ①笑话或能使人发笑的故事:逐个爱听～。②有时特指低级趣味或色情的故事。

【畅头】tiòng táo 过瘾,高兴,尽兴:一矸酒三四个人啉恰～。

【畅假疼】tiòng gê tniǎ 得了便宜还卖乖:你勿咧～,生理有销嫌吵。

【畅勿勿】tiòng vùd vùd 心花怒放,得意洋洋,喜笑颜开,高兴得手舞足蹈;伊趁着钱～,滋音仔滋音。

【畅西西】tiòng sāi sāi 同上,侧重指笑的形象。

【畅演演】tiòng yán yàn 同上,侧重指动作,行为。

【畅甲跋一倒】tiòng gà buǎ jǐ dò 大喜过望时欣喜若狂的行为动作,情不自禁地失控,甚至在地上打滚:拾着钱～。

【滕】tín 倾倒或灌注液体:～茶,～油,

【腾】tǐn ①女子许配或出嫁:個查某仔阿未～人。②配成双,成对:怎两个～头担凑一对。③担子轻的一端加重物使之平衡:这头着～石头者艙重头轻。

【腾人】tǐn làng 许配或嫁出:個查某仔～啦。

【挺】tìng 唆使,怂恿:～子去甲人相拍。

【挺惠】tìng xǐng 溺爱无度,娇养放纵:囝仔都是你～歹的。

【躇】tú 磨蹭,消磨时间,缓慢,拖拉:～烧酒,～呣知煞。

【跮】tùd ①用脚踩,踩或双脚互相摩擦:牛相牴,秧～去一角。②在皮肤表面搓,使其上的毛或污垢脱落:揉身躯着～铳。～鸡毛。

【跮踏】tùd dà 踩踏,占地活动:借人的所在～,过后着整理好势。

【拖】tuā ①拉,使移动:伊共我～咧跋倒。②做事拖拉:伊做代志真势

～。③比喻劳碌地操持或干活:兄弟仔都是個老母～大汉的。

【拖磨】tuā vuá　辛苦劳碌:伊自小无爸无母真～。

【拖棚】tuā bní　戏曲演出没什么内容,故意放慢节奏拖沓,用拉长演出时间的方法来敷衍观众。常比喻效率低又占时间:歹戏佫～。

【拖搦】tuā làr　为了幼小的晚辈的生活、成长而劳累:個爸母早死,伊是靠母舅～大汉的。

【汰】tuā　①洗衣物时最后用清水漂洗:洗衫仔着～伊清气。②温习,习得,经自学而逐渐获得的知识或技术:书着常～者艙放。③指点、引导,传授:师傅～师仔(带徒弟)。

【挩】tuā　①搓,擦:洗衫仔着出力～者会清气。～安薯通要绞粉。②艰难地度过:着重病～时日。

【替身】tuè xīn　①代替别人的人,多指代人受罪或受过:伊唔去掠我做～。②迷信者的用品,剪成人形的纸片或纸扎的小人,过香后在人的脊背划几下,据说可代人受过。

【替人死】tuè láng xǐ　①比喻代人受过,替人背黑锅。②骂人的话,骂人不得好死:好死唔去～。

【推】tuī　①按摩的一种,类似推拿:走街仔仙会共～伤。②摩擦使光亮:～蜡。③惩治、打:你佫讲着欠～。④大吃大喝:一顿～五六碗,～烧酒。

【推毸面】tuī sàm mǐn　板起凶相,表示生气责罚:你无～伊无惊。

【缒糍】tuǐ jí　脸旁往下巴堆积赘肉:他嘴边～若真肥咧。

【缒脚气】tuǐ kā kǐ　孕妇小腿浮肿像橡皮腿:伊有团仔会～。

【独】tùn　践踏、糟蹋,闹腾:麦园互牛羊～甲茹怅怅。

【独踏】tùn dà　践踏、糟蹋:厝后的菜地仔互一水猪母猪仔～甲茹花花。

【澶】tuná　①繁衍、繁殖:生～。②传染、蔓延:白癣～甲归身躯。③绳索相缠绕后松开:～股。④洇,液体慢慢浸染散开:粗纸写字真势～。

【天公生】tnī gōng xnī　民俗,农历正月初九是玉皇大帝的诞辰,应隆重地崇拜。

【添称头】tnī qìn táo　旧时卖肉用稻草扎,常在合拢处夹一小块碎肉,意在补足重量。比喻帮个小忙,自谦出的力小,可有可无,起不了多大作用:我无路长,加少做咧～。

【添头贴尾】tnī táo tiàm vè　少量贴补,辅助补给:伊自己趁的无够开,还着爸母～。

【睋】tnī　眼睛因受较强光线的刺激,难以睁开。有时指勉强睁开,但很难受:～日。

【组】tnī　①缝,飞针走线:～衫。②手术缝合:伊跋倒裂一空～五六针。

【牚】tnī　撑,顶住,支持:揭杉～棚

仔惊慰(歕)倒。

【犉猶】tnì sāi　双手撑住腮帮,或狗及四脚的动物前爪着地,后腿蹲坐:狗～仝门口顾内。

【听香】tniā hniū　民俗正月元宵夜或八月中秋夜,在佛前燃上香,悄悄到邻居家偷听话,回来后圆话,以此占卜。

【听某担】tniā vô dnǎ　听老婆的枕头风,顺从老婆的意思;(稍带蔑视):某奴～。

【侹】tniǎ　①暂时支撑或消除,姑且应付:食药稍～咧,着手术者会断根。②暂缓,稍等:你先～咧慢者去。

【糖粿仔】tńg gé à　①办丧宴时应上的一道菜,像汤圆那样,只是扁形不是圆的。②送葬时给亲朋奠礼的答谢品,似银元大小的糯米粉团,成串12个,闰年多一个。

【熥】tńg　①凉了的熟食物再加热或煮沸:～菜,～糜。②比喻重提旧事旧话,或重复多次:旧出头～佫者～。

【传】tńg　生育、传代。

【传种】tńg jìng　一代接一代地继续生存下去:虱母掠无清气会佫～。

【褪草鞋】tǹg cāo wê　接风洗尘。旧时凡进京应试(考教)中榜或在外当官荣归故里者,或出洋谋生归国华侨,亲朋登门送鸡鸭、老酒、猪脚面线以示祝贺。

【褪裤痟】tǹg kô xiào　女人骂语,疯得很厉害,也指不知羞到处去惹事:你咧～,无人爱插你。

V

【眛】vá　①因得到好处而高兴痛快:卖霜条的有销趁甲～死。②运气好,走运:伊中彩票,够～。

【媌】vá　①婊子。②女人骂语,比喻水性杨花,不正经的女人:破～,歹～(让人唾弃、瞧不起的女人)。

【觅】vǎ　①寻找:～头路。②紧密,无缝隙,严实:缸盖着勘依～。③比喻感情融洽,和谐相处,关系密切:個兄弟仔真～。④刚好,没出入:这钱买一只牛仔抵仔～～。

【觅味】vǎ vī　寻找,谋取:你真势～,这稀罕物件是去途买的。

【觅洒】【觅洒洒】【觅甲洒】vǎ sǎ　vǎ sà sǎ　vǎ gǎ sǎ　①严实,严密:这块碗勘这个砭真～。②感情融洽:個两家口仔真～。③恰当,贴切:互相配合甲～。

【密捷】vǎd jiàn　①动作紧凑速度快:伊行路真～。②隐蔽清净的地方:椅后尾仔厝卡～,无啥人行到。

【密闪闪】vǎd xiám xiàm　非常拥挤,密密匝匝地紧挨在一起,一点儿空隙也没有:乡里内起厝起甲～,小车开艙得入去。

【密纠纠】vǎd jiù jiù　密闭,封闭得很严实,不透风,不透水:这项代志掩甲～,外人无半人会知。

【罩】vàr 因碰触而被附着,沾粘:手～臭臊,衫仔～血。

【罩手】vàr qiù ①沾手,手沾上了脏东西:我拍你嫌～。(不值得)②比喻参与某事:店仔的物件着贼偷,你有～无?

【罩牴牴】vàr dàr dàr 嫌数量少,即使得到也起不了作用,派不上用场,干脆不要算了:这摊生理趁无几个圆,～。

【木仔搭】vǎr ǎ dà 旧时裹脚女人穿的小鞋,鞋跟下钉的方形木块。

【目尖】vǎr jiān ①眼角。②一种称麦粒肿的眼疾,俗指因看人拉屎而引起:看人放屎会生～。

【目吡】vǎr ê 白内障。瞳孔蒙一层雾状物而失明。

【目油】vǎr yiú 眼里分泌的一种液体,常因迎风、烟熏等刺激引起:剥洋葱会熏甲流～。

【目眲仔】vǎr nì ǎ 一会儿。

【目一眲】vǎr jîd nì 一眨眼,比喻极短的瞬间:抵者伫身边,～现无看人。

【目看绌】vǎr kunǎ zuǎ 一瞬间,稍不留神:脚踏车停伫门口,～煞互偷牵去。

【目瞯乌】vǎr jiū ô 婉指去世。

【穤】vài ①火光或火势微弱:～火(文火),灯光～～(光线弱)②无声无息地行动,行动诡秘。

【穤鬼】vài guì 鬼鬼祟祟,神出鬼没,来无影去无踪,让人难以捉摸:你若～咧,一下现无看脚爪仔。

【挽】vàn ①采摘:～涂豆,～嘴齿。②掉转:伊～咧现行。③抽搐:～着筋。④撑持:硬～焦搐。⑤擒、抓、揪:～牛鼻。

【挽面】ván mǐn ①旧时妇女用线绞除脸上的汗毛,修饰面容。②翻脸不认账:缴跋咧输煞起～。

【挽搐】【挽搐搐】【挽吹吹】ván cuà ván cuà cuà ván cē cē 因生气或受委屈而摆出执拗不理的态度:人咧甲伊相借问,伊～要应若唔应咧。

【袤面】vǎo mǐ 往熟面条里加汤料。诙指大便拉屎:婴仔～请老母。

【袤面线】vǎo mǐ sunǎ 往熟面线里加汤料。猪脚～。

【无局】vŏ giôr ①乏味,没有趣味:自己一个伫厝内真～。②不合算:你安尼做真～。

【无艺】vŏ ggê 没趣,不好意思:伊伍骂咧煞～仔～。

【无去】vó k-ī ①消失,丢失:钱开咧～。②婉指死(婴幼儿):团仔唵咧～。

【无腌】vŏ ňg 无望,希望落空:归冬无雨,五谷晒死了了,今年收成～。

【无体】vŏ tê 一般指外表不斯文,尤其不注意男女间的礼节,如随意裸露身体,讲粗鲁低级的话等:有礼~,伊侢甲真~。

【无哇】vǒ wǎ 少:工钱真~。

【无绌】vǒ zuà 一样,没差别:钱你互伊甲我互伊~。

【无人色】vǒ lǎng xìr 没人际交往,没人帮忙,走不了后门:这流摆~要找头路真困难。

【无臭侣】vǒ cào xiáo ①太不近情理或对离谱、不满的事谴责、非议的话:听某担不孝父母实在~。②形容"非常""极端":人~多,山~高,菜~咸。

【无疑样】vǒ ggǐ ngiǔ ①相同,没有本质上的差别:個姐妹仔两个人同甲~。②闲得无聊,找些事情做,以消磨时光(谦虚的说法):我~拿手工来做。

【无蚶岸】vǒ hām hunǎ 开支太大或损失巨大,无法弥补救助:你开钱开甲~,谁敢俗借你钱。

【无瘤鞘】vǒ liǔ kiú 小气吝啬:你真~,连借人看也无通。

【无半茧】vǒ bunà gnài 能力本事太差,什么也不能做:你成实真~,连鞋带也鲶自己缚。

【无嘿项】vǒ hê hǎng 没着没落或含糊不清,事理杂乱:人呷老做代志真~,落七落八。

【无连天】vǒ liǎng tiān 形容非常、极端:佛生日真闹热,看戏的人~多。

【无圳纸】【无圳艮】vǒ zùn zuà vǒ zùn ggǔn 毫无影响或作用,无动于衷,没有丝毫动摇或损伤:個真好额,开几万箍~。

【无走绌】vǒ zāo zuà 和原来的一样,毫无差异,一丁点儿改变或变化都没有:虽然抵着地震,这间厝真勇,好溜溜~。

【无疑必】vǒ ggǐ bìd 未必,不能太早下结论,可能:贼今日来偷无半项,~还会佫来。

【无法度】vǒ huàd dô 没办法,无能为力,没辙,无计可施地哀叹,束手无策干着急:饲养歹子~。

【无路采】vǒ lô cài 无端的损失或浪费,觉得可惜:伊是大好人,者少岁着过身真~。

【无影迹】vǒ ngiá jià 虚假,根本不存在或没发生过:伊真爱骗人,~的代志也讲甲有枝佫有叶。

【无中用】vǒ diòng yǒng ①于事无补,一点用处也没有,不起作用:我鲶做生理,你互我钱~。②胆小怕事,宁可吃亏也不敢争取:你真~,互人拍干焦会晓哭。③简单的事也做不好,无能为力:你真~,连鞋也穿唔着脚。

【无在调】vǒ zǎi diǎo 没能耐,没办法:阮真赤~通跟人起厝。

【无变步】vǒ biàn bô 又作"无法度"。陷入困境,无能为力。力不从心,拿不出有效地应对办法:有钱行有路,无钱～。

【无稽可】vǒ kê kò 小看不得,不那么简单容易,不可不在意:伊身体一贯健康,念弥时拍寒拍热～,着紧去找医生。

【无用神】vǒ yǒng xín 没有定性,变化莫测。花钱买东西大手大脚,超出实际需要:你真～,做一困买趒多物件要创啥。

【无训呵】vǒ hùn hǒ 只触及皮毛,没丝毫影响。刚刚开始,还非常肤浅或未产生作用:三个月无落雨,落小可云雨根本～,连涂面都觛澹。

【无戏哼】vǒ hì hnāi 轻微、稀少,于事无补,没能产生一点儿影响:涂脚太焦,落者雨～。

【无疑误】vǒ ggǐ ggô 出其不意,出乎意料,乘人不备,突然袭击:伊～仵我腹肚边踢一下。

【无抵抵】vǒ dú dú 未必,不一定:～我定定咧赤,你唔通看我衰穤。

【无败害】【无败板】vǒ bǎi hǎi vǒ bǎi bàn 不赖,不坏,没问题,没坏处:你听我的话～,一定好势。

【无治代】vǒ dǐ dǎi ①没关系:这项代志甲我～,身边无刀闲啰啰。②不碍事,不要紧:稍可感冒～,药呷咧着好。

【无精差】vǒ jīng cā 相同,一样,不差,差不离,没变化,无出入:你和我算的～。

【无定着】vǒ dniǎ diò ①说不定,不一定:我明载～有闲通出门。②不安生,不安静(多指小孩):团仔归日～,走来走去③反复无常:你变来变去～,我真歹拍算。

【无半症】vǒ bunà jǐng 一点能力也没有(带讨厌情绪):你成实真～,过你的手着歹。

【无伊法】vǒ yī huàd 拿他没办法,没他的办法:生着歹子～,成实卡惨无生。

【无人缘】vǒ lǎng yán 得不到人家的喜欢或人们不愿意亲近,不善于人际间的沟通和联系:伊生成卡～。

【无斗偶】vǒ dào ggào 零碎、孤单,凑不成数而发挥不了作用:干焦这个缸盖～,无啥路用。

【某头亲】vô tǎo qīn 指妻子方面的亲戚。

【尾】vè ①尾巴:牛～,马～,狗～。②末端,末尾:月～,路～。③余留或剩下的:屎～,扫～。④量词:一～鱼,一～蛇。

【尾牙】vē ggê 一年里最后一次牙祭,即农历十二月十六日。民间百姓要祭拜土地公或游魂,商家要请雇工并发薪饷。

【冕旒】viān lí 旧时女子出嫁时戴在头上的凤冠:新娘戴～去拜祖。

【雾煞煞】vǔ suà suà 一头雾水,满脑子糊涂、混乱、不清楚：番仔字我看着～，呣八半项。

【麻衫】vuǎ snā 黄麻线织成的丧服。

【麻蛇】vuǎ zuá 用黄麻线缠成的粗索，专用于套石抬杠用。

【麻油浊】vuǎ yiǔ dàr 芝麻油的沉淀物。

【卖物食】vuě mǎg jiā 卖小吃的，常指旧时在露天戏台旁卖小吃的摊贩：戏棚脚～。

【卖杂税】vuě zǎm sě 小货郎，卖日用杂货的挑贩。

【𣍐】vuě "无""会"的合音词，即不会。

【𣍐蛲】vuě ggiào 动弹不得，似死一般：指头仔冻甲～。

【𣍐赴】vuě hǔ 来不及：我～上车，车开行拉。

【𣍐渴筋】【𣍐渴咧】vuě kàd gūn vuě kàd lê ①心胸狭窄，吝啬，小气，舍不得帮助别人：伊有物件～分别人。②看到别人好就眼红，好与人争名利：看着人咧趁大钱伊现～。③好打不平，看到不公平而愤怒或不满：看着伊大汉恶小汉，我～者会甲伊相拍。

【𣍐过角】vuě gè gàr ①要求严格，稍微误差也过不了关：若互伊检查，差小可都～。②太自私，不让人占便宜：甲伊做买卖，差一丝厘都～。

【𣍐交辜】vuě gāo gô 做事没着落，无所用心，受不得交代、委托、托付、信赖：你真～，叫你顾内，你大门开献献去大埕钉矸落。

【𣍐度咧】vuě dô lê 难看，不光彩，不体面，难为情：少年查某穿三点式，实在真～。

【𣍐孝孤】vuě hào gô 极不像样，不像话，不好意思让人看见或知道的事物：老查某佫跟人挂奶罩实在真～咧。

【𣍐见笑】vuě giàn xiāo 不要脸，不害臊，无耻：偷呷人的物件真～。

【𣍐移欲】vuě yǐ àm 撑不到最后，难彻底解决：雨真大，树脚～，紧走来厝内。

【𣍐得抵好】vuě dìd dú hò ①不凑巧。②不留神，不小心，指不是有意的，而是偶然发生的情况：出门着加带钱，若～者通应付。

【微】vuī 呈笑容，没笑出声：伊～～仔笑。来，～一下两钿。

W

【化】wǎ ①假借，利用：～别人的字号。②使起变化或发酵。

【化韵】wà wěn ①押韵。②听错，将错就错的理解或解释：～跤灶君，三日免火薰。（漫天过海的糊弄）

【化样】wà ngiǔ 按照别人的模式、

式样或尺寸:将别人的鞋办拿来～。

【化豆酱】wà dǎo jniǔ 把大豆煮熟、风干,使发酵后,放入盛器加盐水,密封。使豆粒腐透成浆状。

【偎】wà ①依靠,靠着:爸母～大子呷。②贴近,临近:我徛甲伊相～。③聚拢:有代志逐个现～来。④模仿,仿效:～别人的样做杉。

【活抠】wǎ kāo 没把话说死,留有余地,或模棱两可:我甲伊缚～,话无讲死。

【斡】wàd ①转、返,拐:～巷仔,弯～(拐弯)②弯曲,不直:一条路哝～。③量词。圈:行一～。

【斡倒返】wàd dò dǐng【斡遴返】wàd lìn dǐng ①改变成相反的方向,掉转,掉头:我行无到着～。②返回,回原地:我去找无人现～。

【歪市斜】wāi qǐ cuà【歪斜斜】wāi cuà cuà 歪歪斜斜,歪歪扭扭,不直:字写甲～无横无直,若鸡披狗挖咧。

【歪糕啰】wāi gō lō【歪其攈】wāi gǐ gó 倾向一边,扭曲翻转:这个花矸～无四正。

【弯欹踞】wān kī kiāo 原指弯曲不直,比喻不直爽妥直,故意闹别扭设置障碍:做人唔通九条管,逐项～。

【搋】wê 拿,取:偷拿偷～(小偷小摸)。哈包展开钱银多,阿娘仔无钱找阮～。

【窄娘赏】wê niù xniù 太狭窄:这条巷仔～,两个人相闪赊得过。

【衣】wī 胎盘。

【画猪嘴箝】wī d-ī cuì kô 旧时学堂里,学生骂粗话,老师用毛笔蘸黑墨汁在该学生的嘴巴外画圈,以示侮辱性惩戒。

【为】wǐ ①帮助,袒护:大人～囝仔,～自己人。②替,给:～人做代志,伊～我洗衫。

【瘟爱】wēn ǎi 腮腺炎(小孩易感染)。

【蝹】wēn ①倒地或在地上打滚:伊唔行,～伫半路要伍鞭。②比喻赖着不走:我无块去,甲伊～做一下。③耻笑男女私下来往或在一起。

【匀】wén ①行辈:字～(辈分)。②因经历过而觉得习惯:有～捷捷巡(习惯或自然)。③缓慢:～～仔行者赊跋倒。④量词。表示层、遍:涂圪叠七八～,桌开两三～。

【匀聊仔】wén liáo ā【匀逗仔】wén dǎo ā 小心慢走或不必急办。

【稳】wèn ①固定不动摇:桌脚在这会～。②稳重:伊办代志真～。③可靠,稳当:生理～趁的。④晚季:～冬米。⑤一定,可放心:明载～好天,伊～会来。

【隐】wèn ①保温,防止散热,或保护:母鸡～鸡仔。②把某些尚未成熟的果物密封贮藏使之熟透:～弓蕉,

～红柿。

【稳在稳】wén zǎi wèn　双保险，一百个放心：钱存银行～佫会生利息。

【塭】wěn　在浅海处修建的人工池塘，用于留住或养殖鱼虾：～窟，破～（扒开岸隙，让水流走在缺口罩上网，防止鱼虾逃走）。

【搵】wěn　沽、蘸：菜酺～豆油——加了。

【酝】wěn　伤口溃烂化脓，扩展：脚痛咧～。

【宇】wū　①安顿：我无块睏四界～。②经常在一起：佢两个自小着定定咧～。③不正当的男女交往：伊不时甲坐台小姐咧～。

【焐】wǔ　（古字煦）①靠近或碰触到热度高的物体：指头仔互火箠～咧臭焦。②体温稍偏高：伊头额～～，肯定去寒着。③渗透，传染：医院唔是好所在，病痛会～来～去。

【有景】wǔ gìng　有意思，有趣：伊真～，一粒鸡卵现变一只鸡仔。

【有局】wǔ giôr　生动，有趣：伊讲古真～，真多人爱听。

【有岁】wǔ hě　年纪大了，有了岁数，通常指50岁以上的人：个公仔～啦，真少出门。

【有额】wǔ ggià　产生或得到的数量大：钱多人少，分着真～。

【有谅】wǔ liǎng　气量大，度量大，乐于助人：囝仔着～，物件分人呷。

【有朠】wǔ ňg　有盼头，有希望，有门：今年看势好收成真～。

【有势】wǔ xê　①做某一动作的姿势正确或位置有利：伊拍人真～。②有本事，了不起，势头大：伊当官佫好额，卡加嘛～。

【有内】wǔ lǎi　旧时建房或筑墓的坐向，要根据年份的甲子，符合的称"～"

【有内的】wǔ lǎi ê　符合心里想的，正中下怀：讲着伊～卡加嘛欢喜。

【有心泱】wǔ xīn yōng　有心眼，能动脑筋。

【有拖涕】wǔ tuō tì　耐折腾，常形容不易损坏或病死：伊真～，破病一二十年还未死。

【郁】wùd　①在心里积聚不得发泄：忧～，心肝头真～。②封闭、压制，使之不能伸展：～豆菜。③蜷曲，蜷缩：我脚～咧麻佫痹。

【郁卒】wùd zùd　①心里忧虑烦恼：这摆生理做咧蚀本人卡～。②因空气或环境不好或不遂心而使心情烦闷不舒畅：南风天湿度大，人真～。

【郁热】wùd ruà　虽没太阳暴晒，但空气不流通，使人有闷热的感觉：咧要落雨啦者会～。又称"瀘龊热"。

【郁雨】wùd hô　气候反常，天空布满乌云，欲雨不雨：要发西北啦，咧～。

【缓】wná　①赊，向人暂借粮食：共

厝边～两升米。②戏说被偷或损失：鸡互山猫～去。

【晏】wnǎ ①晚：时间真～啦，紧倒去。②迟：伊～来搭无车。

【唲】wnāi 转动或纠缠：個两个～来～去。

【唲唲漏】wnāi wnāi lǎo 水不停地流动：阮厝的水源真好，长年通天四界都水～。

X

【纱衫】xê snā 旧时成年妇女穿的贵重丝绸衣服：做新娘伴着穿～。

【世事】xê sǐ ①民间交际往来中婚丧喜庆等各种礼俗活动：行～（奔丧）。②特指祭祀：今日個咧有～，個公仔咧做祀。

【抄】xê ①抖动，使附着物掉落：衫仔～～咧涂粉者会落仔丢。②猛力敲击：伊伍用石头～着头壳。③狼吞虎咽似的大吃：我一困～三大碗泔糜仔。

【时顿】xǐ dǐng 一日三餐，日常的饭食：～嘿照呷，半晡者喊枵，想要呷点心。

【辞客】xǐ kê ①谢绝或辞别客人。②特指送葬时，在半程辞别奔丧送葬的客人。

【辞佫请】xi gò qnià 原指又辞又请，实指讨厌、拒绝，表示不受欢迎：

你这罗脚数逐个～。

【四界】xì guê 各个地方、处处，四处：～拢是咱的人。

【四正】xì jniǎ ①端正：桌着系～。②比喻按规章制度办事，公正廉洁，为人正派：伊做人真～。

【四散】xì sunǎ ①不集中，分散、失散，散落在各处：人～叫唸俁。②零零落落，零零散散：一百箸拍～，稍开咧现了。

【四秀仔】xì xiù ǎ 糖果饼干等零食：正顿嘿呷，爱呷～。

【四遝垂】xì xiǎm suí 形容涕泪纵横或大汗淋漓的样子，也指下雨或屋檐下的流水：雨落甲～。

【四五路】xì ggô lô 各个地方，各个方面：～的人拢来啦。

【四四搐】xì xì cuò 因恐慌或惊吓而手脚颤抖：我惊甲脚手肉～。

【四四圳】xì xì zǔn 瑟瑟发抖：伊真无胆，看见人咧相拍，惊甲～。

【序大人】xì duǎ láng 常指父母亲，也指晚辈对应的前辈。下匀的着听～的话，着有孝～。

【势】xì ①方位词，相当于"面"、"边"：南～，北～，顶～，下～。②风的方向：风～。③海水的涨落：流～（潮汐）。

【死】xì ①失去生命，与"生"、"活"相对。关于人死，有各种说法：【老去】【老了】（自然老死的平常说法）。

【过身】【百年岁后】(文雅或婉转的说话)。【跷瘫】【蛲衙】【去汤】(戏谑的说法)。【鬼掠去】【王拾去】(辱骂的说法)……②不顾一切,拼命地:～守,～战。③固定,死板,不灵活:～头脑。④表示达到极致:热～人,寒甲要～。⑤表示"坏事了"、"糟了"、"惨了":～啦,我豁记咧带锁匙。⑥重叠式表示程度高,相当于"紧紧":捏～～,看～～。

【死酸】xǐ sng 自卑,孤僻,胆小,不敢出头露面:伊唔八出门内外,者卡～。

【死霜】xī sng ①呆板,不灵活,素质较差:你真～,学无断会。②没精神,无精打采:伊睏无饱眠,者会～。

【死穤】xí vài ①做事等死板,不灵活:伊真～,做代志豁变通。②形容没有旺盛的生命力,疲沓或呆滞不活跃:伊真～,若伍苦毒的心富仔。

【死绝】xī zè ①死光,绝嗣:归家口仔～了了。②放在某些形容词的前或后,表示极端的状态:菜酺咸甲～。伊细汉无～歹的。

【死赖人】xí luǎ-làng 把坏事的责任推给他人承受:伊生理蚀本要～。

【死团仔】xí ggìn ǎ 骂小孩的话,斥责小孩调皮捣蛋,把事情或东西弄糟弄坏:你这着灾～,归日枵饱吵。

【死言言】xí ggiǎn ggián 【死跷跷】死定了,不可复生:一尾蛇互人拍咧～。

【死榡榡】xí sunǎi sunài 不乐意又不敢说,只在背后埋怨发牢骚:叫着做工课你定定～唔情愿。

【死搜搜】xí so so 乱摸乱搔,也指做事慢,效率差,动作笨拙迟钝:你做代志真孬～,嘛着学咧卡好脚手咧。

【死捎捎】xí sā sā 原意是乱抓乱扒,比喻没选择地购买或乱拿:你若惊买无咧,见着物件～。

【死趿趿】xī snà snà 爱捕风捉影:你唔知半项甲人～,牛头去斗着马嘴。

【死摔摔】xī sùd sùd 狼吞虎咽吃东西时发出的声音,很好吃的样子:煮一顿米粉汤,一家口仔呷甲～。

【穑】xìd 农事活动,农活:作～(干农活)

【穑路】xìd lô 农事的项目或内容,泛指工作活儿:我找无～通做。

【宿】xìr ①瓜果成熟:老瓜～籽。②比喻机灵、老练、老道,聪慧:囝仔真～,豁伍骗去。

【宿鬼】xìr guì 精灵,也指精明的人:伊真～,互你术豁去。

【宿头】xìr táo 已成熟、老练、聪明:老鸡母卡～真孬焘鸡仔。

【宿精】xìr jnī 精明而狡黠:伊人细汉真～,无通着你偏。

【宿侎】xìr xiáo 粗话。义同"宿精"。

【宿扩扩】xìr kôr kôr　婴幼儿很精明：婴仔还未度晬着～。

【宿甲红膜】xìr gà áng mô　花生成熟时颗粒饱满，籽仁的皮是红色的，表示足够成熟。比喻精于心计到了极致：伊～去，定定爱偏人。

【泻腹】xià bàr　吃药使肚子里的食物泄出来或某些食物吃了会拉肚子：这种物件呷着真～。

【谢册仔】xiǎ qê ǎ　夜深人静时，在人迹罕至的地方祭供孤魂野鬼，祈求平安不受纷扰：伊不时呷眠昉后咧～。

【先生】xiān xnī　①老师：学堂～。②医生：请～来看病。③旧时对从事某些职业、行业者的称呼：风水～。④对人的尊称，多指男性，也可用于称呼高寿女性：王～，丁玲～。

【先生娘】xiān xnī niú　对老师和医生的妻子的尊称，今也用于对中年以上男子的妻子的尊称。

【先生妈】xiān xnī mà　①中年以上的女医生。②特指接生婆。

【铣】xiàn　钱：我身边无半～，唔敢出门上街。

【尚】xiǎng　表示最高的程度，相当于"最"、"顶"、"极"：物件买～好的

【䀹】xiǎm　用眼尾的余光很快地偷偷看一下：我目尾稍～咧现知。

【庹】xiám　两手向左右平直伸开，以两个中指指尖之间的长度为一庹（据说与人的身高接近）。

【挦】xiám　①两手合抱：伊佗我半腰仔～牢牢。②揪：和尚无长头毛通伓～。

【渗】xiǎm　①慢慢泄漏，渗透，透过或流水：水管破会～漏。②比喻像渗水一样慢吞吞不情愿地掏出来或出现：要来着做齐来，唔通随个～。

【消气】xiāo kǐ　①平息怒气：伊恶人太雄，无该骂怹～。②发泄怒气：我无惹伊，伊掠我～。③使肚子里的胀气消退：腹脐抹万金油会～。④幽默风趣的话：伊真勢郑～。

【消膏】xiāo gō　旧时走江湖者所卖的膏药，用于消肿止痛：脉鼓贴～（贴消膏又比喻乱贴东西，即城市的"牛皮癣"）

【消水】xiāo zuì　①使水迅速排泄掉：落大雨，涵空怹～。②某些瓜果菜蔬存放一段时间水分蒸发：～的安薯卡会甜。

【消风】xiāo huāng　①车胎泄气或漏气：脚踏车轮～唔通载重。②水分因风吹而挥发：新做的大门着先～咧者通油漆。

【消心愿】xiāo xīm gguǎn　满足心中的希望，达到某种愿望或目的：这世人着有通起新厝者会～。

【侩】xiáo　①俗称精液。②用在词尾，凡带"侩"字的词一般比较粗鲁，应尽量用其他词语，特别在女性面

前。嚣～(嚣六)、孽～(调皮)、衰～(衰穗)、茹～(茹唆)、吵～(搅吵)、歹～(歹死)、谢～(谢狗)、啥～(啥代)……③插在词中，表示形容的增值，带浓烈的情感色彩。贫惮(贫～惮)、侄坎(侄～坎)、真美(真～美)、茹罗(茹～罗)、歹命(歹～命)、怨叹(怨～叹)。

【小局】xiāo giôr ①气派或规模小，不显眼：壁奁图小，看着真～。②低档次，数量少：

【小鲦】xiāo tiáo 指小孩：我叫～共你焘路。

【痟】xiāo ①精神失常，疯：春天桃仔花若开，有的人会起～。②对某事某物狂热执著的追求，沉迷：伊最近甲人咧～跳舞。③某些动物牲畜发情：狗母咧～。

【痟贪】xiāo tām 贪得无厌，连蝇头小利也想贪占：伊这个人真～，逐项顾自己。

【痟话】xiáo wê ①不伦不类的话，疯话。②指荒诞悖理的话：你咧讲啥～，欠钱呒免还。

【痟呒知】xiáo m̌ zāi 骂人的话，已是既疯又痴，却全然不知：你自己～，笑人神经无正常。

【痟痟是】xiāo xiáo xǐ 比喻态度随和，不计较，处事大大咧咧无所谓：伊做人～，逐项真清采。

【痟六六】xiáo lǎr làr 疯疯癫癫，不拘小节，热情得有点过分夸张：老人团仔神，归日～，逐个敢甲伊无大无小。

【烧】xiō ①着火，燃：～火厝。②烫，热：滚水真～。③发热，高温：伊咧发～。④火化：棺柴扛出门，无坮也着～。⑤胃有热的感觉：～心肝。⑥受到影响，牵连：伊要结婚，你着去～着(送贺礼)。

【烧热】xiō ruà 天气热，气温高：今日真～。

【烧烫烫】xiō tn̄g tn̄g 温度高，热得发烫：出炉的香饼逐个～。同"烧滚滚"xiō gún gǔn，又同"烧呼呼"xiō hū hǔ。

【烧热热】xiō ruǎ ruǎ 气温不低，有热的感觉：这啰天～，呒免盖棉绩。

【小可】xió kuà ①轻微，稍微：我～损一下，～痛，流～血。②一丁点儿，少许：我带～钱，卖～物件。

【小等】xió dàn 稍等，过一会儿：你～咧，伊～咧者会来。

【小点】xió diàm ①小吃，点心，小卖。②稍吃点东西以止饿：先～咧卡睑枵。

【惜略】xiò liò 珍惜，对物资、粮食的爱惜：用铁笔着～，呒通出力造造歹。

【惜本分】xiò bún hǔn 知足守本分：各人着～，揭箸会晓遮鼻。

【俏】xiò ①寂寞，冷清不热闹：自己

一个真～。②乏味,无趣:这出戏真～,逐个看甲爱睏。

【俗罗罗】xiǒ lō lō　边远地区人烟稀少,少有人迹或声息:家家户户去车路墘的新厝徛,乡里内的旧厝煞～无半人。同"俗每每"xiǒ muì muì,又同"俗罗糕"xiǒ lō gō。

【液】xiò　手脚排泄出像汗一样的分泌物:臭脚～,生手～。

【铎】xiò　①食物腐烂变质后变少:一瓮菜酺～甲剩半瓮。②受热而膨胀后的东西冷却后变少:一床发糕～落一巡。

【伤食】xiōng xìr　多指儿童积食,不消化:无照时顿呷会～。

【瘍】xióng　牙齿堆积的白色污垢:嘴齿～。

【上】xiǒng　①很好,满意的感觉:槟榔芋炕肉真～。②等级或品质高:～等。③表示最高的程度,相当于"最"、"极"、"顶":～要紧(最重要)。

【饷】xiòng　①施舍,补偿,救济:有钱人买物件～赤人。②乞求,乞讨:头家仔,安薯一条～咧。

【俗】xiôr　①便宜:～物无好货。②风俗:入乡随～。

【心富仔饿】xīm bú ā tuè　当童养媳的常遭虐待,偶尔得到点吃的,舍不得一下子吃完,总是慢慢品味欣赏。耻笑小家子气:有物件唔甘呷,～好好物件园甲罗去。

【勒】xìm　细长的条状物末端的颤悠晃动或抖动:竹篙尾会～。人行独木桥,中央会～。坐轿会～。

【谂】xìm　①沉思,不悦的神色:伊今日～～,呣知咧想啥。②反复推敲、周密思考:要仔呣,你着～依定(拿定主意)。③转动的很快,像静止一样:辇仔遨甲拢～去。风遨遨甲～去。

【隐】xìm　故意不声张,沉默不语,隐瞒着:伊明知这项代志,挑工镫～～。

【薪水】xīn suí【薪劳】xīn ló　工资,工钱。

【受恵】xiǔ xǐng　宠爱,溺爱:～子,卡软泩(受溺爱的人都比较软弱不坚强)。

【泅】xiú　①游泳,浮水:我繪～,呣敢去潭仔洗身躯。②冒雨行进,在雨中待着:我透雨沿路～回来。

【秀卡】xiù kà　分量太少,很难满足实际需要:你真～,炒一碗头仔菜筒有够五个人配。

【岫】xiǔ　①虫鸟禽兽的巢穴,窝:蜂～,鸟～,狗～,虎～。②指匪盗的巢穴或出没的地方:内山是土匪～。③用来保温的窝状物:茶～,糜～。④某种物产的盛产地:甘蔗～,龙眼～。⑤量词,窝:一～乞鸟仔。

【寿柜】xiǔ guì　即"寿枢",棺木的雅称。

【寿金】xiǔ gīm　一种烧给神灵的

冥纸。

【寿龟】xiǔ gū 做寿时用的圆形面食,因似龟形而得名。

【寿眉】xiǔ vái 男子中年以后,几根特别粗且长的眉毛。

【渍】xnǐ ①用盐腌制或用糖蜜腌制。②皮肤破损后受到药物或盐刺激而产生的刺痛的感觉:目睭滴目药水会～。又"盐"。

【餂】xniá ①引诱,诱惑欺骗:你呣互人佫要共～。②招引,诱捕:物件呷了无收成会～胡蝇、狗蚁。

【餂人】xniá lǎng 以钱物诱惑,使落入圈套:伊仵街路边～去跋缴。

【餂狗蚁】xniá gáo hiǎ 招引蚂蚁:糖仔饼收成无密会～。

【櫃】xniǎ ①储藏谷物的木柜:粟～。②一种木条吊架的长方槽型木器,盛礼物用,常用于装新娘的嫁妆。

【瘍】xniú ①一种黏液:肠仔～,鳗～。②潮湿而滑的东西:落雨过身,路真～。③表示拖拉不干脆:这出戏真～,伊讲话真～。

【瘍糕糕】xniǔ gō gō ①近似稀糊状物,到处漫溢或粘贴:落雨过后溅涂～。②拖拉不干脆:伊讲话～一句话讲归晡。

【瘍澮澮】xniú guè guè 【瘍汁汁】xniǔ zàm zàm【瘍绵绵】xniǔ tī tī 黏液很多,常比喻动作或说话拖沓迟缓或不干脆。

【相公】xniù gāng 旧时用于称呼有身份,有地位的人,相当于"老爷"。常用于夫人对丈夫的称呼。

【想书】xniù zī 旧称背诵或默念:读私塾逐日着～。

【赏】xniù 奖励,嘉奖:伊得头名,～一个奖杯。

Y

【爷舍】yǎ xiǎ 原指尊贵的人,现多指富家出身的子弟或落泊子弟中好逸恶劳、挥霍无度,不务正业的浪荡子:公子～。

【瘾】yǎ ①疲劳,厌倦:～瘝。②讨厌,不喜欢:你真有通呷,鱼肉呷甲～。

【瘾搦搦】yà làr làr 发腻,很不感兴趣,不喜欢,不满意,讨厌,也指疲劳:我见着猪肉～。

【掖】yǎ ①撒:～种,～沙。②散发:～传单。

【掖五谷】yǎ ggô gôr 搬入新房时,民俗要由家长撒五谷,全家老幼要跟着说吉利话。

【掖缘钱】yǎ yǎn jní 结婚时,媒人要向男方屋子、男方父母、家人和新郎撒锡做的小片,并说针对性的吉利话。

【蝶蝶飞】yǎ yǎ bē 纷纷扬扬或到处纷飞:起大风,涂粉草埃～。

【曳】yàd ①搧:～扇有风。②招展,挥动,摇动:红旗仝竹篙尾～来～来。

【烟映】yān ňg 视觉模糊不清,认不准东西:物件系仝目晭埭,你是咧～无看见。

【嫣头】yān táo 色泽鲜艳,新鲜:塑料花浸着水佫去晒焦,～着去了了啦。

【偃】yàn ①摔跤:团仔爱相～。②推倒,掀翻:大风～倒树。

【鞅】yǎng 背负:伊胛脊～一个团仔。

【阉】yām ①掏、摸,抓:伸手～钿,～人后空。②割掉精囊或卵巢:～鸡。

【阉鸡】yām guē ①把公鸡的睾丸剔除。②阉过的公鸡,长得高大,羽毛漂亮:～趁凤飞。

【掩】yàm ①用土掩埋东西。②特指土葬:人死拖去～。

【挹】yàm ①悄悄拿走并收起来:这钱是伊偷～互我的。掩～～。(偷偷摸摸)②把东西置于或藏匿在隐蔽处:拳头～仝手䄂内。手～后缚起来。

【枵】yāo ①饥饿。②袋子里装的东西稀松,少。

【枵痨】yāo ló 因饿荒而嗜食,什么都吃:你真～,连生安薯也呷。

【枵荒】yāo hng 饥荒,到处找不到吃的,饥不择食:你真～,连弓蕉皮也咧呷。

【枵饱吵】yāo bá cà 无理取闹,不停地搅扰:无代志去看电视,唔通来～。

【枵戽戽】yāo hô hô 饥不择食的样子,见到东西就急不可耐地狼吞虎咽:团仔当咧大汉,归日～呷无停。

【枵挲挲】yāo sā sā 同上。

【枵么么】yāo mô mô 口袋干瘪没东西:袋仔～,无啥物件。

【夭寿】yáo xiǔ ①夭折,本指未成年就死去,今泛指未到老年就死去。②比喻言行缺德:讲～话,做～代志。③口头语,表示感叹,遗憾不满:～啦,我出门谂记咧带锁匙。

【夭寿仔】yáo xiǔ à 骂人的口头语,多为女人所用,相当于"死鬼",也可说"死团仔",此男女均可用:你这～真唔听话。

【邀】yō ①生育:伊一世人～四五个子。②抚育,抚养:我小汉是阮嬷咧～的。

【邀婴仔】yō ngī ā ①生孩子:伊去咧～。②带幼儿:伊去共～。(褓姆)

【邀奶母仔】yō lin vò ǎ ①奶妈。②注生娘娘派往产妇家帮呵护婴儿的女神。

【约】yò ①猜,估量:你～遮有偌重?②卖东西时不称重,论个,论只卖:～只头,～粒声。

【约略】yôr liôr　大体估计，不精细；随便随意，有点马虎：你～讲讲，无算数。

【约其略仔】yôr gǐ liôr à　酌量：我～拿一沓钱互伊。

【伊】yī　他。

【预】yǐ　①玩：～麻雀，～救国过五关。②开始：～阿未？～啦！喊～头尾离。

【污秽】y-ì wê　肮脏污垢的东西：臭沟仔的～着清理伊清气。

【饫】y-ǐ　①因吃得过多或不喜欢某种食品而厌腻：呷肉真伶～。②经常接触而不新鲜，进而反感、厌烦：我看着你着～。

【忆着】yìd diô　①因感激、感动或感恩而怀念或思念：伊真～個大姐，定定咧寄钿寄物件互伊。②为着，看着，想着：呷甜～咸。

【一】yìd　①数词，最小的整数。②表示节日的缩称，数字均用文读音：五～、六～。③表示"极"、"最"、"非常"，是第一的省称：～高、～水、～好。

【一粒一】yìd liǎm yìd　①不分彼此，关系亲密无间，特别要好：我甲伊是～的朋友。②最好的，首屈一指，一流的：伊真努读书，考试定定是～。

【飏】yīng　①尘土飞扬或弥漫：涂粉真～，面粉蓬蓬～。②被尘土附着住：锯屑～着目睭。涂沙～甲归厝顶。

【飏泵泵】yīng pǒng pǒng　烟尘纷纷扬扬：起大风，四界涂粉～。

【应卯】yìng vào　卯时即早晨5点至7点。旧时是上朝、上班时间，按规定时间上班上朝应付点名。今指应付时间或凑个数，或比喻虚以应付，敷衍了事：共别人借物件来～。

【油柑孙】yiǔ gām sūn　玄孙，曾孙的儿子。

【油只只】yiǔ jì jì　油腻腻，含油量太高，似要滴下来：白肉～，老人呣通呷，呷多会漏屎。

【幼】yiǔ　①年纪小，未长成，与"老"相对。②细，与"粗"相对。③嫩、柔软：伊的皮肉真～。④屑，碎末：饼～、虾仔补～。

【幼花】yiù huē　颗粒较小的晶体物：～的味素粉卡俗，～的盐卡好。

Z

【查某仔】zā vô à　常合称为"灶仔"（zào ǎ），"走仔"（záo ǎ），即女儿。

【节】zàd　①物体各段之间相连的地方：骨～、关～。②控制，节制：开钱着准～，者赡持无注。③量词，指段或间隔：一～甘蔗，一～课。

【节势】zàd xê　行事稍加节制自己的能力或力量，控制动作的幅度：马拉松比赛起跑时着～，才会有尾力。

【节力】zàd làd 控制自己的能力或力气，包括资产：拍团仔着～，大人手无稽可。

【节准】zàd zùn 限制和控制，节制：开钱着～，者艋月尾开咧无珍。

【醒】zàr ①因拥挤或空气不流通，闷热或不习惯等，使人感到憋闷难受：沃～。②纠缠，搅扰：我咧无闲，你唔通来～。③繁杂或头绪多，让人烦躁：代志真～，连呼甲瞓都艋安稳。

【醒奶】zàr lin 幼仔争着向母体吸奶：猪母互猪仔～，瘦巴巴。

【醒耳】zàr hǐ 声音杂乱，听了不舒服：你讲遐话我听着真～。（反感）

【醒醒】zǎr zàr ①心气不顺，有间歇性的刺痛：心肝头～。②肌肉中有异物的刺痛感：指头仔尾～，肯定是去赤着刺。

【栽】zāi ①种植：～花，～树，～菜。②硬安上罪名：～脏，～罪名。③幼苗或幼仔：花～，菜～，鱼～，团仔～。④头部向下摔倒：倒头～。

【栽尼狗仔】zāi nì gào ǎ 前滚翻，翻跟头：我惊额滚钻入胸坎，唔敢～。

【才调】zǎi diǎo 本事，能耐，本领：你有～通起新厝，着是趁有呷。

【才情】zǎi jǐng 有才华，有能力，有本事：伊做人真～，自己起楼佫支持個某头亲起大厝。

【财副】zǎi hǔ 旧时指商店的掌柜或富家官家的管家。

【残】zán 用尖利的东西东西刺：互钻仔～一空。

【残猪】zǎn d-ī 阉猪。

【棕蓑娘仔】zāng suī niú ā 元宵节少女祭拜的神灵。

【㨃】zāng ①揪，抓：伊共我～头毛。②拉，提：伊伫领共我～高起来。

【总】zàng ①旧时妇女把头发续长的成束的头发。头发稀少的女人和在自己的头发梳成较大的发髻：续～。②蔬菜靠近根部的叶茎：菜～，菜头～（萝卜缨子）。③把抓，承揽：这项代志着你来～逐个者要听。

【总稻草】záng diǔ cào 把稻草拢扎成一束一束，以便晾晒。

【斩然】zǎm rián 达到相当、一定的程度，颇：这只猪～势大，半年大百外斤。

【斩条】zām diáo 在被判处死刑执行杀头或枪决的罪犯背上插上的牌子，上写罪犯名并用红笔在名字上打叉或钩。又作"插招"。

【十一叔】zǎm yìd jir 指中年以上的单身汉：伊～仔自己一个。

【杂】zàm 爱管闲事唠叨烦人：你这个真～。

【杂插】zǎm càm 好事，什么都爱管，都要参与：无你的代志，唔免你来～。

【杂糙】zǎm cǒ 声音杂乱扰人或事务繁杂，也指混杂不一：市场～人，着唔通佮骗去。

【杂碎】zǎm cuǐ 零星的,细小的,琐碎而繁琐的:我真无闲,归日～工课做艙了尽。

【杂种仔】zǎm jíng á 混血儿,骂人不是正宗的纯种,来历不明,含蔑视意:伊是番仔生的～。骂人的话。即"臭小子"。

【襸】záo ①整齐一致,齐全而均匀,没混杂物:这批货真～,无好歹。②全,都:人～到了。

【走马灯】zāo vê dīng 一种纸糊的灯。点亮后,利用热气能使外围的画有图的笼罩转动。常比喻上台、垮台不停地轮换更替。

【走趴趴】záo pā pā 形容不停地走动:日时～,暝时点猪肭。

【走街仔仙】zāo guē ā xiān 原指专门走街串巷卖百货的小贩,后指走江湖打拳卖膏药的卖艺人。

【走甲裂裤脚】zāo gà lǐ kô kā 形容惊慌失措,匆忙逃窜。或为了躲避而奔跑,步伐大得连裤管都扯裂开了。可见速度之猛。

【作稿】zò xê 从事农业生产,耕田种庄稼。

【踔】zò ①急奔:我天光着～去找伊。②为某事而奔走操劳:伊四界去咧～头路。

【蹖】zóng ①猛力而且飞快地向前冲跑或向上下蹦跳:猫～起桌顶。②为一定的目的到处奔忙活动。

【蹖起蹖落】zǒng kí zǒng lò 上蹿下跳,四处奔忙:伊为众人的代志艙食艙睏咧,四界～。

【蹖甲头壳无毛】zǒng gà tǎr kàr vǒ míng 形容四处奔波忙碌,到处碰壁而不气馁,仍效果甚微:伊为着找一个头路～。

【赘仔】zè ǎ 皮肤长出疙瘩肉粒,末端会开裂如花。据说系沾黏鱼鳞未洗去而成。可用头毛束紧而除去。

【坐卦】zě guǎ "罪过"的谐传。意为对他人的不幸表示同情、可怜时说的话:伊真～,一出世着无爸母。

【拃】zè 把水分吸干:椅顶的水用粗纸～依焦。

【绝】zè ①完全没有了,断绝:～种。②叹词口头语,表示惊叹、赞叹或比喻糟糕、遗憾:～啦,代志歹了了啦,我出门无带钥匙。～仔,这丛菜瓜生者多条。

【诸娘】zī niú【诸娘人】zī niǔ láng 旧雅称女人,多指成年以上的女性。也作丈夫自称妻子。

秦汉时期,江浙的古越人入闽开发,因此福建的原住民称闽越人。汉高祖封闽越人的首领无诸为闽越王。无诸是春秋时代越王勾践的后裔,无诸死后,由其子郢继承王位。

到了汉武帝建元三年(公元前138年),闽越王不满繁重的朝贡,发兵浙江,与朝廷派来镇压的汉兵冲突,终因寡不敌众,伤亡大半。汉武帝平息暴乱之后,废除闽越国,把闽越伤兵和壮丁悉数赶到江淮一带。

不久,汉武帝派左翊将军许滢驻防于今同安小西门一带,故今有"未有同安,先有许督"之说。许滢带来的军民在闽南世代屯守,男性频频与原闽越女通婚。闽越遗民为了纪念闽越王无诸,把闽越女称为"诸娘",以至到了后来,干脆把女人统统称为"诸娘",把妻子叫作"诸娘人"。

【慈济宫】zǐ jê gīng　奉祀保生大帝的庙宇,为纪念吴夲而建,原于同安县白礁,现划归海沧区。

【堲】zǐ　铺或垫。

【堲肩】zǐ gnāi　搭在肩上的垫布,用多层布或夹上棉花制成,扛东西时因扁担或重物的摩擦而损伤皮肤或磨破衣服。又"肩头堲"

【堲脚仓】zǐ kā cīng　为防婴儿便溺弄脏裤子,在屁股垫上一块布。也指在座椅上垫一层软物,使坐得舒服。

【趖】zuǎ　①线痕:线～。②量词:A用于长条或成行的东西,相当于"条":一～路。B表示次数,相当于"趟"、"次":個厝我去几仔～啦,真熟。

【泏】zuǎ　①因摇晃而使液体溢出:一碗糜捧甲～归身躯。②摇曳,动摇:地震时,归间厝拢～起来。③比喻震撼:这件大代志四界传甲～起来。

【絀】zuà　①肌肉、筋骨等扭伤:我手骨去～着,痠软痛艍揭笔。②差失,差异:谢榴结籽一坎一坎～。③走样:话盘过嘴现走～。

【挩】zuàd　①排挤,渗出:脚头肤跪甲～血。②不正当地转给:伊将我的份额～互個亲成。

【膎】zuǎi　①骨关节处错位或扭伤:尾豹头～着,指头仔骨～咧歪去。②(做事或走路)扭来拐去,使变化:醉酒开车,歪来～去。

【做子】zuè gnià　当儿子,入赘:他恁无某者去伍～。

【做衙】zuè ggê　农历每月初二、十六商店、工厂要祭敬土地公等神,招待员工用餐。民家也应祭敬。

【做客】zuè kê　①出嫁,又"出客",即出阁:您查某仔～人还未。②到亲戚家,常指回娘家:我今日要去阮外家～。

【做后的】zuè ǎo ê　当填房,做小,做后娘,嫁给丧妻的男人。

【做大人】zuè duǎ láng　童养媳与"头对"结婚圆房:饲心富仔～。

【做交替】zuè gāo tuê　代人受过,当替死鬼。忠厚人伓掠去～。

【做公亲】zuè gōng qin　调解,调停,平息纠纷:乡里老大共～。

【做功德】zuè gōng dìr　做道场,请

和尚或道士做法事,以祭拜祖先:华侨返来祖家～。

【做诓头】zuè gǒng táo 南洋有一种巫术,能使人变得呆傻或改变性格:伊仝番兀互相怨斗的人～,煞起疴龛做工课。

【做工艺】zuè gāng gguě 多指小孩做事情时分心做其他小动作:呷糜凡咧呷糜,唔通～。

【做义样】zuè ggǐ ngiǔ 作弄或戏耍,以图消闲解闷或消遣打发时光:你着拿淡薄手工来～嘛卡好过日子。

【做月内】zuè ggě lǎi 坐月子。

【做谴损】zuè kiàn sòng 旧时迷信的妇女用于陷害人的巫术:伊会共～,你着注意。

【做七日】zuè qìd rìd 处理丧事的一种习俗,即人去世下葬后的第七天,要到墓前"叫墓"祭拜。

【做亲成】zuè qīn jniá 说媒,结亲,找对象:個效生三十外岁啦还未～。

【做体统】zuè tê tòng 姑且应付世事,以免失体面丢人:先共借钱来～,者赡失外气。

【做意致】zuè yì dǐ 专心,集中精力:做工课着～,唔通觅里觅啷。

【摧】zuí ①截或割,使断:～甘蔗。②比喻决断、裁决:要还唔由你～。③也比喻处置:领滚伸长长输人～。

【水】zuì ①动物生育的次数:头～猪,一～鸭仔。②植物收获的次数:割三～韭菜,第二～的紫菜。③守住或等候:把～。④用在名词或动词后面,表示状况或强调程度:钱～仔,色～,硬～。

【准当】zún dǎng ①旧指向当铺或放高利贷者借钱的抵押品:无钱通还掠猪来～。②当做一餐:呷果籽～。

【准节】zún zàd 节制,控制,把握好分寸或火候:开钱着～,唔通有钱乱屌摅。

【准抵好】zūn dú hò 算了,不计较:借钱无还～。

【拨】zǔn ①拧,扭转:面巾着～伊焦。贪呷侉～嘴边。②将本该属于某人的强转给别人:伊将我的奖金～去互個亲成。

【擎】znǎ ①舀取:～米,～水。②比喻不负责任的胡说:伊一个嘴爱乱～。

【前落】znǎi lò 九架或七架厝,大门至天井间的部分:～比后落卡低。

【前室女】znǎi xìr l-ì 处女:個某死,伊佫悉一个～。

改意话

闽南话与普通话的书写形态都用汉字。许多翔安语汇,不但保留着汉语普通话的含意,还派生出独有的含义。这些语意更生动有趣,更广博深邃,更细腻优雅,更具表现活力。

A

【鸦片仙】ā piàn xiān　吸鸦片成瘾者,也形容面容憔悴、肌黄体瘦、精神萎靡不振、状如病夫的人:伊栋呷佫贫惮,一个人生成若~咧。

【押煞】à suà　①平息吵闹或争斗:個咧相拍,你紧去~。②安排、处置或控制:乡里内的代志是老大咧~的。③闽南民俗,送葬的人要返回死者故居,面向大门外,让道士诵经撒"花枝盐米",以驱妖镇邪除晦气,求得清静洁净。

【鸭母】à vò　又呆又笨,差劲无能:你这个~,大汉输小汉。

【鸭雄钩】à híng gāo　木犁的犁鼻末端伸出的铁弯钩,以钩住后造,让牛拉动。因形如鸭雄的尾翼而得名。

【鸭角声】à gàr xniā　像公鸭粗噪的沙哑叫声,男孩子进入青春期时变粗的嗓音:伊返大啦,讲话~。

【鸭母卵】à vó lňg　比喻考试得零分:伊这摆月考,得一粒~。

【鸭母蹄】à vó dué　扁平足,足弓塌陷,脚底不上弯:伊~,卡觥走。

【沃喉】àr áo　稍喝饮料或水,以润喉解渴:紧啉几嘴水~咧。

【沃龊茹】àr zàr rí　无端找茬且纠缠不休,没完没了不听劝:伊这个人真～,抵着伊逐个惊,你简通去惹伊。

【哀嗷】āi áo　过期的油脂,入喉时难受、不适:涂豆油舲芳,呷着会～。

【安薯话】ān zǐ wê　①本地方言。②无道理的傻话。

【安剑棉】ān giàm mí　胎儿不足月出世,发育不全,需用棉纱裹着放在保育箱精心呵护。比喻很稀罕珍贵受不得袭扰:伊的物件若～咧,舲摸咧。

【尪仔】āng a　①用泥巴或木头雕塑的,或用布制成的人偶:涂～,柴～,布～。②图画:画～。

【尪仔头】āng ā táo　①面容、形象:伊生成真美,～真明。②瞳仁:～雾雾,无看见物件。

【汪笼性】āng láng xǐng　不通事理,脾气暴烈,动不动就发性子。伊生成卡～,但心底舲歹。

【红牙】áng ggê 红润、鲜红。

【红目】áng vàr　①一种眼病,眼白充血。②妒忌:看见人趁着钱,伊着～。

【红面】ǎng mǐn　①汗颜,害羞,自惭羞愧。②相互之间发生矛盾、争吵。

【瓮肚】àng dô　腹部像瓮的肚子一样,很大。大腹便便。

【瓮冻目】àng dàng vàr　深陷的眼窝发出的目光,用白眼看人。

【瓮栱声】àng góng xniā　说话的声音浑厚、粗犷、深沉,沙哑,显得瓮声瓮气。

【涵空龟】ám kāng gū　胆小怕事,畏首畏尾,什么都不敢面对和尝试的胆小鬼:做代志着散散,唔通若～咧囝伸伸

【暗】ǎm　①隐藏不露、秘密的:～畅。②暗中或偷偷地吞占:～降。

【暗降】àm gǎng　原为打麻将的术语,意引打埋伏,私吞隐藏物资或金钱:公家的物件互伊～去。

【暗流】àm láo　海水涨潮时在傍晚或夜里:～的鱼腥无块卖。

【暗挂鸟】àm guà jiāo　①猫头鹰。②浑噩无知或不懂装懂,常失误惹人讨厌的人。③指喜欢晚睡或经常连夜工作的人。

【沤】āo　①掺杂;几项菜～做一鼎煮。②浸泡使腐烂:～肥。③浸泡:洗衫先抹杀文～咧卡佮洗。④赌博时变本加厉地下赌注,越赌越又称"大:跌～缴,家伙了。

【喉遨】áo ggó　咽喉炎,严重者可致命。同"重舌"dǐng jì。

【喉管滇】áo gòng dnǐ　哽咽,因悲切或感激而喉咙呜咽:想着伊的尽心帮助我着～。

【后步】ǎo bô　言论、行动留有余地、后路、回旋的地方:伊逐过会留～。

【后空】ǎo kāng　隐私或储存的东

西:互人挖～；～互人厝了了。

【后手】ǎo qiù ①开支剩下的，余下:卖猪买眠床，～无钱啦。②后来，接手的部分:有前手，无～，做代志有头无尾。

【后山】ǎo sunā 后台靠山:赤人无～通靠。

【后壁山】ǎo bià sunā 比喻后台、靠山:伊的～高佫硬。

【奥屎】ǎo sài ①球出界线:～犯规。②比喻糟糕或犯规的:踢这号～球。来自英语outside。

【奥屎货】ǎo sái hê ①物品质量极差。②人的表现不好，能力水平低下。

【恶货】ào hê ①不好的物品:你贪俗串买～。②指品质不好、表现差的女性或小孩:无人爱你插这个～。

【恶鹿】ào lôr 骂讨厌的女孩。有时带疼爱的心态或语气:你这个～，恁欺人。

【恶厨渚】ào dǔ dǔ 脸色懊丧，不高兴的神色:伊归日～，无一点仔喜颜。

【恶屎谱】ào sái pô 蹩脚的坏主意或卑鄙的损招:你串想都是～。同"恶屎步"ào sái bô。

【拗价】áo gê 压价，杀价。

【拗横】āo hunái 不听话，蛮不讲理，独断专横。自以为是，不容协调，一意孤行:伊做代志真～，乱来。

【拗理】áo lì 强词夺理，蛮不讲理，失理又硬讲成有理:无理着承认，呣通要～。

【拗郁】áo wùd 因委屈而心中不舒畅，受枉屈而烦闷:呷哑狗亏无块讲，自己真～。

B

【巴突】bā dùd 外来语，"法规"的意思。守纪律按程序有章法的为人处世，则称为"照～"。

【巴锐】bā luè ①捉弄、欺凌或惩罚:互歹囝边～甲真歹徛起。②做难办的事:鱼细尾真僫～。

【把家】bā gê ①私人专用的:～车。②掌管，把持包揽:大小代志都是伊咧～。

【皰市】bǎ qì ①罢市，不营业做生意。②抢夺财物占为己有:歹子～。

【霸】bǎ ①不讲理，独断专横:～道，押～。②强占、不让人:～所在，～家伙。

【饱】bà ①食量得满足，与"枵"相反。②充足，足够:车轮风真～。伊气力真～。③学问或功夫很深:伊学问知识真～。

【饱膏】bā gō ①蚵、蛙的蟹黄很充足:这只蚵真有，一定～。②富足、钱物充裕:伊真～，钱开赡振动。

【饱气】bá kuǐ 很充足，很满足的样子:好额人呷穿都很～。

【饱水】bá zuì ①饱含水分:五谷沃甲真~。②财物富足:城内人卡~。③水果或蔬菜含水量大,多汁:梨仔真~。

【八杂】bad zǎm 清规戒律太多:伊真~,逐项赡用咧。

【腹摆】bàr bǎi 吃东西过后,生疑,想呕吐:呷清物件会~。

【腹内】bàr lǎi 猪牛羊、鸡鸭鹅等的内脏。

【腹内滚】bàr lǎi gùn 只在心里强烈地反应,一点儿外部表现都没有:无啥代志自己咧~。

【北贡】bàr gǒng 北方人,略带轻蔑的意思。

【剥皮】bàr pé 比喻严厉的惩罚。也指欠人钱、做错事,被人制裁。

【缚身】bǎr xīn 该做、急着要做的事情多而复杂,脱不了身,抽不出空。缠身。

【缚条件】bǎr diǎo gniǎ 事先约定或谈好双方均可接受的条件:先~者做,过后卡无长短脚话。

【排比】bǎi bì ①准备:偆~要起新厝。②处理、发落、安排:厝内的代志都是伊咧~的。

【排只】bǎi jì 讲究排场,显示阔气,张扬富有:伊真~,串穿都是~的衫裤。

【败板】bǎi bàn ①弄糟了,挫折、失败,出差错,不如意,失兴:生意做咧~。②身体稍有不适:哞知呷着啥货,感觉胃咧~。

【败牙】bǎi ggá 螺丝的纹路损坏或事情办砸了。

【败市】bǎi qī 滞销,市场不景气:今日真~,物件无人买。

【败烘】bǎi hāng ①家禽瘟疫蔓延:最近鸡鸭咧~,着卡留神咧。②货物倒市滞销:最近市草真歹,物件~无人买。③也指人生病:伊最近咧~者无出门。

【摆步】bái bô 挑拨离间,制造纷争:奸臣势~。

【办】bǎn ①作弄、坑害,乘人不备,让人受伤害:~人。②料理、处理:单位无~伙食。③准备、采购:~年货。④经营、创设:~学堂。

【办甲酥壳】bǎn gà sô kàr "酥壳"是蚂蟹脱壳,是身体最弱的时候。词义为被坑害得很厉害。

【房内】bǎng lǎi 卧室用品的统称:整~。

【房仔内】bǎng á lǎi 睡觉的房间,常指私密的地方:伊哞八出门,定定匀伫~。

【放刁】bàng diāo 扬言、声称,放出话来威胁、恐吓:伊~要刣人全家。

【放屁】bàng puǐ 说谎话:无要听你咧~。

【放风】bàng huāng ①故意走漏消息、泄露秘密。②虚张声势,放话威胁吓唬人。③谎言,让人不相信的话:我无要听你咧～。④把轮胎里的气放出。

【放空】bàng bāng ①说大话吓唬人:伊～要弄倒个的厝。②留出空白或处所:厝内～无人赵。

【放声】bàng xnīā ①放出大声:個老爸出车祸,伊～哭。②事先声言或交代:伊无～我唔敢去。③扬言找麻烦:伊～要甲伊相找。

【放蛇】bàng zuá ①打拳卖膏药的以此来招诱顾客或观众。②比喻把众人期待的秘密公布出来。

【放水】bàng zuì 把堵住的水放流出来,常比喻发饷或工资。

【放狗屁】bàng gáo puǐ 说谎话。

【放风球】bàng huāng giú 吹牛、说大话。

【放空炮】bàng kāng pào 承诺不兑现,说话不算数。

【放铃铃】bàng līng līng 不把事情搁在心上,不在意或放松不管。

【放水流】bàng zuì láo 把东西、心事、恩怨故意忘记,像丢到流水中任其漂走那样。

【包】bāo 作假:掠～(逮到作假、揭发谎言)。

【包馅】bāo ngǎ ①包子里的东西。②物体内部空缺或掺杂。

【包虽】bāo suī 男性生殖器包茎。

【襃啰唆】bō lō sō 迎合别人的意思,说赞扬好听入耳的话:伊半头青,真爱伍～。

【报销】bò xiāo ①先支付后以凭证报账兑钱:～差旅费。②损坏掉了,糟了,也指人死了:头人～去了。

【报亲成】bò qīn jniá ①介绍对象:我共怹查某仔～要还唔。②人去世时,通知亲戚,报丧。

【薄凭】bǒ bín 从未曾有过或新情况刚初次出现:唔八徛高楼,～唔惯是。同"初相逢"cô xiōng hóng。

【薄皮】bǒ pé 软弱或爱面子:你真～,舱堪咧人讲着爱哭。

【薄板仔】bǒ bǎn a 旧指用薄木板钉成的棺木,表示草率送葬。

【磅壁】bǒng biǎ 比喻遭到挫折,走投无路:代志做舱顺,四界～。

【嘞鸟景】bòng jiáo gìng 传播稀奇古怪的让人难以置信的消息。

【烳心】bô xīm 水果蔬菜的内部形成海绵状的情况:菜头～舱呷咧了。

【布】bô 不易嚼烂,吃起来像嚼布的感觉:这种失水的菜煮舱烂,呷着～～。

【布目】bô vàr ①布的经纬线突出的线圈或较粗的线结。②织布时,在经线上表示一定距离的记号。③事物应达到的效果,常用否定式:互你读书侪找无头路,我开钱无～。

【布袋奶】bô dě līn 乳房大而下垂,似布袋。

【步辇】bô liàn　徒步行走：伊上街定定用～，唔八坐车。

【哺舌】bô jī　比喻只说空话：空嘴～。

【哺食】bô jiā　紧追不舍地纠缠欺凌、辱骂：卡唔好要共～死。

【补胎】bô tāi　①补轮胎。②怀孕期间的补养。

【飞丝】bē xī　在空中飘飞的蜘蛛丝：呷着～，嘴内爆一泡。

【褙本】bè bǹg　占用的本钱或花费的资金：伊栽培子儿真～，请专家来当家教。

【爬痒】bē jniǔ　比喻用力太轻，浅尝辄止，解决不了问题，几近无效。

【爬烧】bē xiō　讨厌无足轻重的行为：无啥代志你要来～。同"爬贡"bê gǒng，又同"爬牛"bê lǎn。

【把水】bê zuì　放哨、埋伏或望风：有的做贼，有的～。

【跙壁】bê bià　走投无路：家内无钱，赤甲～

【擘指甲】bê znái gà　比喻闲得无聊，以此消遣时光：我闲甲～。

【擘破面】bê puà mǐn　撕破脸，不再因碍于脸面而客气或忍受：既然～啦，着无讲情份。

【白白】bê bê　①明摆着，浅现的：伊～唔承认。②徒劳白费：～坚了。

【白贼】bê càd　①睁着眼睛说瞎话，谎言：媒人脚骨力，媒人嘴。②明目张胆地贪占便宜：忠厚人佫会做～。

【白了】bê liāo　枉费，无偿的付出。

【白话】bê wê　①直率、坦率的话：囝仔人讲～。②与"文言"相对的方言土话：王爷讲～。

【白鼻仔】bê pǐ a　旧戏的丑角，也指生活不检点的好色之徒（因扮相为鼻梁上一片白色而得名）。

【白脚蹄】bê kā dué　总是来不及，与机遇擦肩而过的人或给人带来灾祸和倒霉的人：你实在是～，物件呷了你者来。

【白肉油】bê và yiú　原指带脂肪油脂的肉，多指肥缺，比喻利益或便宜：别人拼命甲要死，你空手来拾～。

【白身人】bê xīn láng　没有随身携带东西或担任职务的平头百姓：～才会用咧入超市。～人赡用咧去官府。

【脾土】bǐ tô　脾胃对饮食的适应情况：伊的～真孬，呷个样的物件现吐。

【闭目】bì vàr　骂人有眼无珠，在眼前明摆的东西也不能发现：你真～，连目墘的物件也唔知。

【襒裤脚】bì kô kā　挽起裤管，也指积极投入。

【襒手碗】bì qiú ǹg　捋起袖管，也指亲手操持。比喻准备动武的架势。

【比步】bí bô　①做出打拳或打架的样子：伊～要拍人。②仅是摆个样子，并不真的进行：伊假意～要张去個外家。

【比称】bí qín 计较重量：这个人真小气,连半斤鱼也着～。

【比拳头】bí gǔn táo 较劲,比实力：伊真土公,动着要甲人～。

【必缝】bid pǎng ①裂开一条缝隙：墙～啦,厝倚着危险势。②露出风声,走漏消息：个俗空的代志～啦。

【笔塞】bid tàd ①套在笔尖上以保护笔尖的套子,旧时用毛笔写字,有了～,可保持笔毛的潮湿。②形容东西小或少：今年灾害多,五谷收成无一～。

【笔仔尾】bid ā vè 做文字工作的,也指轻松的工作：揭～的比做粗工趁卡多钱。同"笔尾仔"bid vé à。

【谝食】biǎn jià ①靠耍弄手段蒙骗到手：最近有假和尚四界咧～。②自谦,学到一点儿本事赚钱糊口：我工夫无偌好,只是～～。

【变步】biàn bô 另外想办法或对付的办法：有钱行有路,无钱无～。

【迸壳】biàng kàr 有荚的豆类或枪弹爆裂,比喻群体人员发生矛盾,引发不和、争斗。

【表的】biǎo ê 外亲,自己与父亲姐妹的子女或母亲兄弟姐妹的子女之间的关系。

【婊子】biáo gnià 本指与妓女所生的私生子,今多作骂人的脏话。

【摽诮】biō qiō 男女间的打情骂俏、

耍笑戏弄。

【滨唪唪】bīn bòng bòng 轰隆的爆破声不断或动作敏捷灵活：伊做代志～,真好脚手

【禀绊绊】bìn bunà bunǎ 受到纠缠、阻碍、干扰,或顾忌太多,难以专心顺畅、放开手脚洒脱地进行：团仔还小汉～,大人赡得通出门。

【平拄滕】bǐng dú tǐn 旗鼓相当,相差无几,势均力敌,难分高低,不相上下：个两个气力～,无输赢。

【烰蔗猴】bǔ jià gáo 多年的甘蔗头和根部的泥土中有一种蝉的幼虫寄生,俗名为"蔗猴"。用火烤,所有的脚都紧缩在一起,很好吃。人在火灾时被烧死,同样手脚也会紧缩,故人被火烧死称"～"。

【抔后脚】bùd ǎo kā 拉后腿或暗中使坏。趁人不备从中作梗,在背后釜底抽薪：兄弟仔一个做代志,一个～。

【抔狗屎】bùd gáo sǎi 捡拾动物的粪便,比喻做下贱的工作：小汉唔读书,大汉着去～。

【不通】bùd tōng 蹩脚的主意或呆笨的想法：你这个人真～,未截菜先热油。

【不相干】bùd xiōng gān ①没有任何联系,风马牛不相及：这件代志甲我～。②刚吃饱,见到好吃的又想吃：你真～,念弥呷甲飨落,看人呷佮者姆。

【不见天】bùd giàn tiān　形容热烈、激烈或数量巨大：一群团仔咧甲～。

【跋臭】buǎ cǎo　耍赖或使出下三烂的手段：伊有讲无输赢,爱甲人～。

【跋白板】buǎ bê bàn　打麻将时出的是"白板"牌。比喻明说,不隐瞒：骗觞过只好～。

【跋无脬】buǎ vǒ buē　①得不到许可或应允：伊申请补助,结果～。②隔阂至深,互不理睬,有话说不到一块：我甲伊～,很少交插。

【半丁】buàn dīng　呆傻、不成才：～卡惨觞大汉。

【半遂】buàn suǐ　下肢失去知觉,瘫痪,不能行走。也比喻能力差,无能,动作缓慢。

【拔泉】buǐ zuná　把别处的泉水吸走,比喻争夺利益：开相同的货店会相～。

【拔生意】buǐ xīng lì　夺走顾客：伊开大型的超市共人～。

【拔虎舌】buǐ hô jì　比喻做难度大或危险的事情：你交代的代志,我佫甲～也着去。

【嗌风】bǔn huāng　①吹气：气球消去着佫～。②吹牛、夸口：无要听你～。③有意透露消息：最近有人咧～,讲要据人生啦。

【嗌须】bǔn qiū　古装戏里男角在极端生气或落难时就表演吹胡须的动作。比喻很生气或很为难的情况,也指工作很艰苦复杂须竭力应付：做这种工课着～。

【嗌鸡胜】bǔn guē guī　鸡胜：鸡膆,充气后像气球。意即说吹牛、说大话：无人爱听你咧～。

【嗌沙鳖】bǔn suā bì　沙鳖：一种生活在细沙中,像虱子一样的小虫,焙干可入药。捕捉时须吹沙才能看见。意为跌倒趴在地上：路真滑,穿柴屐会～。

【粪遂】bùn suǐ　瘫痪或无能：你真～,担无五十斤。同"半遂"。

【粪扫脚】bùn sò giò　①能力差做不好工作的人：～逐项觞晓咧。②力气小,连较轻的担子也挑不动：你真～,连背书包也喊疼。

【搬海返】bunā hái huàn　骚乱,大搅乱：先生不在管,学生～。

【半扫】bunà sǎo　半新不旧的东西：衫仔穿～者要送人,实在歹意思。

【半头青】bunà tǎo qnī　愣头青,少根筋,常做低能弱智的傻事：你成实是～,戴笠佫揭雨伞。

【半失兄】bunà xìd hniā　①大势已去,难以收拾：新栽的树互大风雨扫咧～。②丢了半条命,元气难以恢复：伊这摆手术咧～。

【半躺倒】bunà tê dò　斜着身子既像靠着又像躺着。比喻不景气：伊做的生理～。

【半桶屎】bunà táng sài　半吊子,指

知识技艺半生不熟,似懂非懂,不精通,办不成事,只是穷折腾而已:～的脚数欲想要做师父。

【绊草籽】bunà cáo jì　行走时被路旁的草籽沾黏上。比喻无意中有所收获:去参加联欢会,看有通～,找着对象无。

【拌须】bunǎ qiū　①复杂繁重的工作,应使出全身的解数穷于应付。②生气或苦难时的吹胡子瞪眼的神态。

【拌嘴舌】bunǎ cuì jì　多费口舌或争执、抬杠:我无闲通甲你～。

【扳白】bnái bê　①暴露真相,露馅:变魔术若歹脚手,不时着～。②出了偏差,无可挽回:生理做无半个月现～。

【扳挺】bnái tnǎi　不按常规另搞一套的做法,往往弄巧成拙,得不偿失:是你爱～,者会好好鲎刓甲屎漏。

【扳白仁】bnái bê rín　翻白眼,黑眼珠偏斜,露出较多的眼白。愤怒、失望等情绪发生时会出现这种情况,病危或痛苦时也会有这种生理现象。

【扳乌白】bnái ô bê　①一种猜拳的游戏,三人以上可玩。以手掌的正反面为标志,正面或反面只一人出现者为胜方。②比喻反复无常,形容善于耍弄权术或手段、诡计来糊弄或害人:你一支嘴真势～。

【扳肚痧】bnái dô suā　腹部剧痛,绞肠痧,严重者可致命。也比喻想不通时的反复心理状态:别人无意见,只有你自己咧～。

【绷跰】bnī bê　①攀爬:四界～,唔定唔着。②艰难操持过日子或想方设法去寻找、取得:若无个老爸骨力～,简有通起厝。③皮肤绷紧的难受感觉:北方天真焦燥,归身真～。

【绷面皮】bnī mǐn pé　撑门面,外观让人的印象:新亲成要来,共借皮沙发来～。

【病子】bnǐ gnià　因怀孕的妊娠反应,如恶心、呕吐、食欲异常:個某咧～,逐项唔敢呷。

【变鬼】bnì guì　捣乱、作祟,做手脚:都是有人咧～,者会电灯念弥光念弥熄。

【变蠓】bnì màng　①做不正经的或无益无效的事:工课唔做倒～。自谦随意做不起眼的事:我闲闲无代志咧～。

【变面】bnì mǐn　①改变态度,翻脸:钱借过手现～。②板着脸,出现怒色:你钱唔还,我要甲你～。

【变空】bnì kāng　耍手腕或阴谋算计他人:我工资升兹着是伊咧～。

【变无蠓】bnì vǒ màng　办不成事,搞不出名堂,只是穷折腾而已:据伊去,伊自己一个～。

【变猴弄】bnì gǎo lǎng　①玩弄手腕、权术:逐个趁无钱,都是头家咧～。②作弄人,愚弄人:奸商～卖假货。③做手脚下套害人:都是有人咧

~,者会鸡鸭死了了。④耍花招,搞小动作:厝边~,兄弟仔者会觖和。

【摒脚路】bnià kā lô 清除障碍或事先的准备,解决可能出现的问题:着先~拖货的大车者会得过。

【拼馆】bnià guǎn 曲馆或拳馆的决战,泛指决斗竞争:伊咧~,互人看闹热。

【拼戏】bnià hǐ 场上同时两个戏班演出,唱对台戏,争夺观众:宫口咧~,看甲人叠人。

【拼孤注】bnià gô dǔ 源于赌博的孤注一掷。引申为"破釜沉舟"或"一决雌雄"之意。

【拼厚薄】bnià gǎo bò 奋力一搏,一决雌雄,决胜负:我呣认输,要甲你~。

【傍福气】bng hôr kǐ 别人走好运,自己也得到好处或利益:同厝人相~。你趁钱我~。

【饭碗】bňg wnà ①泛指吃饭用的饭。②职业或工作:无照起工会损破~(丢了工作)。

【饭顿】bňg dǔng 日常的伙食:来我这做工,我互你薪劳佫管~。

【饭桶丁】bňg tāng ding 愚笨无能的人:歹命者会出你这罗~。

C

【柴旁】cǎ bóng 体态或物体臃肿、笨拙生硬、不灵巧:这支铁笔真~,歹势揭。

【柴头】cǎ táo ①树枯死后或采伐后留下的头和根部:上山掘~。②比喻呆滞、不动不变:你若~咧,叫觖振动。

【柴目】cǎ vàr ①树干或木头上的疙瘩,质硬少纹理。②眼睛呆滞死板,眼光差,不善于识别事物的好坏。

【柴工生】cǎ gāng xnī 人长得牛高马大,但死呆不灵活。伊人真大条,但~无路用。

【插格】cà gê 格:田地下层的硬土。比喻很穷,或走投无路、棘手:生理做倒,赤甲~。

【插鲨尾】cà hǎo vè 清朝的官员戴的帽子,后沿插一条禽鸟的羽毛翎带,像鲨的尾巴。戏称提擢升官的意思:伊老爸都是~的,者会有力佫有势。

【插去烧】cà k-ì xiō 抬去火葬。比喻坏事了,无可挽回:共借的大缸弄破,担着~啦,无买还人觖用咧。

【擦面】càd mǐn 翻脸:无钱通还甲人~呣认账。

【凿耳】cǎr hǐ 刺耳,话语让人反感、厌恶:伊的话我听着真~,呣爱听。

【凿生】cǎr lǎn 粗话。恼怒、憎恶、讨厌:你安尼我愈看愈~。

【凿目】cǎr vàr 让人看不惯或招人眼红:伊妆甲若"水兵"咧,互人看着会～。

【苴脚】cǎi kā 挑的担子太沉重,迈步行走时腿觉得艰难:这担真重,我一上肩就觉得～。

【葱脆】cāng cě 说话声或办事干脆、果断:伊做代志真～,赡拖拉。

【翀须】càng qiū 因生气而胡子竖起,表示极端的动怒、生气。

【插牌】càm bái 洗牌、捣牌。

【插杂】càm zàm 多种事情或人混在一起,产生杂乱或复杂的情况:我咧做代志唔爱人来～。

【撨挺】cǎo tnà ①修整:这张犁真歹用,你来该稍～咧。②惩罚、处置:伊若敢乱来,我着共伊～。

【撨称花】cǎo qìn huē 移动称缭在秤星的位置。①计较重量。②泛指讨价还价。同"比称"。

【撨交椅】cǎo gāo yì 原为搬动椅子,比喻调整领导班子:换届选举,其实是咧～。

【嘈嘈滴】cǎo cǎo dì ①液体泄漏不断地流出来:油桶破,归路～。②事情办砸了,留下烂摊子:你真无路长,简单的代志也做甲～。同"嘈嘈垂"cǎo cǎo sě。

【臭柴】cào cá 朽木,喻无人理睬的人:将伊当做～该苴歇。

【臭空】cào kāng 见不得人的丑事:伊的～惊人知。

【臭人】cào láng 惹人憎恶的有劣迹的人,不友好双方相互的对称:我无要甲你这个～讲话。

【臭谱】cào pô 不阳光的手法或招数:比赛赡使咧出～。

【臭皮】cào pí 耍赖:照呼照行,唔通～。

【臭肉】cào và ①腐烂发臭的肉:生痛的～着割仔丢。②贱称亲骨肉:查某仔嫁恁,一块～甲恁拍相掺。

【臭臊(仔)命】cào cō á miǎ 原本不是很好的命,但不断有人扶持支助,又经常巧遇好机会,结果变成运气很好:伊前半世人呷爸,后半世人呷子,一世人～。

【臭臊神】cào cō xín 像馋猫见了鱼那样好色,见了女人就想入非非,乱搞男女关系:伊有钱瞬～。

【臭老韱】cào lǎo hiǎn 老人身体常有的气味,比喻相处时间久了,失掉新鲜感,产生厌倦疏远的情绪和感觉。

【臭肚枪】cào dô qǐng 动不动就发性子,说话瓮声瓮气:你这个人成实是真～,有话唔好好讲。

【臭破味】cào puà vǐ 原为尿臊味,引申为有点意思,有点道理,有点味道,产生些许效果和影响:你着卡有～咧,唔通乱来。

【臭屎计】cào sái gê 卑鄙的招数或馊主意:你串想～。同"臭屎步"cào sái bô。

【臊啰】cō lŏ 打牙祭改善伙食:脚澹嘴臭臊,讨海掠淡薄鱼仔虾仔互全家口仔通～。

【创治】còng dĭ ①欺负:本地人～外地人。②戏弄、捉弄:团仔人～老货仔。③调戏,多指对女性,有时指强奸:～查某。

【创景】còng gìng 耍弄,戏弄,恶作剧:同厝晤通相～。

【创空】còng kāng 下套,暗算,设陷阱害人:生理会倒是去互人～。

【粗饱】cô bà 只讲究填饱肚皮,而不讲究好吃营养。又指大路货:作稿人三顿呷～的。

【粗菜】cô căi ①佐料不精细的菜蔬。②粗话:伊讲咧输煞出～。

【粗粕】cô pò 人的身材高大、粗壮,外观比实际年岁稍大:伊看着～,其实还无几岁。

【醋瓮】cô ăng 比喻嫉妒心强,常指对配偶怀疑有外遇。

【炊鱼】cē h-í 比喻(小孩)睡觉踢被子整夜没盖被子。

【炊好粿】cē hó gè 比喻和稀泥一样怕得罪人,不敢坚持正义的老好人的所作所为:你惊得罪人,定定～。

【找短路】cĕ dĕ lô 寻短见,自杀:生理蚀本晤通～。

【舒席】cī qiŏ 铺席子,又形容彻底失败的样子:这摆生意倒甲～。

【次丁】cì dīng ①没本事的人。②样样不如人的另类:出甲你这个～,无路采米粮。

【鼠致】cí dĭ ①作弄、玩弄,逗小孩。②故意为难人,恶作剧,让人出洋相而从中作乐。③也指对妇女的性骚扰或侮辱。

【鼠齿】cí kì 胆小怕事没能耐的人,让人瞧不起:你真～无路干。

【出闩】cùd cună ①好出风头,好挑事端:无你的代志,你真～爱管闲事。③鲜明突出:你穿这身躯真～。

【出客】cùd kê 出嫁:查某仔饲甲三十外还未～。

【出请】cùd qnià 好挑头闹事:代志煞就煞啦,你逐过爱～甲人话了了。

【出破】cùd puă 事情败露,被发现,戳穿:若无你四界讲,恰空的代志着毋～。

【出土】cùd tô ①文物从地下挖掘出来:～文物。②出洋相:唔八假八,不时都着～。

【出运】cùd wěn 度过厄运、灾难或困难,开始走运,运气好,过上好日子:算命先生讲我着上四十岁者会～。

【出神】cùd xín ①神棍或巫婆装作神附身的样子。②发愣:你顾看甲～,毋顾咧做工课。

【出空头】cùd kāng táo 出事:倒子在外面～去互人掠去。

【出身命】cùd xīn miă 奋力拼搏,不遗余力,使出全身的解数和力气或无所顾忌尽力而为:若讲着呷你真～。同"拣身"sàr xīn。

【出水声】cùd zuī xniā 故意泄漏底细秘密:若无伊～无人知。

【洩尿梦】cuǎ riǒ mǎng 稀奇古怪的梦吃或比喻不可能实现的梦想:你自己咧做～。

【泄青屎】cuǎ qnī sài 婴儿受惊吓或风寒拉出的屎水常带绿色。也形容严重的惊吓:我惊一下险仔～。

【川】cuān 美美地吃食:～好顿。

【嘴白】cuì bê 小孩或牲畜挑食,食量少或不喜欢粗粮,要经常更换食品色样以提高食欲:囝仔人～赡大汉。

【嘴花】cuìhuē 耍嘴皮子的技巧,花言巧语:伊讲话～甜勿勿。

【嘴舌】cuì jì 口和舌头:比喻说话或说的话:我卡无～,赡晓讲好听话。

【嘴水】cuì suì ①说话的口吻或刻意讲究说话的形式或语气。②口语能力和讲话的技巧艺术:骨力的走脚腿,贫惮的呷～。

【嘴尾】cuì vè ①说的话最后的几句:续人～(拾人牙慧)。②吃东西后嘴上留下的感觉:甜汤续～。③吃别人剩下的东西:呷人的～。④欲言又止的意思:我～无讲。

【存死】cún xì 冒死,比喻做好最坏的打算:～甲伊拼看咧。

【存后步】cún ǎo bô 留后路,防备万一:有的师傅教师仔会～,无真心。

【寸进】cùn jǐn 稍微有进步:贫惮读书,成绩卡加嘛赡～。

【灿斗】cunà dao ①穿戴华丽:伊定定穿甲真～。②出风头,显摆:少年家逐个真～。

【掅断】cnái dǐng 待人态度冷漠,动辄找茬发性子训人、虐待,或爱理不理的样子:后母仔～前人子。

【掅掣掣】cnāi cuà cuà 态度冷漠,爱理不理、生闷气、恶语相向,很不耐烦的举动:共伊做工课佫互伊～,实在真唔值。

【串空】cǹg kāng 比喻善于钻营:伊真势～,做软路工课。

D

【焦有】dā dnǎi 东西干了以后变硬。常用以形容清高、孤僻、不理睬人。

【焦离】dā lǐ 通风又干燥,也指清爽:伊做迄种工课鞋袜仔朝脚真～。

【焦料】dā liǎo 尚未烹饪的干食料,如香菇、蚝干等。

【嗒】dá 专指婴儿的吃:来,紧来～～。

【嗒嗒吼】dā dā hào 爱说话,咋呼个不停:伊讲话力甲势归日～。

【嗒知嘟】dǎ dī dū ①唢呐。②马虎应付或推推托托:叫伊做工,伊甲你~。

【搭觅】dā vǎ 本指两件东西相贴得很紧,也形容人际间亲密无间:個若亲兄弟咧,真~。

【搭战棚】dā jiàn bní 搭擂台。常指到处与人争吵、人际关系紧张:伊真利害,四界甲人~。

【踏颠】dǎ diān 走路时突然踉跄、打趔趄,几乎跌倒。也指失足,比喻犯傻、犯错:~犯错误。

【踏拍】dǎ pà 不顺利,遭挫折,有时也指人患病:伊最近身体咧~,唔敢出门。

【踏脱】dǎ tùd ①走路时踩空或滑落:跖楼梯~揀落地。②比喻失言、失误,说漏了嘴、受挫:伊讲咧~,连唔通讲的话也煞讲。

【踏硬声】dǎ ggnǐ xniā 扬言,发出坚决强硬的声言:着该~伊者会惊。

【踏话头】dǎ wěi táo 把话说在前头,以免日后争议。

【踏无步】dǎ vǒ bô 找不到办法,走投无路:有钱好行路,无钱~。

【踏无地】dǎ vǒ duě 踩空。比喻找不到依靠的,得不到支持:你真夭寿骨,害我~。

【牴嗲】dàr dê ①得意忘形而夸夸其谈,特别是故意在有过节的人前炫耀、唱高调、说风凉话。②得了便宜还卖乖。

【牴缠】dàr dní ①啰嗦烦人、缠着不放。②形容事情难办。③不顺利、不畅通、不流利。

【牴气仁】dàr kì rín 争强好胜,互相找茬以顶撞、攻击对方。互相赌气不愉快,结怨:这个人生成爱甲人~。

【同门】dǎng mńg 连襟,姐妹的丈夫的相称。翔安方言为"大细粒的"。

【冻舌】dàng jì 刺激性的食物入口引起舌头产生麻木的感觉。

【重枷】dǎng gê 本指枷锁重,比喻背负重担或本人不该负担的责任,多余的负担:揭~。

【重手头】dǎng qiú táo 出手太重,常指烹饪时下盐太多而偏咸:伊呷重咸,煮菜真~。

【啖揸】dǎm sàm 稍微吃一些(常指糕饼类食品):有饼路通~,卡加吗艁枒。

【担输赢】dǎm sù ngiá ①敢于承担许诺或失败的压力。②能克服困难,不推卸责任,不退却,不气馁。

【澹焦粒】dǎm dā liàm 干湿不均。比喻人的能力好坏优劣不一致:全班~差真多。

【颔头垂】dàm tǎo sé ①身体虚弱,精神不振而低垂头。②沮丧气馁,垂头丧气:缴跛咧输,归日~。

【斗搭】dào dà 配合默契、和谐、协调、融洽、周全:個两个搬对手戏真~。

【斗句】dào gǔ 押韵或配句子。句

子的末音相同或相近:伊讲话若放诗咧,真~。

【斗脚】dào kā 凑一份以使其某项活动能进行:~跋狗牌(打扑克)。

【斗空】dào kāng 串通,相互勾结:个~办人。

【斗流】dào láo 帮倒忙,添乱:人咧无闲,你者来咧~。

【斗闹热】dào lǎo riad 凑热闹,共襄喜事盛事:我若要娶新妇,恁着来~。

【斗脚手】dào kā qiù 帮忙做事,协助办事,支持赞助:有贵人~,者找有头路。

【倒吊】dò diǎo ①头向下,脚向上。②比喻违反事物应有的顺序,倒置:报纸拿~看甲有来有去。

【倒氾】dò tuná 退步,倒退:伊读书的成绩愈来愈~。

【倒死】dò xì 指事情的结果比原来的更糟、更惨或更厉害、更严重:这只车修理~,连行都飏。

【倒人】dò láng 指死了人,事态危险严重:这种代志会~。

【倒车】dò qiā ①聪明的人做笨事傻事。②退步,大不如前。

【倒咬狗】dò gǎ gào 恶人先告状,反咬一口。

【倒胜向】dò xìng hniǎ 仰面向后跌倒,比喻一败涂地。

【倒抛狔】dò pā sāi ①卷土重来。

②顺序颠倒的翻转。

【倒鼎】dó dnià 原指熬煮时失败,砸锅了。现泛指垮台、失败。

【倒龙】dō líng 垮台,失败,糟糕了:~啦,我出门无带锁匙。

【倒无地】dó vǒ duě 失败垮台时没有靠山扶持。常指理亏,哑口无言。

【桌布巾】dò bô gūn ①抹布。②比喻什么大小事情都要做,但什么都不擅长也作不了主的人:有的人称居委会的人员叫做~

【撞着壁】dǒng diǒ bià 碰壁,找不到出路:赤人无钱,伸手~。

【撞无路】dǒng vǒ lô 不得要领,无所事事,找不到解决问题的办法或找不到出路:伊自己一个~。

【杜定】dô dǐng ①蜥蜴,一种有毒的四脚蛇:~咬,买棺柴(被这种四脚蛇咬过,必毒死无疑)。②比喻懒散、迟钝,不爱活动和说话:鸟牙爸母出甲你这啰~。

【跟尾】dè vè①随后:你先行,我~来。②最后:头先的买有,~的无额。

【跟人走】dè lǎng zào①自己没主见,随从别人的意见。②比喻私奔,多指女随男:四轿扛唔行,搭帕仔~。

【袋涂】dě tô ①头脑进水,尽做一些腥腥,不可理喻的事。②做一些吃力不讨好、得不偿失的蠢事。③净说一些毫无道理的话。

【硌壁角】dê biǎ gàr 东西闲置着没

用,派不上用场:我物件逐项有,你佫互我要~。

【知道】dī dŏ　认本分,自知之明:做人着会晓~,唔通呷唔知饱。

【致意】dì yì　用心关注,认真留意:一群子伊最~的是煞尾子。

【致荫】dì yǐm　以自己的权势或财物给子孙或他人照顾或利益:個公仔家伙真大,~内佫~外。

【致身命】dì xīm miā①得了难治的病,身体衰弱。②骂人的话,咒人染重病(不治之症)

【猪】dī①好讲粗话的人:你若~咧。②笨拙,没头脑:~头~脑。

【猪哥】dī gō①用于交配的公猪。②比喻好色风流之徒:你这只老~。

【猪脚】dī kā　带猪蹄的腿肉:呷~(女儿出嫁时,娘家要新郎家提供的物资)

【猪尺】dī qiò　猪的胰脏。谑指西装的领带。

【猪头】dī táo　讥笑人呆头呆脑。又"锄头"。

【猪尾】dī vè　讥讽无可奈何,没人理睬:物件放见,找无若~咧。

【猪哥牙】dī gō ggê　犬齿,虎牙。谑称年岁大未婚的人:饲甲发~

【猪哥神】dī gō xín　比喻贪色、好色的人挑逗色诱女人的轻浮言行。

【猪母肚】dī vó dô　比喻贪得无厌:你逐项要,雄甲若~咧。

【猪头髓】dī tǎo cè　猪脑,也比喻人傻。

【得诀】dìd guàd①得意:伊自己咧~,②得法:伊逐项做甲真~。

【得失】dìd xìd　冒犯、得罪:伊惊~人,人人好。

【直目】dìd vàr　眼睛只往前看,死瞪着,目不转睛,不能左顾右盼。形容目光不灵活不锐利:你真~,连摆伫目睭墘的物件也无看见。

【竹马仔】dìr vê ǎ　比喻跑得很快:你若~咧,一下现走甲无看见人。

【颠撞龟】diān dǒng gū①冒失莽撞的犯傻犯错:我无咧~连生日也舱记咧。②本想避开却不经意地遭遇上,也指昏昏噩噩做蠢事。

【点胆】diám dnà　提醒、提示,从旁纠正:若无你共我~,我煞险舱记咧。

【点点金】diām diām gīm　时时处处留神注意,工作认真细致,不放过微细的失误或差错:伊做代志~,唔八出差错。

【刁古董】diāo gô dòng　故意作弄折磨人:我有把握,无惊你~。

【吊猴】diào gáo①起重的轱辘:用~吊板棚石。②说话做事在紧要关头故弄玄虚,卖关子。

【吊鼎】diào dniǎ①把锅吊起来,比喻断炊:洋装献领,恁厝~。。②缺乏必要的条件,半途而废,难以维持:原料无来,工厂着~。

【吊手】diào qiù ①手因受到限制或位置不妥而使不出劲：这领衫穿着真～。②悬腕写大字。

【吊白仁】diào bê rín ①瞪眼时眼珠子翻白。②病危时翻白眼。

【吊大灯】diào duǎ dīng 诙指入赘，男到女家结婚：伊娶无某，去伓～。

【吊控五】diào kòng ggô 故意刁难：知影人咧欠用，伊～唔卖。

【吊猴癀】diào gǎo hóng 原指斗蟋蟀时，为了刺激蟋蟀亢进的情绪以增强厮杀的奋斗力，常用长发丝挂住脚腋，让其瑟瑟发抖。比喻诱发人精神亢进，或激发情绪。

【吊髻仔】diào gè a 喻上吊自尽。

【着旦】diǒ dǎn 犯冲，中标，被击中，逃不过或染上，得病：好空的无我的份，歹空的逐过～。

【着塞】diǒ tàd ①行不通，出了故障，工作无法顺利进行：话讲一半煞～讲无路。②出事，私密败露：個老爸～叫去咧审查。

【着烧】diǒ xiō ①因妒忌或其他原因心里产生愤怒、不满、或激动的情绪：别人趁着钱，你～什么。②因愤怒而激动起来的言行：无人咧讲你，你自己咧～。

【着笑脾】diǒ qiò bí 民间认为得了一种笑而不止的病，现指爱笑，笑得大声、时间长：你咧～，归晡笑唔知煞。

【着重病】diǒ dǎng bnǐ ①女人咒骂：咒人得大病。②嫌人动作笨拙迟钝。

【中脊楹】diōng jìd ngí 房屋的中梁，需最粗大，比喻中坚力量，顶梁柱。

【镇块】dìn dě 碍手脚、碍事：无路用的物件堆归厅边～。

【镇砧】dìn diām 占了砧板的位置，比喻白白占据位置不起作用：死猪～。

【镇冢】dìn tiòng 占据坟地：破棺材～（没用的东西占地方碍事，常比喻没能力的人却占据职位。）

【丁斑】dīng bān 原指小水沟生长的一种与鲶鱼相似的，生性好动好斗的小鱼。比喻放纵不羁，爱闹事的人：個子是一尾～，无恶不作。

【丁仔疑】dīng a ggí ①似呆非呆，反复无常的人。②若痴若狂，常做出人所料的反常言行：你若～咧，无定无性。

【重头】dǐng táo 重来，再开始：文章写无好，俗～写。

【重句】dǐng gǔ 口吃：伊讲话会～。

【顶真】dǐng jīn 做事严格认真，一丝不苟，要求细致，不含糊马虎：伊做代志逐项真够～。

【推脐】dū zái ①一种体育游戏，用一根扁担或木棍顶在两个参赛者的各自肚脐处，双方发力往前推。②比喻互相推诿、争执不下。

【推车辇】dū qiā liàn　不肯接受，推托责任，相互推诿。

【拄嘴】dú cuī　顶嘴，稍微的口角：個同姒仔唔八相～。

【拄撞】dú dǔng　①出乎意料的相遇。②耐心地等待，期盼好的机会：～卡好弄钻。③故意找茬，寻话柄以据实顶撞算计人。

【渚流】dǔ láo　滞销：最近菜豆真～，无人买。

【渚鳖】dǔ bì　不爱说话，性格极内向：伊真够～，唔爱甲人相借问。

【乩】dù　①头下垂：～加坐（打瞌睡）。②比喻迟钝、笨拙：你真～，连纸字也唔八。

【乩龟】dù gū　打瞌睡，比喻精神不集中出了差错，犯了不该犯的傻：你真～，卖物件无共收钱。

【乩眠】dù mín　无精打采打瞌睡，比喻无意中失算、犯傻：虎行路也会～。

【乩鼻鸟】dù pí jiǎo　乩鼻：高鼻梁或鹰鼻。句意比喻自私、肚量小，又善于钻营侵占便宜获取好处的人：你真～，别人的物件随便拿。

【探臭】dǔ cǎo　①要赖皮，翻脸不认账：欠人钱～唔还人。②揭人家的短处：你欠人～空。③鄙弃或中伤污蔑别人，使受损害：伊讲咧输人～。

【探臭空】dǔ cào kāng　揭露隐私，披露劣迹：伊真惊人～。

【探着腱】dǔ diǒ giǎn　击中要害，碰触关键部位：你讲的话挂仔～，伊现静凄凄唔敢应。

【带孝】duà hǎ　死者的亲属在办完丧事后的一定时间内，衣服上（男）、头发上（女）别着麻纱或白布条，以表示对死者的哀悼。

【带手】duà qiù　探访亲朋时顺手带着礼品，或给客人带走伴手礼：我无啥互你～。

【带身】duà xīn　怀孕，身怀六甲。

【带离】duà lí　没有依据的怀疑或诬赖：伊放见物件～是我偷拿的。

【大块】duǎ dě　派头十足，自高自大，傲慢的神气：你激～，无人要插你。

【大流】duǎ láo　①大潮，潮水上涨得比平常的高度和时间胜过平常。农历每月初三、十八前后均有，农历八月十五为一年中之最。②发海，捕获的海产品特别多。

【大路】duǎ lô　①出手大方，慷慨从容。②心胸坦荡，从不为小事斤斤计较：人～来，咱着～去。

【大空】duǎ kāng　①大的孔洞。②比喻事情闹大了，出了大纰漏，大问题：这项代志真～。③指说大话：伊真爱哄～。

【大式】duǎ xìr　高傲、摆架子、对人不热情：伊真～，唔八甲人相借问。

【大肚丁】duǎ dô dīng　笨拙无能的人：出你这罗～，无中用。

【大块粿】duǎ dè gè　不拘小节又爱耍派头摆架子,不自量力而目空一切、显摆清高:逐个嫌伊～。

【大食草】duǎ jiǎ cào　贪多,贪得无厌,一心想把全部都占为己有:你真～,逐项好。

【大舌狗】duǎ jǐ gào　口吃,言语不清,说话不顺畅,舌根不灵活,结结巴巴,成为"短舌根,～"。

【大头狗】duǎ tǎo gào　①担子一边多一边少。②成捆的东西一端大而粗(另一端太小)。

【大气候】duǎ kì hǎo　食量大,食欲强,不计较食物精粗,都要吃得很多。又指好多贪大,不容易满足。

【大枝的】duǎ gī ê　很有钱有势的:伊专门偎～,轻可佫趁有呷。

【大空客】duǎ kāng kê　出手大方阔绰的人,花钱大手大脚的人:抵着～,全部买了了。

【大抗曰】duǎ kàng kǔ　难办的大事或严重的疾病:伊着这种病是～,着开真多钱。

【大粒头】duǎ liǎm táo　旧时指有地位有名望的人,现指级别高,地位显赫的官员:一群小车摆真长,一定是～的要来。

【大面神】duǎ mǐn xín　①厚脸皮,爱出风头露脸而丢人现眼。②不知廉耻,缺乏自知之明,大大咧咧争出风头。

【大膈皮】duǎ pniā pé　麻痹大意,不留神,没有警惕性:你真～,昨昉摩托无锁佫系落门口。

【大炮客】duǎ pào kê　①好说大话,品行轻浮的人。②喜欢夸大事实,自吹自擂的人。

【大手面】duǎ qiú mǐn　出手大方,大手大脚花钱。

【大细目】duǎ suè vàr　偏心眼,偏护某一方,排斥或贬低另一方:看人～。

【大心肝】duǎ xīm gunā　贪多求大,大手大脚,不善于节制掌握分寸:你真～,逐项爱多。

【大相狗】duǎ xniù gào　像看门狗那样等着。比喻低三下四地干等,含鄙视意:佃唔插你,你若～等伊拿钱借你。

【地势】duě xiě　①旧指资财钱款:要整大项物件咧无～。②地形地貌:厝地着选～卡高的,者会离水。

【槌乌豆】duǐ ô dǎo　争执不休:事先无明呼,过后者～。

【嗯】dunài　私下或背后发牢骚、对他人的不是说三道四,或小声地说怨言:叫你做工课你逐过唔情愿,不时～～叫。

【打叠】dnā diàm　戏弄,捉弄,制造麻烦,故意为难,让人难受:伊互厝边～甲鲦徛起咧。

【打整】dná jìng　义同"打叠",更严重,多用于反义。

【打山乌】duá sunā ô 隐瞒真相，留一手：要怎样你直直讲，呣通甲我～。同"行水底"gniǎ zuí duè。

【宰】dnài ①砍、斩：～甘蔗，～指头仔垫碗（尽力帮助）。②勒索，骗取：无买觳用咧，只好输人～。

【噴屁雷】dnǐ puì luí 不动手参与，袖手旁观，专门评头品足，幸灾乐祸地说风凉话。

【噴广仔仁】dnǐ gōng ā rín 说风凉话取笑人的高手，让当事人听了难受、愤怒；让局外人听了觉得风趣好笑。

【鼎头姑】dniá tǎo gô 谑称贪吃的小孩，等着揭锅盖吃第一口，或起锅就吵着要吃的人。

【长手】dǒng qiù 比喻①有野心或贪婪：伊伸～搦钱。②手势好，顺利得到：你真～，抽到头抠。

【长短】dǒng dè ①差错、出入，也指不足：若有～过后者掊会。②断断续续，不连续：开会的人～到。

【长脚仓】dǒng kā cng ①运气好坐到好位置：你真～现来现坐着好位。②比喻到人家家里一坐就不想离去，老是待着不走：人咧无闲，拄着你这～的实在无法度。

【长尾星】dǒng vē qnī ①彗星。②丧门星：你这夭寿～。

【肠肚】dǒng dô ①内脏。②比喻内心、城府。

【顿密杀】dng vǎd sàd 臭虫躲在床板缝里，把床板用力往地上跺，那臭虫就会被弹抖出来。常比喻挑重担不断地放下歇息：大担柴担无法咧，沿路～。

【顿心肝】dng xīm gunā 因后悔或懊恼而捶胸：股票呣敢买，钱趁无着～。

【断路】dng lô 断绝来往：亲成无行会～。

【断筋】dng gūn 疾病痊愈，不再复发：这种病着手术者会～。

【返倒】dng dò 向人暂借财物：我欠钱用先去共亲成～。

【返气】dng kuǐ ①缓过气来，喘过气平息一下：我嗽甲觳～。②比喻生活经济的紧张得到缓解：等我卡～咧者还你钱。

【返关嘴】dng guān cuǐ 改口，见风使舵，改变说话的意思：伊水瓜偎大爿，讲输快紧～。

E

【锅仔煮屎】ě à zí sài 发牢骚，不停地唠叨：代志煞着煞啦，呣通归晡～。

【剐稻仔尾】ě diǔ á vè 稻未成熟，被从末端割掉，比喻断绝希望，让其前功尽弃。

【会摄】ê liàm ①夸人有本事，很能干：伊真～，一日趁成千箍。②估计对方没能耐的反问:无钱简～通起厝?

【会做人】ê zuè láng 善于协调人际关系。对人慷慨,乐于助人:伊真～,甲人逐个好。

G

【加断】gā dǎng 把盛器用水来回摇晃洗干净,或热水在碗里倒来倒去使降温:滚水～着会贻烧。

【加落身】gā lǎo xīn 流产。

【交页】gā yà 商品受人欢迎,生意兴隆,以致有时有供不应求的状况:古衣店真～。

【家走神】gā zāo xín 像跳蚤那样乱弹跳不停。比喻精力极旺盛,整天爱蹦蹦跳跳,东奔西走,一刻也安静不下来:你真～,归日行东去西。

【家走睏】gā zāo kùn 睡很短时间就醒:你～,睏无一辄久。

【咬硬】gǎ ggnǐ 坚持不松口:我～唔放伊煞。

【咬鸡】gǎ guē 较劲,也指男女间不正当的来往。

【咬腹肚边】gǎ bàd dô bnī 一有钱或东西,就难以自制地想入非非,急不可耐地想使用:有物件你着～,呷无了唔煞。

【咬嘴齿筋】gǎ cuì kí gūn ①咬紧牙关。②多比喻发狠或忍住极大痛苦

愤恨的坚持:我～卖厝来还债。

【甲身担仔】gà xīn dnǎi à 量力而行的担子,能胜任的工作:无钱做大生意,只好～摆地摊。

【干焦】gān dā ①徒然,白白地:互你～呷免交钱。②没有水分的或水分很少:这蚝～无浸水。③副词,表示限于某个范围,相当于"只""仅仅":全村～伊一个参军。

【干证】gān jǐng 因为爱参与,被抓去作证明:到时掠你做～。

【干了】gān liǎo 白白地花费钱财等:买着次品贻用咧,钱～。

【矸塞】gān tàd ①瓶口的塞子。②比喻长不大,个儿小:伊贻大,成十岁啦还若～咧。

【工夫】gāng hū ①做工精细,认真对待,耐心细致地做事。②也指操作的技艺水平很高:这张眠床做甲真～。

【港脚】gǎng kā ①埠头港口。②比喻较遥远的地方:你最近咧行途一～。

【甘宝宝】gām bó bò 比喻十分珍惜:伊真掬,逐项物件都～。

【鉴歌】gàm guā 得了便宜还卖乖。心里美滋滋的却叫喊不满足的话语。

【含糖仔】gǎm tňg à 糖果含在嘴里。比喻因得到好处而偏袒一方,多指各种竞赛的裁判人员有偏心:裁判～阮者会输。

【洽食】gǎm jiā 配合默契,齐心协力,动作协调一致:個兄弟仔会和真~。

【感甲】gám gà 独立自主能力强,一般指小孩或女人:伊自小着真~,三岁着自己睏。

【佮空】gàm kāng 相互勾结,私下约定:伊甲人~偷牵牛。

【佮囝仔】gàm ggìn ǎ ①生儿育女:伊嫁几仔年还未~。②照顾看管孩子:我~赡得出门。

【佮大小】gàm duǎ suě 已生育了一男半女:伊若~着赡者风花。

【鸽牢仔】gàm diǎo ǎ 本指鸽子的巢窝。比喻狭小的斗室,形容居住的房子很小。

【交关】gāo guān ①交易或买东西:我该~两斤肉。②相互发生来往的关系:我甲伊唔八有~。

【交含】gāo knā 互相交叉牵连,瓜葛:你讲话有相~,我听会得出来。

【交枝连】gāo gī lián 多嘴多舌,爱拨弄是非,又常一点小事与人纠缠不清,唠叨个没完:做人着卡妥直咧,唔通相~。

【交保长】gāo bó dniù 没有着落,没人承受:无人要承受,这项代志着~。

【猴哥】gǎo gō 奸夫。

【猴弄】gǎo lǎng 比喻花招、耍弄:伊真势变~(耍花招)。

【到雕】gào diāo 快受不了,真够

呛:腹肚枵甲真~,无气力啦。

【到秤】gào qīn ①量出的重量比实际轻的秤。②故意刁难,提出苛刻条件:过得去就好,唔通揭~。

【到坎站】gào kám zăm 达到要求的顶点或极限,无法超越了:呷到八九十岁着聊仔~啦。

【够气】gào kuǐ 表示达到最高程度或地步:烧酒啉甲真~。

【够工】gào gāng ①做得很到位,周密、认真、完善:你真~透雨来。②口头语。对人致谢,相当于"麻烦":互你卡~咧,替我称咧两斤肉。

【够力】gào làd ①力量、力气大:伊真~,担咧二百外斤。②称赞人本领高,技术好,很有水平:你真~,逐科考100分。

【够弇】gào kǎm ①斤斤计较,一丁点儿好处或利益都不让人:你真~,一丝厘都赡过角。②事事提防并精打细算着是否被人占了便宜。③要求过分苛刻,不豁达。同"够勘"。

【够柴火】gào cǎ hē ①分量充足。②够受,够呛,已达到承受力的极限:今日寒甲真~。

【够食穿】gào jiǎ qǐng ①本意是吃穿不愁,有吃有穿。②比喻义是快受不了的感觉:这摆生意蚀本咧真~

【厚工】gǎo gāng 指多费工夫,要多麻烦一些:煮薄饼真~。

【厚礼数】gǎo lê sô 太客气,多礼,

繁文缛节:生分亲成～。

【厚空头】gǎo kāng táo　指事情多,多借口,或经常生病:这团仔歹腰饲,真～。同"厚代志"。

【厚渣滓】gǎo jiě dài　①多事端。②不乐意做事的人常以客观困难搪塞或提出过分的条件及借口:叫着做代志你真～。

【厚皮瓮】gǎo pě ǎng　厚脸皮,不害臊,不懂羞耻,不珍惜人格的人:你真～,无惊歹势。

【狗制】gáo jiě　多疑,不信任人,事事把别人往坏处想。与人不能真诚相处,总是留一手,处处提防:伊真～,逐项舱妥直。

【狗怪】gáo guǎi　多疑又虚伪,为人奸诈:你真～,人要咳你,你掠准要咬你咧。

【狗捞岩】gáo hô hàr　像狗从粪池里捞屎吃那样,比喻乱说或嘴巴不干净。

【狗咬生】gáo gǎ lǎn　意见不合,发生争执:個两个舱合,不时咧～。

【狗扛羊】gáo gng ngiú　一大帮人或成群结队进进出出,来来往往:归日唔做工,只顾～。

【狗函黄】gáo ngǎ ng　原指狗占着护着屎,怕被吃掉。比喻占着不让人,即使没有用也不放手相让:你真势～,物件无通分人。

【狗闹屎】gào nào sài　原来指狗大口地糊乱地紧张地吃着屎。比喻读书或说话太快而语音不清晰,语无伦次:你若咧～,人听简有?

【狗放屁】gáo bàng puǐ　即放狗屁。尽说一些无事实的话,或讲的话没人相信没人听:我无要听你～。

【狗跟屁】gáo dè puǐ　比喻无原则地附和,人云亦云,善于钻营攀附。

【狗肉数】gáo và xiǎo　比喻糊涂账或项目繁杂的小额账目。同"牛肉帐"。

【划横流】gò hunǎi láo　逆水而行,比喻不顺从而故意抬杠:你做代志逐过要～,,甲人对楬。

【公道】gōng dǒ　①活该,理应该:唔听话伍拍～。②公平合理:伊办事～。

【光眼】gōng ggàn　①聪明活泼,玲珑可爱:这个团仔真～得人疼样。②耍小聪明占人便宜:伊假～呷唔知饱。

【诓头】gǒng táo　①南洋的一种巫术:着～(中邪)②靠权势或打通门路,可以轻易地办难事,有关系,有门路:伊～真夌,要啥逐项有。

【孤魂】gô hún　饿死鬼,见什么东西就好吃,同时吃得很多。女人的骂语,咒人好吃,吃得多。

【糊佮仔灯】gô gǎm ā dǐng　对随意喜欢花钱买小吃的诙谐说法:伊若有钱着去～。

【古锥】gô zuī ①东西小巧玲珑，精致可爱：这枝铁笔真～。②比喻婴孩漂亮可爱：这个囝仔生成真～。③表示满意，可喜：今年收成真～。

【鼓胀】gô diŏng 女人骂语，咒人："吃食"又多又快：死猪仔唸大佫势～。

【过板】gè bàn 暂借或替代以应付：先借钱来～。

【过房】gè báng 过继，把自己的儿子给没有儿子的兄弟、堂亲或亲戚做儿子。

【过厄】gè ê 渡过难关，避过灾难，逃脱祸害：这摆佫者互伊～，真好狗命。

【过贡】gè gŏng 过分，超过限度，透支体力或超过时间：我睏咧～，唸赴上班。

【过气】gè kuǐ 断气，比喻死亡。

【过空】gè kāng 告借用以过关。常指暂借钱物以应付急需：过年过节着共借钱来～。

【过流】gè láo 海鲜放久变质发臭：这鱼～臭奥味。

【过河】gè hó 超范围侵占利益或不是职责内的分外事：这是我的分前额，你唔通占～。

【过火】gè hè ①说话做事超过恰当的分寸或限度：讲笑讲咧相～煞相骂。②煮东西超过恰当的火候：涂豆炒咧～变火炭。

【过面】gè mǐn 过关,脱险,没事了。或指事情能应付得了或对付过去：这摆检查险仔唸～。

【过皮】gè pé ①疮口或手术伤口愈合。②戏谑人死了：听讲个外公～啦。

【过手】gè qiù ①得手，常指含贬义：鸡互贼偷～。②经手：我～的代志逐项清清楚楚。③过关：物件抵仔卖～现降价。

【过脐】gè zái 大势已去，无可挽回：涂豆晒无焦,暴牙出青着～去啦。

【过乌水】gè ô zuì 到南洋,出国谋生。因为早年出国门都是坐船远渡重洋。

【过剑棉】gè giàm mí 形容刀剑等很锋利，也形容人很精灵、巧妙、利害：个娶吠心妇利甲～去。

【过死粕】gè xí pò 榨蔗或榨油的最后一道工序，是尽力榨出残存的汁液来。比喻费力又收效少，也指生活困难、艰难度日：平时无捏积，抵着大代志着～。

【粿有】gè dnǎi 来不及，坏事了：稻末割抵着台风着～去

【埚刀】gé dō ①当刀砍来时，抵挡住：侗乱揭刀刣胖者，营下揭丈梳～。②比喻替人挡驾，护卫：靠佣老母该～，伊者敢乱来。

【家婆】gê-bó ①旧时管家的老妇人。②比喻多管闲事：无你的代志,

唔免你来～。

【家后】gê ǎo　妻室,老婆。同"家内"gê lǎi。

【家甲】gê gà　户口:点～算人额(比喻所有的人都算上充数)。

【家司头】gê xī táo　家具农具或泛指使用的各种工具。

【加减】gê-giàm　①稍微,或多或少:做买卖～趁淡薄钱。②随便,胡来:无影迹的代志你唔通～讲。

【加工】gê gāng　①徒劳,多此一举,白费工夫:无你的代志,唔免你～。②口角,吵架:兄弟仔不时咧～。③客套话,相当于"让您费心了。"

【加了】gê liào　白白地浪费:菜酺搵豆油一～。

【加话】gê wěi　①彼此之间闹意见:厝边徛几十年唔八～。②说了多余的或不恰当的话:要互你,你着拿去,唔免佮～。

【假包】gê báo　假包公,比喻假冒,冒充:这物件俗都俗,惊若是～的,唔是空。

【假空】gê kāng　假装:伊～要去做工,实际上是去跋缴。

【假仙】gê xiān　①乔装神仙圣人:唔八半项佮要～。②装假的骗术:伊知影佮～瞪唔知。

【假鸡头】gê guē táo　耻笑多管闲事或好管闲事,爱出风头给人指手画脚:唔是你的代志,唔免你来～。

【低路】gê lô　①低人一等的人或事,做别人不愿意做的下贱事。②低三下四,唯唯诺诺,有损人格的行为:雺仔人做～工课。

【隔壁】gê bià　①隔一堵墙:物件系仵～间。②邻居:倆徛甲阮～。

【隔腹】gê bàr　同宗而非嫡亲的亲属:伊是我的～大姐。

【隔膜】gê mô　隔阂。因发生过节而互不来往。

【隔食】gê xìr　食道癌。

【挌耳】gê hǐ　不中听的话,听了某些话或声音感到刺耳或不舒服:你讲的话我听着真～。

【挌脚】gê kā　碍脚,阻碍他人的行动。

【挌目】gê vàr　不顺眼,看不习惯:我看着你真～,唔爱甲你相交插。

【挌壳】gê kàr　卡壳,不通畅,行不通:起厝的申请到镇政府～艙批。

【枝骨】gī gùd　①身板、身材:伊真大～,生成高佮横。②骨架:这枞雨伞的～真勇。③基础实力:要做大生理还无够～。

【格算】gìr sǒng　善于盘算怕吃亏:伊真势～,惊去伓偏去。

【激骨】gìr gùd　性格、言语故意与众不同,傲慢、别扭而又刁顽:～人讲～话。

【激气】gìr kǐ　生闷气,懊气:小可代志唔免自己～。

【激心】gìr xīm　发愁、烦恼、难过：囝仔饲大汉呣八通想，序大人真～。

【激大办】gìr duǎ bǎn　超越自己实力故意摆出阔手大方的样子，以硬撑体面：无钱佫～。

【激大块】gìr duǎ dě　傲慢，摆出高人一等，旁若无人的高傲架势：伊～看人无。

【激字眼】gìr ryī ggàn　特地别出心裁地精心设计，使之不入俗套：称彩着好，呣免～。

【激五仁】gìr ggô rín　言语、行为故意违背常理常情，使人为难：伊平时爱～，卡加嘛甲人艍合。

【揭枷】giá gê　比喻背包袱：你呣通～带太多物件。

【揭狂】giá góng　暴躁发性，近似疯狂：你真躁性佫歹死，磕咧着～。

【揭肩】giá gnāi　顶撞，不服从管理或安排，甚至躲避、推卸，就像牛挣脱牛扼不犁地一样：叫伊做工课伊真势～。

【揭够秤】giǎ gào qǐn　①不好商量，刻意提高条件或要求，不肯妥协。②斤斤计较，讨价还价，不给台阶下。

【揭凉伞】giǎ niǔ sunǎ　耻笑人的裤头翻转在裤腰带外下垂或脱落在腰带下很不雅观。

【揭头旗】giǎ tǎo gí　掌权，发号施令，第一把手。

【寄声】jià xniā　托人带话，常带有威胁的含意：伊～来咧放刁（威胁）。

【见笑】giàn xiāo　①害羞：伊真无胆，见着生分人真惊～。②惭愧：你考歹佫大悦溜溜，自己呣知影通～。

【健奴】giǎn lô　内向、顽固、不听话：伊自小真～，呣听人教示。

【咸】giám　①比喻高价：你卖物件钱比人卡～。②吝啬：伊真～，一个圆拍四十八结。③特指下饭的物配：物配～，歹角勢呷～。

【咸猪手】giǎm d-ī qiù　好色之徒动手动脚或淫欲放荡的行为：坐车人若多着注意身边干埔人的～。

【夹架】giàm gê　①精打细算，不无谓浪费或损失：有钱也着～。②生怕被他人占了便宜：個查某仔真～。

【骄揭】giāo giǎ　精神充沛旺盛，充满活力和生命力。作物长势很好，人活得很有滋有味。也指病后恢复，精神状态良好：落雨过后，五谷真～。

【挤揭】giǎo gê　抬杠，顶撞，与人不和：逐个赞成，孤你一个～也无采工。

【缴猪】giāo d-ī　被骗赌，每次都从赢赌到输才收场的赌徒。

【叫的】giǒ ê　招赘，男到女方结婚：～子婿。

【叫注】giò dǔ　原指赌博时催人下注，引申为叫板、挑衅：无气力佫敢～甲人相拍。

【叫精神】giò jīng xín　①人断气时，晚辈大声呼唤死者。②提醒：若无你共我～,我险仔唅记咧。

【金】gīm ①眼睛明亮,目光敏锐:目瞅真～(比喻识相)。②冥纸、锡箔的统称:烧～互神明。③明亮有光泽:茶鼓拭甲～当当。

【间仔】gǐng à ①小屋子,放柴草或杂物的房间。②旧指窑子,妓院。

【间仔查某】gǐng ā zā vô 旧指妓院的妓女。

【救国】giù gôr 旧时小孩的一种游戏,双方相互追捕,并救回被抓的同伴。

【跑跍】gū kú 交往相处:你甲伊有咧～。

【龟】gū ①泛指形状像龟的东西:寿～,墓～,面～。②指人的臀部:拍大～(打屁股)。

【龟精】gū jnī 形容人老谋深算,但又不动声息不露痕迹:伊年岁少,人若～咧真宿头。

【韭菜命】gū cài miǎ ①像韭菜那样,长大就得被割。比喻命贱,命苦。②韭菜越割越旺盛,比喻生命力强。

【骨】gùd ①比喻话里有话:伊讲的话有～。②比喻人已养成的品性:乞食～,贫惮～。③作为支撑的架子:雨伞～。④植物坚硬的茎:熏～,蒜仔有～。

【骨块】gùd dě 骨头架子,比喻身材:少年家好～。

【骨头】gùd táo ①比喻人的品质:

硬～。②比喻话里隐含的意思:伊的话有～。③鬼东西,表示不满:你讲啥～话,我唔爱听。④亲骨肉:佫卡讲伊也是咱的～。

【骨力】gùd làd 勤奋、积极、努力:你着～读书者有前途。

【骨肉】gùd riôr 有血缘关系的亲人:伊是我的亲～。

【掘着金】gǔd diǒ gīm 戏谑生了女儿。

【滑】gùd ①形容人奸诈、细滑、狡猾:这个人真～,唔是空。②滑溜、光滑:路真～。③不由自主地说漏嘴:这个秘密我顺嘴煞～出去。

【滑喋】gùd dià ①光滑细腻:伊的面肉摸着真～。②比喻话语顺利或食物爽口:这碗咸饭煮甲真～。

【柯】guā ①本指铜板,今泛指钱:我身边无半～。②蔬菜、瓜果长得过时,纤维粗:菜瓜真～。

【柯沙】guā sā ①缺水,不油腻,显得粗糙:冬天时皮肤真～。②比喻生活简朴或经济拮据:日子过得真～。

【柯蛇蛇】guā zuǎ zuá ①菜蔬、瓜果太老,纤维又粗又硬:白菜失水,变咧～。②形容人瘦皮皱:伊面肉脚手～。

【羁脚】guā kā 短时间逗留,暂住:你若来厦门者来阮内～。

【挂膪】guà guī ①谷类植物孕穗。②比喻牲畜怀孕:牛母～。③戏谑女人怀孕。

【挂穿】guà qǐng 盛东西太满,超出盛器的边沿:一碗糜添甲～。

【割肉】guà và 讽刺吝啬者支付金钱如切肤之痛,很舍不得:伊了这钱卡惨～。

【割鲶离】guà vuě lǐ 藕断丝连,很想念:团仔互人～。

【拐弄】guǎi lǎng 用欺骗、引诱的方法把别人的钱财、儿童或妇女拐骗走:人贩仔专门～团仔去卖。

【枴话】guǎi wê ①改口,把话的意思改变并转述:伊爱～害人加工。②小孩开始学说话:伊还未度晬着会～。

【枴哥】guǎi gō 忤逆,作梗,抗拒,故意不依顺:伊真～,互因爸母气甲半死。

【关心】guān xīm 认真用功,专心致志,聚精会神,不受干扰而分心:～读书者有出路。

【权】guán 暂且顶替,暂时维持:我无带雨伞出门抵着雨,用这张蜡纸暂～先遮咧。

【灌水】guàn zuì ①在家禽家畜的肉中注入水,使增加重量,以多获得不正当的收入:猪肉～无人买。②用甜言蜜语奉承人,迷惑人:忠厚人输人～。③也指给人打气,含戏谑味:头家亲自来～,逐个真拍拼。④唆使、煽动:你唔通输人～。

【灌风】guàn huāng 同灌水②③。

【灌涂猴】guàn dô gáo ①用注水的方法捕捉大蟋蟀。②比喻大量喝水:伊见着井心水咻甲若～咧。

【鸡】guē ①扳机,枪的击发器:抠～。②形状如鸡头或鸡嘴的东西:火～(焊器)。③打赌、较劲:嗨信来～咧。

【鸡雄】guē híng 早泄。

【鸡目】guē vàr 夜盲症。原指鸡到了晚上就视力很差看不见东西。比喻视力差,眼神不好,不灵敏锐利。

【鸡胸】guē hīng 指人的胸部比正常人略显凸出,如鸡的胸部。

【鸡头】guē táo 喜欢代替他人出主意,好出风头,自以为是:嗨是你的代志,嗨免你～。

【鸡母皮】guē vō pé 鸡皮疙瘩,受冷或惊吓时,皮肤常出现。

【鸡仔眠】guē ā mín 易睡易醒,打盹,只睡片刻。

【鸡母孵】guē vó bǔ 母鸡抱窝。形容种下的菜苗长出许多新叶茂盛的样子。

【鸡膏面】guē gō mǐn 耍无赖:伊跛输缴起～。

【鸡展翅】guē tiān xìd 屈肘向左右趴在桌上,占了很大的位置:你～连别人的住都占了了。

【鸡母狗仔】guē vō gào ǎ ①小鸡小狗。②面团做的,纸上画的小鸡小狗。③比喻初学写的字,稚气不太成形:伊抵仔咧画～,写的字真歹看。

【鸡母赵卵】guè vò diǒ lǎng 母鸡要下蛋,找不到合宜的地方,着急地跳高跳下。比喻想得到某东西,急不可耐地跺脚:伊想要跟人去北京,若～。

【改变】gué bǐ 改正不良习惯或错误:会惊着会～者有路用。

【鬼】guì ①机灵狡黠,耍滑头:伊这个人真～。②词尾,多含贬义。指称某类人:酒～,缴～,宿～;形容程度深:乌～～,凶～～。

【鬼人】guī láng 机灵或奸狡的人:伊是～,互你赡骗咧。

【鬼怪】guí guǎi 耍滑头,异常现象:都是你咧做～,兄弟仔者赡合。

【鬼琢壁】guì dôr bià 比喻对不上眼,争执不休,没完没了地互相为难:甲国鳖人讲话,不时着～。

【鬼扛鬼】guí gāng guì 精明的人相互算计:两个势人相拼,肯定～。

【军】gūn ①象棋用语。原指威吓和攻击对方将帅。即"将"。②泛指向对方发难、威吓或攻击:互我该～一下伊者答应。

【军师气】gūn sī kuǐ ①好为人师,爱发号司令指挥人,自己却从不亲自动手。②吹毛求疵,故意找茬挑毛病以显示高明,人家讨教时却又假装客气谦虚,其实没什么本事能耐。

【根节】gūn zǎd 比喻有耐性,能刻苦坚持:伊做代志真～,逐项有头有尾。

【筋丢丢】gūn diù diù 牺牲一点利益就耿耿于怀,很不甘愿的样子:互人偏一过着～,赡呷赡睏咧。

【拳头砧】gún tǎo diǎm 经常挨打的人:拳头师学无成变～。

【滚绞】gún gà ①闹腾:呷唔着物件,八肚内咧～,想要吐。②形容喧闹,搅乱:一群囝仔仝门口咧～。

【滚笑】gún qiǒ 开玩笑:我甲你讲成实,晤是咧～。

【寒热】gunǎ riàd 疟疾,又称打摆子,发病时,时而畏寒,时而发烧。

【掐话】gunǎ wê 把不该说的话,对不该知道的人转告,引起双方的纠纷:伊真爱共～,互人相骂。

【掐头缭】gunǎ tǎo liǎo 主管决策,说了算:家庭是个老母咧～的。

【掐软篮仔】gunǎ lńg nǎi à 做轻松简单的活计:平平做工,伊得头家疼,定定咧～。

【赶喉】gunā áo 吃得满足,喝得解渴、解瘾:烧酒琳甲真～。

【掼皮】gunā pé 剥皮,比喻鞭打体罚,严厉处置:工课做无好,会互头家～。

【间顿】gnài dǎng 旧时煮了与平常不一样的食物或改善伙食的美餐:下昉呷～。

【更鸡】gnī guē 形容不爱睡,整夜活动:伊若~,一暝无眠鹿鹿趄。

【见过】gnì gě 见识,尝试过,亲自实践,切身经历过,因此显得熟悉、可靠、可信:这种情况我自己有~。

【见孤】gnì gô 单一,只有、唯一:厝内~我自己一个人。

【见公母】gnì gāng vò 决胜负,一决雌雄,见分晓:着到最后者会~。

【见钱死】gnì jnî xì 见钱眼开,爱财如命。

【惊死人】gniā xī láng 口头语,表示惊异或不可理解、不满意:~,一斤白菜要五筐。

【行气】gniǎ kǐ 发挥作用或产生效力:有呷有~,有烧香有保庇。

【行去】gniá k-ì 原意为走过去,多指人死去:我惊咧险仔~。

【行动】gniǎ dǎng ①走动,来往,找关系,托人私下帮助:无去~简找有头路。②活动筋骨,做运动:老人着卡常~咧,身体者会好。

【行踏】gniǎ dà 交往,走动:我甲伊无~。

【行脚花】gniǎ kā huē 漫无目的的散步、行走:呷饱四界~。

【行短路】gniǎ dé lô 自杀。

【行水底】gniǎ zuí duè ①阳奉阴违,说的一套,做的又是另一套。②不老实,不诚信,表里不一。③与人相处不真心,时刻留一手,常在背后搞小动作。

【广东店】gńg dāng dnǎi 日用百货商店,因早期多为海外从广东进口的商品而得名。

【贯鼻】gùng pǐ 牛要用绳子牵制,必须用铜质"牛贯"穿过鼻腔。又指人成年结婚之后,已成家应立业。

【牙啰】ggǎ lǒ 龃龉,因意见不一致或利益冲突而发生的口角、争吵、闹事。

【碍目】ggǎi vàr 不顺眼,跟前有人不便:尿桶放在门对面,看着真~。

【碍哥】ggǎi gō 故意对着干,刁难,不听话。故意跟人作对,唱对台戏。性情不温顺,不讲道理:伊唔听话,真~。

【眼鸟】ggán jiào 自以为是,好发号司令,无端地占便宜,又不觉得害臊:伊真~,物件霸了了。

【馅钱】ggàm jní 侵吞钱款,贪污:伊~者会伍掠去关。

【裹草】ggào cào 死后用草席裹去埋掉,骂人的话。

【悾话】ggōng wě 傻话,无意义、无内容或可笑的话,没人相信的梦话:你咧讲啥~。

【悾钱】ggōng jní 白白花费毫无意义或不起作用的钱财:你了~买无路用的物件。

【悾锅宿鼎】ggōng ē xìr dniǎ 煮食时一停火,铁制的锅马上不沸腾,而陶锅却还仍在冒泡滚开着。

【恐鼻宿嘴】ggǒng pǐ xìr cuǐ 手指沾了脏东西,老想用鼻子再闻一闻,看是不是还在臭。而嘴沾到辣,就不想再吃了。

【五脚】ggô kā 露出破绽、露马脚:～出现。或露馅,出洋相,被人识破真相或机密。

【五毒】ggô dôr 待人苛刻,刻薄,不择手段侵占他人利益,对人要求太苛刻,动不动就惩罚人:伊对人真～。

【五葩须】ggô pā qiū 好色之徒:伊真～,见着查某钳牢牢。同"五枝须"。

【五八兄】ggô buè hniā ①彼此彼此,相差无几,谁都没有绝对优势。②不见得有什么突出的表现,也没多大实力,很难支撑下去的境况:叫伊来也是～,抵无三下开天斧。

【月内】ggě lǎi 妇女生育后的第一个月,坐月子。

【月内房】ggě lǎi báng 产妇坐月子所住的房间。

【议论】ggì lǔn 协商、乞求,祈求他人的帮助、支持或谅解,态度诚恳地提出请求:我舣堪咧互伊～,者答应伊。

【抑压】ggiàd àm 淘汰、开除:伊比赛头一匀现伓～。

【孽鸡】ggiǎd guē 好惹事、闹腾,爱捉弄人的人。

【姬仙哥】ggiàn xiān gō ①瘾君子。②(酒、毒)瘾发作。③急切等待而又得不到:无钱着～。

【俨讶】ggiám ggê ①身体硬朗,结实,健壮。②能独立自理,不依赖他人:伊自小着真～,父母出外自己生活。同"俨硬"ggiám ggnǐ。

【业】ggiàm 命运多舛,一生坎坷不济:～命。

【业神】ggiǎm xín 样样不放心或者不惯。闲不住的人没事也得找事做,有时也会自讨苦吃而烦恼。

【挠空】ggniáo kāng 钻空子找事或倡议:伊～讲着发奖金。

【挠痒】ggniáo jniǔ 抓痒。常比喻只触及皮毛,没根本解决问题:有钱人被罚款若～咧,着掠去关者会惊。

【挠耳空】ggniáo hǐ kāng 掏耳垢,常比喻说私密的话或煽动:个某该～,伊逐项都听。

【蚝仔】ggiǒ à ①文蛤,类似蚌的水产品。②婉指女阴。

【锦议】ggím ggǐ 磋商、议论、斟酌或窃窃私语:个两个相见面着～归晡。

【凝去】ggíng kì 原指液体凝固,比喻遭到失败或遇到棘手问题,束手无策,丧失信心:出不孝子,气甲血～。

【牛】ggú 愚顽不讲理:抵着你这只～,任讲无路用。同"愚"。

【牛蜱】ggǔ bī 长在牛身上的寄生虫。比喻只入不出的无赖:你这个人

改意话

149

若～咧,有人无出。

【愚厨】ggǔ dú　愚顽不讲理:抵着～的人,任你怎么讲也艁头路直。

【外气】gguǎ kuī　多指人的衣着打扮合乎潮流、时髦,显得潇洒、漂亮和气派。

【外路】gguǎ lô　外快,正常收入以外的其他收入:個是华侨,不时有～钱。

【魏延】gguī yán　典故出自《三国演义》中孔明祭"七星灯"的故事,指毛躁莽撞的行为或人。

【硬鼻】ggnǐ pí　原指牛不听使唤。比喻性子刚烈,性格倔强,固守己见,不轻易改变或放弃,硬坚持支撑住:伊真～,艁落软。

【硬气直】ggnǐ kì dìd　指讲义气,重承诺,说一不二。主持公道,匡扶正义,不因私利亲情影响公正态度:伊做人真～,呣着敢承认。同"义气直"。

【硬脚弓】ggnǐ kā gīng　①强制性地分摊任务:老爸要去旅游,兄弟姐妹～每人出一千箍。②艰难时的奋力行为:再大的困难也着～按时完成任务。

【硬柴柴】ggnǐ cǎ cǎ　僵硬、不灵活:写字时手着放卡软路咧,写字的笔画者艁～。

H

【合包】hǎ bāo　荷包、腰包、钱包、钱袋子。早年人们装钱的东西是皮做的皮夹子,穿在腰带上。

【下消】hǎ xiāo　肾病。比喻差劲、笨拙无能,做下贱的事:～人做低路工课。

【下灰】hǎ hē　下贱,让人瞧不起:有钱人乞呷性命,连～工课也咧做。

【汉当兴】hàn dōng hīng　正当兴旺发达,蒸蒸日上的时候,气势正盛:当年～的流摆,这片山都是伊的。

【降拢】hǎng lāng　承接,包揽,接受有难度的工作,处置危险的事情,制伏烈性的牲口,解决棘手的问题:这只野马无人～有法咧。同"项拢"。

【行伍】hǎng ggô　①考究,精致。②穿戴很整齐得体,设施周全讲究,生活环境舒适惬意:伊新厝起甲真～。

【含嘿】hǎm hê　身体稍有不适,也指东西不耐用:伊真娄,不时咧～。

【含烧】hǎm sāo　陶瓷器有裂纹:～瓷损艁破。

【譀狗】hàm gào　①少根筋,让人占了便宜也不知道或无所谓:伊真～,互人偏也呣知。②妄想,荒谬的打算,净想些不现实的事。

【欤】hàm　①张大口吃:伊一困～三碗。②说话做事无定性。

【欹仙】hàm xiān ①虚伪,耍巧弄奸,蒙骗人。②说话不算数,文过饰非,言而无信:你真～,有讲无输赢。

【孝孤】hào gō 闽南地方习俗,逢逝者忌日或节日,摆供菜肴、米饭等祭祀,让无主孤魂享用。现在多用来比喻吃东西,含贬义:要～紧拿去～。

【孝男面】hào lǎm mǐn ①哭丧着的脸。②笨拙无能,净干傻事:你真～,代志做无一项成。

【孝天公】hào tnī gōng 供奉玉皇上帝,常比喻东西没人光顾购买:市场的白菜无人买,归日咧～。

【效核】hǎo hùd ①有难度的处置。②带惩罚性的处置:代志过后我者共你匀聊仔～。

【效劳】hǎo ló ①效忠,诚心地尽职:众人都为伊～。②惩罚性地处理:做歹事者着输人～。

【效旋】hǎo suán ①耐心细致的办理:你放心,我一定～甲真好势。②带有作弄性的处理:伊互你～甲抵艙牢。

【鲎脚硞】hǎo kā ggió ①动作不协调,意见不统一,步伐不一致,配合不默契:人多着会～。②彼此存有疑心隔阂,并相互作梗为难:两个头家咧～,做下脚手的真歹做人。

【吼同声】háo sǎng xnīā ①话语腔音相同。②比喻意见相同,观点一致。

【吼无岫】háo vǒ xiǔ 找不到归宿,没有着落,无能为力干瞪眼:钱开了,过年着～。

【和牙】hǒ ggê 摆出较劲打斗的架势:倨两个见着面讲无三句话着开始～。

【和岫】hǒ xiǔ 许多人聚集在一起:逐个到祖厝口～,准备去游境。

【炣造】hò zǒ 糟蹋,损毁,无端地浪费:祖公业互伊～了了。

【好办】hó bǎn ①形势很好,很有利,事情显得容易做好。②对于吃的,用的,玩的觉得满意:封肉呷着真～。

【好嘴】hó cuǐ ①嘴很甜,尊称地叫人:伊见着人真～,逐过先问人。②用好话劝说或提出要求:伊若唔答应,你着共伊～。

【好空】hō kāng ①好的机会、事情,消息:有钱通趁真～。②暗指女人怀孕:伊最近咧～(妊娠反应)。

【好体】hó tê ①姿势得体好看:这领衫穿着真～。②形势局面好,经常用于反意:我无看你咧～。

【好势】hó xê ①合适:这领裤做甲真～。②恰当,办得好:物件着收～。③合乎标准或要求:大家坐～,唔通徙位。④优越,富裕:这个家庭真～。⑤口头语,表示满意,可以:你讲安尼真～,逐个无意见。

【好气】hó kuǐ 生活富足,日子好

过:伨真～,整甲逐项有。

【好呷】hó jiā　①好吃,好滋味:新米真～,芳头佫滑伞。②好欺负:我无咧～,有通据你恶。

【好法】hó huāb　①好的办法。②食相文明雅观:伊真～,好物件留续嘴尾。③循规蹈矩:伊真～,赡甲人乱来。

【好脚手】hó kā qiù　动作敏捷,干脆利索,灵巧,做事快又好。捷足先登,先人一步:伊做工课真～。

【好牵拾】hó kān kiò　本指得力扶携的行为,今常用于反意,相当于"假好心":你无咧～,歹的者要报我去做。

【好鼻狆】hó pī sāi　比喻嗅觉灵敏:你真～,小可臭酸你也知。

【好辈字】hō buè ryǐ　好运气:伊真～,出一个好子。

【好身命】hó xīn miǎ　身体健壮,也比喻家庭出身好:伊真～,归家红贡贡。

【好目色】hó vǎr xìr　形容眼光锐利,善辨别事物:伊真～,一下着认出是我。

【好膩菜】hó hǐr cǎi　①皮肤细腻,容易长膘:伊真～,呷甲肥佫白。②受了伤,伤口容易愈合。

【好脚柴】hó kā cá　动作敏捷,手脚利索,技术熟练:伊真～,工课紧佫好。

【疯心】hōng xīm　精神不集中,不专心致志:伊归日真～,无想读书。

【风龟】hōng gū　好吹牛,爱显摆炫耀。伊真～,逐项爱品济。

【风骚】hōng sō　①夜间也爱出门游玩的人:伊真～,三更半暝者出门。②风流,爱接触异性。③老人好游逛喜猎奇,并带风流色彩。

【风声】hōng xniā　坊间传出的小道消息,常有起哄造声势的作用:小可代志也～嗙影。

【风花】hōng huā　不务正业,爱玩、爱赶时髦,爱大手大脚花钱,讲究吃穿:伊娶这个某真～,赡顾家。

【风火头】hōng he táo　事情始发的时候,常指政治运动或新政开始实施的时候:无人要去抵～。

【疕显】hô hnià　做事不上心,不专心,三心二意,经常出错的慌乱匆忙行为:伊写字真～,定定咧写唔着。

【虎鱼】hô h-í　①日本鬼鲉。②比喻悍妇。

【虎肚】hô dô　像老虎那样,一生只生一胎,不会生第二胎的女人。

【虎猫咬】hô niǎo gǎ　①比喻杂乱不堪,也形容肮脏:一个面～画乌擦白。②表示什么也没有:掀开一看,～!无半项。

【虎乍葩】hô lǎn pā　说话不算数,无定性地估计,大约或虚假:伊真～,有讲无输赢,约略讲讲。

【服侍】hôr sài ①雕塑佛像并供奉：～佛祖公。②伺候、照料：～老大人。

【回南风】hě lǎm huāng ①风从南方吹来，天气转暖。②说好话，赔不是：伊～认唔着。

【货草】hè cào 货物的品种、款式、质量：市场顶逐项商品的～真丰富。

【和尚衫】hě xniǔ sna 无领的衣服。

【火鸟】hé jiào 轻浮好事，好事之徒：你真～,逐项要管。

【火罐】hé guǎn ①"烫手的山芋"，棘手的问题。②好惹是非，又不好对付的人：抵着伊，你简直是掬着～。

【火熏】hē hūn 烧火时冒起的烟，也指炊事做饭：三日无～,也舱枵着火头君。

【火舌】hē jì 火苗,火焰。

【火头君】hé táo gūn 旧称伙夫,今称炊事员,做炊事工作的。

【火烋性】hé hǔ xǐng 性情急躁或暴躁（往往过不了多久就平息）：伊真～,你唔通去惹伊。

【下手】hê qiù 着手,动手：个开始～准备起厝。

【下塞】hê suè 贿赂,行贿,暗中给人钱,让人无原则给方便开后门。同"下贿"。

【下软栓】hê lńg sńg ①背后下套,说坏话,暗中煽动陷害人。②软刀子杀人。

【下甚赐】hê xǐm sì 信息灵通,什么都知道：伊若～咧,逐项知。

【戏谭哈】hì dnā hnà ①随便应付或回应：我甲伊无交陪,平时只有～。②做事马虎、随便：伊做代志真～。

【耳腔轻】hǐ kāng kīn 耳根软,容易听信或轻信别人的话。

【虚】h-ī ①人身体衰弱,气色差：伊破病者好咧,人真～。②假或不实在的。

【虚心】h-ī xīm ①心中无数,底气不足。②有弱点怕别人揭露,提心吊胆。同"心虚"。

【虚花花】h-ī huē huē 虚情假意,做表面文章,没有诚意,只是嘴上说得好听,毫无实质效果：我爱实抵实,唔爱～。

【血汉】hiàd hǎn ①慷慨,不吝啬：伊献爱心真～。②表示敢于承担责任：伊真～担输赢。

【侥幸】hiāo hǐng ①不该得而得：阮这摆是～赢的。②心地不好,行事不义,有负于人：伊甲人订婚者佫～甲别人。③口头语,表示惋惜、可怜、惊叹、遗憾：～啊,你今日穿甲者美。

【侥叶】hiāo hiò 平板的东西翘曲：眠床枋～舱平坦。

【歇俚权】hiò lí wnǎi 原指鸟歇在枝丫上,比喻袖手旁观：你是主人头佫～唔插半项。

【香港脚】hiōng gāng kā 生长在脚趾之间的癣。

【刑罚】híng huàd ①对犯罪者施行的法律制裁。②处治、作弄：伊真担输赢，据你～都赡爱哭。

【行香】híng hniū 烧香拜佛。

【行逆】híng ggìr 做事违反常理，明目张胆、肆无忌惮地占便宜，捞取私利。也指不择手段的欺诈行为。霸道，盛气凌人。

【形骸】hǐng hǎi 原指人身的体态相貌。比喻耍手腕，暗中的谋略或做意义不大的事（自谦）：我这是无代志闲闲变～。

【休去】hiū k-ì ①比喻事情无结果，失败，不了了之：奖金的代志～啦。②死（戏谑说法）：倨子跛落潭仔～。

【甩】hiǔ ①用力向一定的方向摔动：手澹着～依清气。②喷洒：～香水。③丢弃，不受欢迎，竭力舍弃：伊行到人～到，无人安留。④急于出售：物件趁早俗俗～，通要收摊。

【甩赡脱】hiù vuě lùd 甩不掉，脱不了身，推辞不掉：我这顶孝男帽仔～（职务辞不了）

【甩甩吼】hiù hiù hào ①难忍挨饿受冻，不断叫喊：逐个都柗甲～。②摆脱不了困境纠缠时无奈的诉苦，表示嫌弃或反感：讲着这个老仙公，逐个都～，无人爱甲伊交插。

【扶】hú ①用手搀或支持，使人、物不会倾倒：民警～老人过马路。②比喻拥戴，支持，扶持：从人～伊当村长。

【扶请请】hǔ qniá qnià 很欢迎、敬重，亲热：伊真努，逐个对伊～。

【呋呋炝】hǔ hǔ qǐng 热气上升，热气直冒：透日昼崎晒甲～。

【呋呋吼】hù hù hào 形容风声或火烧时火焰升腾的声音：火真大，烧甲～。

【赴死】hù xì 找死，送死：叫你唔通来，你来要～。（骂人的话）。同"赴刀"hù dō。

【赴赴吼】hù hù hào ①急性子的行为，急匆匆：伊行路～。②号啕大哭的声音。③大火燃烧的声音。④刮风的声音。

【愢愢弹】hùd hùd dunǎ 心理上的难受或皮肉上的疼痛，像脉冲那样阵阵袭扰：看着人趁大钱，心肝头～。

【化学】huà hàr ①旧称人工代用品制成的：这阵真多物件是～的，食着有毒也唔知。②不是真材实料的残次品，不耐用：这支雨伞若～的，用无偌久现歹。

【喊尧】huà ggiáo 原本是掷骰子时，如果有骰子斜靠着，即称为"尧"，应视为作废，不算数，应重来。有人"喊尧"，意为不承认，应推倒重来。常含有故意搅局以乱中获利之意。

【喊仙】huà xiān ①熟人相处时的聊天、胡诌乱侃、吹牛。②捉弄人的风凉话，开玩笑的戏言，互相逗乐。

【喊朽号】huà hiú hǒ ①帮腔。②古装戏跑龙套的角色。③旧时差役为官员引路时喝令行人让道,表示威风。

【喊消凉】huà xiāo liáng 取笑,说风凉话:无影啦,我是咧甲你~的。

【喊头声】huà tǎo xniā 主管、主事,起领导作用,说了算的人:伊是阮乡里内咧~的。

【法度】huàd dô ①规矩、准则:行到途都着照人的~。②办法、能力:有钱行有路,无钱无~。

【发癀】huàd hóng ①生气,发脾气:听着这话,我真~。②疮口有炎症,四周红肿疼痛:粒仔运会~。

【发海】huàd hài 渔民称捕鱼时鱼源丰盛,收获满仓的好时节。

【发落】huǎd lò ①计划、筹措、备办:伊趁着钱~要起新厝。②惩治、处理:你唔听话,卡停叫恁老爸来~。③料理、收拾:伊咧要出门,这阵咧~行李。

【发龙的】huàdling ě 女的人骂语。同"发粒仔龙"。

【番汰】huān tài ①言行不合情理,有时还不太讲道理:伊真~,甲你乱来。②多指孩子不懂事:团仔卡~,你唔通甲伊计较。

【番颠】huān diān 言行反复无常,颠三倒四。也指老人神经错乱:人真无路用,呷老着~。

【番汰汰】huān tái tài 形容不谙世事不讲道理,行为不正常、不守常规。同"番耻汰"huān tǐ tài,又同"番使汰"huān sǎi tài。

【番知蛛】huān dī dū 思维或言行跟正常的规律或方式不同,表现为怪异、不开化或不明事理。

【翻身】huān xīn ①等会儿,马上:你稍等咧,车~着来。②身体翻覆。

【凡势】huǎn xê ①有可能,出人意料的事:今日~会落雨。②常态是相对的,变态是绝对的,一切都有可能:天气要变无该无再,有时~~。

【烦嫌】huǎn hiám 厌烦、嫌弃:染着这种病实在真~。

【烦愿】huǎn gguǎn 杞人忧天,庸人自扰。或刻意执著地做毫无意义或与己无关的事:无你的代志,你真~爱掺插。同"烦愿神"。

【患动】huǎn dǒng 伤口发炎或化脓:粒仔~紧糊药。

【反侥】huán hiāo 不认账,不承认说过的话:念弥讲念弥现~。

【反营】huán nyiá 原指军队哗变,造反。今指群体性的吵闹:水路舱通,四界~。

【风球】huāng giú ①气球。②说谎的谎话。

【风声】huāng xniā 传扬的消息:我早起听见~,臭油要起价啦。

【风火头】huāng hē táo 变动政策

或政治运动的开始：最近规定城区觞使放炮仔，你者抵着～去放，肯定掠去处罚。

【花婆】huē bó ①特指媒婆。②耻笑在发髻上插许多花的女孩子。

【花草】huē cào ①货物的色样，花色。②地里的花与草。

【花扰】huē hiàd 形容轻浮，妖艳的女性：個查某仔真～，甲焦埔逐个真有缘。

【花痕】huē hún 纹理：这个古早钱～还真明。

【花草物】huē cāo mǹg 像草木一秋那样，虽鲜艳一时，但寿命很短：生成是～，呣免伤心。（指婴幼夭折）

【花柳巷】huē liú hǎng 婉指妓院。

【花蜘蛛】huē dī dū 不可理喻：你甲人～，要互人恨神。

【瓷】huí ①瓷土。②胡搅蛮缠：自己呣着佮起～。

【瓷佮槌】huí gò duí 比喻愚顽，不讲道理一味争吵或计较：伊甲你～，无答应也歹势。

【瓷的涂的】huí ê tô ê 不可理喻，蛮不讲理，纠缠不清：做人代着卡担输赢咧，呣通甲人～。

【匪类】huí luǐ 为非作歹的行为及人，也指寇盗等。

【匪类类】huí luǐ luǐ 胡作非为：伊真～，无照起工。

【费神】huì xín ①口头语，表示多谢，道谢的意思：～你共我相通知。②劳驾，麻烦：～你借我过咧。

【睨猫尿】huì niāo riǒ 尽力硬拼，也挤不出一丁点儿，意为吝啬，舍不得付出：睽伊～觞起礼。

【血凝去】huì gǵing k-ì 因失望而束手无策：看着厝倒，归个人～。

【分会】hūn hě 辩论是非曲直或说明、理清事情的真相，以求得到公正的解决：有代志着相佮～。

【云雨】hǔn hô 阵雨，随云朵带来的雨。

【捍家】hunǎ gê 料理或操持家务：個老母真势～。

【捍舵】hunǎ duǎ 掌舵，比喻主持决策：这个公司是伊咧～。

【捍鼎】hunǎ dnià 掌勺，主持烹调：馆夫～。

【捍盘】hunǎ bunǎ 掌管，操盘：個效生结婚，叫個叔～。

【横直】hunǎi dìd 反正，横竖：这摆我～呣去，你免好嘴。

【横号】hunǎi hǒ 不正常，不常见：伊得着～病，开了钱佮无性命。

【横肉面】hunǎi và mǐn 相貌凶恶，生性凶残：看着伊的～逐个呣敢讲半声。

【横搭搭】hunǎi gê gê 七零八乱，横七竖八，比喻硬阻挡，使不顺畅：着好所行，呣通甲人～。

【横榡榡】hunǎi sunǎi sunǎi 不听

话,爱埋怨发牢骚,很不甘愿:叫伊去读书伊～,要若呣咧。

【绞】hnǎi ①甩、荡。②做事拖拉。③肚脐下部位向前提。骂人语:去伍～。

【绞罗嗦】hnǎi lǒ sǒ 做事懒洋洋,有气无力的样子,慢吞吞磨洋工以打发时光:叫伊做工课,伊要若呣咧,甲你～,互你活要气死。同"绞浪爽"hnǎi lǒng sǒng。

【兄弟人】hniā dǐ láng 哥儿,亲密的朋友:伊甲我是～。

【显目】hnià vàr 显眼:你穿这领衫真～。

【显摆】hnià bnǎi 露富、显能、装阔。突显、炫耀、张扬、高傲瞧不起人:有钱人着会～。

【向去】hnià k-ì 倾倒,比喻丧失信心:无钱放伊～。

【向向去】hnià hnià k-ì 比喻丧失信心后撒手不管:听着讲生理去伍倒去,归下～。

【香烟】hniū yān ①寺庙的香烛,指信众的供奉:宫庙的～真旺。②传宗接代的后嗣:有子儿者算～无断。

【荒野野】hēng yá yà 人迹罕至,荒废,或没人照顾,很凄凉:山空内无人行到,四界～。

J

【渣殆】jê dài 比喻借故的理由:叫你做工课,你～了了(尽是推托的理由或讨价还价的条件)。

【祭例】jê lê 做出让对方伤心、难受的报复性行为:你张呣呷粿是要～我。

【祭作】jê zôr 背地里暗中耍手腕、搞小动作、使损招、下套,以达到害人的目的。

【只汁汁】jī zàm zàm 好套近乎并从中获取好处,经受的事不清不楚,顺手从中贪占便宜:伊爱～,字号真歹。

【舐】jǐ 舔,以舌取物。

【舐屎迹】jǐ sái rià 舔屎的留迹。①比喻跟不上,来不及,没有什么收获:鱼伍掠了啦,你者来～。②别人干了坏事,后来者收拾烂摊子。

【舐澹焦】jǐ dǎm dā 替他人承担责任,往往指收拾残局:伢子做歹事,伢老爸着共～。

【接载】jì zǎi ①承受、承载、负担:任务太重,我～艉朝。②比喻撑持:归家公司都是伊咧～。

【接力】jì làd 承载重量:伊还小汉,还艉～,担无法咧。

【接担】jì dnǎ 替人承担:无你的代志,你共～来担。

【折站】jǐ zǎm 事情、说话等进行到中途突然中止或夭折。被打断、不连续,半途而废:番片钱近来～,无钱通开。

【折六甲】jǐ lǎr gà ①遭受失败或挫折。②扫兴、垂头丧气。

【一枝梗】jǐd gi gunài 比喻什么也没有(贬义):做一年的生理趁～。同"一筘杚"jǐd kô hìd。

【一睏头】jǐd kùn táo 一口气,一个劲儿。同"一睏手"jǐd kùn qiù。

【一遍饭】jǐd piàn bǎg 一大片,范围很广,比比皆是:山顶～臭刺仔花。

【一筘生】jǐd kô lǎn 口头语(粗话),表示极少,甚至完全没有(含鄙视意):罗田园坵,作甲要死收成无～。

【一粒梨仔】jǐd liǎm lǎi ǎ 何止,表示数量比实际差距太大:者～,阿若者多。

【一百担话】jǐd bà dnà wê 话太多,说个没完没了:你若做一过好势,着有～讲赡了赡尽。

【一董公掯】jǐd gin gōng gunǎ 一连串沾粘牵挂在一起,表示多而复杂:你该问一句,伊现～讲赡断了尽。

【一项物仔】jǐd hǎng mǔg ǎ 一种稀奇的东西,往往是对小孩的哄言:你若听话,者要互你～。

【一目暝仔】jǐd vǎr nì ǎ 一眨眼工夫,形容极短的时间:你～着者大汉啦。

【一身一担】jǐd xīn jǐd dnǎ 浑身重负,表示全部责任归于一个人:爸母都过身啦,一家口仔的代志～都在你

的身顶。

【责话】jìr wê 因挑拨传话,为弄清真相,被当面追究对责:伊爱乱讲,不时伍掠去～。

【责猴屎】jìr gǎo sài ①追逼地问:伊煽动人加工,伍掠去～。②艰难勉强的付出:欠人钱,掠去～。

【责齿膏】jìr kī gō 一点点慢慢地挤出:问一句伊者应一句,若咧～。

【积斗】jìr dào ①卡壳,说话或背书接不下去,中途停止:书读无熟,越念到一半煞～。②比喻事情受挫,不顺利:代志做一半煞～。

【遮闸】jiā zà ①同"遮勘"。②比喻包庇坏人坏事:囝仔做歹事,大人唔通该～。

【呷饭】jiǎ bǐg 吃饭,也指男女共同生活。

【呷醋】jiǎ cô 吃醋,也指在男女关系上产生妒忌猜疑的情绪:個厝真势～。

【呷菜】jiǎ cǎi 吃素:個老母～无呷臊。同"呷清"jiǎ qīng。

【呷钓】jiǎ diô 上钩、上当:鱼～。

【呷茶】jiǎ dê 喝茶,给人的一点酬劳:趁淡薄钱通～。

【呷教】jiǎ gǎo ①信基督教的人。②以宗教为职业的人。

【呷钱】jiǎ jní 贪污。

【呷额】jiǎ ggiù 承认,承受负担:伊做歹事互我～。

【呷气】jiǎ kǐ　①生气、赌气。②立志:伊～自己做。

【呷力】jiǎ làd　①吃力、费劲:字小,看着真～。②表示情况厉害、麻烦或严重:個老爸破病甲真～。③受力大:弯腰下锄头者会～。

【呷市】jiǎ qī　①货物畅销,当市:这批货真～。②所处地点人多热闹,生意兴隆:摊摆伫十字路口卡～。

【呷戾】jiǎ sóng　以为人家傻里傻气不懂事而欺骗、坑弄人家,以占人家便宜。欺生:我唔八,者有通着你～。

【呷声】jiǎ xniā　①靠虚张声势或骗术得到好处:伊～讲物件是伊的。②出声:你该～咧伊者嗨敢。

【呷水】jiǎ zuì　①布或衣服因吸水而收缩,即缩水。②船身入水的深度:帆船～真浅。③妄想,别奢望:骗鬼去～。

【呷重咸】jiǎ dǎng giám　①贪得无厌,看不上小恩小惠,收受的礼物或贿赂要可观的数量或价值。②要用重力才能打通的关节。

【呷艁焦】jiǎ vuě dā　吃不消,承受不了,难以承受的后果:拍死人～。

【呷透后】jiǎ tào ǎo　原指赌博分前后注,连后注也因赢而吃到。后引申为以强欺弱,吃定了的意思或得寸进尺,很有把握,轻而易举十拿九稳的事,不用吹灰之力犹如囊中取物。

【呷碰饼】jiǎ pòng bnià　挨批语,碰钉子。

【呷看头】jiǎ kunà táo　凭权势分红利,得利益,无功受禄:你无出钱甲人～。

【呷自己】jiǎ gǎ gī　①婉指失业或被开除辞退:无头路～。②伙食和费用自理,靠自己养活自己。

【呷头路】jiǎ táo lô　就业。

【呷唔知饱】jiǎm zāi bà　得寸进尺,贪得无厌:你真～恶人相到。

【呷去相饱】jiǎ k-ì xniū bà　吃饱撑的:你～,大人爱插团仔代。

【战骨】jiàngùd　女人性感的体态,让人想入非非:伊生成真～,互人的第一印象真好。

【剪纽】jiǎn liù　扒手,小偷。

【占找】jiām zǎo　①找零,零钱支付:准备零星钱通～。②现时报,受到非议或打击后,立即进行反击的报复性行为:伊听着你咧讲伊,伊现甲你～。

【尖钻】jiām zǒng　①善于动脑筋想办法:伊骨力佫～,真势趁钱。②惯于巴结有权势的人或千方百计寻找机会走不正当的门路以谋求私利:伊真～,专门找软路工课。

【接笋壳】jiǎm sún kàr　迎合他人的意思,承接人家的话题:你唔知佫爱甲人～。

【招踢】jiāo tàd　即糟蹋,辱骂、欺侮、侮辱。隐指女人被玷污。

【鸟仔】jiǎo à ①小鸟。②谑称小孩子的生殖器。

【鸟牙】jiāoggê 贫嘴,爱说话:～呣值钱。

【鸟声】jiāo xniā 娘娘腔,失声,男人嗓音像女人。

【鸟精】jiāo jnī 比喻机敏灵活:你卡～者无去伓掠着。

【鸟屎面】jiāo sái mǐn ①比喻言而无信,不可信赖的行为或小人:输人呣输阵,输阵～。②脸脏,小花脸:你迄～紧去洗洗咧。

【鸟食麦(粟)】jiáo jiǎ vê(qìr) 比喻人多话多或七嘴八舌:市场真闹热,若咧～。

【真知】jīn zāi 早知道:～人艅赤。

【精神】jīng xín ①清醒、睡醒:伊睏还未～。②活跃,有生气:讲着呷你真～。

【整顿】jǐng dǔn 惩治,处罚,使吃苦头:你呣听话,卡晏会伓～。

【咒诶】jiù cǎm 抱怨,有时还带有骂人的意思:伊～出世伫这种家庭艅出身。

【蛀籽】jiù jì ①果核很小:龙眼仔～。②个子瘦小:伊生成真～。③小巧玲珑,有趣、好看:伊做的玩具真～。

【酒漏】jiú lǎo 漏斗形下有尖嘴插入瓶口,便于倒酒入瓶。

【精钻】jnī zǒg 擅长钻营,惯于钻空子。或指想方设法找门路解决问题、克服困难,以获取成功。

【钱贯痕】jnǐ gòng hún 旧时用来串钱的双股小麻绳称"钱贯",比喻见钱眼开,视钱如命的人。

【成子】jniǎ gnià 原本是成才的意思,现多指反义,表示遭到不测难受:伊伓拍咧～。或指出人意料的样子:伊这摆趁甲真～。

【成日】jniǎ rìd 快一天的时间:我等你～。

【成物】jniǎ mòng 像个样子,好样的:伊的生理做甲真～。

【诚实】jniǎ xìd 真的,实在:这碗饭我～呷艅落。

【诚拄好】jniǎ dú hò ①很巧,真凑巧:我抵要找你,你来～。②很不凑巧:今日～我该再无现钱。

【上钱】jniǔ jní 撒娇:你真疼伊,伊者敢甲你～。

【上鸡】jniǔ guē 子弹上膛,拉起枪的枪栓,准备射击。

【上膣】jniǔ guī ①枪弹上膛。②人或母畜怀孕。

【痒】jniǔ ①皮肤受刺激引起想抓挠的感觉。②故意去做某些不适宜或不必要的事:你嘴咧～爱骂人,手咧～爱拍人,～脚仓乱乱做。

【痒车车】jniǔ qiā qiā 难以控制地好动,放肆地乱动,就像全身发痒那样难受。同"痒挖挖"jniǔ yà yà。

K

【脚路】kā lô 脚可走的地方,比喻可以回旋的余地:伊事先留～准备要抽退。

【脚手】kā qiù ①脚与手。②属下,伙计:伊做人的下～。③人手:工厂新办,无够～,亲戚朋友来斗～。④比喻手段、伎俩:这物件有伍做～质量真差。

【脚数】kā xiǎo ①人手:起厝的～无够。②角色,略含贬义:我无欠缺你这啰～。

【脚仓后】kā cīng ǎo 背后,背地里,暗中:乞呷～骂皇帝。

【脚仓斗】kā cīng dào 屁股。比喻资质、基础:有钱人大～。

【脚只底】kā jiǎ duè 脚板接触地面的部分。也比喻地位低下,没地位:伊无够人踏伫～(表示输得很惨)。

【脚踏脚】kā dǎ kā ①形容人来人往众多而拥挤、接踵。宫口人真多,挤甲～。②表示时间先后只差一点点:我甲你～现到。

【脚接脚】kā jì kā 随后,紧接着:我甲你～聊仔相时到。同"脚跟脚"kā dè kā。

【敲油】kà yiú 揩油,敲竹杠:伊不时来共我～。

【敲鉎】kà sān 原本指把铁器生的锈敲掉,现比喻惩处,处罚或训斥,打骂。

【敲桛】kà kôr ①本指和尚敲打木鱼,今比喻闲谈:练仙～(胡侃瞎聊)。②闲聊:闲闲咧～。③训斥、唠叨:自己做呣着,输人～。

【敲头壳】kà tǎo kàr 喻指挨批评、斥责,以使留神警觉。

【卡鼓墘】kàgô gní 旁敲侧击,从侧面提醒、警示、批评,以引起注意,纠正差错:我早着共你～,你着是呣听。

【卡俗驴仔屁】kà xiǒ lí ā puǐ 驴子体形小,放的屁应该不很响,或许无声无息,一点动静也没有。比喻人烟稀少,寂寞,宁静的程度。

【撒】kǎ ①把衣服改制裁少:大人裤～成囝仔衫。②倾尽所有拼凑或倾家荡产,变卖东西:～家伙。

【撒家伙】kà gê hè 把家产倾尽所有尽数变卖:欠缴帐～去还。

【撒甲无瓮耳】kà gà vǒ àng hǐ 急需用钱,变卖产业,连不值钱的东西也卖,说明亏欠太多,倾家荡产而家贫如洗。

【斜碪】kàd knā 钵里的饭食舀完,表示吃不够:粮食真乏,三顿呷甲～。

【开拍】kāi pà 开讲,向人介绍情况或传递消息:情况怎样你紧来共阮～咧。

【开销】kāi xiāo ①支付款项买东西:去街路边稍该～咧。②旧时暗指嫖娟:伊有钱会去花柳巷~。

【开大言】kāi dǎi ggián 大言不惭,说大话,夸下海口,公开扬言:伊~讲要去厦门买别墅。

【开查某】kāi zā vô 嫖娟,泡妞。

【牵拾】kān kiò 扶持,提携:個老爸~我去做工。

【牵猴】kāngáo ①撮合,中介,介绍买卖并从中得介绍费。②比喻色情媒介,拉皮条。

【牵猪哥】kān d-ī gō ①赶着公猪去配种。②比喻衣裤大长:穿甲若~的。

【牵面线】kān mǐ sunǎ ①制作线面。②长时间的家长里短聊个没完没了。

【牵亡魂】kān vǒng 比喻胡说八道,胡乱牵扯,神经错乱:你勿咧~乱讲。

【空嘴】kāng cuǐ ①伤口:伊着伤的~还未好。②只说不做,或单口头上说,没实际行动:你~交代人买物件无拿钱。

【空头】kāng táo ①事。含贬义:你咧变啥~。②比喻有名无实或不发生作用的:~支票。③特指男女不正当的私情:個两个的~破啦,逐个都知。

【空损】kāng sǹg 借口或因由:叫着做工课,你瞬~了了。

【空头多】kāng tǎo zuě 事情问题多而复杂,千事万端没完没了。懒得做

事而找借口躲避:你若做着代志现~,唔是流尿着是流屎。

【控指甲】kàng znái gà 用指甲抠另外指甲里的污物。比喻①没有钱。②闲着没事干,无聊至极。归日坐歇~。

【控脚仓】kàng kā cūg 急不可待,坐不住,立即行动或想方设法去做某事:听着好趁,逐个~去做。

【勘耳猪】kàm hǐ d-ī 比喻不谙人情世故,不顾他人评论,一意孤行地随心所欲:物件是别人的,伊若~咧拿着算自己的。

【勘头勘面】kàm tǎo kàm mǐn 骂人没主见或不识时务,不拘小节:伊~白白要偏人,无惊歹势。

【咁咁吼】kǎm kǎm hào 像公猪见到母猪那样的叫声。比喻喜出望外,急不可耐地需要。

【抠削】kāo xià ①刮削:~安薯。②比喻挖苦,讽刺打击:伊做唔着,你着好好该讲,艋用咧共~。

【抠掐】kāo gunǎ 获取利益,收获成果(常用于比较或计较):买归批的比随个买卡有~。

【口腔】kāo kniū 口音,说话的语腔:翔安的~甲泉州无相同。

【口坑坑】kāo knī knī 一点小事也斤斤计较,盘算是否被占了便宜。时刻戒备防人一手,生怕吃亏:你这个人真艋妥直,逐项~爱计较,一丝厘

都唅过角。

【扣除】kào d-í 对犯错的人进行严厉的训斥、奚落,不留情面地制裁或惩处:讲唔听卡停会互我～。

【扣扣屛】kǎo kǎo hô 因紧张、受冷或体衰,说话时下巴不停地抖动。遇事慌里慌张,做事手忙脚乱不知所措:伊紧张甲讲话～。

【可怜代】kó lǐn dǎi ①很可怜,值得怜悯、同情:伊真～,无通呷佫无通穿。②形容数量少或质量差,表示遗憾或不满:出一下力者拙出一箍银,实在～。

【靠】kǒ 因碰触到凸起或坚硬的东西而不舒服或受伤:这领簸席粗爬爬,睏着真～。

【靠伤】kò xiōng 人或物品因挤压或碰触而受伤或受损:跛倒心肝头～。偄枝的梨仔有～。

【靠着】kǒ diò 碰触到硬物而不好受或受伤、受损:脚只底去～石粒仔。

【考】kò 投掷:～石头。

【倥倥显】kǒng kǒng hiàn ①摇晃不稳定:桌系无在～。②自以为了不起而显摆,不谦虚、不稳重:伊伍呵咾两句瞬～。

【倥脚跷】kǒng kā kiǎo 仰面跌倒,四脚朝天。比喻垮台、失败、露馅,也指死:伊做生理倒甲～。

【孔凶】kōng hiōng ①肮脏:面～着紧去洗。②形容惊人:市场的菜真～

塞倒街。③凶恶、凶狠:伊真～滥掊,无横无直爱拍人。

【孔子生葩】kōng zì lǎn pā 太生硬、固执,或太过正规而死板不灵活:伊真～,揭酸唅返肩。

【箍拍】kô pà 咒骂、训斥:无照起工会伍～。

【箍拍拍】kô pà pà 动辄不停地臭骂、责备。

【箍头拍辇宝】kô táo pà lián bǒ 比喻用粗话骂得很厉害:头家来到块～。

【苦毒】kô dôr 虐待,用残暴狠毒的手段整人:后母仔～前人子。

【裤机】kô gī 传呼机。

【裤头神】kô tǎo xín 原指神婆无端地随意就跳起神来,比喻事先毫无计划准备,一时心血来潮就行动:你真～,想到做到。

【扩头】kôr táo 前额较突出,显得头大,不好看:恁小弟～若大头旺仔咧。

【扩额】kôr hià 同上:～无做有通呷。

【科派】kē pǎi 差遣,差使,摊派他人:自己唔去,爱～别人顶替。

【可佘】kě sē 毛手毛脚,做什么事都出纰漏。原本好好的,到他手上就弄坏或搞砸了:你真～,做到歹到,好好鳖刣甲屎漏。

【可佘佘】kě sē sē 嫌弃人太毛手毛脚。

【缺磨】kè vuá 须人帮忙，常以反意表达：无～你来插插茹（帮倒忙）。

【搭脚】kê kā 让脚架在上面，表示逍遥自在。如果被人～，即表示下贱：你来互我～，我还舔过娜。

【敲巧】kī kiào ①窍门、绝活，超常的能力：掠着～，事半功倍。②聪明，别出心裁的创新：伊真～密头壳，学到成到。

【敲翘】kī kiǎo 表示怀疑，出乎意料：伊无啥代互我钱，我感觉真～。

【欺挃】kī knài 欺侮，排挤：伊真恶，无通着人～。

【气仁】kì rín 性格、言语或行为别扭、乖戾，故意与人抬杠：伊爱甲人牴～（无理取闹）。

【气仁头】kì rǐn táo 好与人抬杠的人：伊是～，逐项爱甲人对桀（相反，对着干，顶牛）。

【起㨻】kī gó 不认账，耍赖：欠人钱嗨还～。

【起空】kī kāng 找借口闹事，惹是生非：伊无啥代志～拍人。

【起势】kí xê 借助他人势力显威风：你唔通要～恶人。

【起散】kí sǎn 不顾一切，壮着胆子蛮干，铤而走险：伊～要甲人拼生死。

【起落】kī lò ①升降：飞机～。②来往：我甲伊无好，唔八有～。

【起鸡】kī guē ①将老式的土枪的撞针拉起，准备发射。②阴茎勃起，也指双方都发性子准备打斗。

【起挽面】kī mán mǐn 耍无赖，翻脸不承认：共借物件～唔还。

【起烂弓】kí lunǎ gīng ①恼羞成怒，破瓮破摔：伊～甲人无横无直。②遭受挫折就躺倒不干：生理做倒煞～唔还贷款。

【起蛟龙】kí gāo líng 海啸：日本地震引发～，淹死真多人。

【起鸡膏面】kí guē gō mǐn 耍无赖：跛缴跛咧输煞～。

【起手行车】kí qiù gniǎ g-ī "车"是象棋中的一个子，可横冲直撞，是行走最自由的棋子。开始行棋时，第一步就走最边角上的"车"，意在先发制人，来势汹汹，动手就想扑杀。比喻不照常规，蛮横无理：伊真雄，定定～，横柴揭入灶。

【去汤】k-ì tīng 完蛋，坏事了，难收拾，也指死了（贬义）：个老爸～啦。

【去死】k-ì xì ①滚蛋，叫人走开：紧～唔通来栂饱吵。②用在某些动词后，表示不情愿：一百筊拿～，唔通佫来讨。

【去嗣卖安薯】k-ì sí vuě ān zí 完了，遭了，坏事了，无可挽回：一阵大风雨，到手的五谷褿～。

【奇气】kiā kuǐ 残缺不全，条件不成熟，信心不足或坏事了：无人赞成着卡～，看来舔成气。

【徛脚】kiǎ kà ①能落脚或立足：伊

做厨师～会朝。②受阻进行不下去：做生理伓办咧～。

【徛泅】kiǎ xiú 用双脚踩水浮立水中或行进，常比喻无助，无能为力：无趁钱生活着～。

【徛鼎】kiǎ kniǎ 掌勺，在饭馆、食堂或办酒席中主持烹调的头手师傅。

【徛馆】kiǎ guǎn 比喻在某个地盘或单位无与匹敌的霸王。

【徛天露】kiǎ tnī lô 没房子居住，露宿：拍工租无厝，只好～。

【徛徛】kiǎ suá suá 老是站着，或这边站站又到那边站站，不做事：你归晡～做简有工课。

【牵揭】kiān kiàd 稀奇有趣的事或话语：伊串讲是～的代志。

【茭相】kiàn xniǔ 太过节俭，过分地爱惜，没用的小东西也舍不得丢掉或小气，分量太轻微：你真～，连半碗清糜还咧烫。你真～，互人迄碎仔。

【骾脚】kiàng kā 能干、精明、厉害：侢查某仔真～，逐项学到会到，出门赡伓偏去。

【讲响】kiáng xiǎng 比喻钱财、款项：要出门我咧无～。

【疳】kiàm ①相貌丑，不好看：伊生成卡～。②弄坏，坏掉：一张图画咧～去。

【疳势】kiàm xǐ 婉指相貌差，长得丑，或有先天不足的人，（不好具体指出）：伊虽然生成卡～，咟久真骨力。

【疳去】kiàm k-ì 坏掉了，或失败，也指死去：伊生理做咧～，连本钱也了。

【跷脚】kiāo kā 跷起二郎腿，一脚弯起架在另一腿上。常比喻因事情做完或没事干而轻松、悠闲自得的神态：子儿会担力，老的通～。

【跷蜻】kiāo tān ①平板的东西由湿变干而不平：这支扁担～。②谑称"死"：一水鸡仔～去几仔者。

【巧】kiáo ①（口、手）灵敏，技术高明：心灵手～，～舌如簧。②漂亮，美，好：这个囝仔真～。

【巧路】kiáo lô ①聪明灵巧：伊自小着真～。②比喻做事的要诀或捷径：做代志着会晓找～。③别致、精美：你穿一付新衫真～。

【巧气】kiáo kuǐ 聪明伶俐的人或让人满意的事：伊生理做甲真～。

【翘神】kiáo xín 巧妙的办法，灵气：伊想的办法有～，真通。

【拾习】kiò xìm 对东西十分爱惜，一点一滴都收拾或使用，不使浪费：伊真～，连安薯皮都唔甘呕仔丢。

【拾粒】kiò liǎm ①谷物结实而饱满：涂豆逐荚真～。②形容身体结实健康（虽不胖）：侢效生真～。③饭食中的米煮得不太透或烂：这糜还真～。

【拾捔】kiò gàr 没用处，该扔掉，比喻①搞砸了，坏事了：代志歹了了～

去。②不成器,没出息,成为废物:小汉教无倒,变歹子着～。

【拾屑】kiò xê　①捡别人不要的东西:桃仔挽了我去～。②捡便宜:伊咧伓拍,我～也该搁一下。

【拾死鸟】kiò xí jiāo　①不费气力坐享其成,意外的收获:我拍拼甲要死,做互你～。②乘人之危捡便宜:别人的涂豆去互大水冲去,伊脚仓后～。

【拾生铣】kiò lǎn sān　①不劳而获:我趁钱互你～。②抓住他人的失误,乘虚而入,获取好处:伊咧伓批评,你者～去讨好头家。③利用他人正遭困境,提出苛刻条件:人咧买无车票,伊者卖高价。同"拾另星"。

【拾起脚】kiò kí kā　抬脚马上走,表示轻易、随意:伊要作客,～现行。

【拾骨头】kiò gùd táo　①叫人来收尸,威胁要打死人时说的话:伊有权佫有势,你要甲伊拚着准备～。②从埋葬多年的棺木中取出骨骸放入陶瓮,然后再重新入土。比较雅的说法是"拾皇金"。

【拾着性命】kiò diǒ xnì miǎ　躲过一劫或意外获利:抵仔要去厝水沃菜,突然落雨,～唔免出门。

【拾白肉油】kiò bê và yiú　白占别人便宜:你真悾坎,互人～。

【曲折】kiôr jìd　①因曾有矛盾、争执、纠纷、冲突而导致的隔阂:佃两家有～,唔八来往。②事物由来的掌故:我知影这句话的～。同"过节"。

【曲调】kiôr diǎo　征兆,事情未发生之前,出现的异常或偶然情况:呷下晡后鸡啼,一定是有啥～。

【捞真】kǐng jīn　认真说起来,说到底:恁这间厝～是别人起的,是恁公仔共一个倒房的买的。

【掬】kiú　①蜷曲,不舒展:树奶互火烧咧～去。②过分节俭、小气:伊真～,物件无通分人。③收缩,变小:这只猪逾饲逾～。同"趄"。

【掬筋】kiǔ gūn　①筋脉蜷曲痉挛,抽搐起来:走到半路脚～。②比喻眼红,不服气:看着人趁大钱伊着～拍结。

【掬毛】kiǔ mńg　①毛发蜷曲,常指有心计的人:伊生成～的,头毛唔是电的。②指洋人:～番仔。

【丘尾】kiù vè　原本指猫狗的尾巴翻卷起来。比喻小孩好动、不听话,常做出让人啼笑皆非的举动:伊自小真～。

【跍】kú　下蹲:～屎岩(上厕所)。

【跍脚】kǔ kā　①因担心、恐惧而瘫软、屈服:惊甲～。②居住、歇脚:有一间破厝桶仔～着好。

【屈头步】kǔd tǎo bô　①没法挽回的步子或招数,比喻绝招,使人致死的招数。绝招:你串想都是～。②比喻馊主意,蹩脚的办法或得不偿失的行为:你无头无脑,串想～。

【骻碍】kuà ggǎi　挂心,牵挂:伊还小汉,跟人去拍工我真~伊。

【骻脚】kuà kā　歇脚,常指住宿:日暗啦,找一位~的所在,歇一暝者佫行。

【骻搭】kuà dà　客套话,①暂时借佔地方:阮咧闹热,~别人的厝宅。②暂借他人财物:我要买车无钱,先共别人~。

【骻心】kuà xīm　牵挂,担忧,放心不下:伊唔八出过门,我真~。

【骻斜】kuà kàd　卡壳,受阻,不通畅:这项代志唔知~伫途,任做艙好势。

【阔手】kuà qiù　出手大方,办事很有气派:伊开钱真~。

【稽洗】kuē suè　用尖酸刻薄的话指摘或嘲笑别人:伊讲话定定要~人。

【磳皮】kuē pé　刮皮,比喻严厉的批评、训斥:你乱做会伾头家叫去~。

【磳闪】kuē xiām　从中捞取些许好处:无出钱出力佫要共~物件。

【挤截】kuè zuè　①排斥:同姒仔人相~。②妒忌心重:你有伊无,会互伊~。

【开牙】kuī ggá　松散、脱节,聚不到一块:兄弟仔~艙和着分家。

【开框】kuī kīng　框架散开,比喻失散,难以聚拢,或失败:逐个惊咧~去,无人敢偎来。

【开臊】kuī cō　①开荤,开斋。②比喻解禁:伊从来唔八骂粗嘴,今日~骂歹嘴斗。

【气头】kuì táo　①架势,派头:伊~真大。②某种特有的脾气:伊一个~甲人无相。当官有官~。

【气口】kuì kào　口气,口风:伊人小~大,有志气。

【睏馆】kùn guàn　被抓进牢房:做歹子早晏会去~。

【睏草埔】kùn cāo bō　戏说人死入葬。

【睏同头】kùn sǎng táo　一丘之貉,狼狈为奸:猫甲老鼠~,警察甲小偷~。

【捆斗】kún dào　身体肥壮结实,似很有力气:伊真好角数,生成真~。同"捆囤"。

【看晃】kunà hòng　只作观赏,没派上用场:买物件来咧~,开钱无路用。

【看头】kunà táo　①望风:你守外口~,有人来着出声。②不劳而获:你无出钱要共呷~。

【看头钱】kunà táo jní　①无需付出力气或代价的收益:当官的逐项~都要。②横征暴敛,仗势强行收取钱物:有当一目仔,四界拿~。

【硿柿头】knā pè táo　蜡枪头,被人当枪使的,替人干坏事欺侮人的鼠辈或歹徒:伊不务正业,专门做人~。

【钳】kní　①用力抓获抓住东西:伊~伫车的后斗。②撑持,勉强维持:

若无伊～这个家,早着散桶桶啦。
【钳家】knǐ gê　尽力维持家庭不解体,或料理家务:伊真势～。

L

【菳盈】lá yíng　春风得意,逍遥自在,悠闲自得,因而忘乎所以傲视他人:伊趁咧有呷会～,讲话无同声色。
【纳凉】lǎ liáng　①开玩笑,取笑,说风凉话,得意忘形假谦虚。②对人幸灾乐祸,冷嘲热讽;人咧艰苦伊者咧～。
【挠咧】lǎ lê　取笑,开玩笑:人咧无闲,你顾～。
【挠离丝】lǎ lǐ xī　①麻烦不顺心的事不断发生,或被人纠缠没完没了:这项代志真～。②久病诊治不愈,反复发作:这种病真～,着久者会好。
【腊疡席】lǎ sǎm xià　不干净的丝状物或颗粒。常指邪气:伊去犯着～,一个人侳侳态态。
【垃圾钱】là sǎm jní　不该得的钱,非法所得:做婊趁～。
【垃圾话】là sǎm wê　粗话,黄色下流的话也指胡言乱语:正经人唔通讲～。
【垃圾歹】là sǎm pài　蛮横的胡作非为,无所顾忌的胡来:伊真～,无人爱去惹伊。
【落辇】làr liàn　丢脸,失体面,失败:代志做无成真～。
【利割】lǎi guà　内行,精通业务,技术好,做事干脆利索:伊开车真～。
【内】lǎi　①与"外"相对。②适合建厝营墓座向的甲子年份:今年是南北～,东西无～。
【奀神】lǎn xín　讥讽人发神经或愚蠢:你真～,觬晓计较。
【奀蔓】lǎn muǎ　原指阴毛。比喻软弱无能,没本事:你真～,连团仔也拍输。
【奀鸟面】lǎn jiáo mǐn　粗话,骂人呆傻无能或笨拙:你真～,据人恶唔敢吼呻。
【奀鸟人】lǎn jiáo láng　粗话,带厌烦、反感地骂人:我唔八看着你这种～,无一路直。
【硦呐】lǎng luē　①偷闲,不专心:做工课着专心,唔通～顾讲话。②趁人不注意溜走:伊做无半晡着～。
【弄蹽】làng liáo　溜走:看着歹势面,我赶紧～。
【弄风】lǎng huāng　①特指睡觉时故意或鼓抖被子,使产生风。②故意透露消息,以试探人们的反应:有人咧～讲农村要改做城市。
【弄猴】lǎng gáo　①耍猴。②斗蟋蟀时,使手段让蟋蟀精神亢进而好斗。③常比喻唆使、要弄或引诱欺骗:我无要互你～。
【弄猫】lǎng niáo　像弄球那样,拿他人的帽或东西传送,让其追逐抢不回去。

【弄叮噹】lǎng dīn dāng 原指弹三弦。①现多指无所事事或逍遥自在,也指吊儿郎当:你该教,伊甲你～。②表示无奈、无能为力,傻了眼:有钱真轻松,无钱～。

【滥嘇】lǎm sàm 胡闹,乱来,随便:有钱唔通～开。伊做人真～,无照起工。

【娄路】lám lô 形容人无能,不堪一击:你成实是～脚数,觞做半项。

【娄货】lám hě ①次等或差劲的货品:你串买～卡俗。②比喻懦夫:你真～,卡输乞鸟仔胆。

【娄身命】lám xīn miǎ ①身体虚弱,体质差:伊～,惊寒佫惊热。②常指出身不好,家庭成分高的人:個～,地主兼工商业。

【塌磕】lǎm kàm 不顺利,常指身体经常患病:伊做婴仔真～,唔者饲觞起气。

【塌死窟】làm xí kùd 人家嫌弃的职位,他去填补或掉入陷阱:别人唔去,你者去～。

【纳利钱】lǎm lǎi jní 原意为交利息,比喻不断修理的付出:买着次品物件,不时着～。

【流摆】láo bài 指某一个时期或某一段时间:这～逐个生活真好过。

【流澜】lǎo lunǎ ①流口水:姆甲～。②表示羡慕或嫌弃:做甲流汗,伍嫌甲～。

【流水】lǎo zuì ①水的流动。②潮水,一般指涨潮:今日是日昼的～。

【流势】lǎo xǐ 潮水,一般指涨潮:今日是日昼的～。

【流清汗】lǎo qìn gunǎ ①盗汗。②形容极害怕恐慌:惊甲～。

【老大】láo duǎ ①称排行第一或比自己大的。②比喻当头的:伊爱做～吼喊别人。

【老鸟】láo jiào 老道,老谋深算,经历多经验丰富:伊讲话真～,有时会共骗。

【老去】lǎo k-ǐ 婉称逝世。

【老师】lǎo sāi 老师傅。尊称年老的人或有技术的人:伊做代志真～。

【老乌胜】lǎo ô guī ①原意指年老而好色的男人。②引意为骂不务正业,行为不检点的人:你这个～呷老还五葩须。

【老瘸尾】lǎo xiǎn vè 缺乏后劲,不能善始善终。泄气,不能坚持到底。缺乏信心,中途放弃:头兴兴,尾冷冷,着是～。

【老柴燸】lǎo cǎ zāo 对老人的鄙称。也用于老人对自己的谦称:我这个～无中用啦。同"老柴柿"lǎo cǎ pě。

【老勘桶】lǎo kàm tàng 无用的躯壳(鄙视老人的用途):阮婆仔逐过骂

個厓～。

【老仙公】lǎo xiān gōng　做事偷懒,投机取巧,只动口不动手,又千方百计占人便宜:伊是全村出名的～。

【老尾口】lǎo vé kào　老来俏,年纪大了还刻意打扮得花枝招展:成实是～,妆甲若十八岁查某囝仔。

【老龟精】lǎo gū jnī　老谋深算,鬼灵精,非常狡黠,足智多谋,不留一点破绽:你真～,人未讲你先知。

【老破砥】lǎo puǎ piàd　鄙称老年妇女。

【老政府】lǎo jìng hù　晚辈对长辈家长诙谐的尊称:这项代志着问～看要阿呣。

【老奶补】lǎo lin bô　老妇女干瘪的乳房,常比喻陈旧派不上用场的东西。

【佬仔嘴】láo ā cuǐ　用花言巧语来欺骗拐骗,使人受骗上当:我无要听你迄～。

【佬仔步】láo ā bô　骗人的伎俩、手段,也指偷懒取巧的手腕。

【落气】lào kuǐ　当众出丑,丢脸,失体面,露短:做客穿破衫真～。

【落屎】lào sài　①拉肚子,泻肚:寒咧～。②比喻出丑,出洋相。

【落咆】lào bào　①暴露失误、弱点。②让人不顺心、不满意的事。③出乎意料地产生故障:我在尾后攒你的气,绝对赡互你～。

【落册】lào qê　①邋遢:伊真～,穿甲破身撞掂。②破旧不堪:伊徛一间厝真～,破落落。③丢三落四,不利索:伊做代志～,无一项好势。

【落目】lào vàr　甘蔗、竹竿的节比较疏:甘蔗的尾梢卡～。

【落大肠头】lào duǎ dǎng táo　①脱肛。②比喻大的失误,明显的差错:你自己～还呣知。

【醪膏】ló gō　①纠缠不休:归日～无停。②比喻啰嗦,不讲理且愚昧:伊这个人真～,无头路直。

【醪目】ló vàr　①泛指西方人的眼睛(蓝眼)。②比喻有意挑起事端,纠缠不休:伊讲咧输,现起～要甲人相拍。

【醪黏澜】ló liǎm nuǎ　原指口中淌出黏稠的口水。常比喻说得没完没了的诉苦,纠缠不清的申述:你若去牴着,伊甲你归嘴～。

【醪膏膏】ló gō gō　形容非常混浊而黏稠;比喻纠缠不休,让人难以脱身。同"醪涕涕"ló tī tī。

【劳碌】lǒ lôr　①操劳、辛苦:伊归日真～,无闲甲赡顾咧呷糜。②命运多舛:伊生成～命,不时空头了了。

【躼八】lò buê　唠叨数落,嘲笑辱骂,指责训斥:工课若无照做,着会伍～。

【落涂】lǒ tô　①下种:趁落雨,紧～。②指出生:人的命运～时着定啦。③下葬:個公仔～啦。

【落邵】lǒ xiô　时间久后,适应成习惯:头先卡唸惯是,真久者~。

【落薄】lò bò 狼狈,走霉运,到处碰壁:人若~,连薰也点唸着。

【落榫】lò sùn 密合或合得来,配合和谐:兄弟仔性地一个一款,定定斗唸~。

【落台】lò dái ①下台,从舞台上下来。②比喻垮台,削去公职,交出权力:伊呷钱者会~。③下台阶,比喻摆脱困境:你话讲过头,实在歹~。

【落八】lò buè 嘲笑、辱骂:伊真爱~人。

【唥离】lóng lǐ 伶俐,已经能独立生活,无须牵挂:子儿饲大汉~,爸母者会看活。

【拢】lóng ①用棍子捅,比喻大口吃:归晡~无断饱。也比喻骂语:脚仓去伍~唔知。②全部:人~来了,可以开始。③姑且:我~该讲看咧。④总是:大会小会,伊~唔八参加。

【拢旷】lòng kǒng ①衣服宽而大:这领衫手袖真~。②地方大,空旷:门口真~,搬咧三棚戏。

【浪帮】lǒng bāng 跟着他人或人群一道,入伙与人一起:你若要去旅游,着互我~咧。

【鲈鳗】lô muá 原本是一种淡水鳗鱼。形容生活散漫、邋遢不整齐的痞子:伊真~,逐项无照起工来。

【鲈鳗子】lô muá gniá 比喻游手好闲,不务正业的人:乡里内迄批~,大

钱趁唸来,小钱唔去趁。

【鲈鳗舍】lô muǎ xiǎ 比喻游手好闲,不务正业的人。舍:旧时对当官或有钱富豪家的尊称,在名字后加"舍"。官家子弟、富家子弟往往不成器,大都是浪荡子。

【鲁力】lô làd ①耗费大量精力,又累又苦,很不容易:这流摆要找一个好头路真~。②客套话,劳驾人家做事,给人增添不少麻烦,表示歉意和感谢:这项代志互你真~。

【路】lô ①法子,办法,常与"有"、"无"连用:这种工课真复杂,我做无~。②习惯或喜爱:我食肉真有~,啉酒卡无~。

【路长】lô dńg 习惯于某专项:你真无~,唸晓甲伊计较。

【路啷】lô lāng 隐私或秘密,行为举止有不可告人的地方:变魔术手路差,一下伍看出~。

【炉渣】lô jê 倒霉、背运,四处碰壁,遭罪受难,狼狈凄惨:伊真~,生理便做便了。

【露司脚】lô sī kā 脚太细长或基础不牢靠,上重下轻,上大下小不安稳:这堵墙~,咧要倒啦。

【漉】lôr ①糊烂状:涂脚真~,归脚涂。②比喻坏、糟、差劲:代志做甲~溚溚。

【漉屎】lôr sài 原指稀拉的大便。比喻事情不好、糟或无能的人:你是

一泊～。

【漉谷】lôr gôr 原指内部变质腐烂。比喻实质已坏透了：伊生理做咧真～，连本都无。

【漉死窟】lôr xí kùd 陷入绝境，跌入万劫不复的深渊：跛六合彩逐个都去～。

【漉漉吐】lôr lôr tô 不停地呕吐。常指事情搞砸了，残局难以收拾：伊相创景，共我办甲～，赡收赡成咧。

【漉溠溠】lôr cà cǎ 业绩奇差无比，难以挽救：这摆大考我考甲～，无一科会及格。

【鹿仔神】lôr ā xín 好动，闲不住的人，大事小情都亲自去做才放心，整天东奔西忙，不知疲劳，不肯休息的人：伊生成卡～，无振动会破病。

【鹿七花仔八】lôr qid huě ā buè 乱糟糟，无所适从，束手无策：厝边兜相创景，共我办甲～。

【乐公】lôr gōng 凑份子办伙食改善生活，合伙煮点心：下昉腹肚枵，～煮点心。

【乐内】lôr lǎi 思想灵活，动作敏捷，能随机应变独立思考，说话做事干脆利落：伊真～，学到会到，做到成到。

【咧斗】lê dào ①漂亮：伊妆甲真～。②趣味，有趣：伊讲话真～。③雷厉风行，做事快又好：伊做代志真～，逐个都呵咾。

【厘仔甲】lí āgà 旧称用人力拉的平板货车，也称涂车仔，手推车。

【利害】lì hǎi 形容泼辣、不好惹，凡事不依不饶没完没了，动不动就挑起事端的女人：做查某囝仔若～，无厝边佮无同姒。

【撕勒】lì lè ①好作弄人：伊真爱共～。②顺手偷人小东西：别人的物件唔通共～。③随便翻动他人的东西：去别人内唔通共～。

【撕破面】lì puà mǐn 撕破脸，翻脸：既然～啦，着唔免佮惊歹势。

【撕面皮】lì mǐn pé 不留情面地揭短，让人丢面子：出你这歹子，专门共我～。

【离弓】lí gīng 没着落，无依靠，生活贫困、凄惨：伊细汉无爸无母，实在真～。

【理】lì ①操办，处置；要～一个家真无简单。②作弄、挑逗：你真爱共～，小下换大下伍拍。

【裂啦】lì lǎ 糟了。突然猛醒，发现差错：～，我煞赡记咧带锁匙。

【驴骡】l-ǐ ló 骡是驴与马交配所生的杂交品种，公马和母驴杂交所生的叫驴骡（駃騠），公驴和母马杂交所生的叫马骡。驴骡与马骡体形小，耳朵大，尾部毛较少，很难看。因为驴骡不是纯种，来历有点不清不楚，又长得丑，让人一见就生厌，所以人们就把那种不讲道理、动辄与人纠缠的性格或行为都称为"驴骡"。

【勒节】lìr zàd ①平直的东西中间出现短缩或弯曲的节子：甘蔗着虫会～。②比喻挫折或不顺：你若唔支持代志着～。

【慄势】lìr xê 受挫失势：最近趁无钱，人卡～。

【掠包】liǎ bāo 被人抓到错误缺点或作假的言行：你安尼讲会伓～。

【掠猴】liǎ gáo ①捉奸：～到眠床头。②捉蟋蟀：～相咬。③抓瞎：念弥时无准备，～脚忙手乱。

【掠龙】liǎ líng 推拿、按摩，侧着手掌在身上拍打：人咧瘖伓～现卡有精神。

【掠凉】liǎ liáng 开玩笑或说风凉话：人咧烦恼，你佫咧～。

【掠目】liǎ vàr ①以一定的钱物或好处，引诱主事人答应或照顾，相当于行贿：要做软工课，着共头家～。②给做事的人员一定的褒奖或鼓励：紧该～咧者会佫卡拍拚。

【连回】lián hué 游玩，逛荡（常含贬义）：你去途～。

【捻空】liān kāng 钻空子，找茬：伊共头家～分福利。

【捻耳空】lián hǐ kāng 掏耳朵。比喻私下说私密的话：伊共个侸～，专讲焦家官的歹话。

【辇路】lián lô 步行：无车通坐着～。

【辇脚花】lián kā huē 无目的的不停走动，踱步：归日来来去去～了脚皮。

【练仙】liǎn xiān 聊天：呷饱无代志，归日甲人泡茶～。

【练牙】liǎn ggê 胡侃、闲谈、说俏皮话：工课唔做顾～。

【练瘦话】liǎn sán wê 胡侃、闲谈、说俏皮话。同"练悾话"liǎn ggǒng wê。

【黏手】liǎm qiù 沾手，比喻爱顺手偷人东西或顺手捎带拿走：伊真～，看见人的物件着拿。

【黏掠】liǎm lià 手脚动作敏捷灵活：伊距树真～，一下着到顶。

【黏钳】liǎm kní ①勤劳节俭，千方百计竭力维护：若无伊真～，家庭简有通这尼好看。

【敛手】liǎm qiù ①手缩起来，不敢作为，常比喻不随便花钱或给人东西：伊开钱真～。②小心，不敢轻举妄动，收手：伊做代志真～，逐项真细腻。

【敛闪】liǎm xiàm 缩手缩脚，节俭，舍不得：伊开钱真～，逐项唔甘买，若买也是买一碎仔。

【捻皇】liàm hóng 杀威风，高傲的人受到打击：伊想要出风头，個老爸泼冷水该～。同"捻猴皇"liàm gǎo hóng。

【愢涩涩】liàm xiàm xiàm 吝啬，小

气:共贺礼着卡慷慨大方咧,呣通～若呣甘咧。

【捏捷】liǎm jiàm　手脚利索,动作灵活,速度快,不拖拉:伊做工课真～,八十外岁啦行路还真～。

【僚仔】liáo à　犯浑,神志不清:钱互人,物件无拿,你是～呣是。

【僚仔神】liáo ā xín　犯浑,神志不清,同"僚仔气"liáo ā kuǐ。

【了】liào　①耗费、损失、亏本、白花:做生理～去真多钱。②完毕,结束:戏搬～啦,钱开～啦。

【了调子】liáo diǎo gnià　①好吃懒做的浪荡子,尽做损人又害己蠢事的人。②浪费钱财不心疼的人:家内若出～子,家伙卡大也无够损断。

【了甲做鸡】liāo gà zuè guē　亏损得无处容身:这摆生理～。

【了甲褪裤】liāo gà tǹg kô　亏损得连本钱都殆尽,血本无归:舱晓做生理,不时都着～。

【獠缴】liào giào　难看,丑陋,衣冠不整不协调:人～,穿插也～。

【獠缴缴】liào giào giào　长相很丑,穿戴不雅观。也指赠人的物品少,质量差,不值钱,羞于拿出手:穿这领衫～真歹看。小可物件～不成敬意

【凌迟】líng dí　①虐待,蹂躏:老焦家匀聊仔～新媳。②折腾、欺侮、作弄人:我互厝边～甲要死。

【溜】liǔ　①脱落:头毛～了了(谢

顶)②用蒙骗等手段骗取:伊四界～人钱。③老练油滑而又善于要巧应对:伊是～仔子,互你骗艙去。④有趣,神奇:这种花真～,自己会变色。⑤用套兜捕捉:自己拿索仔～颔滚(比喻自杀或自找麻烦)

【溜籽】liù jì　巧妙、有趣:这种时钟真～,到点声会唱歌。

【溜丕】liù pì　经历多而油滑,也指小孩顽皮:伊最近学咧真～。

【溜梓子】liù zí gnià　①浪荡子,不务正业的人。②善于要巧应付,顽皮的精灵鬼:抵着～你无伊变。同"溜团仔"liù ggìn ǎ。

【溜啾】liù qiù　不端庄严肃,小丑模样,动手动脚耍滑头。又指不认真专注做事:伊若瘠公子仔～啾,做简有代志。同"溜啾啾"liù qiù qiù。

【掳倒】lū dò　推倒,也指被拉下台:村长无照做,互村民该～。

【挊】lǔ　①搓擦,用力来回摩擦:归身躯的銩紧～依清气。②折磨、受苦,经受困苦的生活,从事繁重的工作:这摆农忙,逐个～咧真呷力。③惩处,打,或斥责,批评:你若讲呣听,会伍拖去～。

【黜】lùd　①脱落,掉落:这块桌用无偌久,漆～了了。②用开水烫鸡鸭等,然后拔除脱去毛(或皮):～鸭毛。～涂豆膜。③来回搓擦:趁有烧水,脚手紧～依清气。④下降:最近物件

价钱有卡～。⑤诈骗：钱互歹子～去。

【黜职】lùd jê　降职：伊犯错误去伍～，无势头啦。

【黜奴】lùd lô　①毛发全部脱落，露出光秃秃的皮肤。也指该长毛发的地方不长毛发：这只～狗真恐凶会惊人。②比喻和尚（含鄙视意，相当"秃驴"）

【黜啷】lùd lōng　抽身溜走，乘人不注意脱逃：看咧唔是势，我赶紧～。

【捋】lùd　①用手握住条状物向一端滑动：手袘～卡高咧。②挤：～牛奶。

【捋鳗疡】lùd muǎ xniú　对不听话的严加管教或对有劣迹的严厉惩处制裁：你若无乖着～。

【挼】luǎ　①争吵，争斗，闹：我念弥者甲伊～一摊咧。②梳，梳理：～头毛。③摩擦或按摩：～心肝头。④用手指顺着抹过去：～嘴须（挼胡子）。⑤形容吃，即嗟：目眉尾搔，有肉通～。

【挼尾】luǎ vè　①为使人高兴或让人顺从或做事，违心进行表扬、奉承、抚慰：伊真爱伍～。②投人所好尽说褒赞夸奖的好话：你若该～，伊做甲唔知歇瘆。

【挼散面】luǎ sàn mǐn　翻脸，突然变出凶恶的面相或以严肃的语气严厉地训斥：你无～伊唔惊。

【犁】lué　①碾压或擦身而过：汽去～着树。②比喻埋头冒昧的行为：你俗～去，会互伊拍。③无所顾忌勇往直前：无惊死直透～去。

【犁屎猪】luě sāi d-ī　毛毛躁躁，鲁莽，不瞻前顾后的人及行为：行路无看路，若～咧，卡加嘛去踏着屎。

【罾者】lué jià　好出风头，争先：无你的代志，唔免你～。

【罾命】lué miǎ　怨恨自己运气不好：咒身～。

【雷公性】luǐ gōng xǐng　比喻性子暴躁：伊生成卡～，喊甲大小声。

【坨】lǔn　①蠕动：涂蚓仁石头顶咧～。②尽力使自己摆脱束缚或困难：伊缚无牢互伊～开去。③讨价还价：生理做还未成仁～价钱。④犹豫不决，拖延：有钱～唔还，伊～唔去。

【忍注】lún dú　原指赌博不敢下注，比喻收手或忍耐：伊这摆真～，无甲人出手。

【软架】lńg gǎ　不硬挺，支持不住：伊若～咧倚崧朝。

【软泪】lńg jniá　比喻身体柔软或性格娇嫩懦弱吃不了苦，禁不起挫折或劳累：伊尖脚幼手真～。

【软气】lńg kuǐ　指工作任务轻松，不必费大力气或多少周折：坐办公厅卡～。

【软空】lńg kāng　肥缺或轻松的事：若有～的逐个相争

【软脚】lńg kā　本指脚瘫痪无力，比喻没勇气没力气去迎战困难:我惊咧～。

【软路】lńg lô ①柔软:绸仔巾真～。②同"软气"。

【软母】lńg vò ①弱不禁风、娇弱无能,相当于普通话的"窝囊废":伊真～,担无五十斤。②男人女性化:伊若～仔,连讲话也鸟声。

【囵】lňg 钻、穿:行无路,四界～。

【囵钻】lǹg zňg ①钻营,四处巴结有权势的人,或走不正当的门径使自己得到好处:伊四界～,想趁软路呷。②也指善于靠自己动脑筋找门路而达到某种好的效果:这个头路是伊自己去～的。

【囵钱空】lǹg jnǐ kāng 钻钱眼,一门心思在钱上打主意,千方百计想捞到钱:伊真会～,趁比人卡好。

M

【呣是空】m̌ xǐ kāng 不是儿戏闹着玩的,有危险:伊讲话真～,会共设仙。

【呣赐福】m̌ sì hôr 不懂得珍惜:你真～,会呷的物件去填屎岩。

【呣着伫】m̌ diǒ tuě ①不认本分,不自知:你真～,甲有钱人讲甲大小声。②舍不得放弃:你真～,一块糖仔含归晡。

【呣含定】m̌ hǎm dniǎ 何止,不仅仅:真多人无去,～我无去。

【呣成子】m̌ jniǎ gnià ①不成器,人品不好:～佫要跟人风花。②派不上用场的材料。

【呣是势】m̌ xǐ xê 情况不妙,有危险:我看见～,赶紧浪蹽。

【呣成人】m̌ jniǎ láng ①不像个人样,也形容不成器或不是好东西:跟歹子行逐个都～。②身体衰弱,精神不好:饲着歹子,气甲～。

【呣定档】m̌ dǐng dǒng 犹豫不决而又舍不得放弃:看伊无爸无母,我～拾来饲。

【马滴】má dì 死(含贬义)。

【迈茞】mài gnài 难看,很丑陋,不像样:伊生成真～,人乌佫瘦,面皱脚手短。

【芒东】mǎng dāng ①燕雀,一种身体小,嘴圆锥形的鸟。②比喻身体瘦小,个头矮小,或生长得慢,长不起来:伊若咧饲～咧,无断大汉。

【耄索】mào sáo ①吞食,狼吞虎咽吃得快:三碗糜做一困～了了。②侵吞:众人的钱都互伊共～去。

【摸鼻】mô pǐ 比喻遮丑,害羞:看歹势～走。

【摸脉】mô vê 号脉,按脉,比喻自己估量实力:要起新厝着先～,有法者通。

【摸粿墘】mô gē gní 摸年糕的边缘,比喻得不到,那就看一眼或触摸一下也过瘾解馋:无钱～。

【貘】mô 贴近,附着:～门缝偷看。衫仔沃澹～弄身躯。

【貘壁趖】mô bià só 天黑看不到路,摸着墙慢慢走。

【貘壁精】mô bià jnī 经常贴着窗、门或墙窥视、偷听话的人:伊若～咧,来无疑,去无辞。

【脉】mê 突然吓一跳,或筋络抽搐一下:我念弥时～一下。

【绵】mí ①精细,细腻:豆沙馅真～。伊做代志做甲真～。②很满意,很舒适:有烧酒通咻真～。

【明】miá 松树的枝干上含着的松香。

【明油】miǎ yiú 松树枝干渗出的松脂,很黏,凝干后成松香。

【命代】miá dǎi 生病,染疾:伊咧～,去互先生看。

【面枪】mǐn qniū 脸上的表情,脸色:伊真歹～(凶恶的面相)

【面水仔】mǐn zuì ǎ 相貌,脸的形状:伊～恰歹看,呣久相小汉,无上办。

【鳗】muá 比喻油滑无赖:这个小子真～,无人管有法咧。

【满六万】muá lǎr vǎn 形容多得不得了,无穷尽或千千万万:现此时有空人～,物件卡加嘛贵。

【梅的瑞的】muǐ ê suì ê 形容东西小不值钱或指幼儿:伊恚一群～去做客。我袋仔内～物件真多,值无几个圆。同"梅仔瑞仔"muì ǎ suì ǎ。

【物呷】mňg jiǎ 小点,地方风味小吃:街路边卖～。

【物件】mňg gniǎ ①东西。②事情:你讲啥～。

【物配】mňg pě 下饭的菜:洇糜无～呷艅落。

N

【曝生生】nī xnī xnī 缩手缩脚,犹豫不决,小心翼翼:若要着时时下,呣通～,愈惊愈着加者牖。

【捏粒】nǐ liàm ①积少成多一点一点地积蓄:一年～无偌钱。②哺养关照,精心呵护:伊是我自小～的。

【猫】niāo ①小气,吝啬:你真～,逐项艅出咧。②麻脸:伊～面,歹看。

【猫神】niāo xín 小气,吝啬:做人着卡有量咧,呣通相～。

【猫徙内】niāo suá lǎi 经常不断变更居所:归日若～,无固定所在。

【猫猫相】niāo niāo xiǒng 直目凝视,仔细端详:伊见着我逐过～,呣八要相借问。同"猫猫看"niāo niāo kunǎ。

【猫甲拍结球】niāo gà pà gàd giú 原指麻子的脸上尽是小洞窟窿密密麻麻,重重叠叠纠集在一起。比喻小气鬼,铁公鸡一毛不拔:伊～,一尖钱都觖拍交落。

【老鼠仔冤】niáo cí ā wān 比喻细小的冤仇,但却咬住不放,耿耿于怀,伺机报复,争斗不休:個两家口仔几仔匀人～,不时都咧相骂。

【烂】nuǎ 懒性:伊真～,一项代志拖几仔日。

【烂溅】nuǎ zuǎ 多而滥,俗而贱:物件无用,～四界放。

【烂溅溅】nuǎ zuǎ zuǎ 不爱惜,不收拾,乱丢弃:平时～,欠用者知宝惜。

【烂甲若屎咧】nuǎ gà ná sài lê 形容慢性子,懒散,拉不动,推不走,什么也不想干。即"烂泥巴抹不上墙","扶不起的阿斗"。

【掩目抢】ńg vǎr qniù 在众目睽睽之下侵占他人利益:卖物件～,偷称头佫偏钱尾。

【黄尾】ńg vè 在远古时代,人的尾巴还没退化,每个人都有尾巴。当年纪大,人老的时候,那尾巴的毛就会变黄,岁数越大黄颜色越深。因此,尾巴黄了就意味人快死了,也就是末日到了,活不了了,这是很严重的征兆。

【黄床床】ńg sńg sǹg 不心甘情愿,不得已才答应:叫伊做工课,伊逐过～。

【黄酸狗桶】ńg sńg gáo tàng 面黄肌瘦,身体虚弱:伊破病佫无调养,一个人～无气无力。

【黄酸仔毒】ńg sńg ā dôr 暗中使坏,用软办法算计人,折磨人,为难人,陷害人:伊真～,工钱无要按时发,定定七拖八拖。

【嗯唔】ngì ngô ①说话支支吾吾,含糊其辞:伊讲话～,伓听无。②争执或纠缠不休:事先无明呼,过后者咧～。

【嗯唔唔】ngì ngô ngô ①争执或纠缠不休。②不敢直说,或者急而出现口吃的情况:伊互我问咧煞～。

【样相】ngiǔ xniǔ 样式,姿势,模样:唔成～,佫要呷肉煎豆酱。

O

【呵慒】ō zō ①心里烦闷不畅快:心肝头真～。②胃里不适:我腹肚真～,甲若要吐咧。

【呵慒慒】ō zō zō ①心里烦闷不畅快:心肝头真～。②胃里不适。

【偓字】ò ryǐ 难办的事:你创～来磨人的工。

【王卧】ǒng ggǒ 信口开河,随便乱说。也指说谎,话语无定性:你真～,一时讲一款。

【王爷马】ǒng yǎ vê 常人不敢骑的马。比喻很凶,谁都不敢靠近:公家的钱你也敢牵～(挪用公款)。

【王爷笼】ǒng yǎ làng 制伏凶恶残

暴者的法器:王爷也有～来笼(一物降一物)。

【王卧嘴】ŏng ggŏ cuǐ　①说话随随便便,反复无常。②口无遮拦,不负责任地乱说。③捕风捉影地造谣中伤,无事生非:你这～早晏会佤搦嘴边。

【乌】ô　①阴暗:天～地暗。②不合正道的,不光明磊落的。

【乌胿】ô guī　妻子对有外遇的男人的讥称。

【乌髻】ô gĕ　谑称家中的女人:家内卡常是～的咧媱合。

【乌颅】ô lū　剃光头,比喻得零分:这摆比赛得～。

【乌脚】ô kā　旧指警察:小偷惊～的。

【乌话】ô wê　旧指流氓、帮会、盗匪使用的暗语,今也指某些行业小范围的人群通行的话。

【乌司眽】ô sī vī　乘人不备,小心翼翼、蹑手蹑脚地靠近或偷袭。事先没有迹象征兆,让人不知不觉:我无张驰互伊～行做头。

【乌面贼】ô mǐn càd　形容暗中蒙骗顾客的人:包装无拆开看,惊若～买着假货。

【乌暗下】ô àm ê　乘人不备下手,打在人们不防备的地方:伊使～拍人。

【乌卤沐齐】ô lô vôr jê　比喻乱七八糟,糟糕透顶。也指莫名其妙,浑然无知,愕然或混沌凌乱。

【胡蝶】ô diàm　安装在门窗相接位置上的合页,由两片金属构成。

【胡闸】ô zà　袒护包庇,对干预者给予回绝,不理睬或遮掩:若无伊共你斗～,你着互人掠去死。

【搗】ô　挖。

【搗后空】ô ǎo kāng　在背后搗鬼或私下窃取:伊势趁钱,個某势～。

【恶则】ôr jìr　①胡闹,乱来,让人讨厌的行为,大逆不道的为非作歹:你这个人真～,串做无一项好代志。②出人意料的差错或纰漏:你无头无脑,者会做～代志。

P

【抛碇】pā dnià　①抛锚。把锚投入水底,使船停稳。②比喻停止,难以进行:原料未到,工厂～。

【拍踏】pà dà　借用或挤占他人的地盘进行活动,影响他人的正常生活,造成不便:要起厝难免～着厝边头尾。

【拍鸡】pà guē　①斗鸡。②比喻好斗的人:伊是～,不时甲人相拍。

【拍鸟】pà jiào　①用枪打鸟。②戏称独眼,独眼龙。

【拍空】pà kāng　①事先约好的计谋。预谋:個两个要～创景人。②打洞,钻孔。

【拍伤】pà xiōng　①打伤。②走江湖的打拳卖膏药的：走街仔仙咧～。③戏称到处推销、鼓吹、介绍：现当今真多专家教授四界去～。

【拍枪】pà qǐng　①打枪，开枪。②枪毙。

【拍帆】pà páng　修剪树木的侧枝桠，使其向上长得更好。

【拍白板】pà bê bǎn　原为打出麻将的"白板"牌。比喻当面明说，把真相摊开：我～共伊讲，你起厝我无钿共你攒。

【拍偏枝】pà piān gī　原为赌博时打出冷门的牌。比喻"节外生枝"，或出乎意料地找出难以解决的新情况，让人措手不及：想无到伊会～，互人歹对付。

【拍獪吼】pà vuě hào　①行不通。②提出的要求得不到应允。③人际关系、关节没能疏通，事情办不成：头家若～。代志着免做。

【拍脚仓】pà kā cńg　旧代的一种惩罚方式——揍屁股。比喻挨批评（带善意）：代志做无好会伍～。

【拍手枪】pà qiu qǐng　①男性手淫自慰。②比喻做事不实在，粗心，草率，鲁莽：你唔免听伊咧～。

【拍交落】pà gā lào　①掉下，丢失。②婉指流产。

【拍拭擦】pà qid cad　抹布，一笔勾销，不再提起：你欠的钱～，我獪佫找你讨。

【拍死结】pà xi gàd　解不开的扣子。比喻难以解决的问题。

【覆白虎】pàr bê hô　①当众出洋相，惹人耻笑。②彻底垮台，真相暴露无遗：生理去伍倒去着～。

【派坯】pài pē　①预料，事先估计：我早就～伊生理会了钱。②打算，准备：我～要修理旧厝。

【歹款】pái kuàn　言行的表现不端、不雅，不良习惯。常指食相难看：甲人上桌呷物唔通～。

【歹料】pái liǎo　①不好的东西，质量差的食物：伙食真～，逐个喊歹呷。②特指人品卑劣、龌龊：这个人真～，爱挑拨人獪和。

【歹体】pái tê　姿势难看或情况不好：個最近生活过甲真～，三顿都顾獪牢。

【歹货】pái hě　①东西质量不好。②行为不端或爱挑拨是非，造谣生事的人：個老母仔真～，四界甲人偷生子。

【歹目】pái vàr　男性见女色流露出的亵渎淫荡的目光，或好窥视隐私不该看的地方：你真～，见着查某金金相。

【歹狗】pái gào　讥指胡作非为，行凶作恶，为虎作伥的人：自己一个半路抵着～走獪离。

【歹纺】pái pàng　很棘手，难办，不好处理:一个要一个嗨,代志真～。

【歹物】pái mǹg ①坏东西,坏人。②特指得不治之症:伊腹肚生～。

【歹气】pái kuǐ 贫穷,生活经济拮据:最近卡～,欠人钱无通还。

【歹声漱】pái xniā sāo 说话声音大且口气凶,态度不好:甲团仔讲话着卡温顺咧,呣通～。

【歹面枪】pái mǐn qniū 经常板着脸,或原本就少笑容,凶相:伊生成卡～,其实做人飽歹。

【歹腰饲】pái yō qǐ ①指婴幼儿体弱多病,多事端而难抚养:伊自小着真～。②高傲不近人情,让人难伺候:伊甲人飽合,真～。

【歹收山】pái xiū sunā 难以收场,指事情的结尾或残局不好收拾:我讲你呣听,最后会真～。

【歹脚柴】pái kā cá 手脚不利索,动作笨拙迟钝:伊行路若大脚虾咧,真～,平平路也行甲跋倒。同"柴工生"。

【歹柴头】pái cǎo táo 比喻带头干坏事,做坏样子让人学:大汉的～做互小汉的趁。

【歹手爪】pái qiú riào 手脚不干净,喜欢小偷小摸:伊自小着～,爱偷拿人的物件。

【歹目孔】pái vǎr kàng ①看到别人有什么,自己也要有什么。②公家的东西,别人得到的,自己即使不需要,也硬计较得到。③专门窥视别人的隐私的目光。

【歹剃头】pái tì táo ①不好对付的人或棘手的工作。②带头兴风作浪出难题挑事端的人:全村伊最～。

【歹身命】pái xīn miǎ ①体质差,多疾病。②早年常指家庭成分高,出身不好的人。

【歹倚起】pái kiǎ kì 难以立足,不安宁:甲歹子倚厝边,肯定～。

【歹手势】pái qiú xǐ 禽畜养得不顺利,特指女人孕育不顺利:伊卡～,生一瞑一日,婴仔者出世。

【歹心行】pái xīm hǐng ①阴险狠毒的心肠:伊真～,爱人歹。②对人同情,表示遗憾:伊真～,互雨沃甲归身躯澹漉漉。

【歹目色】pái vǎr xìr 形容眼光迟钝,不善于辨别事物:你真～,不时咧看煞獪认咧。

【歹牵拾】pá kān kiò ①不受管教,不听使唤:你呣听话,真～。②介绍不好的职业,你逐过～,呣八介绍一个好头路。

【歹子出头】pái gnià cùd táo 表现不好的人往往爱出风头,想出人头地;物品中含有少量的残次品,往往显得很碍眼,好像很多的样子:这碗涂豆无几粒臭的,可是～,看着若真多咧。

【炮客】pào kê 好说大话,浮夸的

人:～的话唠听咧。

【破格】pò gê　明显的行为失当。长期形成的不良习惯:你成实真～,咧拜佛公者放臭屁。

【啵糕】pò gō　①用米磨成浆加糖发酵蒸成的糕点。②坏事了,没指望了,失败,扫兴:一只新买的脚踏车撞咧～去。

【抱杉头】pǒ sām táo　承担主要责任,起关键作用:村内的代志都是伊咧～。

【凸饼】pòng bnià　原指泡水能膨胀的马蹄酥。比喻批评,训斥:你若唔听话着呷～。

【凸肚】pòng　①表面是平的,中间高于四周。②指人的腹部突出。③骂人吃食或得肝病腹水:好物件互伊～了了。

【凸风】pòng huāng　①肚子发胀:昨昉去寒着,腹肚～饱胀呃臭薆。②吹牛,虚夸,不实在:伊讲话爱～,你唔通信。

【凸码】pòng vê　在原价或数字上增加,加码:我惊无够,挑致掠卡～。

【碰灯】pòng dīng　碰钉子,比喻受批评斥责:你无照起工会伍～。

【铺排】pô bái　①特别优惠照顾:伊甲你真～,者有通分你。②恭维讨好:你真势讲～话。

【铺面蛏】pô mǐn tān　做表面文章。为了图好看或蒙骗消费者而对商品货物在表面上加以粉饰或点缀。装门面:物件看着美美,其实是～,下面货真歹。

【扶客】pô kê　惯于拍马屁的人:伊是～,无路干。

【扶仙】pô xiān　讥讽马屁精:伊是～,贯串讲好听话。

【扶挺】pô tnà　①捧托着:橱仔该～咧者唠倒。②故意替别人在某种活动或局面吹嘘或捧场:有人咧～,者会出名声

【扶后脚】pô ǎo kā　比喻背地里拆台:伊面头前笑嘻嘻,脚仓后～,你卡加嘛倒唔知。

【扶生葩】pô lǎn pā　鄙视语。比喻抱粗腿,拍马屁,专门当下贱的助手:伊是咧共我～的。

【扶生铳】pô lǎn sān　比喻抱粗腿,拍马屁,程度比"扶生葩"轻一点:我无欠缺你来～。

【扶挺挺】pô tná tnà　阿谀奉承,拍马屁,唯恐伺候不周:伊有当一目仔,逐个～。同"扶搡搡"pô sáng sàng。

【谱】pô　招数,样式:比赛唠使出歹～。

【谱数】pô sô　办法,招数:你无啥～我知知。

【谱撮】pô zuē　样式,模样:伊的拳头套路有淡薄仔～。

【坯】pē　①指长到一定程度的家畜,也可指人:猪～,人～仔。②半成品:

粗～。③框架，模具：我先拍一个～。④某种人的类型：乞呷～。

【坯帆】pē páng　身姿模样或规模：伊人真大～，衫仔着谅卡阔咧。

【皮溜仔】pé liù à　①轻浮而油滑的人：伊是～，无要照起工。②也指偷摸别人东西的人：闹热所在人多着提防～。

【泊查某】pě zā vô　与女人调情或发生关系：伊有钱会去～。

【披翩】pī piàn　①占据的地盘大，进行活动：这间大厝够你～。②比喻挑肥拣瘦或要这要哪：查某人卡爱～。

【皮】pí　①顽皮，调皮：这个囝仔真～，任讲狯听。②耍赖，厚着脸皮：伊输人起臭～。

【皮皮仔】pǐ pǐ ā　厚着脸皮耍赖或纠缠：你呣互伊，伊～要你。

【鼻酸瓮】pǐ sng ǎng　①吝啬，一毛不拔的人。②尖尖钻，斤斤计较的人。③自私自利，贪得无厌，待人刻薄，损人利己。

【鼻枪烟】pǐ qìng yān　戏指被枪毙：贩毒呣抽退，早晏会去～。

【浮】pú　①与"沉"相反。②轻浮，不实在：伊做代志～哟哟。③显露：领滚筋～甲真大条。④摇晃不稳：嘴齿～甲真痛。⑤漂亮（含讽刺意）：伊穿甲真～。

【浮亮响】pǔ liàng xiǎng　到处炫耀张扬，得意忘形，洋洋得意：伊激甲四界去展皇。又作"浮响响"。

【浮浮哟】pǔ pǔ yò　做事浮躁，行为轻浮，常指爱炫耀穿戴，显露才能。又作"浮哟哟"。

【破腹】puà bàr　①剖腹。②比喻交心：伊甲我是～朋友。

【破拍】puà pà　毛病，漏子，长期形成的坏习惯：讲话重句也是一种～。

【破空】puà kāng　罪行败露，错事让人发现，秘密让识破：伊呷钱的代志～，互人掠去关。

【破相】puà xniǔ　残疾，特指手脚残疾。也比喻事情砸锅了，坏事了：伊的计划～去啦，做狯成器。

【破亡圹】puà vǒng kǒng　原指破旧的墓穴。比喻为规模大，数量多，没有多大实际价值的东西：这领衫～，穿着狯合身。

【破拍路】puà pà lô　瑕疵，小毛病，坏习惯：你～真多，讲话重句佫带话屎。

【破烂骨】puà nuǎ gùd　懒散，懒得做事，好逸恶劳的人。也指精神不振作：你真～，归日躺躺倒。

【破腹话】puà bàr wê　掏心窝的话，真心话，知心话，实诚的话：我甲你讲的都是～，无半句好听话。

【撇驴】puàd l-í　毛手毛脚，冒冒失失，鲁莽：你若～，过你的手逐项歹。

【屁面】puì mǐn　翻脸不认账，耍赖皮。比喻不知羞耻，常反复或反悔：

伊真～,唔是伊的物件也共拿去。

【屁仙】puì xiān 讽喻说大话的人:你唔通相信～讲的话,一石九斗有。

【呸澜佫掖沙】puì lunǎ gò yǎ suā 吐口水又撒沙子,表现嫌弃、厌恶、鄙视、憎恨,不与为伍,不肯靠近:见着伊,逐个～。

【伴坛】punǎ dunǎ 当陪衬,跟着在一起:头手的是伊,我是来～的。

【俳死】pnǎi xì 冒险,不顾一切,不遗余力,孤注一掷,破釜沉舟,竭尽全力:我～甲伊拼看睬咧。

【俳性命】pnǎi xnì miǎ 使出最大的力量,使劲,尽力而为:我～呷,呷甲相饱腹肚痛。

【偏铺】pní pô 分摊,均分:见来的见份,一个～淡薄。你若担无法咧,我者共你斗～。

【平】pniá 赢回,捞回原本输掉的。

【平本】pniǎ bng ①赌输后想赢回本钱:跋输想要～,愈输愈多。②指做买卖时想把损失或亏掉的补偿回来或捞回本钱:我估计货底卖甲了还有通～。

Q

【厕摆】qê bāi 失败,因失手而弄糟,丢人现眼:你真～,生理便做便蚀本。

【刺】qī ①荆棘:草～,脚扰着～。②比喻让人讨厌的人:你是文虫～,逐个恨神。

【刺球】qì giú ①仙人掌。②乩童跳神时挥舞的带钉刺的球体。

【刺凿】qì cǎr ①刺痒:天气热穿羊毛衫真～。②使人看不顺眼,感到不高兴、不舒服或讨厌。如芒刺背或扎心的感觉:看着你,我愈看愈～。

【试咸洴】qǐ giǎm jniā ①小试牛刀,稍微尝试。②感知或领教厉害程度。③较劲、比试,决出高低:你若唔信,来～看咧。

【拭嘴】qìd cuī ①用巾擦嘴巴。②比喻给财物以堵住嘴巴不让说话,以免泄漏私密。

【拭脚仓】qìd kā cng ①擦屁股。②比喻为事情收拾残局,处理收尾或善后工作:伊定定做歹势者叫我去～。

【拭薄饼】qìd bǒ bniā ①用面浆擦面皮,供包春卷用。②比喻乱涂抹,讽刺"早泄"。

【七掺八】qìd cām buè 掺杂,混乱无序:简单的意思也讲甲～,人听简有。

【七千万】qìd cnāi mǎn 很多的意思:你卖物件无行情,一开嘴着要～,卡加嘛顾客走了了。

【促嗯】qìr ô 混账,可恶,做龌龊的事:你真～,甲爸母乱来。

【策应】qìr yǐng 招待,应酬,陪同:人客来,着好好～。

【车】qiā　①用旋转的工具加工：～螺丝。②虫子蛀损：白蚁～柴枋。③用力推，使移动：伊共我～咧跋倒。④推托，推卸：责任全部～互我。

【车蚩】qiā cī　①孑孓的总称。②比喻好动，不安分：这个囝仔若～咧，无一时定着。

【车揭】qiā giá　①翻腾搅动，反复折腾，使混乱不堪：归晡仁厝内～无歇。②比喻事情反复折腾，纠缠不休：一项小可代志～赡煞。

【车盘】qiā buná　①激烈的争吵纠纷：伊自己家口仔不时咧～。②折腾、搬动迁移：大项物件系好势唔通佫～。

【奢飐】qiā ngiǎ　形容排场大，极为奢华，惹人注目：都咧惊人知，唔通大～。

【赤】qià　①泛指红色：～涂。②穷，贫困：伊真～。③脂肪少的肉：～肉。④凶悍，撒泼，不讲理（多指女性）：伊真野～。

【赤爬】qià bê　形容（小女孩）争强好胜不认输，竭尽全力抢好处：個查某仔真～，逐项赡输人

【赤查某】qià zā vô　凶悍，撒泼的泼妇，不讲理的女人：焦埔抵着～无法度。

【赤爬爬】qià bê bê　常指女人或小孩很厉害，竞争本事很强，从不失手吃亏：这个查某囝仔做工课～，大人做赡赢她。

【掐页】qià yá　①刺挠，痒抓抓的：归身真～。②由于天气闷热等原因使人浑身热辣辣又有刺痒的不舒服感觉：南风天，人真～。③不顺心，生闷气，发无名火：你腹肚赡翻车想赡通自己咧～。④眼红，不顺眼，嫉妒：看人有钱好额伊着～。

【千】qiān　形容凑巧，或准确：伊射箭真～，你约真～。

【延】qián　①拖延：顾甲你讲话～归晡。②耽误：破病着紧互医生看，唔通～。

【延工】qiǎn gāng　费时间，复杂费劲：要在一个户口真～。

【浅拖】qiān tuā　拖鞋，像木屐那样的凉鞋。

【呛鸟声】qiàng jiāo xniā　在一旁喊出带威胁恐吓的话，也指扬言：伊～讲这块地是伊的，伊要起厝。同"呛水声"qiàng zuí xniā。

【签丝】qiām xī　形容破烂成条状的衣物：衫仔破甲若～咧。

【抄烦】qiāo huán　操心烦躁或伤脑筋：最近真～者会人卡瘦。

【抄劳】qiāo ló　任务繁杂费精神：读书真～，营养着顾伊够。

【抄人脍】qiāo lǎng gué　挑动人们窝里斗或动不动就兴师动众，让许多人做无谓的艰苦工作：旧时政治运动不断，每次都是咧～。

【超趣】qiāo qìr　①因兴奋而连蹦带跳。②因神气而趾高气扬：你有钱咧～。

【猎头】qiō táo　比喻穿着讲究，显得风流洒脱而又神气：你穿这身衫裤真～。②因成绩显赫而神气：伊的演讲真～，逐个拍噗仔。③也指好出风头，好斗，咄咄逼人：他讲话真～，得失归山坪。④雄性动物性欲极强：这只鸡角真～。⑤好色。

【猎越】qiō dió　高兴，活跃，神气，得意忘形：伊趁咧有呷真～，大呼小叫惊人唔知。

【猎谒谒】qiō giàr giàr　①性欲亢进呈现出的狂躁不安的情绪：过冬仔鸡无一只仔着～。②图穷匕现那样来势汹汹比划着凶器：伊匕钻揭甲～。

【抢事】qióng sǐ　爱挑起事端，惹事，闹事：伊真～，厝边头尾无好了了。

【侵】qīm　①多占：一趄田岸互你～甲要了。②向人借钱：我起厝无够钱，共亲戚五月～真多。③亏损：这个月蚀本着～本钱。

【侵钱】qīm jní　向人借钱，欠人钱财：子饲大着～来悉新妇。

【深井】qīm jnì　天井，旧式房屋里露天的小庭院。

【秤无够重】qìn vǒ gào dǎng　看不上眼，蔑视：你互我～，我代志唔交代你。

【清心】qìn xīm　因失败、失望或满足不了要求而沮丧、灰心或死心：你燅奋志互我真～。

【清面】qìn mǐn　拉长着脸，一点笑容都没有，显得很冷漠：伊真～，嗨八有笑容。

【清冻】qìn dǎng　冷淡，冷落，不热情，不理不睬，不关心，以冷漠的态度应付：做人的心妇仔不时互人～。

【清气】qīng kǐ　干净，整洁：厝内摒扫甲真～。

【清气相】qīng kì xniǔ　爱干净的习惯或没有劣迹的人：伊人是真～，可是做人并无～，暗人真多钱。

【冲高】qìng gō　①出风头：你真爱～。②骄傲自大，盛气凌人：伊真～，寥动要甲人相拍。

【冲气】qìng kuǐ　①事业、生意兴旺发达，很有起色：最近真～，定定互头家表扬。②盛气凌人，高傲架子大，趾高气扬，目中无人：伊势头真～，看人无。

【冲刮刮】qìng guǎ guǎ　形容神气而横冲直撞的气派：有趁几个圆仔着～，想着真大悦。

【手指】qiú znài　手指头活动能力的灵敏性或娴熟度，也指手艺的灵巧：伊做工课的～真利，紧偌好。

【手势】qiú xǐ　①习惯性的动作或方式方法，办事的套路，常指孕妇分娩的快慢：伊真好～，无一支薰久现生。②手气，指赌博或抓彩的运气：我真歹～,定定跋输缴。也指养家禽家畜的运气:伊饲猪真好～,逐只真势大。

【手路】qiú lô　①手艺,技艺的工夫:伊做衫仔真好～。②手段:伊真势使～偷秤头。

【手头】qiú táo　①手的力气:焦埔人卡重～(握力大)。②下药或调味品的剂量:伊真重～,系盐多真咸。③经济能力:我～无钱,我是呷闲糜的无～。

【手黏】qiú liám　像小偷小摸那样,爱顺手捎带拿走别人的东西:伊真～,见人物件着偷拿。

【手爪】qiú riào　手指头,常比喻某种不好的行为,如小偷小摸:歹～势偷拿。

【手冲子】qiū qìng gnià　鲁莽、冒失鬼:伊是～,做无一项好工课。同"手枪子"。

【生气】qnī kuī　①煮过后仍带有野生味,不好吃:安薯还～,甲若煮无熟咧。②不明事理,行为鲁莽,似呆傻样:伊卡～,会伓设仙咧。

【生番】qnī huān　本指未开化的民族或人,今比喻不讲理或不懂道理的人。常指好吃生冷的食物:你若～咧,连蚝也敢生呷。

【生伤】qnī xiōng　刚刚发生的外伤:着～紧去找医生。

【青尺】qnī qiò　鲜活、新鲜:鱼虾真～。这个故事唔八听,真～。

【青狂】qnī góng　行为动作慌乱而近似疯狂:念弥时落大雨,逐个～踏。

【青货】qnī hě　少量上市的应时新鲜蔬菜鱼虾:天未光,逐个嘛咧赶～。

【青利】qnī lǎi　鲜绿,新鲜:早市的货卡～。

【青水水】qnī suí suì　受惊吓或重病后,脸色煞白,没血色:伊惊甲一个面～,脚手搦搦搖。

【青桶气】qnī táng kuǐ　遇事不理智,不沉着,常意气用事,任性随意不冷静,忽冷忽热,近似二百五,十三点:伊大箸呆佫～。

【青狂冲】qnī góng qǐng　急急忙忙,手忙脚乱,像无头苍蝇横冲直撞:你行甲～是要去途?

【青狂踏】qnī góng zò　急急忙忙,手忙脚乱,像无头苍蝇横冲直撞。

【青瞑牛】qnī mǐ ggú　比喻文盲。

【醒嘴】qní cuǐ　新鲜好吃合口味,爽口:鸭母焆当归呷着真～。

【抢搯】qniú cuà　抓紧时间或利用时机,迅速完成任务或获取好处:趁台风还未到,赶紧～收成五谷。

【耸毛猴】qniǔ mǎng gáo　①打寒颤,毛骨悚然:我惊甲～。②因受冷,惊吓使然。

R

【挼死狗蚁】ré xì gáo hiǎ　用手指压

揉蚂蚁使死,也比喻轻而易举地致死:伊害死一个人若咧~。

【二水】ryǐ zuì 二荏,指在同一块地上,作物种植或生长的次数:~雍菜,~紫菜。

【二瓤】ryǐ lńg ①多指猪皮下的脂肪层。②也指竹子皮下的篾黄。

【二九下昉】ryǐ gáo ê hng 除夕。农历腊月的最后一天。

【二一添作五】ryǐ yìd tiām zôr ggô 原为珠算除法口诀,即一除以二等于零点五,正好是一半。常用作二人平均分配,一人一半。

【字号】ryǐ hǒ ①商店的名号:伊开的店~真出名。②信誉:你歹~,无块借钱,因为你逐过有借无还。

【字目】ryǐ vàr ①泛指文字:~好物,八字真有路用。②句子中的字词。字眼:伊听话真爱钻人的~。

【字运】ryǐ wěn 命运、运气,时运:我~真歹,定定趁艙着钱。

【字匀】ryǐ wén 辈分,辈数儿:我~比伊卡高,照论伊着叫我叔公。

【字眼】ryǐ ggàn ①有趣,趣味,令人好奇或喜爱,可爱:这个囝仔真~。②可笑,不知趣,多表示对某事的惊讶或不满:你真~,别人的物件共呷了了。③用在句中的字或词:写文章通顺卡要紧,唔通要专门偩~。

【持无注】ryǐ vǒ dù 比喻临急拿不出应对的办法,常指资金亏欠,缺钱时告借无门:结婚的日子要到啦,开销的钱仔咧~。

【茹渠】rǐ g-í 粗鲁、傲慢,又纠缠不清:伊真~,无一片直。

【惹讶】riá ggǎ 管理,维持或安排处置:阮兜大小代志都是阮老母咧~的。

【热馆】riǎd guàn ①兴趣高,热衷,劲头大:阮厝大小汉对拍篮球真~。②热烈,热闹:树脚下讲笑讲甲真~。

【热皮】riǎd pé ①怨怪穿衣太少,恐受凉:你是咧~,衫仔无穿。②嗔怪轻浮的挑逗或色诱:你是咧~欤,共我金金相要创啥。

【热狂】riǎd góng ①由于对某事着迷而产生极度热情至痴狂:少年家对卡拉OK真~。②比喻不冷静,不清醒:伊这阵当咧~,你挡伊艙朝。

【仁髓髓】rǐn cé cè 形容纯净的精华,也指饱满无干瘪、破损或杂质:一篮仔涂豆逐粒~。

【认注】rǐn dǔ 承认,或认清自己的份额:跋缴的各人~。物件若无人要,你着~。

【认路】rǐn lô ①辨别或识记以前曾走过的路。②比喻认本分:~买卡俗的,当然货卡歹。

【认本分】rǐn bún hǔn 同上②。

【热着】ruà diǒ 中暑。

【韧筋】rǔn gūn 坚忍不拔,坚持到底,不动摇,不轻易放弃,很有耐性:

伊真～,腹肚痛也无歇睏。

S

【沙厘】sā lí 铝质的器物。

【沙厘锅】sā lǐ ē 铝锅,钢精锅。

【捎无球】sā vǒ giú ①与人相争,抢不到。②缺钱物,筹借不到,找不到应付的办法。③取笑人家年龄大了还找不到对象:伊四十外岁还咧～。

【煠无烂芋头】sǎ vǒ nuǎ ô táo 比喻做别人难办的事:我定定咧～,呣八做软工课。

【揀身】sàr xīn 使劲,卖劲,尽力,大显身手:伊替人做工课真～,佇厝内真贫惮。

【师公矸】sāi gōng gān 道士念的经书,篇幅很长。比喻信或文章很冗长:伊一张批写甲若～。

【使】sài ①使用,甩:～目尾。②差遣:无牛～马。③可以,常与"会"、"赡"连用:会～,赡～。

【使横】sài hunái 逞凶狠,蛮横不讲理,恼羞成怒:无理讲咧输煞～。无钱还人煞～。

【使奶】sǎi nāi 撒娇,怩怩作态,嗲声嗲气闹情绪:你赡堪咧互伊～,逐项都答应。

【使怠】sǎi tài 任性赌气,不讲理使性子。不满意时做出的破瓮破摔的举动:人嫌伊两句,伊着～呣做。

【使赡走】sái vuě zǎo 行不通,不受欢迎,吃不开:伊的字号伫阮厝～。

【使落抠】sāi lào kāo ①使坏,下套,诱人上当:伊～办人。②不履行约定或承诺,抽身逃脱,让人独自支撑或应付:你叫我来,自己者～卒你走。

【使目尾】sái vǎr vè 用眼睛示意或传情:我共你～提醒,你无注意。

【使破烂】sái punà nuǎ ①遭受挫折或批评后就灰心丧志或躺倒不干:互嫌两句伊着～呣做。②失败后见挽回无望,就故意让它更加不可收拾:做生理趁无钱,～关店门去跋缴。

【使手路】sái qiú lô 耍花招,暗中下套:卖肉的～偷称头。

【使鼻腔风】sái pǐ kāng huāng 鼻子吭气,表示不屑一顾或高傲鄙视的神态:人一当官,讲话现～。

【使三角目】sái snā gàr vàr 怒目而视,瞪白眼:伊气甲共我～。

【使三角肩】sái snā gàr gnāi 甩动肩膀,使高低变化而稍侧身,形容走路大摇大摆耍派头的样子:伊一有钱,行路瞬～。

【使蛇弄鼠】sái zuá lǎng cì 比喻挑拨离间。

【屎毵】sái sǎm 挑肥水时防止溢出的东西,常用稻草简单扎成扫把状。也比喻头发留得太长。

【屎尾】sái vè 比喻残余的别人不要

的东西或遗留下尚未解决的问题：你做工课定定留一个～咧伓收成。

【屎迹】sái riâ 沾过屎的痕迹，比喻不实惠的或别人不要的东西：大钱别人趁去啦，你者来咧舔～。

【屎岩虫】sái hǎr táng ①粪便里的蛆虫。②比喻好动：你若～咧，无定无着撨撨动。

【瘦话】sán wê 没用的话，也比喻聊天时说的无聊的废话：闲闲无代志练～。

【瘦数】sán xiǎo 小笔开支，零散的开销：今日开的都是～，无偌多钱。

【瘦扶】sán pô 谄媚，阿谀奉承：伊真势共～。

【瘦摊仔】sán tunǎi à 规模小，数量少的交易或事情：我开一间店仔，做～生理。

【散仙】sàn xiān 游手好闲之徒：头路呣去呷，归日做～。

【双胎】sāng tē 两层的，或特别厚，耐用：这块碗若～的，揀落涂脚佫无破。

【双头蛇】sāng tǎo zuá 两面派：你呣是程咬金仔半奸忠，你是～，呷鸡假鸡，呷鸭假鸭。

【操势】sáng xê ①悠然自在，若无其事的样子：人咧无闲要死，伊跷脚唱鉴歌。②得意时表现出轻松有气派，口气很大：有钱人真～看人无。

【三八（气）】sām bàd kuǐ ①二百五，十三点。讥称有些傻气，言谈举止有些悖理，做事不动脑，常犯傻：你真～，卖安薯连篮互人。②比喻不正经：～婆。

【三一三十一】sām yìd sām xǐm yìd 比喻分摊、分派钱物。

【霎仔】sàm ǎ 不起眼的小人物，让人瞧不起的低俗人物：阮是～，唔敢甲你行相跟。同"霎仔人"sàm ā láng。

【诮】sāo 严厉或凶横地训斥，使受辱：你动着～人心适。

【诮皮】sāo pí 用轻蔑、嘲弄的态度讽刺挖苦或责骂：伊爱共～。

【诮歃】sāo sàm 凶横地责备或斥责，使羞辱甚至无地自容：伊磕咧着～人心适。

【搜痒】sō jniǔ 轻轻地抓痒，也指轻轻地碰，没真正使劲地做，没触及实质：你干焦该～咧简有路用。

【搜圆】sō ngí ①搓汤圆。②比喻打圆场和解，无原则地调解或折中，和稀泥式地摆平：个咧加工，伊无分好歹去共～。

【搜挓】sō luà ①用手轻轻地抚摩。②安抚或一味地奉承说赞扬的话：稍该～咧，伊现真拍拼。

【搜沙】sō suā 纠缠，无理取闹：你欠人钱佫要甲人～。

【搜鼻走】sō pǐ zào 自知理亏，觉得难为情，难堪，不好意思再待下去，只好灰溜溜地悄悄逃走：甲人上菜馆，看见要收钱，赶紧～。

【燥粕】sò pò 暴躁，急躁图快：伊做代志真～，取紧嘻序序，清清采采。

【松桐】sōng dáng 松木。又比喻木讷：伊㤾甲若～咧。

【酥壳】sô kàr ①螃蟹将近蜕换新壳，是最肥美的时候：这只蟳～。②处境狼狈：我互伊办甲～。

【束杰】sôr giad ①简单而整洁，简朴而大方：伊穿甲一身真～。②也指安静没人纷扰的地方：厝虽无大间，一家口仔㤾真～。

【垂】sě ①液体顺容器边或物体边淌下或流出：一桶水沿路～。②不兑现承诺或拖延，也指黑人家的钱物：伊做人真～，不时～人的钱。

【垂仙】sě xiān ①好逸恶劳，终日无所事事：伊真～，归日呣爱做工课。②不可靠、不可信的人：伊是大～，你呣通去互伊术去。

【垂篕】sě suī 比喻出茬，事办砸了：你做代志定定都～。

【垂神】sě xín 没精打采，颓丧，精神不振作：生理做咧倒，人煞～。

【垂垂滴】sě sě dì ①水珠接连不断地滴落下来：桶会漏，水沿路～。②事情搞砸了，不可收拾：交代你的代志，你创甲～。

【垂滴滴】sě dì dì ①水珠接连不断地滴落下来：桶会漏，水沿路～。②

比喻为人不可靠，不可信：伊这个人～，互你唸按算咧，不时都着穿无底裤。

【垂尾螺】sě vé lé 笨拙、迟缓，总是拉后腿：你真～，定定跟人唸着。

【事事仔来】sǐ sǐ ā lái 沉着应对，慢条斯理：伊无咧甲你急，定定是～，要若呣咧。

【赐】sǐ 东西乱撒乱放：物件～甲归涂脚仔，四界乱糟糟。

【赐茹】sì rí 当着面胡搅蛮缠辱骂：你无啥代志～我心适。

【输城】sū xniá 逊色，比不上。差劲，不如人：新出炉的鸡卵糕真好呷，隔暝着卡～。

【蹰直去】sǔ dìd k-ì 比喻失去信心，躺倒不干：钱趁无着，放依归尾～。

【吮髓】sù cè 像啃骨头一样，比喻一点儿吃的也没有：今年无收成，归家口仔着去～。

【吮无奶】sù vǒ līn 没能得到，毫无收获：脚手慢钝定定都～。同"吮无烟"sù vǒ yān。

【摔后炮】sùd ǎo pǎo ①背后说人家的坏话或暗地里下套。也指当事人不在场的情况下，攻击人家：当面呣讲，脚仓后～。②事先不说，事后才说。

【续食】suà jiā 食量大，食欲强，不挑食：囝仔当要大，会卡～。

【续气力】suà kuì làd 可使得上劲

或得到满足过瘾：人多物件少，呷艁～。

【煞伐】suà huà　把握控制，指挥安排，起决断作用：囝仔饲大汉唔听大人～。

【煞痒】suà jniǔ　止痒，很解决问题：大力爬者会～。

【煞拍】suà pà　①说话抑扬顿挫，声情并茂，能引人入胜：伊讲故事真～，逐个真爱听。②做事干脆利落，动作熟练或配合默契：相佮做代志着洽呷者会～。

【煞甤】suà sǎm　不吉利的灾星，凡参与、沾边的事都搞砸或没能有好结果。迷信者认为某些人会招致灾祸：你真～，做无一项成器。

【撒油葱】suà yiǔ cāng　原指在食物中加进葱珠油。比喻在一旁添油加醋，煽风点火，兴风作浪，或怂恿鼓动，幸灾乐祸，袖手旁观并说风凉话：人都咧伍骂，你者佫踮边仔～。

【旋尘】suān dín　逃跑，溜走：看见唔是空，我赶紧～。

【疏脚猫】suē kā niāo　正像猫走路没声响那样。比喻乘人不备悄悄溜走：我看见唔是空，赶紧～。

【细腻】suè ryī　①小心，谨慎：日暗时行路着～。②细心：收钱着～，唔通收着假纸字。③客气，拘谨：伊真～，唔八去伍请。

【洗五谷】suē ggô gôr　把未成熟的庄稼损坏干净：伊挑工牵牛去共～。

【水气】suí kuǐ　漂亮，出色：伊代志做甲真～。

【水洩】suī xiàm　窃取，骗取：我积的钱互伊～了了。

【祟泄】suǐ xiàm　窃取，暗中偷盗或骗取：伊想空想缝要～人的钱。

【损病】sún bnǐ　对动作迟缓，工作效率差的人责骂的话：你做工课若咧～咧，归晡捏粒无半项。

【损重病】sún dǎng bnǐ　像得了重病那样，做事有气无力，慢吞吞，磨磨蹭蹭：你讲话若～咧，短岁寿的听艁着。

【顺风旗】sǔn huāng gí　盲从，人云亦云，随大流：伊无主见，专门揭～。

【顺嘴尾】sǔn cuì vè　顺着别人的语意，接着话：我～赞成。

【散斗】sunà dào　原指木桶崩裂四处失散。比喻散伙，聚不到一块：合伙做生理，艁和着～。

【榡榡念】sunǎi sunǎi liǎm　带不满或厌烦的情绪不断地唠叨：你一项代志定定～唔知煞。

【潃梗梗】sunǎi gunái gunái　跟不上时代潮流，守旧老土：上街戴笠佫揭雨伞，实在是～。

【三脚狗】snā kā gào　比喻吃里扒外：饲你这罗～无路用。

【三脚钉】snā kā dān　一种多脚的铁器，总有一脚向上。比喻惯于阿谀奉承，巴结，拍马屁，迎合上级领导说好话,吹捧上司,投其所好,博取欢心,以求重用、赏识、给好处:伊是～,真势扶头家。

【三脚推】snā kā dū 三脚落地的支架。比喻拍马屁:伊是扶客,惯串做～。

【相牴】snā dàr 本指牛羊等用角来相斗,比喻因矛盾或不和引起的口角或争吵:個焦家心妇不时～。

【相等】snā dàn 互相等候。你踮门口甲我～。

【相谑】snā ggiò 挑逗,戏谑,相互讽刺或耻笑:自己人唔通～。

【相输】snā sū 打赌:你若唔信来～。

【相推】snā tē 相互推诿,推卸责任:工课唔做～,做歹势～责任。

【相踏脚】snā dǎ kā 紧跟着,紧接着:我甲伊～,一前一后。

【相叠肩】snā tǎ gnāi 两个人一样高:兄弟仔两个～平平大汉。

【相食穿】snā jiǎ qǐng 互相搀和,渗透而紧密结合在一起:超涂着系淡薄水者会～。

【相弃嫌】snā kì hiám 嫌弃,看不上眼(客套话):你若无～,恁查某仔来嫁阮效生。

【㘃㘃念】snào snào liǎm 喃喃自语或不停地唠叨:代志若互你知,你着～。

【栓】sng ①比喻讽刺挖苦:伊话唔正讲,爱共～。②比喻下套,让人难受或在背后说人的坏话:伊真势共系软～。

【算宿】sng xìr 偷懒怕吃亏,专拣轻便简易的事做:伊真～,惊做过头去伓偏去。

【算鼻狌】sng pǐ sāi 嗅觉很灵敏,比喻消息灵通,什么都瞒不过:你若～咧逐空都知。

T

【拓瘦地】tà sán dǐ 原意指翻耕贫瘠的农地,比喻轻而易举,不在话下的举手之劳:我甲伊比赛若咧～,一下着该迁起来。

【沓烫】tǎ tǐng 耽搁,受阻而拖延:菜若徛栽～卡慢大。

【塞头】tà táo 比喻说话或做事受阻而不顺利或失败:欠人理,讲话～。

【塞嘴】tà cuǐ ①堵嘴,比喻不让人说话或使没法开口:用钱该伊～,叫伊唔通讲。②指吃东西,填肚充饥(含贬义):伊咧找无啥通～。

【塞倒街】tà dǒ guē ①商品货物非常多,满街到处有,充斥市场。②滞销而造成货物严重积压:草菜～,唔免惊买无。

【塞埄隙】tà dě kià 比喻只占位置不能发挥作用的东西或人,被遗弃的废物充其量只能塞堵泥潭水坝被冲垮的缺口:贫惮人去边仔,呣通来～。

【塞嘴齿缝】tàd cuì kí pǎng　形容东西极少;物件少,无够～。

【踢桌起无筅】tàd dò kí vǒ cunā　用脚踢桌子,看看有没有毛刺儿。比喻存心找茬欺负人或发脾气找借口训斥别人,找人麻烦,寻衅生事:伊跋输缴咧～。

【抌甲无见】tàr gà vǒ gnǐ　拨打算盘打到榫数不够。形容计算得很精细,比喻小心眼,唯恐让人占了便宜:伊算盘～,无通着人偏。

【刣侗】tǎi dáng　原指神棍挥刀剁背。比喻做繁杂工作的忙碌情景,使出浑身解数,穷以应对,奋力拼搏:我归日无闲甲若咧～。

【刣无坯】tǎi vǒ pē　①派不上用场:这块柴～,艙晓要做啥。②想不出应对的办法。③估计不可能实现,失去信心:伊虽然字目一肚,要去公司却～,不知要做啥。

【虫茧】tǎng gnài　①小虫结的茧。②比喻顽皮得可爱:阮嬷定定骂我～仔。

【虫丝】tǎng xi　尼龙线,钓竿上扎的弦线。

【探房】tàm báng　①婚后新娘的家人来看新娘。②泛指房事:～做大人。

【偷咬鸡】tāo gǎ guē　比喻红杏出墙偷汉子。

【偷掠鸡】tāo liǎ guē　偷抓鸡,泛指干违法的事。也指足球比赛中越位,或篮球比赛乘虚反场投篮。

【头嘴】tǎo cuǐ　常年在家吃饭的人口:恁～少,呷着卡省,阮～多,真伤重。

【头家】tǎo gê　①东家、老板,泛指各级领导。②也指家中主事的人。

【头兄】tǎo hniā　旧指首领、头领,管事的人,今用于指上司或领导,略含贬义:阮这队的～是阿北仔。

【头路】tǎo lô　以前人们把求职找工作称"找头路",做工作称"呷头路",从事的职业称"工课"、"头路"。

【头面】tǎo mǐn　特指人的脸色、表情:我是看着你的～者要答应的。

【头手】tǎo qiù　第一把手,技术特别高超,能传帮带的人称～师傅。

【头路直】tǎo lô dìd　干脆,直截了当:你真艙～,甲人啰嗦嗦。

【头目鸟】tǎo vǎr jiào　善于见机行事,审时度势:伊真～佫得头人疼。

【透风】tào huāng　①风刮得很大。②透露消息:有人咧～讲米要起价。

【透水声】tào zuí xniā　故意透漏消息,放出风声:你该～,看伊有啥反应。

【毒】tǎo　用毒药害死,毒死,药死:～老鼠。

【套头】tò táo　①招数,武术的动作:伊武术的～真多。②比喻惯用的套语或程序：有话直直讲，呣免～了了。

【讨皮痛】tō pé tniǎ 无意中或故意干坏事，招受鞭打：你若讲呣听，卡停着～

【讨客兄】tō kê hniā 偷汉子，女人与非配偶发生性关系，男的被讥称为"客兄"。

【统】tǒng ①不紧不慢地进行，也指漫不经心地慢慢走：你安尼行要迟时者～会到厝。②量词，用子堆叠起来的东西：一～砖，一～书。

【统底货】tǒng dué hě 销不出去的货物，派不上用场的人或物，三四十岁还未嫁，变成～找无对象。

【涂牛】tô ggú 不讲卫生的大老粗。作稿人逐个是～。

【涂州】tô jiū 阴曹地府：個公仔去～卖鸭蛋（戏说死亡、逝世）。

【涂沙】tô suā 泥土与沙混合的总称，常用于比喻多或贱，不值钱。

【涂尪仔】tô ǎng ǎ 用黏土捏成的泥人，泥塑，作玩具。也指浑身是泥土的人。

【吐】tô ①凸出，伸出：～目（眼珠凸出）②掏出，常指被迫拿出来：你呷的钱着～还人。③比喻说谎：无影的代志呣通乱～。

【吐血】tô huì ①咯血。②骂人的话，指谎言，骗人，凭空捏造，造谣生事：你呣通讲讲遐～话，活活气死人。

③口头语，表示可气又无可奈何，常与"真"连用：你真～，好好鲎互你刽甲屎漏。

【吐口】tô kào 不小心说漏了嘴，把本不想说的话说出来，往往指泄密：若无伊～无人会知。

【吐气】tô kuǐ ①叹气，唔叹，叹息。②向人诉说哀怨郁闷的话：对你我者敢～。

【吐屎】tô sài 骂人说的话是捕风捉影的无稽之谈，或信口开河的污蔑捏造：无影者的话你呣通乱～。

【吐干血】tô gān huì 干血，即不掺水的净血。①血口喷人，诬赖造谣：你咧～，我迟时共你讲。②不可信的离奇情况或故事：你勿咧～，无人要信。

【吐生涎】tô lǎn xián 指荒诞、没有根据的话：你勿咧～，无人会相信。同"吐生核" tô lǎn hùd。

【铁齿】tì kì 嘴硬好争辩，故意与人抬杠、顶撞、作对：伊真～，死鸭仔硬嘴怀，死呣愿倒。

【铁板面】tì bán mǐn ①脸色铁青：伊惊咧～。②摆出严肃公正的样子或神色：见着伊～，逐个惊。

【值骨】tíd gǔd 伸懒腰：～歇瘮。

【拆白】tià bê 挑明，阐明，说清楚明白：读古文着～者听有。

【拆食】tià jià ①兄弟分家过日子。②像猛兽吃食般的撕扯咬啃。比喻很凶不肯罢休的没完没了的纠缠:我若无答应会互伊～死。

【拆合】tiǎ hà 天蒙蒙亮,黎明时分:东势～我着出门。

【拆尸】tiǎ xī 遭严重的纠缠,撕得粉碎:你若该损歹,会互伊掠去～。

【拆破】tiǎ puǎ ①撕破,扯破。②解释清楚,道破:江湖一点诀,～无半撇。

【天托】tiān tò 逍遥自在,得了便宜还卖乖:有钱会～,无钱钉矸落(急得团团转)。

【添岁寿】tiām hè xiǔ 祈望能增加寿龄,活得更久些。常反其意骂人:你是欠我共你～(折寿)。

【挑工】tiāo gāng ①专门,特意,特此:这领衫是我～共你买的。②故意:你咧婼我～唔互你。

【跳鬼】tiào guì 顽皮,调皮也指活泼:焦埔囝仔卡～。

【跳塔】tiào tà 淘气,机灵,活泼,调皮,常特指女孩:这个查某婴仔真～。

【跳天】tiào tnī 不听话,我行我素,另行一套:未情学着要～。

【挑】tiō ①从一大堆或深处吧东西拣选或拔出来:用针尾～筬。②提示,提出:～明,～醒。③拨:～灯芯。④一种刺绣方法:～花。

【挑明】tiō míng 把情况说清楚或讲明白:应该注意的所在我都该～。

【挑花】tiō huē 提花,用经、纬线错综地在织物上织出凸起的图案。

【趒赹】tiǒ tǎng 指导性的提示:我咧做,伊伫边仔共我～。

【趒脚踝】tiǒ kā gé 高兴、兴奋时的雀跃蹦跳:伊欢喜甲～。

【畅仙】tiòng xiān 本指只知吃喝玩乐的花花公子,今指无忧无虑,性格乐观的人。

【畅舍】tiòng xiǎ 浪荡无羁,不会耍脾气,只知吃喝玩乐的人:伊只知～,艁晓想趁钿。

【畅舍子】tiòng xiǎ gniǎ 花花公子,只会挥霍的富商官家子弟:有钱人出～。

【朕头担】tǐn táo dnā 凑成一对,配成相互对应的两端:水桶和桶仔～。自己一个无人～做艁成。

【抽面线】tiū mǐ sunǎ 比喻没完没了地聊天话家常:半路抵着熟人,归晡～,代志艁记咧了了。

【托】tù ①用手掌像上推或承受物体:～嘴下斗(顶住下巴)。②揭穿,戳穿:人咧～伊呷钱。

【托破】tù puǎ ①捅破,戳破,顶破:～窗仔纸。②揭露,戳穿:伊去伍～臭空。

【托空】tù kāng 戳穿或揭露人家不光彩的事,又"托臭空"。

【脱仔】tǔd à 不可信的人做事不可靠:你这个～,做代志真～。

【脱牙】tǔd ggá 原指螺丝因螺纹损

坏而无法锁紧或松开。常比喻脱节,掉链子,没着落:你交带的代志～去啦。

【脱嘴】tǔd cuǐ 走嘴,说漏了嘴:伊讲咧～,秘密去伓知了了。

【脱闲闲】tǔd ngǎi ngǎi 懒洋洋不振作:叫伊做工课,伊～要若嗨咧。

【拖沙】tuā suā 拖拉延误、耽搁:伊做代志真～,定定跟人龀着。

【拖屎连】tuā sāi lián ①办事迟缓呆滞,拖拖拉拉,没完没了:你真～,到当做阿未好。②做了错事或坏事连累他人,殃及无辜;抵着这个～放屎仁豆藤伓拖。

【挩窗】tuà tāng 拉窗户的开或关。比喻斜眼,斗鸡眼:伊美都美,可惜目睭～。

【蜕仔】tuàd ǎ ①杂交而生的动物,变种,多指杂交的杂种:这只胡狲狗是～,无正种。②带侮辱性骂人的话:你这个～,甲人无亲象。

【蜕无去】tuàd vó k-ì 偷偷移走藏匿:公家的物价互伊～。

【拿肩】tuě gnāi 耸肩。

【拿头】tuě táo 提头,第一个提出建议、发出号召,并带头以身作则组织实施:最近有人～讲要修理祖厝。

【槌】tuí ①敲打用的棒,锤子:鼓～、铁～。②钝,不尖利:铅笔用咧～去。③比喻争执不休:伱两个～归哺～龀煞。④笨拙可笑:这个真人～,甲人无亲像。

【槌摃铁】tuí gòng tì 针锋相对,不和谐,对着干,互不妥协,发生矛盾争执不休:兄弟仔龀和归日～。

【腿身肉】tuí xīn và 比喻切身的利益:开店做生意,是趁是蚀都是自己的～。

【脟母】tǔn vò 不会繁育的母畜或不下蛋的家禽,旧时谑称不会生育的女人。

【摊头】tunā táo 比喻局面、某种事态形成的局势、情况:我唔八抵着这种～,心肝头愕煞煞。

【摊底】tunā duè 摊牌,比喻到重要关头,双方把各自的实力和最重要的意见、条件等摆出来给对方看:我今日要甲伊～,要唔现做决定。

【天路】tnī lô 基督教认为通往天堂之路,俗称路陡或路远。

【䇲头】tnì táo 冒尖,出人头地,突出:～安薯会互鸟啄。做人相～会互人红目。

【䇲腿】tnì tuì 因走远路或挑重担而腿累乏,两腿僵硬直挺不灵活,难于屈伸:上大山真势～。

【糖仔桶】tǐng ā tàng 谑称阴谋诡计或私密:伊若无讲,别人简会知个的～。

【褪裤】tǐng kô ①脱掉裤子。②比喻比赛或赌博输得精光,或做生意赔得很惨:做生理了甲～。

V

【肉只】và jì　①丰厚,有价值,含量高:这项生理真好趁,收入真～。②食品的口感很好,让人满足:封肉呷着真～,逐个都爱呷。

【肉砧】và diām　①剁肉的案板,常指卖肉的肉铺,又称"猪砧"。②专门挨打的人:拳头学无成变～。

【肉肉肉】và và và　肉墩墩,比喻很实惠,很丰盛:今年好年冬,收成～。

【密头壳】vǎd tǎo kàr　聪明,记性好:伊真～,稍看咧着会晓咧。

【目红】vǎr áng　①红眼睛,一种眼病。②眼红,即妒忌:看着人趁有呷着～。

【目头】vǎr táo　①货物的商标,也表示质量:这种～觞歹。②名称或信誉:伊呷個老爸的～,真好用。

【目色】vǎr xìr　目光,眼力,眼光,眼神:我觞主意咧,着看阮家内的～。伊～真利,一下着会认得。

【目实】vǎr xìd　①很有分量,出乎意料的回报或收获:逐个来衔物件,我收甲真～。②小孩长得肥胖结实:这个婴仔者四个月咧,抱着真～。(婴幼儿忌说"肥")

【目睭金】vǎr jiū gīm　①眼力好,视力强:团仔人～。②比喻识相,善于审时度势:出门人着～者觞呷亏。

【目空窄】vǎr kāng wê　小肚鸡肠,心胸狭窄,容不得别人得到利益或超过自己:看见别人有伊无,着～要死要活。

【目头鸟】vǎr tǎo jiāo　①好为人师,好出风头,尽显高人一等,先知先觉:伊真～,逐项知。②耍小聪明占人便宜:伊真～,爱占人便宜。同"头目鸟"。

【睬】vǎi　①吊丧,到丧家吊唁死者。②探头望,试一试:看～,问～。

【睬丧】vǎi sng　奔丧,吊丧,到丧家吊唁死者。

【睬门缝】vǎi mǎng pǎng　从门缝里窥视探望。比喻遇急遭难时向人借钱求助:我佫卡困难也觞去向你～。

【蛮】ván　①刁顽、固执,不听教诲,不易改变:这个囝仔真～。②不灵敏:这支称真～,差小可觞知。③赌博出的格局,照原样重出:连～十八斗。④声音微弱似很远:雷声听着真～。

【蛮皮】vǎn pé　①顽梗,固执、不怕痛,能忍耐:伊真～,跋倒也觞哭。②不听话,不容易改变、纠正改过:伊真～,拍骂唔惊。

【蛮仁】vǎn rín　①固执、顽固不化,自以为是:伊真～,唔听人讲。②好顶撞辩解,故意抬杠:伊真～,逐项爱甲人净。

【蛮柴头】vǎn cǎ táo　比喻非常顽

固:伊真～,据你骂都呣改变。

【挽母】ván vò 待人冷漠,爱理不理的态度。同"挽仔母"ván ā vò。

【万九更】vǎn gào gnī 很久以前或时间太晚了:古早～的代志无人会八。

【无办】vǒ bǎn ①说不定,可能:下晡若落雨,伊～煞呣来②不像样,不像话:伊变咧歹甲真～。

【无盘】vǒ buná 不上算,不合算,不值得:赤人甲好额人拼稳～。

【无采】vǒ cài ①可惜,值得惋惜:一领衫穿半年现破真～。②徒劳的,白费的,没效果的:饲着歹子～工佫～钱。③因付出代价未能发挥作用,或未取得应得的效果而感到遗憾或不满:读大学佫找无头路,实在真～。

【无长】vǒ dńg 没赚头,没有好处,得不偿失:用安薯换米～。

【无地】vǒ duě 没钱或没依靠:我互伊问咧倒～。

【无折】vǒ jiàd ①不值得,不合算:赤人甲有钱人比体面～。②扣除耗费之后的比例很低:菜头晒焦真～。

【无康】vǒ kāng ①没赚头,无利可图:作稿真～,歹命佫无钱。②不富有,没有家财:阮真～,倚破厝。

【无路】vǒ lô ①没办法,不嗜好:啉烧酒我真～。②此路不通:行～。

【无了】vǒ liào ①没亏本,没有损失:这摆生理无趁也～。②没结束,没了结,没完:物件呷还～呣倒去。

【无明】vǒ míng ①没有输赢或损失得到补偿,亏欠已经归还:这钱还你,我欠你的钱着～啦。②不清晰,不清楚:壁顶的字～看赡清。

【无仁】vǒ rín 本指有壳无籽实。常比喻空洞无内容,毫无作用的,乌有的:你勿咧讲讲返～的。

【无事】vǒ sǐ 没有能力和本事或不习惯:伊惯呷菜,呷肉卡～。

【无通】vǒ tāng ①反对,不愿意,不同意:我找伊讨钱,伊～互我。②表示因某种原因或条件而不能实现某种行为:赤人无钱,常常～呷。

【无行情】vǒ hǎng jíng 行情:市面上物品的正常价格。①不按正常的价格买卖:自由市场的买卖～。②比喻胡来,蛮干,没道理:老爸破病倒佇眠床,你一脚步也呣八行到,实在太～。

【无头神】vǒ tǎo xín 记性不好,健忘,做事常丢三落四:我真～,昨昉的代志今日现赡记咧了。

【无路长】vǒ lô dńg 能力差,简单的事也做不好。不济、不如人,比不上人家:你真～,放屁赡晓自己拭脚仓。

【无帆点】vǒ pǎng diàm ①东西太远太小,看不出来:大海一望无际,～。②没留下任何身影或痕迹:你归日走甲～,是咧无闲啥代。

【无煎薄】vǒ jiān bô ①关系不密

切,缺乏经常来往。②话不投机,相互不理睬:我甲伊～,讲唔成话。

【无底裤】vǒ dué kô　无底洞,填补不满的沟壑,怎么也弥补不了的亏欠,也指烂摊子:伊叫你去承接着力佫无讨好的工课,是叫你穿～。

【无半柯】vǒ bunà guā　一分钱也没有:我身躯边～,要怎样上街。

【无沙的】vǒ suā ê　无代价的,无回报的,无缘由的,平白无故的:我卖一盒饼舨记咧拿,互人拾去呷～。

【无生核】vǒ lǎn hùd　胆小怕事:你真～,连虫仔唔敢掠。

【无云虾】vǒ hǔn hê　无影无踪,一点迹象也没有,光溜溜一点也不剩:归埕的涂豆互猪呷甲～。

【无路用】vǒ lô yǐng　无用,不顶事(怨叹的话):我自己愈想愈～,着来去死。

【无系落】vǒ hê lò　①事情没着落:大人要出门,囝仔咧～。②不可靠,办傻事:你真～,我有钱唔敢交代你。

【无够气】vǒ gào kuī　不满足,不解馋,未达极限:一矸烧酒自己啉～,佫去啉别人的。同"无赶气"vǒ guná kuǐ。

【无因端】vǒ yīn dunā　没有来由,无缘无故:我～贱嘴共你讲,害恁相骂。

【无挡流】vǒ dòng láo　没有承受的耐力或持久力,不耐用:假货～,一用着歹。同"无挡头"vǒ dòng táo。

【无半撇】vǒ bunà puàd　比喻没有一点儿能力或本事:伊～,你唔通叫伊来。

【无张迟】vǒ dniū dí　冷不防,突然,乘人不备:我～物件互偷拿去。

【无的确】vǒ dìr kàr　未必,说不定,或许:明载若好天,我～也要去。

【无了时】vǒ liāo xí　比喻永无止境:我～定定欠人钱,要到啥时阵者免烦恼。

【无准算】vǒ zún sňg　不算数:焦埔子讲话～要甲人做啥人。

【无衰穗】vǒ suē vài　绝不反悔,决不食言或落人之后:我互你的物件～佫共你讨。

【无布目】vǒ bô vàr　布目:原意为织布时在纱线上事先染上颜色,以便测算织出布的长度。比喻记号,也指功劳,作用:读书找无头路,开钱～。

【无有缎】vǒ dnǎi duǎn　轻浮,不稳重,不矜持,不沉稳庄重(常特指女孩):查某囝仔～会伍看无。

【无打紧】vǒ dná gìn　轻快热情肯乐于助人:你真～,真有人缘。

【无抠搁】vǒ kāo gunǎ　无利可图,无便宜可占,居于劣势被动处境:赤人甲好额人拼生理～。

【无手头】vǒ qiú táo　没权力,没主动权,也指没钱:我～舣主意咧。

【无事使】vǒ sǐ sài　无用,不顶事:你真～,逐项舣晓咧。

【无目内】vǒ vǎr lǎi 看不起,看不上眼,常指东西少:你互伊的钱伊看～。

【无话门】vǒ wê mńg 不善于言表的人或找不到话把:伊生成～,卡呣爱讲话。

【无地势】vǒ duě xê 没钱:要呷点心～。

【磨仔心】vō ā xīm 石磨的轴心。比喻夹在双方的中间,虽尽力仍难讨好双方,左右为难,受苦受累且得不到好的效果:個两家口仔冤家,掠我去做～。

【某奴】vô lô 像是妻子的奴仆,任老婆摆布,唯老婆之命是听,常戏谑惧内,即怕老婆的人。

【莫捏】vôr liàm ①胡说,捏造:无影的代志伊也～甲若成实的。②埋怨他人有过错:你真～,交代你的话无共讲。

【尾口】vé kào 漂亮,显眼,风光,出彩,让人眼馋或称赞的戏称:伊妆甲真～,专穿名牌衫裤。

【马脚】vê kā ①专门为六合彩吸注的人员。②比喻供差遣的人。

【马赛爷】vê sài yá 性格刚烈,动不动就发脾气:好若观音佛,歹若～。

【米蚼】vī gū ①米象(昆虫)蛀米为食。②比喻懒惰不做事而白吃白拿,不劳而获的人:好好米饲你这啰蛄～。

【米糕趖】ví gō só 指粘稠糊状的东西,常比喻黏糊而纠缠不休或偷偷摸摸,多指不光明正大的男女关系:個两个不时咧～。

【免搐】vián cuà 不必发抖,不用害怕:你～,我呣拍你。

【免草稿】viān có gò 不必打草稿。比喻轻而易举,信手拈来,很容易办到:伊真有力,担一百八十斤～。

【雾殊殊】vǔ sǔ sù 潦倒,狼狈,失意的无奈:人若无钱着～,呣爱甲人相交插。

【卖肉】vuě và ①卖猪肉。②卖淫。

【卖糜的】vuě vé è 原指卖粥的,常指无牵连的局外人:出代志带离～。(怪罪无辜)

【䆀合】vuě hà ①不合适,不适应:这领衫太大,我穿～。②性格等合不来,不友好:個尪某仔～。

【䆀恰】vuě knà 不过瘾,不喜欢(拒绝语):伊叫我去,我～。

【䆀凉】vuě liáng 不痛快,不高兴:我无钱通开～。

【䆀摄】vuě liàm 没本事:你真～,大人输囝仔。

【䆀起礼】vuě kí lê 增添的分量少、轻,没多大的作用:孤我一个做工,趁的钱～。同"䆀起势"vuě kí xǐ。

【䆀翻车】vuě huān qiā 思维顽固或呆滞,不会灵活变通:你做代志太死板～。

【艙收山】vuě xiū sunā 坏事了，无法收场：生理愈做愈蚀本，了甲～。

【艙秋清】vuě qiū qǐn 心里不高兴，不乐意：我拍歹伊的物件，该会唔着佫赔伊钱，伊还～。同"艙凉"。

【艙做人】vuě zuè láng 小气，孤僻，待人冷漠：你真～，一领衫借人看也无通。

【艙看口】vuě kunà kào 差劲，难看，羞于拿出来展示显露，怕人看见：贺礼的物件唔值钱惊若～。

【艙败板】vuě bǎi bàn 不会出问题，不错、很好：今年的收成稳定～。

【艙得过】vuě dìd gě ①过不了。②生活困难，日子难熬：若唔是真～，做人客穿旧衫。

【艙斗咧】vuě dǎo lê 比喻合不拢，合不来：兄弟仔～着分家，各人去发展。

【艙到档】vuě gào dǒng 不满足，不到位：伊一矸烧酒唅～。

【艙上路】vuě jniǔ lô 不上道，不成为习惯，不听话：伊任教～，歹习惯艙改。

【艙筊咧】vuě kô lê 粗话。不是东西，不值得理睬或同情：伊这啰人～，无钱来相找，有钱现无看人。

【艙煞痒】vuě suà jniù 不止痒，不能彻底解决实质问题：你该拍安尼～。

【艙摸咧】vuě mô lê ①碰不得，也比喻批评不得：现时逐项物件贵甲～。②比喻了不起：你穿这身躯美甲～。

【文虫刺】vǔn tǎng qǐ 好挑事、好惹事的无赖：伊若～咧，无人爱甲伊相交插。

W

【偎泳】wá yìng 半死不活，奄奄一息，快要死的样子。個老爸住院真久，病甲要～去。

【活何】wǎ hó 心胸狭窄，小心眼，嫉妒心很强，动不动就眼红：伊真歹命神，唔是～人趁大钱，着是～人起新厝。

【活鬼】wǎ guì ①器具内灵活的部件：门狗仔安～，外人开艙入。②内奸，或指坏人的煽动：你是犯着～者会变心。

【活路钱】wǎ lô jní 来钱如泉水一样源源不断：呷祖公业是"死钱"，做生理者有～。

【斡旋】wàd suán 走开，溜走：听着讲要捐献钱，伊赶紧～。

【越】wàd 转动脖子，使头转动：我～头者看见。

【越念】wǎd liǎm 背诵：小学生～语文。

【越写】wǎd xià 默写：～古诗。

【歪面】wāi mǐn 反目成仇，产生不和、对立：你自己做人，连亲戚也行甲

～了了。

【歪尾】wāi vè 不正经,常指调皮的小孩:伊真～唔听话。

【歪斜】wāi cuà ①不正,偏,不直:这块布剪唎～。②比喻偏差或指人际关系不正常:個两个最近有淡薄仔～,讲唔成话。

【弯斡】wān wàd ①弯曲,拐弯:上大山的路真～。②比喻办事处世要灵活善变:做代志着会晓～。

【弯金龟】wān gīm gū 捉迷藏似的跑来跑去:我要找你办代志,你甲我唎～。

【弯跷空】wān kiāo kāng ①隐藏着的事先密谋的计划:我唔知恁有啥～。②非正常的渠道或行为方式及处理方法:伊的～惊人知。③出人意料的办事程序。④阴谋诡计,暗设的玄机或陷阱:你唔知個的～,当然看赡出路唥。

【冤家】wān gê ①吵架,争吵:個两户相向们不时唎～。②旧时村与村的械斗:两乡为海地唎～。③仇人:～路狭。④称似恨而实爱,给自己带来苦恼而又舍不得离弃的人,多指亲密或夫妻的任何一方:我甲你这个～相欠债。

【圆】wǎn ①听觉出差错,理解错误:臭耳聋的势～话。②歪曲原话挑拨离间:多事查某爱～话。③解释,领悟分析:～签。

【圆话】wǎn wê 歪曲原话。①因听错而理解错:臭耳聋的势～。②故意传话,并添油加醋,断章取义,目的是挑拨离间,煽风点火:歹心查某～伍冤家。

【挨】wê ①接触,擦过:肩头～身躯。②推磨:～涂斈。③拉(琴弦)～二胡。④推撞,挤进汽车～着栏杆。

【挨吹唱】wê cē qniǔ 吹拉弹唱,比喻逍遥自在,悠闲自得:他趁着大钱会～。

【话屎】wê sài 指说话作报告时一些不必要的口头禅、套话或废话:伊做报告～真多。

【撖】wī 转动锥状物在物体上穿孔或钻。

【撖雷】wī luí 以撒娇的方法求取或胡搅蛮缠:伊归日～钱去买爱仔物。

【撖辇】wī liàn 穿、钻。比喻吹耳边风,煽动,不断地唆使:伊～個厝去甲序大人计较家伙。

【撖撖钻】wī wī zňg 如针刺那样的痛痒,也指胡搅蛮缠:伊脚前脚后跟,～要讨钱去开。

【畏小人】wì xiāo rín ①害羞:着卡大方唎,唔通～。②个性内向,腼腆:伊真势面红～。

【画虎生】wǐ hō lǎn 瞎编,比喻胡诌捏造子虚乌有的事当理由:伊真势～,物件占了了。

【搵盹】wěn tǔn 不明事理、不开窍又执拗,或懒惰不讲卫生:你真～,袋屎袋涂。

【酝焐】wěn wù　蔓延扩散拓展或酝酿:暴粒仔～甲变生痛。

【有板】wǔ bàn　有本事,能干,成绩突出,有一手或专惯于:个公仔张犁拍桶真～。

【有盘】wǔ buná　所费人力财力物力较少,而收获较大或较好,很实惠合算:用钱买比用物件换卡～。同"有折"wǔ jiàd。

【有膏】wǔ gō　戏指有知识、能力,有钱,有储备,有底蕴:伊～者敢讲大空话。

【有事】wǔ sǐ　有本事,厉害:伊行棋真～,伊呷白肉俗卡～。

【有路】wǔ lô　①有办法或有门路:这项工课唔知要做～无。②合乎自己的口味或嗜好,因而喜欢并且不嫌多:呷甜的我真～。

【有身】wǔ xīn　怀孕:伊～五六个月啦。

【有挡流】wǔ dòng láo　承受力强,有耐性坚持或东西耐用,不容易耗完或损坏:这丛蜡灼真～,点两眠昉还未了。同"有抵留"。

【有诓头】wǔ gǒng táo　比喻背后有大人物、关系户的支持,有靠山的影响力,有通天的门路:伊真～,别人买觅着的物件,伊要偌多都有。

【有嘴内】wǔ cuǐ lǎi　有嚼劲,入口觉得实惠:面粿呷着真～。

【有火气】wǔ hé kì　①上火:伊嘴唇酥酥,腹肚内～。②带情绪,想生气:伊今日～,讲话真大声。

【有系落】wǔ hê lò　有归宿,有着落:起厝的钱～啦。

【有地势】wǔ duě xê　有把握,有储备积累,常指有财物或钱:伊真～,钱开不断了。

【郁狗】wùd gào　大舌头,说话舌头不灵,又称"大舌狗":伊说话～,我听无。

【郁荚】wùd guè　孵化到最后无法顺利破壳而出的禽蛋。也比喻胎死腹中,中途坏事:空头伓知,代志着～。

【郁豆菜】wùd dǎo cǎi　焖豆芽菜。绿豆放入盛器中加水并密封,使之发芽不长绿叶。

【安安睏】wnā wnā kǔn　麻痹大意,丝毫没有察觉。遇事不着急,像没事一样,无动于衷:风台要到啦,人咧赶紧收成五谷,伊还～唔振动。

【晏送神】wnǎ sàng xín　比喻动作慢、跟不上:你～无你份。

【碗糕】wná gō　①指"东西"、"什么东西"略含不屑的意味:你咧讲啥～。②表示什么也没有,含不快的意味,多用于回答:做甲要死,趁无啥～。

【唍钱】wnāi jní　找借口要钱或强行索取:伊若来,唔是～着是唍物件。

X

【尸奴蛮】xī lô mán 顽冥不化,固执或笨拙:你真~,教无断会,讲无断听有的。

【时时下】xǐ xǐ ê 一下子,猛然发力:伊~互我真多钱。

【四角】xì gàr ①正方形或四方形:~箍仔,~砖。②比喻循规蹈矩,不灵活,死板。也指办事坚持原则(略含埋怨意思):伊做代志真~。

【死臭】xǐ cǎo 坏事了,没辙了,无可挽回,难以弥补:你唔来,代志着~。

【死搿】xǐ kê ①死对头:個两个~。②比喻互不相让,互相争斗:個两户~,唔八交插。

【死棉】xǐ mí 沉酣的样子:若有通讲话伊着~繪煞。

【死性】xí xǐng 东西在外力作用下成为某个样子后固定下来不轻易改变:衫仔𪐎咧~,值繪平。

【死互人】xí hô làng 比喻死赖给人家:自己的工课要~。

【死对楬】xī duì gê 针锋相对顶撞,互不服软认输:個两个讲话定定~,唔八讲会成话。

【死人物】xí lǎng mǹg 比喻坏东西,鬼东西:无人爱你的~。

【死头目】xí tǎo vàr 死脑筋,不会变通,也指眼力或记性差:你真~,定定咧看煞繪认得。

【失】xìd 昏厥,突然没有知觉:伊惊咧~去唔知人。

【失味】xìd vǐ 走味,缺少原有的滋味或气味:茶心~繪香。

【失禁】xìd gǐm ①没有大小便的控制能力:伊大小便~,放甲归裤。②车辆失去刹车的能力:车~去撞着壁。

【失德】xìd dìr 缺德,也用于同情不幸的口头语:伊无通呣真~。

【失落】xìd lò 丢失,婉指人死去或夭折:伊一个子去~,伤心甲破病。

【失身份】xìd xīn hǔn 掉身价,名誉受损:当官人甲百姓冤家,实在真~。

【失一头】xìd jǐd táo 婉指丧偶:伊~,子儿无人斗教示。

【失乌乌】xìd ô ô 火全灭了,一点火星都没有:灶空~还未起火鼎。

【色话】xìr wê 俏皮话,风凉话:你唔斗做佫踮边仔讲~。

【室仔】xìr ǎ 没供菩萨的矮小庵庙,咒骂人建房:你唔免咧喜欢起厝,着互你起~,有厝无人通徛。

【宿鸟】xìr jiǎo 机灵、老道、聪明:伊真~,繪伍呣厌。

【社犉】xiǎ tǎ 爱到处溜达,走家串户:伊若~咧,全乡逐个都相熟。

【卸枷】xià gê 比喻除掉包袱、负担或责任:子儿若会趁钱你着~啦。

【泻】xiǎ ①水向下急流。②拉肚子:漏吐～,漏～。③揭短,数落隐私:～人偷咬鸡。～人贪呷。④丢丑,辱没:～败名声,～体面。

【泻败】xià bǎi 辱没、玷污、败坏:名声拢互你～了了。

【泻面皮】xià mǐn pé 丢脸,失体面:饲着歹子～。

【泻牛肚】xià ggǔ dô 大量倾泻出来,比喻当众出丑,大出洋相:伫众人面前～,实在真无面。

【谢圣恩】xiǎ xìng wēn 本意为道谢,常反用于喝倒彩,好心没好报,做了好事还让人厌烦:拾着物件还你,佮互你～讲隔壁婆仔。

【设】xiàd 欺骗,耍弄:讲话～忠厚的人,无意思。

【设仙】xiàd xiān ①耍笑,诱骗:我互你～甲遴遴邀。②说荒诞不可信的话:无影啦,伊是咧共～的。

【设景】xiàd gìng ①耍弄花招哄骗人:伊真爱共～,你唔通上伊的当。②指杜撰新花样,别出心裁的一套,做出新规定:伊当头家,～不时着开会。

【削】xiàr 当面严厉的训斥、反驳,不留情面的挖苦使难堪:我该～甲无一块着,伊归个面红忽忽。

【仙】xiān ①耍骗,偷取:伊会～人物件,你着细腻。②偷巧怠惰或敷衍塞责:上班时间～去佚佗。③擅长这项工课伊真～。④当词尾。称从事某种职业或技艺的人:数柜～。也对某些嗜好的称呼,多含贬义:烧酒～,跋缴～。⑤量词,图像或佛像的单位:一～佛公,画一～匼仔。

【仙步】xiān bô ①特殊高明的手法:复杂的代志伊有～通解决。②常指偷巧的门径或做法:贫惮人卡有～。

【仙谱】xiān pô 投机取巧,偷巧或狡猾的门路或手腕:做人无实在,串想是～。

【仙公】xiān gōng ①祈求托梦的神佛:～圆梦。②对工作怠惰偷巧或敷衍塞责:伊滥烂佮贫惮,做工课真～。③吊儿郎当,马虎应付:伊是老～,做无一项好工课。④有时也指老经验有技术有能耐又不张扬的人:要做这项代志,着去问迄个老～。

【仙术】xiān sùd 同"仙谱"、"仙步"。

【仙拼仙】xiān bnià xiān 比喻高手之间互相角力斗心眼:佫两个鬼扛鬼,～。

【响】xiǎng 吹牛,夸口:唔通要甲人～大空

【响空】xiàng kāng 扬言,夸口,说大话,吹牛皮:伊～要买小车互个查某仔张嫁。

【响响吼】xiàng xiàng hào 形容张扬神气,派头十足:伊行路～,拢

有风。

【闪】xiàm ①闪开,躲避:人来啦紧～伓过。②筋骨或腰骨扭伤:我去～着腰,无力担担。

【闪西风】xiám sāi huāng 害怕困难,逃避责任:见着硬头工课各人～,无人要做。

【闪开开】xiám kuī kuī 逃离,躲在一边,不介入参与:这阵的人真现实,老的有钱逐个钳乌乌,老的破病逐个～。又"闪离离"。

【涩】xiàm ①不滑顺,摩擦时阻力大:目睭真～。②吝啬:伊开钱俭摄～。③舌头感到沙沙的麻木干燥的味道:无熟的果籽会苦～。

【涩叠】xiàm diàm ①堆放或排列得紧凑而整齐:家内的物件整理甲真～。②清静不受纷扰:加人加业无哇人卡～。

【涩手】xiàm qiù 下不了手,不好意思拿出手,想做又不忍心做:要叫我该拍,实在真～,拍赊落手。

【涩泼】xiàm puàd 下流,露骨的宣扬色情,暴露隐私或说不文明的脏话:仃街路边放尿真～。

【涩断断】xiàm dunǎi dunài 味道很涩,舌头有粗糙、缺水的感觉:苦桃子呷着～,这阵时行水蜜桃。同"涩池断"xiàm dǐ dunài,又同"涩呱呱"xiàm guǎ guà。

【卌五仔卌五】xiàm ggô a xiàm ggô

一种舒适、惬意的感觉或心情:好物件呷甲～。

【消敨】xiāo tào ①排泄或疏散:人真挤无块～。②婉言小便:你稍等咧,我来去～咧。③排解,借某事消除烦闷:我一腹恨气无块～。

【消心】xiāo xīm 解除心中的怒气或郁闷:伊着赔我钱,我者会～。

【消闪】xiāo xiàm 躲藏,避开:看着人咧要相拍,我赶紧～。

【消凉】xiāo liáng ①清心,悠闲:无代志做,跷脚～。②说风凉话:伊顾～嘸来斗做。

【消气丸】xiāo kì wán 比喻被作为逗乐解闷或寻开心的人:伊真爱讲笑,是大粒的～。

【小将】xiǎo jiǎng ①年少的勇士:你是勇敢的～。②比喻差劲,比不上,败下阵来:拍输是～。

【小相】xiáo xiǒng 打麻将时,少了一只牌,再怎么打都"和"不了:有拍出牌,赊记得呷牌,煞变咧～。

【小鬼】xiáo guì 指小孩,也指扑克牌中的二王。

【小皮】xiāo pí 要赖:输人甲人～嘸担输赢。

【小鄙气】xiáo pǐ kǐ 吝啬,肚量小,心胸狭窄:伊真～,爱占别人便宜。

【小七仔】xiāo qìd ǎ ①脸上不干净,满脸涂抹似小丑:你一个面画乌擦白若～。②形容嬉笑不严肃,滑稽可笑:你真无有缎,若白鼻～。

【小丑仔神】xiāo tiū ā xín　活泼好动,好作弄人,不严肃认真,不拘小节:你真～,爱共动脚动手。

【猪狗】xiáo gào　①疯狗。②比喻好挑衅滋事的人:你若～咧乱咬人。③蔑称好事之徒。

【猪猫】xiǎo niāo　①发情的猫。②比喻污秽肮脏:你无洗面,归身躯若～咧。③比喻好色:伊是～偷咬鸡。

【猪神】xiāo xín　比喻言谈举止轻佻,随便,不庄重:伊真～,讲话尴尬咧。

【猪神气】xiáo xǐn kuǐ　随便,不庄重,没有定性:你真～,念弥要,念弥唔。

【猪狗母】xiāo gáo vò　比喻泼妇,好挑衅滋事:伊若～咧,四界甲人尴合。

【猪公子】xiáo gōng zǐ　本指疯癫贪色的公子哥儿,现也比喻玩世贪色,不正经的纨绔子弟。

【猪猫面】xiáo niāo mǐn　满脸肮脏污垢:你～紧来互我洗洗咧。

【猪查某】xiáo zǎ vô　①疯女人,疯婆。②比喻言行轻佻,不庄重的女子,有时也指有点放荡的女人:～罩帕仔跟人走。

【数想】xiāo xniǔ　痴想,妄想,也指希望:恁佛～鸡母核。

【数个】xiāo ggê　逐个,每个,一个一个地:伊拿物件～分。

【数念】xiāo liǎm　惦记,怀念,经常提及:这久无看着你,我定定咧～你。

【烧着】xiō diò　①被火或热东西烫到:伊互滚水～。②比喻被影响受牵连:伊结婚若来请,你着去～(要送贺礼)。

【烧金(银)】xiō gīm(ggún)　上寺庙或祭拜时烧纸钱,供魂灵和神祇使用。

【烧热】xiō riàd　①热衷,痴狂:最近伊咧～六合彩。②嫉妒不满或厌烦:我无爱甲你～。

【烧卖】xiō mǎi　一种小吃。面皮包馅料蒸熟后,置于油中保温。

【烧心肝】xiō xīm gunā　胃难受或疼痛的感觉,似有一股火热的东西往上滚:呷安薯会～

【迢】xió　迟钝,不灵敏,慢吞吞:伊做工课真～。

【迢罗糕】xiǒ lō gō　动作很缓慢,磨磨蹭蹭:伊行路～,半晡者伐一步。

【小种】xió jiòng　功夫茶。

【小肚】xió dô　猪的膀胱。戏指"你这家伙":都是你这～仔咧作浪。

【小听咧】xió tniǎ lê　稍微支撑、应付以暂时缓解:腹肚痛呷药～,紧去互先生看。

【惜面皮】xià mǐn pé　爱惜声誉,顾及脸面:枵鸡无惜箠,枵人无～。

【惜生命】xiō xnì miǎ　形容贪生怕死:伊真～,呣敢互摩托车载。

【嵩本】xiōng bùn ①耗费很多钱财:衫仔倩人做真～,工钱卡加布身钱。②比喻耗用多:自己一个人煮呷卡～。

【嵩重】xiōng diǒng ①耗费大:物件贵,开钱真～。②事态严重或病情严重:伊这摆破病咧真～。

【心适】xīm xìr ①好脾气,热情好客,不孤僻:伊做人真～,见着人屄屄吼。②新奇而风趣,能引起愉快、好玩的感觉:今日的戏真～,我看甲呣知煞。③数量多,内容丰富:今年五谷收成真～,大缸细瓮滇。

【心适兴】xīm xìr hǐng 心血来潮,突然觉得有兴致:伊若～若咧开花咧,平时定定都臭面臭虎。

【承】xín 在下面接受,承接:你球甩互我～。

【承澜须】xín lunǎ qiū 被正在说话的人的唾沫星子喷到,比喻①人家讲话,即使与自己无关,也喜欢赖着不走认真听:伊真爱～听人讲闲话。②当传声筒,重复传述他人的话:你专门～无自己的主见。

【承尾货】xǐn vé hě 承接人家剩下或不要的东西,或代人受过:人呣挃的,无人买的你者去～。

【性哥】xìng gō 因为富足而不理睬粗茶淡饭,只想美食,随便糟蹋可吃可用的东西:你真～,有鱼呣呷头,安薯一嘴都呣吞落。

【省数】xíng xiǎo ①经济实惠,节省钱物,开销,时间,也比较便宜:呷快餐卡～。②干脆利落,减少麻烦:物件汏衔来衔去卡～。

【收脚】xiū kā ①比喻事情不妙或其他原因而收敛:生理惊蚀本,赶紧～。②言论行为有所收敛,不再放肆为人:看见伊咧变面,逐个者～。

【收嘴】xiū cuǐ 疮口或伤口愈合,长好:伤口还未～

【收坐】xiū zě 因决策失误而遭受挫折失败或所作所为付出代价(含后悔之意):暝时呣盖被,脚仓者～(着凉肚子痛、拉肚子)。

【收货】xiū hě 反悔,反省自己说错话或做错事,并情愿受到报应:当初时无听人劝,过后伊真～。

【受煠】xiǔ sà 遭罪,受折磨:这摆去旅游逐个真～。

【守著】xiǔ dǔ 原指赌博下注很小心克制。比喻忍耐不放纵,小心自我抑制:我真～者无甲伊相拍。

【咻诓咻】xiù gǒng xiù 得不到而无可奈何:伊若呣分你,你着～。

【生白】xnī bê 渍汁上浮的一层白色薄物,表示盐少不够咸。

【生张】xnī dniū 与生俱来的个性:一岁～,百岁牢老。

【生菇】xnī gô 食物等长出霉菌变质,发霉:物件无人买,卖甲～。

【生份】xnī hǔn 陌生,不熟悉:你呣八来卡～。

【生空】xnī kāng　惹事，找茬生事，找借口闹事：我咧无闲，你唔通～找麻烦。

【生殕】xnī pù　食物等霉变，滋生霉菌而变质：衫裤晒无焦，春天时真努～。

【生铤】xnī sān　①生锈。②人体皮肤生的污垢：身躯无洗，无流汗也会～。

【生澶】xnī tunǎ　动植物繁衍生殖：老鼠咧～真紧，一月日出一水，四个月着做祖。

【生痛】xnī tniǎ　指生疮等疾病。

【生蛇】xnī zuá　身上的疱疹。因条状分布并两粒相对（称蛇目）在腰间称"缠身蛇"，严重者可致命。

【生脚跐】xnī kā nǐ　蟹类新长出或多长出的幼脚。比喻像跟屁虫那样缠着不离去，难于放手干活：查某人若生子，着是若～咧行无路。

【渍盐】xnǐ yám　①用盐腌，以防止变质或腐烂：肉着～者赡歹。②比喻滞销，没人买：物件卖甲～。

【闪爁】xnì nǎ　闪电：雷嗔～。常比喻人来无影去无踪：你若～咧，念弥看，念弥唔知去途。

【圣】xniǎ　灵验，应验：佛公真～。

【圣迹】xniǎ riǎ　应验的事实：你讲话真～，讲会趁钱成实趁着钱。

【圣马嘴】xniǎ má cuǐ　①臭嘴，专说

坏事坏话的嘴巴，讨人嫌的话：呸呸，你这～。②习惯胡说八道，讲不吉利话，讨人嫌：你这～，卡停我着揭屎岩杯共你拭嘴。

Y

【野】yà　①桀骜不驯，蛮横、粗鲁：伊若～马咧，唔听话。②狡猾，不老实，很黑：伊真～，会创空办人。

【野骨】yá gùd　专做损人利己的事：伊真～，贯串创空咧办人。

【瘂赤】yà qià　凶悍，蛮不讲理，多用于女性：抵着～查某，我降拢无法咧。

【挖】yà　①掘：～潭仔涂。②撬、掏：～壁空。

【挖古棺】yà gô guān　旧事重提，数落他人早年的过错或不是，或亏待的事情：相安无事着好，唔通佫～。

【挖臭空】yà cào kāng　揭老底或短处，揭露隐私：伊封龟神佫真惊人该～。

【曳鱼】yǎd h-í　比喻无功而返，空着手没提带东西，一无所有：我卡晏去买无，掠两尾～倒来。

【缘投】yǎn dáo　漂亮、英俊，帅气：一日剃头三日～。

【阉后空】yām ǎo kāng　抄老巢，比喻在背后使坏或暗中占便宜：你出外拍拼趁钱，恁某跍缴～。

【阉鸡行】yām guē gniá　①用手撑

着地倒立着走,拿大顶。②大腿窝生疮,走路八字脚。

【盐到脍臭】yǎm gǎo guě cǎo 比喻远水救不了近火。

【艳影】yǎm ngià 光鲜明丽,穿着妖艳,鲜艳夺目:你今日要去途,穿甲靴郎~。

【揞】yàm ①悄悄拿走并收起来:这钱是伊偷~互我的。掩~~。(偷偷摸摸)②把东西置于或藏匿在隐蔽处:拳头~伫手袜内。手~后缚起来。

【揞帖】yàm tiàm ①偏僻、神秘、人迹罕至或隐蔽的地方:山沟的乡里真~,私居,真清静。②避人耳目,私下秘密地交往:做代志着卡~咧,呣通大声八说互人知。

【揞尾狗】yàm vé gào 夹着尾巴逃窜的狗。比喻狼狈不堪,垂头丧气:无人要甲伊相借问,伊自己一个若~咧真无艺。

【枵鬼】yāo guì ①馋嘴贪吃:你真~,看见人呷你着娎。②贪小便宜贪婪不得体:你真~,连一块破布也偷拿。③过分爱惜,舍不得丢弃:你真~,连臭酸糜还咧烫。

【枵乏】yāo hàd 觉得稀罕欠缺而珍惜:伊真~,连安签饭也呷呣知饱。

【妖孽】yāo ggiàd ①好色轻佻。②顽皮好动,喜欢恶作剧:伊小汉真~,归日呣定呣着,攀高跐低。

【夭寿骨】yáo xiǔ gùd ①指做事有始无终或缺德,使人不痛快或故意把事搞砸:你真~,呣来也无讲一声。②比喻心地不善。同"夭寿子"yāo xiǔ gnià。

【勇】yǒng ①身体健康强壮:伊八九十岁啦还真~。②比喻结实耐用或坚固:这块布真~,穿咧三年艅破。

【勇件】yóng gniǎ 健康,结实,有力气:个公嬷还真~,呣免人伺候。同"勇健"。

【勇壮】yóng zǒng 健壮,结实:三四十岁人当~,呣免呷药也艅破病。

【依搵搵】yī wùn wǔn 经常四处贪占便宜:伊有钱呣甘开,爱共~。

【于锄】y-ī t-í 不通情理,野蛮,不明世故:你真~,腹肚艅翻车,任讲听艅度。

【一恶】yìd ôr 最棒,顶级的,谁都不在话下:若要论好额,個是全乡~的,无人拓伊会过。

【一档】yìd dǒng 首屈一指,一流的,最好的:伊穿的衫裤都是~的名牌。

【淹额】yīm ǎm 东西很多,物资丰富,食物很充足,也指财源滚滚:伊的店生理真好,趁甲~。

【因枉歪】yīn ǒng wnāi 不协调或暗中来往,纠缠不清,也指藕断丝连:個两个虽然离婚,不时还咧~。

【英承】yīng xíng 精心呵护,耐心培养,无微不至地关怀:伲嬷真势～,该饲甲者好脚数。

【油漏】yiǔ lǎo 一种把油装进其他容器的小器具,带小管口的漏斗。

【油悦】yiǔ yàd 生活过得很滋润,吃好,穿好,什么都很讲究,花钱大手大脚,显露出很富有又清闲的样子:现当今的人逐个生活过得真～,要啥逐项有。

【幼路】yiù lô 精细,细腻,常指手腕高明:伊扶头家的工夫真～,定定做软工课。

【幼消】yiù xiāo 长膘较慢,成熟时体态也不很大:这只猪真～,无上两百斤。

【幼齿】yiù kǐ ①婴孩长的牙齿。②比喻阅历浅,没经验。③比喻鲜嫩,常用来形容稚嫩、年轻貌美的女人:伊三十岁啦,看着还真～。

【幼婴】yiù ngī 柔弱,脸皮薄易害羞,经不了挫折:新涂豆～,见着火燄臭生。

Z

【查某公】zā vô gāng 言行男性化的女人:伊若～咧,会骂歹嘴斗。

【攒】zà ①佩带,插,带在身上:伊脚仓头～短枪。我无～钱来,唔敢买物件。②帮助,扶持,支援:亲成朋友相～来相～去。

【攒气】zà kuǐ 撑腰,支撑,帮助,援助,扶持:若无众人捧场～,我生理也做艙成。

【攒布】zà bô 旧时的妇女月经布。

【节目】zàd vàr 植物的枝茎两个节间交接处凸起的部分或疙瘩:竹的～是无相通的。

【节膏】zàd gō 不过如此,好不到哪里去,含鄙视、看不起眼的意味:暎伊出的钱也是～,放无大泊屎。

【实】zàd ①物体内部完全填满,密实几无空隙:城市小,人倚真～。②因密集而堵塞或阻塞:～鼻。③憋闷:心肝头～～。

【实鼻】zǎd pǐ 鼻塞不通:昨昉去寒着,早起～拍脚唱。

【实意】zǎd yǐ 诚恳,真城实意:伊请甲真～,无去歹势。

【实惠惠】zǎd huǐ huǐ 密密匝匝地紧挨着,没有空隙。很密实厚重的样子:归山的草～,根本无路通行。同"实屯屯"zǎd tún tùn,又同"实院院"zǎd ngǐ ngǐ。

【知死】zāi xì 知道事情的严重:你着～啦,老师来咧叨。

【知空】zāi kāng 知道根底或内情,知底细:做这项代志伊真内行,卡～。

【知势】zāi xê 知道事物的窍门、途径:伊不时咧做卡～。

【知苦】zāi kô 知道事情的严重性或事情的难办、艰巨性,要吃苦受罪:

摸着鼎底者知乌,捍着家口者～。

【知味素】zāi vǐ sô 尝到了滋味或引起兴趣:伊呷咧～,逐日都来相找。

【在】zǎi ①稳固,牢靠:树头若倚～,无惊大风台。②因经验或阅历丰富,待人处事沉稳、镇定而老练:伊胆头大,上台真～赡显场。③留在,保持:～职,有～额。④登记,收录:～户口。⑤依据,凭借:～你的看法,安尼好势无?

【在步】zǎi bô 沉静,稳重,比喻做事沉稳老练:伊有把握真～。

【在稳】zǎi wèn ①稳当,稳妥:物件寄伊会～赡? ②肯定:这种生理～趁。③比喻做事老练沉稳:伊做代志真～,你放心。

【在人】zǎi láng 顺随各人,听凭各人:广东目镜～合目(比喻凡事由各个人的爱好而决定取舍,不可一概而论)。

【在王】zǎi óng 指小孩长得肥胖结实:细汉饲有起,团仔生成真～。

【在逼逼】zǎi biàr biàr 信心十足,坚定不移。又指稳定,牢固:伊真有把握,心内～,互你赡哄咧。

【斩截】zām zuè 对犹豫不决或不知可否的事情做出裁决、决断、取舍的果断决定:头家无来,无人敢～。

【偺】zǎm 脚猛力踩、踏,顿足:伊伍用大脚仁半腰仔～几仔下,无死也半条命。

【偺马路】zàm vê lô 在公路上闲逛,常指谈恋爱:個两个不时去～。

【站节】zǎm zàd ①分寸:做代志着有～。②段落,阶段,新厝起到什么～。

【站岩】zǎm ggám 质量、水平优秀且全部一致,没有残次品的掺杂:这涂豆真～,无大小粒。

【站踏踏】zǎm zǒ zò 参差不齐,长短、快慢、好坏很不一致:菜籽种路真歹,出苗～,归坵园臭头烂耳。

【汁】zàm ①物质的汁液:果籽～,胆～。②比喻衣着脏得流出黏糊的东西,也比喻为人不干脆,爱纠缠参和:甲你无关系,你唔通佮来～。

【汁嚅嚅】zàm lué luè 黏糊肮脏,形容极脏无比:归身躯～,赡穿得白色的。

【汁脍脍】zǎm guě guè 同上,也指泥泞:落雨过身,四界～。

【杂念】zǎm liǎm 絮叨,叨念个没完:老查某逐个都～。

【杂菜汤】zǎm cài tng ①多种食物混杂在一起煮成的菜汤。②比喻各种不同性质的东西或人糅合在一起,大杂烩。

【杂落斗】zǎm lào dǎo ①七拼八凑:这只车的零件是～的。②拉杂,没有条理:这张图画甲～人看简有。

【杂斗老戏】zǎm dào lǎo hǐ 旧时农村的戏班演员大都是临时拼凑的,按

"摸表戏"的固定情节、台词表演。比喻七拼八凑混杂在一起:城市的新区偻家是～的四五路人。

【灶鸡仔】zào guê à ①在灶台上的蟋蟀,夜间会鸣叫。②比喻身体衣服很脏且个头很小的女人,也谑称女儿:阮～负责煮呷,一只若～。

【走反】záo huàn 逃难,避灾逃乱:阮公自五岁～来山内偻。

【走缉】záo jìm 追逐,为达到某目的而四处奔走:個老爸破病,伊四界～找医生。

【走踏】zǎo zò【走踵】zǎo zóng 奔波忙碌:伊四界～头路。

【走绌】zāo zuà 走样,有出入,误差,失去原样:你讲的话甲伊讲的意思～真多。

【走脚皮】záo kā pé 跑腿的,为人奔走做杂事:我无技术只好～,互人差甲愕。

【造】zǒ ①胡乱涂抹:旧壁用白灰水约略～～咧。②乱写乱画:字无照写乱乱～。③污蔑,诬陷:伊无做歹,却伍～甲画乌擦白。

【作瘦气】zò sán kuǐ 【作瘦膩】原指男女间的调情等,也比喻私下神秘地交往:個脚仓后咧～,啥人唔知。

【蹭箭】zǒ jnǐ 形容跑得很快:你归哺若咧～咧,是咧赶紧啥货。

【灾】zē 瘟疫,多指家禽:着鸡瘟,着～(骂人的话,也指坏事了)。

【晬齿】zè kì ①形容东西好吃:封肉呷着真～。②骂人骂得很顺口,解恨:伊管人惯是,该骂甲真～。

【晬脱】zè tuā 无端的浪费、损坏或糟蹋,很可惜:会呷的好好物件倒仔丢,实在真～。

【坐】zě ①搭乘:～车,～轿,～船。②座落:厝～南向北。③下沉:厝的地基～落去。④沉淀:～真(沉淀后上面清澈)⑤向人赔礼道歉,承担:拍歹物件着用钱共～。⑥减弱或停止:嘴齿痛卡～啦。

【坐真】zě jīn 溶液中未溶解的物质往下沉,使清澈或洁净:溪水着～者通煮呷。

【坐投】zě dáo 承受,担当(一般用作贬义):封龟假势,歹势～。憨拢无代志,我一个人～。

【坐额】zě ggià ①不得已的承受。②说错话,做错事,受到得不偿失的报应:嘴乱呷,呷互脚仓去～。

【坐澹焦】zě dǎm dā 承担一切后果,不论好坏盈亏。(一般指责任较大的):自己做的代志,好歹着自己去～。

【滋音】zī yīm 惬意:伊生活过得真～。鸡健焗十全～补。

【纸字】zuá ryǐ 钞票,货币,也指钱财:我要买物件无～。

【做手】zuè qiù 暗中改变原来应有的模样、情况、质量或结果。有时也指使人受损失或遭害:这批货甲我头先看的无同,稳当是有人～。

【做泳】zuè yìng 本指起风浪。比喻起哄,闹腾,制造假象搞假动作:伊～术团仔相拍。

【做阵】zuè zǔn 分娩时因子宫一阵一阵地收缩而引起的疼痛感:伊～真捷,看来哩要生啦。

【做大字】zuè duǎ ryǐ 旧时办理出国护照,今称办出国签证。

【做和尚】zuè hě xniǔ ①出家,当和尚。②为死者做佛事,又"做敬"③比喻娶不到老婆,当光棍:乑无某着去～。

【做脚手】zuè kā qiù ①当下手,帮忙做辅助性工作。②耍花招,改变原来应有的模样、情况、质量或结果:这批货甲我定的无同,稳当是有伍～。

【做因由】zuè yīn yiú ①当借口:贫惮人讲咧腹肚痛～呣做工课。②无目的的无益的摆弄:归日靠跋麻雀～。

【做圣例】zuè xniǎ lê 只是按形式做个样子,并不真心实意:你该拜两下～。

【水鬼】zuí guì ①溺死鬼。②旧时戏称潜水员。

【水兵】zuī bīng ①海军。②借指妓女。

【水珠】zuī zū ①像珠子似的水滴。②水痘,也称疱疹,患者多为儿童:囝仔出～咧发烧,着咻冬瓜水。

【煎】zunā 烧煮:～药,～咸,碗半～八分。

【煎】zunà 放在油里炸,使出油:猪母板朌～无油。

【妆挺】zng tnà 刻意打扮,使漂亮。化妆:稍～咧加真好看。

【吮龊】zng zàr 不断骚扰,纠缠不清,常指软硬兼施地乞求钱物:伊趁着大钱,亲成五月不时来～。

物名话 翔安

世间万物皆有名,名不正则言不顺,物名话与语言交际的关系最密切。翔安话与普通话相通的地方很多,只有物名话基本不相通,语音不同,文字也不同。

动物

【西狗】xê gào　狼
【乞鸟仔】kìd jiǎo à　麻雀
【客鸟】kê jiào　喜鹊
【烟春】yān cūn　鹌鹑
【加隼】gā zuī　斑鸠
【耐鹗】nǎi hiò　老鹰
【白地丝】bê duě xī　白鹭
【田鸬】cǎn lô　鸬鹚
【加耐】gā nǎi　八哥
【布袋鸟】bô dě jiǎo　缝纫鸟
【甫豆鸟】hǔ dǎo jiào　布谷鸟
【补丢仔】bô diù ǎ　云雀
【钓鱼翁】diò l-ǐ ōng　翠鸟
【牙婆】ggê bó　蝙蝠
【菜水鸟】cái zuí jiào　画眉
【棺材鸟】gunā cǎ jiào　啄木鸟
【看命鸟】kunà miǎ jiào　黄鹂
【酸担勿】sng dnā vùd　文昌鱼
【蚝】ó　牡蛎
【山栽】sunā cnái　沙虫
【扁鱼】bnī h-í　比目鱼
【加蜡】gā là　真鲷
【白鱼】bê h-í　带鱼
【鲇】dǎi　鲤鱼
【钱头】jnǐ táo　棱鱼

【乌】ô　鲻鱼
【加目仔】gā vǎr à　英氏鲻
【巴唥】bā lāng　蓝园鲹
【黄翅】ňg xìd　鱼鳍鲷
【花鮡】huē tiáo　跳跳鱼
【溪温】kuē wēn　香鱼
【鲢】lián　鳙鱼
【大糊】duǎ gô　海豚
【涂杀】tô sàd　鲶鱼
【古呆】gô dāi　月鳢鱼
【磨仔】vǎi à　鳄鱼
【蛇】tê　海蜇
【虎啼】hô tí　海苔
【涂溜】tô liū　泥鳅
【田闯】cǎn cunǎ　鳝鱼
【蟳】jím　螃蟹
【蚚】qì　青蟹
【脚仙】kā xiān　招潮蟹
【婆崴仔】bǒ wài a　蟛蜞
【涂鬼仔】tô guì a　蚬蛤
【目贼】vǎd zàd　墨鱼
【料珠】liǎo zū　干贝
【蠓仔】váng a　蚊子
【胡神】hô xín　苍蝇
【蜡鹅】lǎ ggiá　蜘蛛
【屎蚩】sāi cī　孑孓
【乌司】ô sī　蠛蠓
【九瓦】gáo hiǎ　蚂蚁
【田婴】cǎn ngī　蜻蜓
【草耳】cáo nì　蚱蜢
【壳仔家】kār ā gê　萤火虫

【娘仔】niǔ a　蚕
【沟仔虫】gāo ā táng　毛毛虫
【牛屎龟】ggǔ sāi gū　屎壳郎
【阿夷】ā yí　蝉
【龙眼鸡】ggǐng ggāi guē　花姑娘
【露螺】lô lé　蜗牛
【加醉】gā zuà　蟑螂
【国龟市】gôr gū qǐ　螳螂
【加醉剪】gā zuǎ jiàn　昆蜉
【龟神】gù xín　蚜虫
【加走】gā zào　跳蚤
【杀母】sàd vò　虱子
【密杀】vǎd sàd　臭虫
【文虫】vǔn táng　蛔虫
【猴】gáo　蟋蟀
【肚猴】dô gáo　蝼蛄
【杜允】dô wèn　蚯蚓
【庵煤】ām muí　蝌蚪
【水鸡】suī guē　青蛙
【石降】jiǒ gǎng　岩蛙
【蟑薯】jniū zí　蟾蜍
【鹅工】ggiǎ gāng　蜈蚣
【吴其】ggô kí　蚂蝗
【神人】xǐn láng　壁虎
【四脚蛇】xì kā zuá　蜥蜴
【饭匙枪】bňg xǐ qǐng　眼镜蛇
【拔箕甲】buà gī gà　银环蛇
【锦蛇】ggīm zuá　蟒蛇
【青竹生】qnī dìr xnī　竹叶青
【钱鼠】jnǐ cì　盲鼠

植物

【五谷】ggô gôr　庄稼
【粟】qìr　稻谷
【卢洗】lô suè　高粱
【苔仔】dǎi à　小米
【番仔卢洗】huán a lô suè　玉米
【番仔安薯】huán a ān zí　马铃薯
【安薯】ān zí　地瓜
【马齿豆】vê kí dǎo　蚕豆
【土豆】tô dǎ　花生
【马芷】vê jí　荸荠
【万寿匏】mǎn xiǔ bú　木瓜
【菜扩】cài kôr　芜菁
【菜头】cài táo　萝卜
【六笪菜】lǎr dǎr cǎi　红萝卜
【芫荽】wǎn suī　香菜
【赤根】qià kūn　菠菜
【金针】gīm zān　黄花菜
【高丽菜】gō lê cǎi　甘蓝
【包心】bāo xīm　大白菜
【荞】gió　茄子
【臭柿仔】cào kǐ a　番茄
【番姜】huán gniū　辣椒
【地碑】dê bī　蓖麻
【柚甘】yiǔ gām　酸枣
【耐芝】nǎi jī　荔枝
【加拿】gà nà　橄榄
【丁尼】dīng ní　桃金娘
【虎呣】hô ḿ　草莓

【树莓】qiǔ ḿ　杨梅
【忌爬】kǐ bê　枇杷
【旺梨】ǒng lái　菠萝
【凝研】ggǐng ggài　龙眼
【芳仔拔】nāi ā buàd　番石榴
【樏】sunǎi　芒果
【力籽】lǎd jì　板栗
【砻】qiáng　橘子
【绸春】diǔ cūn　月季花
【香花】pāng huē　茉莉
【琼花】kǐng huā　昙花
【柑吻】gnā vǹg　断肠草
【墙尼】qniǔ nī　橡胶
【情】jíng　榕树
【墙柏】qniǔ bê　松树
【海加锭】hái gǎ dniā　红树林
【刀豆树】dō dǎo qiū　凤凰木
【火拭树】hē qìd qiū　合欢树
【琼仔】kǐng à　乌桕
【埔姜】bô gniū　牡荆
【篮投割】nǎ dǎo guà　龙舌兰

人物

【头壳】tǎo kàr　脑袋
【头额】tǎo hià　脑门
【目周】vǎd jiū　眼睛
【目周仁】vǎd jiū rín　眼球
【目只毛】vǎr jià mńg　睫毛
【目眉】vǎr vái　眉毛
【目屎】vǎr sài　眼泪

【气角仔头】kì gār ā táo　脸颊
【嘴边】cuì bnī　腮帮
【嘴下斗】cuì ê dào　下巴
【喉里铃仔】ǎo lì lǐng à　喉结
【嘴须】cuì qiū　胡子
【牙槽】ggǐ zó　臼齿
【嘴齿常】cuì kī xíong　牙垢
【颔滚】ǎm gùn　脖子
【手骨】qiú gùd　胳膊
【手后卵】qiú ǎo lǐng　肘
【挟耳空】guè hǐ kāng　夹肢窝
【手盘】qiū buná　手掌
【指头仔】znái tǎo a　手指
【指头母】znái tǎo vò　拇指
【加者】gā jià　脊背
【饭匙骨】bǐg xǐ gùd　肩胛
【尾霸头】vē bà táo　臀部
【脚仓】kā cīng　屁股
【脚骨】kā gùd　腿
【八堵】bàd dô　腹部
【脚后堵】kā ǎo dô　小腿
【脚头夫】kā tǎo hū　膝盖
【脚跷】kā kiāo　腘
【脚目】kā vàr　踝

食物

【糒】bǐg　干饭
【泔糜仔】ám vě à　粥
【兜面】dāo mǐ　芡粉
【味素粉】vǐ sô hùn　味精
【霜条】sǐng diáo　冰棒
【牛奶膏】ggǔ līn gō　炼乳
【竹仔枝】dīr ā gī　腐竹
【面蔗】mǐ jiǎ　面筋
【冰翅】bīng xìd　馄饨
【薄饼】bǒ bnià　春卷
【面茶】mǐ dê　三合面
【香饼】hniū bniā　马蹄酥
【豆仁夫】dǎo rǐn hū　花生酥
【猪朒】d-ī lá　板油
【肉炸】và jnǐ　狮子头
【焉呇】yān qiáng　香肠
【干拌面】gā bunǎ mǐ　杂酱面
【鼎庀】dniá pì　锅巴
【物配】mǐg pě　下饭菜
【菜脯】cài bô　萝卜干
【甜粿】dnī gè　年糕

器物

【涂梲仔】tô tù ǎ　铁铲
【挂嘴】guà cuǐ　锄头
【剑仔】guè ǎ　镰刀
【乌杆】ô gunā　槔桔
【水缠】zuī dnǐ　吊秆
【乌桶】ô tàng　吊桶
【粗稀】cô hiā　粪勺
【枷枘】gā là　辘轳
【梗】gnì　柄枷
【厘仔甲】lī ā gà　手推车
【孤笼仔】gô ǹg a　竹篮子

【加犁】gā lué　笸箩
【谷笸】gôr bàd　箔席
【感模】gām vô　笆斗
【丈疏】dniǔ suē　竹扫
【牵抔】kān bùd　木耙
【后造】ǎo zǒ　后鞘
【脚车】kā qiā　牛轭
【土砻】tô láng　谷磨
【铫仔】diǒ à　炒锅
【煎盘】jiān buná　饼铛
【急烧仔】gìm xiǒ à　药锅
【茶鼓】dê gò　烧水壶
【煎匙】jiān xí　锅铲
【糜壳仔】vě kàr ǎ　饭勺
【匏桸】bǔ hiā　水瓢
【鼎拽】dniá cuě　锅刷
【沙罗】suā ló　砵
【矸】gān　瓶子
【糜碇】vě knā　饭砵
【汤匙】tnī xí　调羹
【砭框】piǎd kīng　吊篮
【加栳】gā lò　竹箩
【桅尾灯】wê vē dīng　马灯
【磅灯】bǒng dīng　汽灯
【鸡胿火】guē guī hè　煤油灯
【衫橱】snā dú　衣柜
【桌仔头】dō ā táo　梳妆桌
【镜箱屉】gnià xniū tuà　梳妆台
【椅条】yī liáo　板凳

衣物

【衫裤】snā kô　衣服
【云衫】hǔn sām　衬衣
【纱仔衫】xê ā snā　汗衫
【裑仔】gài a　背心
【手䘼】qiú ǹg　袖子
【洋装】ngiǔ zōng　西服
【航空衣】hǒng kōng yī　夹克
【大衣】duǒ yī　外套
【裖】kùd　呢大衣
【短裤】dé kô　裤衩
【马褂】vê guǎ　马夹
【风炉裤】hōng lô kô　开裆裤
【裲】muā　襁褓
【襁仔】làr a　口袋
【空气鞋】kōng kì wê　凉鞋
【浅拖】qiān tuā　拖鞋
【招萍】jiāo pió　礼帽
【吐舌帽】tô jǐ vǒ　太阳帽
【碗帽仔】wná vǒ a　瓜皮帽
【柴举】cǎ già　木屐
【脚帛】kà bê　裹脚布

杂物

【批壳】puē kàr　信封
【电火】diǎn hè　手电筒
【电土】diǎn tô　电池
【臭丸】cào wán　樟脑丸

【火夫】hē hū　灰烬
【土炭】tô tunǎ　煤
【电罐】diǎn guǎn　热水瓶
【矸落】gān lò　陀螺
【嗳仔】ài a　唢呐
【号吹】hǒ cē　喇叭
【弦仔】hiǎn a　二胡
【品仔】pìn a　笛子
【交牌】gāo bái　扑克
【粪扫】bùn sǒ　垃圾
【车仔烟】qiā ā hūn　香烟
【珠律】zū lùd　雪茄
【齿免】kí viàn　牙刷
【齿扩】kí kôr　牙缸
【蠓罩】váng dǎ　蚊帐
【佛公】bǔd gōng　菩萨
【纸字】zuá ryǐ　钞票
【骰仔】dǎo à　色子
【杀文粉】sàd vǔn hùn　洗衣粉
【杀文】sàd vún　肥皂
【拾板仔】xìm bán a　把手
【椅轿】yí gió　竹凳
【火熥】hē tāng　手炉
【针车】zām qiā　缝纫机

【脚踏车】kā dǎ qiā　自行车
【潭仔】tǎm a　池塘
【溪埔】kuē bô　河滩
【土粉】tô hùn　灰尘
【土糜】tô vé　泥浆
【圆仔】ngǐ a　檩
【桷仔】gàr a　橡
【护龙】hô líng　厢房
【灶脚】zào kā　厨房
【屎岩】sāi hàr　厕所
【宅仔】tê a　院子
【年钱】nǐ jní　屋檐
【巷仔】hǎng a　胡同
【户垫】hô dnǎi　门槛
【崎仔】kià a　台阶
【飞船】bē zún　飞机
【齿托】kí tôr　牙签
【孝杖】hào tǐng　哭丧棍
【六钻】làr zǐng　锥子
【夜壶】yǎ hô　尿罐
【溪舶】kuē pià　竹筏
【洞筒】dǒng gàn　拐杖
【臭土】cào tô　电石

便套话 翔安

便套话即精辟且定型的成语,带有浓厚的翔安地方色彩。引用这种成语,表达质量随即提高,语句旋即升值,增强了文采,意思显得深刻、准确、简洁又生动。

A

【阿里不达】ā lí bùd dàd 弱智低能,不谙世事,不懂事理,做事无着无落:严官府出大贼,灵爸母生～。

【鸭仔听雷】ài ǎ tniā luí 全都没听懂:北顶人听闽南话,好像～,一句都听无。

【哀爸叫母】āi bê giò vò 呼爹唤娘,叫苦不迭,痛楚难忍:伊爱斤斤计较,稍呷一点亏着～。

【安薯撒米】ān zí suà vì 粗细搭配,雅俗混合,常用于指说普通话夹杂方言土语:我咍八字,讲普通话定定～。

【安流舌涝】ān láo jǐ kò 赞叹、羡慕、向往:个有钱起大厝,乡里人都～。

【尪生某旦】āng xīng vô dunǎ 比喻或形容夫妻都长得很漂亮。

【红头赤耳】ǎng táo qià hǐ 脸红耳赤:两个人相骂,嚷甲～。

【红膏赤蚨】ǎng gō qià qì 脸色红润,身强体壮:个公仔八十外岁啦阿真勇,～。

【闇头态面】ām táo ggǒng mǐn 傻大个,二百五,呆愣愣。同"闇头歁面"ām táo kàm mǐn。

【含来扯去】ām lái qê k-ĭ 好坏、大小等合起来掺和计算,成为互补,调配使均匀:好歹新旧～,对头艅呷亏。

【喉焦舌渴】áo dā jĭ kuà 口干舌燥:从田里回来,满头大汗,～,糜饭呷艅直落。

【恶头恶面】ào tǎo ào mǐn 因不满,脸色阴沉、冷淡,不理睬:伊归日～,无一点仔喜颜。

B

【百年岁后】bà nĭ hè ǎo 寿终正寝,老人逝世之后（身后）:伊担心～下匀的相争财产,趁目睭金金共个兄弟仔分家。

【缚手缚脚】băr kā băr qiù 束手束脚,严加管束限制:改革开放以前,政策～,百姓人无法经商致富。

【跛脚破相】bài kā puà xniŭ 肢体残疾:你归日爱趴树,艅得抵好跌咧～,着去做乞呷。

【放大小目】bàng duǎ suè vàr 偏心,故意偏袒一方,又装着若无其事很公平的样子。

【放目瞷睎】bàng vàr jiū kuè 半闭着眼,或故意合眼,装着没看见。熟视无睹,放任放纵:個子偷人物件,伊～据伊去唔教示。

【放艅脱绺】bàng vuě dŭd tī 割舍不下或脱不了身:工课头路唔做又～。

【唪天唪地】bòng tnī bòng duě 夸大其辞,弥天大谎:你呀,无影无迹也～,实在真无用神。

【爬头控豆】bê táo kàng dăo 抓耳挠腮,挠头抓痒:头毛长着去剃,者艅归日～。

【爬墙跖壁】bê qniú bê biǎ 喜欢攀爬,或形容无奈的着急行为:伊自小爱～,一只若猴咧。

【爸母生成】bê vò xnī xíng 原生态,自然形成的,非人为的:伊的歹习惯若自小～的。

【爸老子幼】bê lǎo gniá yiŭ 父亲年老,儿子年幼,家庭缺乏壮劳力:～,仙祖无救。

【白水若煠】bê zuí lǎ sà 清水煮过的惨白无味,未经过着色调味,难引起食欲:一碗米粉汤～,无料也无菜。

【白汫无味】bê jniá vǒ vĭ 清素无味,太淡不好吃:煮鱼汤艅记咧掺盐,～佫臭臊。

【白磨焦摇】bê vuá dā cuà 贫困劳累,艰难度日,生活拮据:一家大小无一个会出门去讨趁,只好～过日子。

【擗手勒脚】bì qiú lĭr giò 摩拳擦掌,或动武的架势:讲无三句话着～想要相拍。

【鳖咬唔哮】bì gă m hāo 缄口不语,默不作声:任你怎样问,伊都～,卡惨去问壁。

【逼虎伤人】bìr hô xiong láng　欺人太甚,事态恶化:有问题着协商解决,呣通激发矛盾。若无,～着两败俱伤。

【贫惮吞澜】bǐn dunǎ tūn nuǎ　不愿干活,没有经济来源,生活当然无着落,看到人家吃香的喝辣的,只能眼巴巴地咽口水。

【稃广吹螺】bǔ góng cē lé　浮肿,虚胖得很厉害,或浸泡太久所致:伊爱耍水,一双手的指头仔浸甲～。

【不三似两】bùd sām sǐ liòng　数量太少,凑不成数,起不了作用:今年收成～,允冻佫者着侵呷。

【不见为证】bùd giàn wǐ jǐng　没看见就不生疑心:人讲啉酒呷红柿会中毒,其实～,阿无人去呷死。

【嗌鼻勒目】bǔn pǐ lìr vàr　吹胡子瞪眼:個老爸真恶,小可代志着～教训人。

【盘山过岭】bunǎ sunǎ gè nià　翻山越岭,表示路远又难走:从老家去学堂,逐日都着～。

【盘嘴唇皮】bunǎ cuì dǔn pé　多费唇舌,费尽口舌:要呣你讲一声,免佫～。

【盘屎过块】bunǎ sài gè dě　经常地把东西搬换地方,没有必要又费气力工夫,让人讨厌。

【半面相熟】bunǎ mǐn xiǒng xìr　曾似相识,稍有点面熟:我只甲伊见过一面,是～的朋友。

【半熄半着】bunà xìd bunà dò　柴火时烧时灭,灯火时亮时熄,引意为时断时续不连贯:最近工厂订单少,～经常停工。

【半来脚去】bunà lǎi kā k-ǐ　男女成姻后,两家兼顾,既不算嫁出,又不算入赘:现时都是独生,嫁娶大部分是～双头顾。

【半颠半偓】bunà diān bunà ggái　①从小没有长辈的正常管教,变得怪异不谙人情世故:伊生一个～的子,逐过考试都艁升。②心无定性,疯癫样:伊生成小丑仔神,～,讲话艁准算咧。

【半痟若颠】bunà xiáo lǎ diān　说话时对时错,处事糊涂悖理:個查某仔～,讲话去去到到,无人敢娶。

【扳青换熟】bnāi qnī wnǎ xìr　当今的意思是不断更换,花样翻新。这话的出现却反映出旧时穷人的无奈和艰辛。那年代的农民种五谷,却经常缺粮饿肚子。每当"四交五月"青黄不接,无米下锅时,只得向财主借粮。财主可没那善心同情你,有的要以地里的青苗抵押,有的借粮要立字据,现在借一斗,五谷登场时还两斗。穷人们明知这样不合算,要吃亏,但日子总得过啊,肚子是做不了人情的,所以只好"～"。

【扳生挺骨】bnāi xnī tnǎi gùd　坐卧

不安,坐相不雅:别人逐个坐安定,只有伊归晡~唔定唔着。

【变鬼变怪】bnì guì bnì guǎi ①装神弄鬼吓唬人:神婆~骗人钱。②暗中使坏,背后下绊,从中作梗:电脑歹用,都是"黑客"咧~。

【抨瓯拣碟】bniā āo sàr dì 大发脾气,使性子摔坏东西:你是咧使啥性地,一入内着~要互人惊。

【傍神作福】bǎng xín zôr hôr 借着封建日取得改善生活的机会或乘机获取:今日是元宵节,全家~呷一顿好料。

【傍灯火影】bǎng dīng hé ǹg 借助他人的势力或作为,捡到便宜,得到方便:贫惮人专门~。

C

【差天共地】cā tnī gǎng duě 天差渊,天壤之别:名牌的和假货质量~。

【柴目石耳】cǎ vàr jiǒ hǐ 形容耳朵和眼睛反应迟钝:伊忾呆呆,若~咧,唔知四人界。

【吵家闹栱】cá gê nǎ guě 无理取闹,不让安宁:归日~,无想要做工课。

【贼食狗眠】cǎd jià gáo kǔn 随遇而安,生活不讲究,吃的住的都很随便:出外人定定吗~。

【贼卡恶人】cǎd kà ôr láng 反客为主,无理逞凶:拍歹人的物件无赔,骂人,实在是~。

【贼脚贼手】cǎd kā cǎd qiù 神出鬼没,动作敏捷:伊做代志~,做并别人卡紧好。

【菜金菜涂】cài gīm cài tô 蔬菜随时令变化或丰欠影响,时贵时贱:同一坵菜,顶日仔好价倚好卖,今日俗倚无人买,成实是~。

【呻声泣气】cān xniā cuè kuǐ 呻吟抽泣,或小声嘀咕,表示不满或异议:据伊骂,唔敢~。

【臭柑度笼】cào gnā dô làng 柑桔成熟以后,要采摘下来装到竹笼里,以便外运远销。装笼时要把碰伤的、虫咬的、变软的挑出来,不能入笼。一大笼里的柑桔,只要有一粒坏的,很快就会染遍全笼烂掉。因为先烂掉的会长出霉毛,烂后的汤汁以及酸气都会传染到周边的。比喻疾病、坏事、坏习惯的蔓延。

【臭面臭孔】cào mǐn cào kàng 沉下脸,紧绷阴沉的脸,生气时的面相:叫你做工课你现~。

【臭面臭虎】cào mǐn cào hô 面无喜色,很生气的样子:伊归日~唔做声。

【臭头鸡仔】cào táo guē a 没人缘,常让众人当作抱怨、泄愤、指责、欺侮的对象:伊若~咧,逐个要恶伊。

【臭头烂耳】cào táo nuǎ hǐ 稀稀拉拉,破烂不堪,参差不齐,零零落落:

山坡顶搞绿化,种树无人管,至今归个山头还是~。

【臭头臭面】cào tǎo cào mǐn　阴沉着脸,满脸怒容愠色:讲着呷欢头喜面,讲着做~。

【草丑仔神】cāo tiū a xín　生性不端重沉稳,喜欢动手脚冒冒失失或喜欢作弄人搞小动作的人。

【粗枝大骨】cô gī duǎ gù　体格粗壮,三大五粗:伊生成~真有气力。

【粗脚大蹄】cô kā duǎ dué　脚板很大,动作粗鲁:~的人嬎做幼工课。

【粗嘴野斗】cô cuǐ yá dào　满嘴脏话:甲查某人讲话呣通~。

【粗心胆大】cô xīm dná duǎ　麻痹大意:三更半暝摩托车放在门口佮无锁,实在是~无惊放见。

【找空找缝】cě kāng cě pǎng　①故意找茬,钻空子:你归日~要讨钱去开。②找门路:伊~想要去卡好的部门工作。

【厝边头尾】cù bnī tǎo vè　左邻右舍:~逐个对阮真照顾。

【出气着力】cùd kuì diǒ làd　卖劲用力:甲你这种无出门内外的人讲话着~。

【出门内外】cùd mǐng lǎi gguǎ　经常外出,与外界有交流,常指为人豁达、知识丰富的人:你是有~的人,呣通甲人计较。

【出脚落手】cùd kā lǒ qiù　摩拳擦掌

亲自动手:休息日逐个人~包水饺改善生活。

【出头落底】cùd táo lǒ duè　事必躬亲,带头动手:伊~甲人相拍。

【出头损角】càd táo sńg gàr　太露锋芒易招损:爱出风头的人时常会~,着力无讨好。

【嘴笑目笑】cuì qiǒ vǎr qiǒ　称心如意、喜笑颜开,满脸笑容:年兜分红包,逐个~。

【嘴尖舌利】cuì jiām jǐ lǎi　口齿伶俐,能说会道,能言善辩:查某囝仔~真瘱赤。

【嘴无通心】cuì vǒ tàng xīm　不是心里话,言行不一:你讲话~,敷衍了事。

【春牛楬天】cūn ggú gê tnī　与时令节气不相符:你成实是~六月天穿棉裘。

【存死存绝】cún xí cún zè　孤注一掷,不顾一切,破瓮破摔:伊跛缴佮呷鸦片开查某,~的无恶不作。

【千不里万】cnāi bùd lí vǎn　成千上万,四处皆有,表示数量多,很普遍:染着这种病的人~。

【穿空钻缝】cñg kāng lìng pǎng　千方百计多方努力或钻营。也比喻想方设法找人短处。

D

【搭菜瓜棚】dà cài guē bní　原指搭

瓜棚,比喻好与人套近乎,拉亲戚关系:伊爱~,亲成朋友特别多。

【搭驴仔座】dà lí a zǒ 形容人山人海,人头攒动:今日市场~人真多。

【东势拆哈】dāng xǐ tià hà 东方天空刚鱼肚白,即天刚亮的时分,又黎明。

【澹倒歇渧】dám dō hió dè 破罐破摔,失败后便丧失信心,任其更烂下去:伊生意蚀本就~,无想其他头路。

【斗头斗尾】dào táo dào vè ①从开始到结束都进行帮助。②不时从旁边协助帮忙。

【斗鉎落榫】dào vuě lǒ sùn 卯榫不合,比喻不协调,合不来,难以相互配合共事:兄弟仔~,只好分家。

【倒甲舒席】dō gà cī qiò 倒在席上起不来。比喻彻底地倒台、失败:做这种生理的逐个~。

【倒墙倒壁】dó qniǔ dó bià 形容说话心直口快,口无遮拦,经常让人难受,因而得罪很多人:伊做人真直,讲话~,无惊人歹势。

【肚裙镜箱】dō gún gnià xniū 新娘出嫁时应带的贴身嫁妆。

【跟头跟尾】dè táo dè vè 关心关注,有始有终地支持帮助:伊真骨力,大人做代志伊会~。

【跟前跟后】dè znái dè ǎo 紧跟着,不舍不离:伊知影有好料通呷,归晡~。

【袋屎袋涂】dě sài dě tô 愚昧鲁莽

又可恶,龌龊胡闹:不孝父母,听某担,着是~,要怎样甲人做人。

【伫时伫代】dǐ xí dǐ dǎi 猴年马月,久远的过去:~的古早代志伊也会知。

【猪兄狗弟】d-ī hniā gáo dǐ 不务正业的朋友,乌合之众。

【猪狗种牲】d-ī gáo jīng xnī ①泛指家禽家畜。②斥骂卑鄙无耻的人常用的骂语:不孝序大人鲶输~。

【除头扣尾】d-ǐ táo kào vè 剔除或扣除的部分很多:卖猪的钱~伸无几个圆。

【直肠直肚】dǐd dáng dǐd dô 比喻心直口快,耿直:我~,有话园鲶朝。

【颠来倒去】diān lái dó k-ǐ ①横七竖八:物件系甲~,无横无直。②醉样,脚步不稳,跌到一块:饮酒醉甲~鲶行路。

【条不理直】diáo bùd lì dǐd 直截了当,干脆算了:你欠人钱还人~,简着佫啰嗦话了了。

【越脚顿地】diǒ kà dǹg duè 暴跳如雷,捶胸跺脚,着急生气的状态:伊赶紧佫搭无车,急甲~。

【越甲脱卵】diǒ gà lùd lǐng 急得团团转,急切地要求,就像母鸡找不到合适的下蛋地方,忍不住掉下了蛋似的:伊想要买一枞铁笔,~。

【胀心胀肝】diòng xīm diòng gunā 妒忌,眼红,看到人家好就心里受不了:看见人趁大钱着～,人若了钱蚀本伊着欢喜暗畅。

【顶歪下斜】dīng wāi ê cuà 上不正则下歪:序大人无照起工,～,下匀的也好无到都落。～,无整无齐(参差不齐)。

【大嘴下斗】duǎ cuì ê dào 自己没实力(能耐)又随便对别人品头评脚,数落他人的不足。

【大锅大炊】duǎ ê duǎ cē 又是用大锅煮,又是用蒸笼蒸,形容丰盛的饮食。

【大人大种】duǎ lǎng duǎ jìng 嫌弃那种还不知道自己已长大成人了的人:～啦还甲团仔走相执。

【大睏小死】duǎ kǔn xió xì 熟睡不醒:晚上睡前要关门,若无～,贼来也唔知。

【大牛惜力】duǎ ggú xiò làd 比喻有力不肯出,不尽力:伊气力真饱,唔久～真算色。

【大主大意】duǎ zú duǎ yǐ 擅自出主意,不与人商量,越权决定取舍:物件唔是你的,你简～答应借人。

【大声细说】duǎ xniā suè sè 大呼小叫:伊都咧惊人知,伊挑工～四界讲。

【大䁐小䁐】duǎ ňg xió ňg 眼巴巴地盼望、期待:～看要生一个焦埔孙无。

【大泊漇屎】duǎ pě lôr sài 遭人嫌弃的笨拙无能,什么事也干不好的人。

【端方四正】duān hōng xì jniǎ 正规、规矩,严格要求:伊写字～,坐也～。

【槌胸搭钮】duī hīng dā liù 着急下决心或发誓的动作,猛击胸脯:伊～咒死坐趄唔八共偷拿物件。

【担葱卖菜】dnā cāng vuē cǎi 走街串巷做小生意小买卖:我无大本钱,只好～。

【谭七谭八】dná qìd dná buè 不时把话题岔开,或碍手碍脚影响做事:你归晡插插茹,～。

【缠脚绊手】dnǐ kā bunà qiù 碍手碍脚,束缚:囝仔细汉～艍得通去做工。

【䟓瘠若颠】dnì xiáo lǎ diān 装疯卖傻:伊爱～互人笑。

【张神张蠓】dniū xín dniū màng 提心吊胆地时刻戒备,预防不测:有钱着存银行,系身边着～。

【胀肠胀肚】dniù dńg dniù dô 因生闷气或受刺激而产生难受的感觉:伊心情不好,自己归日～。

【当头字面】dāng tāo ryǐ mìn 正面相对,当着面:我～唔爱互伊倒无地。

【当担白日】dāng dnā bê rìd 光天化日:现在小偷真多,～在大街抢物件。

【长年通天】dǎng ní tāng tnī 一整年,长年累月,不间断长时间:伊～唔八洗身躯。

【长短长丁】dǎng dé dǎng dīng　断断续续，互相衔接不上：种籽质量无好，出苗～,对日后产量有影响。

【断鼓失钟】dǎng gô xìd jīng　杳无音信，冷冷清清的意思。这话是从寺庙的衰败而来的。

原本古刹名寺都建有鼓楼和钟楼，和尚们做法事时，除了念经，还要击鼓撞钟。即使在平日，每天早晚值班的和尚也得敲鼓打钟，寺院兴盛时，更是香火缭绕、钟鼓声不绝于耳，好不热闹。可是，一旦寺庙破败之后，善男信女不来上供进香，和尚和尼姑们都远投他乡，再也没人打鼓敲钟了，这就是"断鼓失钟"。

E

【会泣艄变】ê cuè vuě bnǐ　做错了事会懂得后悔，痛泣，但过后又忘了吸取教训，屡屡再犯。也指原先生气不理睬了，过后又不忍心又原谅了过错。

【会惊艄变】ê gniā vuě bnǐ　当时害怕，知道错了，过后又不改过，仍旧再犯老毛病：伊佤掠去关，～,放出来佫者乱来。

【会舰艄掩】ê jiām vuě yàm　"舰"和"掩"都是迷信的活动。"舰"就是请算命先生看面相，卜八字，预见未来的运气，或到寺庙里占卜、卜卦，想让神明指点吉凶；"掩"就是消弭、排解可能即将出现的挫折、祸害或厄运。我们平常所说的"会舰艄掩"，就是指只会发现问题，指出缺陷，但不会解决问题，没有改正弥补的办法。后来，甚至把只动口不动手，只说不做或只会评头论足、袖手旁观、不给人以帮助也都说成是"会舰艄掩"：自己知影破拍路，～简有路用。

【会死会活】ê xì ê wà　死去活来，拼着命地去追求、争取，也表示程度极深：伊嫲一只车嫲甲～。

G

【解然过运】gāi rián gè wěn　去除晦气，躲过一劫：了钱人无代，者会～。

【艰苦若痛】gān kô lǎ tǎng　叫苦不迭，很勉强应付还怨声载道：叫着做工课你逐个～。

【工晡时久】gāng bô xǐ gù　拖延很长的时间，常因焦急等待，内心觉得不耐烦：我等你～,等你艄来。

【共虎品肥】gǎng hô pīn buí　自找死路，显摆而招损：新车停伫公博的所在佫无锁，简直是～,放见公道。

【共虎借胆】gǎng hô jiò dnǎ　超出原先的胆量，豁出去：叫伊去做贼着～。

【含血喷天】gǎm huì pùn tiān　怒不可遏：囝仔偷拿钱去买六合彩,個老爸气甲～也无伊法。

【含烧冶清】gǎm xiō yá qǐn　细心哺育,精心呵护：你是恁嬷～自小捏粒大汉的。

【佮字偐写】gǎm ryǐ ò xiā　合作、合伙困难重重：做生意～,还是各人自己做者繁惊相偏。

【猴头鼠耳】gǎo táo cí hǐ　瘦小又五官不正,面目很丑：一个人生成～真歹脚数。

【到弥到角】gào mǐ gào gàr　连细微的部分都顾及,说明认真细致：伊逐项要求都～。

【狗兄狗弟】gáo hniā gáo dǐ　狐朋狗友,狐群狗党：伊的～真多。

【公子爷舍】gōng zí yǎ xiǎ　公子哥儿,纨绔子弟,只会吃喝玩乐,不务正业,无所事事的人：现在真多"富二代"都是～。

【孤单手工】gô dunā qiū gāng　个人单干,没有帮手：我～真无闲。

【孤行独市】gô háng dôr qǐ　仅此一家,特色商店：伊开的店是～,无人竞争,生理真好。

【姑不而将】gô bùd lǐ jiōng　事出无奈,无可奈何不得不为,暂且将就：做生理无本钱,去拍人的工。

【古瓷失真】gô huí xìd jin　原指古代留下来的东西保存得不好,失去了应有的价值。比喻好东西已不太完美(含惋惜感)。

【过门过角】gè mǎng gè gàr　关键细节：伊对民俗真熟悉,～逐项知。

【过船渡桨】gè zún dô jniù　走水路,搭乘舟船的麻烦和劳累：倚海岛的人要到大陆着～真艰苦。

【家伙炝醋】gê hè qìng cô　倾家荡产,家财破败：人若是呷毒,肯定～。

【家伙瓮重】gê hē àng dǎng　家俱杂物,也指资产：伊跛输缴,～敲卖了了。

【加嘴加舌】gê cuì gê jì　多嘴,不该说而说：无你的代志,唔免你来～。

【假空假损】gê kāng gê sòng　装模作样：叫着做工课伊顺～喊八肚痛。同"假死假活"gê xì gê wà(同上)。

【奇无天猫】gǐ vú tiān niāo　稀罕奇怪,无奇不有,别出心裁：伊归腹肚内专门～的故事。

【指指揬揬】gī gí dǔ dù　①指点,指手画脚：头家来到块～嫌种嫌兴。②指指戳戳,指责,非议或背后羞辱：逐个面前唔讲,脚仓后该～。

【指天指地】gí tnī gí duě　不顺从,或发生争执又说不清楚：事先着明呼好势,者繁到时～。

【记心记肝】gì xīm gì gunā　牢记在心,挂记在心：送人一摆物件着～不时啝念。

【激甲黄酸】gìr gà ňg sng　"激"指打

扮、修饰。"黄酸"指面黄肌瘦,身虚体弱。意为不顺其自然,人为的限制,克制,就会影响健康发育。

【激喉底吭】gìr ǎo dué kǒng　嘶声大喊:人伫身旁,讲话简着~。

【激广仔仁】gìr gōng ā rín　说风凉话,旁敲侧击数落人。或说反话损人:人咧着衰,伊者~喊消凉。

【激糖仔桶】gìr tńg ā tàng　专门用与众不同的话损人或与众不同的办法为难人:伊真势~,激甲瘆大汉。

【极水无流】gǐr suí vǔ liú　无可奈何,束手无策走投无路时:欠人钱~着敲家伙去还人。

【揭旗军仔】giǎ gǐ gǔn à　古时大官出行时拿旗子的小兵卒。比喻摇旗呐喊或随声附和者。

【揭箸遮鼻】giǎ d-ǐ jiā pǐ　自认本分:上街买物件,我~专门买俗的。

【揭租借债】giá zô jiò jê　到处借钱,债台高筑,或指千方百计筹措资金:就使~也着互子儿子去读书。

【揭顺风旗】giǎ sǔn huāng gí　无主见,随大流,随声附和:伊一贯~,人安尼伊也安尼。

【揭香跟拜】giǎ hniū dè bǎi　亦步亦趋随人之后:我横直是~,你讲怎样我都赞成。

【揭衫抵岭】giǎ sām dú nià　顶撞刁难:伊唔听话,爱甲人~。

【坚干硬壳】giān gunā ggǐ kàr　风吹

日晒之后,变得又干又硬:今年涝大旱,连潭仔底也~。

【匃匃狭狭】giū giū kuě kuè　①言谈举止不大方,扭扭捏捏:你讲话~,是咧惊啥货。②吝啬花费,出手很羞涩:你一世人~嘛无伸倚多钱。

【纠肠纠肚】giù dǒng giù dô　①比喻牵挂不安,担心。②比喻气得很厉害。同"纠心纠肝"giù xīm giù gunā。

【久年八载】gú nǐ buè zǎi　很久以前:你记池真好,~的代志逐项记甲真清楚。

【骨折肉裂】gùd jì và lì　粉身碎骨,皮开肉绽:你爱跖树,若摔落来敢会~。

【割稻仔尾】guà diǔ á vè　比喻挖人家的墙角,绝人之后。正像把正抽穗的稻子末端割去,就一点儿收成都没了那样,害人的毒辣之举。

【枴来枴去】guǎi lái guǎi k-ǐ　①瘸子走路的样子。②随意侵占他人的利益,或故意制造混乱:分物件着公平,唔通~。

【关刀拖涂】guān dō tuā tô　比喻失败:这摆生理做咧~。

【观前顾后】guān znái gô ǎo　瞻前顾后:你爱四界恶人,出门着~。

【鸡披狗挖】guē pī gào yà　比喻乱七八糟,一片狼藉:归间厝内放甲~,乱糟糟。

【鸡头鸡啄】guē tǎo guē dè　爱出风头,多管闲事:无你的代志,呣免你来～比手画脚。

【鸡头蜡税】guē tǎo lǎ sě　爱出风头,代人出主意:人咧讲价钱,伊～替人答应。

【归年通天】guī nǐ tàng tnī　长年累月,一年到头:阮～呷安薯,很少呷着米。

【归心倒断】guī xīm dó dǎng　死心塌地,一心一意:读呣成书,～去拍工。

【归腹潢火】guī bàr hǒng hè　满腔怒火,怨气:你来欠骂,伊抵仔～咧无块发。

【鬼惊恶人】guì gniā ôr láng　欺软怕硬:伊真歹死,呣久～,抵着头家乖呦呦。

【近七近八】gǔn qiê gǔn buè　很接近,相差无几:你讲的话甲伊的意思～,允成的。

【汗流雪落】gunǎ láo sè lò　大汗淋漓,汗流浃背:透日昼崎走甲～。

【关门闩户】gunī mńg cunā hô　门户紧闭,关紧:农村人日时～无人。现时城市人暝日都～。

【敢死敢活】gnā xǐ gnā wà　无所畏惧:伊做代志～,成实是牛仔呣八虎。

【拣人撒油】gnāi láng suà yiú　偏心眼,对心仪的人特别关照:呣是见人见份,是～的,相好的人者有。

【拣精拣腼】gnāi jniā dǔ pniā　挑肥拣瘦,挑挑拣拣,挑剔:伊～无一项看会合。

【经前跟后】gnī znái dè ǎo　紧追不舍:伊归日～,我无法离开。

【见王理奏】gnì óng lí zǎo　逢人便说:你真啰嗦,小可代志～,讲赡断了。

【惊心忍命】gniā xīm lún miǎ　胆战心惊,担惊受怕:倚破厝抵着大风雨着～。

【惊症惊兴】gniā jìng gniā hǐng　怕这怕那,忧心忡忡:心肝头捆伊在呣免～。

【行东去西】gniǎ dāng k-ì sāi　外出不在家,东奔西走:伊归日～无朝内。

【子儿滥累】gniá ryǐ lǎm luǐ　没有计划生育,儿女太多而拖累:我一家～,拖捌赡直。

【五叉八枒】ggô qiē buè gê　①横七竖八杂乱放置:储藏间物件～。②动手动脚乱来:你该骂,伊现甲你～。

【五齿咬佮】ggô kí gǎ gàm　不依不饶,不肯罢手:你若去惹着伊,伊着甲你～,赡了赡离。

【五山四海】ggô sunā xì hài　漫无边际,到处都有,数量多:伊共借钱,欠甲～。

【五筋剥裂】ggô gūn bê lê　胸郁难忍,撕心裂肺:伊饮着假酒,心肝头～真艰苦。

【五都里丈】ggô dô lí dniǔ　四处漫

游,闲逛,经常长期不在家:伊归日～无朝内。

【五个五个】ggô ê ggô ê 相知底细,熟悉内情:你有偌多气力,我～相知仔相知。

【牛头马面】ggǔ táo vê mǐn 丑陋的面相。

【硬挽焦搧】ggnǐ ván dǎ cuâ 条件不具备,勉强应付支撑:家内无钱,～过日子。

【扭头挍豆】ggniù táo zǔn dǎo 摇头晃脑:伊读书读甲～,互人爱笑。

H

【辖肠辖肚】hǎd dǐng hǎd dô 省吃俭用:赤人靠～过日子。

【亥在里在】hǎi zǎi lí zǎi 无动于衷,一动不动:据人骂还～,无要无紧。

【罕咧几时】hàn lê guī xí 难得几时:你～者来一摆,着加住几日者倒去。

【限肠勒肚】hǎn dńg nuì dô 管束森严,毫无自由,特别对伙食的消费严加节制:要起一间厝着～几十年。

【限斤打两】hǎn gūn dná niù 精打细算,节约不浪费,量入为出,很舍不得:伊真俭朴,平时开销定定～。

【行情聪光】hǎng jíng cāng gńg 消息灵通:伊～,人唔知伊先知。

【澉的毬的】hǎm ê sǎm ê 质地差的物与人:一群～的人专门买～货。

【器六器纸】hāo lǎr hāo dàr 不真实,全是假的。

【鲎脚鲎手】hǎo kā hǎo qiù 手脚活动呆板不灵活,生疏迟钝或手忙脚乱:新手做工课～,速度真慢。

【好嘴好芒】hō cuì hō māng 甜言蜜语,净说好话,顺耳的话,有奉承、有所图之嫌:你若咧欠用着～。

【好锣好鼓】hó ló hó gô 甜言蜜语,很亲密的样子,笑脸相迎,净说好话:伊当面～,脚仓后专门掩人后空。

【好人好做】hó lǎng hó zuě 老好人,从不得罪人:伊定定～,唔八得失人。

【好名好声】hó miǎ hō xniā 表面上名声、口碑很好,其实不然:伊～生理做真大,其实欠人一博漉(非常多)。

【好食好睏】hó jiǎ hó kǔn 高枕无忧,毫无牵挂:有钱开赊了着～。

【风龟短命】hōng gū dé miǎ 鄙视好吹牛的人,自吹自擂没有好结果:你这个～,自己品脚仓白。

【风声嗙影】hōng xniā bòng ngià 轰动张扬,到处宣扬:无影无迹的代志,伊也甲人～。

【胡蝇贪甜】hô xín tām dnī 喜欢甜食:我自小～爱呷糖仔饼,这阵才会嘴齿蛀了了。

【胡寻胡毡】hô xín hô sè 东张西

望,四处巡视:你一人内着～抄找呷的物件。

【胡溜水龟】hô liū zuǐ gū　乌合之众,不三不四,不务正业的浪荡子:伊串交陪的都是～,无一个是正经人。

【胡三不老】hô sām bùd lào　①乌合之众,不三不四,不务正业的浪荡子。②派不上用场的无用东西:你收成的～加镇块。

【雨澹水滴】hô dám zuǐ dì　形容雨下不停的天气:春天时定定～。

【火龙火马】hé lǐng hé vê　心急火燎,兴冲冲,急急忙忙:有钱通拿,逐个～,一时一刻惊拿无。

【火烧脚盘】hè xiǒ kǎ buná　焦急万分,情急之下:厝内水管破,～啦紧报警。

【痎痀澹渚】hê gū dǎm dǔ　咳嗽得很厉害,且痰多。

【耳头耳尾】hǐ tǎo hǐ vè　耳边经常偶尔能听到,风闻。

【许多万际】h-ì dō mǎn jê　数量巨大,难以计数。同"许多无数"h-ì dō vǔ sô。

【献胸蜡钮】hiàn hīng lǎ liǔ　敞开衣襟,衣冠不整:公众场合唔通～,太随便失体统。

【凶吉时事】hiōng giàd xǐ sǐ　泛指世事,包括丧事、喜事、节庆事宜:亲成着～者有来往。

【赴年赴节】hù nǐhù zuê　赶着应付过年或过节的时间。

【喊起喊倒】huà kǐ huà dò　主导决策,发号司令,叱咤风云,左右一切:乡里内的代志是老大咧～的。

【喊虎过岽】huà hô gè lǔn　原指把老虎喊过山头。比喻马虎应付,应付了事,随随便便,没真正解决问题:这摆大扫除,有的所在～清清采采。

【番里巴骄】huān lí bā giāo　言行不正常,常带胡搅蛮缠:伊甲你～,你无伊法。

【翻天福地】huān tnī hôr duê　家境富裕,衣食无忧,可随意享受:生理有趁无惊开钱,据一家口仔人～呷好穿好。

【烦心憋腹】huǎn xīm bê bàr　烦恼操心:生理歹做,归年通天～。

【风头火夫】huāng tǎo hē hū　比喻爱出风头,到处张扬:伊若～四界甲人插杂。

【风来雨来】huāng lǎi hô lái　风里来,雨里去,历尽艰辛:做门口生理着唔惊～,佫卡大的风雨嘛着出门。

【风头水尾】huāng tǎo zuí vê　风多水少的贫瘠土地或地方:大山顶～不适宜种五谷。

【风飞水走】huāng bē zuí zào　风大雨急,比喻旅程艰辛,路程难行:一路～无人做伴,若死弄半路也无人知。

【花猫貔豹】huē niāo bì bǎ　斑驳陆离:广告四界贴甲～,艁输"牛皮癣"。

【花巴狸猫】huē bā lī niāo 凌乱得乱七八糟：伊写字真无专心,乱涂乱擦,归张白纸造甲～。

【分厘毫忽】hūn lí hǒ hùd 1 分＝10 厘＝100 毫＝1000 忽,很轻微的数额：伊连～也计较。

【欢喜甘愿】hunā hí gǎm gguǎn 心甘情愿：当初时是你自己～,简会使咧反悔唔认账。

【欢头喜面】hunā táo hí mǐn 满面笑容：伊真热情,见着人～。

【横柴直破】hunǎi cá dǐd puǎ ①没有章法：伊做工课～,无管了了。②直话直说,不拐弯抹角：我～,好歹照讲。

【抆柴添火】hniǎ cá tnī hè 火上浇油,加油加醋,使其闹大：伊咧伍骂,你者佫～。

J

【一仙一术】jǐd xiān jǐd sùd 各有各的绝招,各自方法不同：烹饪大赛各路师傅～,做的菜色无一项相同。

【一天一地】jǐd tnī jǐd duě 又"一千一万"。表示数额巨大,让人难以接受：你要～,我简有法应付你。

【一时一刻】jǐd xí jǐd kìr 刻不容缓,心急火燎：你若咧欠用着～,我简有便便咧等你要。

【一嘴一舌】jǐd cuǐ jǐd jì 议论纷纷,七嘴八舌：艕堪咧查某人～,四五路的人全知。

【一出一入】jǐd cùd jǐd rìm 进进出出,来来往往：小区的大门归日人～,有啥代志看现现。

【一硁一巧】jǐd kǒng jǐd kiāo 像跷跷板那样,高低抬杠,不和谐：个兄弟仔艕和,不时咧～,一个越一面。

【一点一抵】jǐd diám jǐd dù 一点一滴,各个细节、关键部位：伊要求真严,过门过角～都艕清彩咧。

【呷便领现】jiǎ biǎn niǎ hiǎn 不费心,不出力,光享受,吃现成：父母健在,子儿逐个～,唔免烦恼半项。

【呷饱慢拖】jiǎ bá mǎn tuā 任劳任怨,勤劳不倦：伊一只若牛咧,～,总是做艕瘛。

【呷肥走瘦】jiǎ bún záo sàn 为了取得一点好处或吃上一顿好饭,就得来回奔走很远的路,付出很大的代价,其实是得不偿失：我归气徛工地,省得～。

【呷公使众】jiǎ gōng sái jiǒng 吃的和花的都靠集体、"阿公"的；伊呷糜硁中央,～,卡加嘛有钱乱开。

【呷一配二】jiǎ jǐd pè lǐng 原是一种用瓦砾玩耍的赌博,比喻接二连三,连续不断：有好空的你现～,若歹空的你走甲灭尾。

【呷饱换枵】jiǎ bà wnǎ yāo 徒劳,吃力不讨好：做三日无趁半尖钱,简直是～。

【呷清睏宫】jiǎ qīng kùn gīng 原指和尚、尼姑吃住在宫庙。①现指吃住无忧,生活舒爽:伊～,唔免烦恼半项。②也指生活清贫,吃的住的都很简单:一家口仔无人出门讨趁,逐日～。

【尖脚幼手】jiām kā yiù qiù 秀气,软弱无力:城市人卡～燴做粗重。

【鸟精目觗】jiāo jnī vǎr dàr 精明,专事钻营耍滑逞能:伊真～逐空知。

【照律读术】jiāo lùd tǎr sùd 照本宣科,照章办事,有时也指死板,不善变通:我～将伊的话传达一遍。

【真米正醉】jīn vì jniǎ gnǎ ①真材实料的地道正宗产品:这床糕是～蒸的。②货真价实也指正宗嫡系的关系:個兄弟仔是～的,唔是换贴的。

【众鸟讨毛】jìng jiào tó mńg 民间故事:寒号鸟原本赤身裸体,光秃秃的一根羽毛也没有。树林里的各种鸟见它可怜,担心它被冻死,就踊跃捐献各自的羽毛给它,让它有了厚实又漂亮的各式各样的羽毛,度过了寒冬。后来,寒号鸟忘恩负义,仗着全身各色特有的漂亮羽毛,到处找人家比漂亮。因为谁都比不上它,它就觉得自己很了不起,到处欺侮弱小的鸟。

这样,惹怒了树林的众鸟,大家都把献出羽毛要回去,寒号鸟被啄光了羽毛,这年冬天就被冻死了。

【种种兴兴】jìng jìng hìng hǐng 各种各样的东西或事情:我真无闲,家内～的杂事做无断了。

【咒死坐趑】jiù xí zě zuǎ 指天发誓,断然否认:伊～讲无偷拿。

【咒身罾命】jiù xīn lué miǎ 抱怨自己运气不好,自认前途暗淡:你无想做工课,归日～简有路用。

【成人成器】jniǎ lǎng xǐng kǐ 成长成材,功成名就,能独立自主:若无伊牵成着燴～。

【成三成两】jniǎ snā jniǎ lňg ①数量可观,有一定数额或规模,也指额度较大:这种生理风险大,趁着～,蚀本着也～。②事态严重:伊伍拍咧～。

【上古经书】jniǔ gô gīng zī 至圣名言,自古流传的至理名言:我讲的这话都是～的,唔是我乱讲的。

K

【脚卡长身】kā kà dǒng xīn 次要的超过主要的。得不偿失,太不合算:自己装一台收音机剩真多下脚料,结果～,比买便的卡贵。

【脚瘸手折】kā ké qiù jì 折腿断手,伤势严重。也比喻损失惨重:伊从树顶跌落来,～。

【脚来手来】kā lǎi qiù lái 动手动

脚,常指与异性行为不严肃:和查某人讲话唔通要～。

【脚步手路】kā bô qiú lô　指动作技巧,操作姿势:伊开车的～真老练。

【脚酸手软】kā sāng qiù lǹg　手和脚瘫软无力:听着讲要地震,惊咧～。

【脚松手弄】kā sāng qiú lǎng　手舞足蹈,轻松愉快的样子:见着有通呷,伊现～。

【脚扒手挖】kā bê qiù yà　手脚并用乱抓,比喻辛勤劳动、做事:一年到冬～趁无几个圆。

【脚焦手焦】kā dā qiū dā　手脚不沾泥沾水,比喻工作轻松,生活舒适:做老板的人～佫呷好穿好。

【牵丝拔调】kān xī buǐ diǎo　拉长语音,装腔作势:读书唔通～,着甲平常时讲话同款。

【牵猴落汤】kān gáo lŏ tng　宰猴的时候,把猴子拉进滚烫的开水之中,以便褪毛。比喻强人所难,逼迫或强制他人去做不愿意做的事:叫伊做头家卡惨～,死活都唔肯。

【牵山绊林】kān sunā bunà ná　东拉西扯:有话直讲,唔免～。

【空手白摇】kāng qiú bê yŏ　赤手空拳,只身不带钱物:要做客～实在真歹势,清采嘛着淡薄仔带手。

【空嘴哺舌】kāng cuì bô jì　耍嘴皮子,纸上谈兵,空口说白话:要起厝无钱,～干焦念有啥路用。

【磕头揀额】kăm táo sàr hià　撞击头部,似怒似怨:個内着贼偷,金器偷了了,個老母伤心甲～,哭甲骂。

【哭爸哭母】kào bê kào vò　嫌弃人叫苦连天,噪音扰人:歌舞厅三更半瞑大喇叭～,吵甲人鱠睏咧。

【哭呻穷苦】kào sān gǐng kô　假装寒酸,叫穷喊贫:有钱人乞呷性命,归日～。

【倥坎腊稅】kōng kám lǎ sě　呆傻无知或耿直:你～鱠晓甲伊计较。

【糊死糊内】kô xí kô luě　胡搅蛮缠,赖着不走:伊～要跟我去做客。

【瘸脚跛相】kě kā puà xniǔ　指残废、残疾的人:跎树跛咧～。

【气甲翀须】kì gà càng qiū　怒发冲冠,吹胡子瞪眼:伊唔听话,個公仔～。

【气肠气肚】kì dńg kì kô　烦心生气、受气:饲着歹子,不时～。

【缺嘴夜壶】kì cuì yǎ hô　比喻好打抱不平,藏不住话,管不住嘴,直话直说:我是～有啥讲啥。

【起请贤惠】kī qniá hiăn huě　热情好客,手脚轻快:個家内真好客情,看着人来～。

【起头挖影】kí tǎo yà hniǎ　带头闹事,无事生非:逐个无意见,伊～反对。

【起脚动手】kí kā dǎng qiù　动手动脚:有话好好讲,唔通～要拍人。

【起空起裂】kí kāng kī lê　挑惹事端：伊真恶,不时～要拍人。

【去去倒倒】k-ì k-ì dò dǒ　说话做事反复无常：人一有岁,呷老讲话～。

【乞呷流邻】kìd jiǎ liǔ lín　孤苦伶仃,无依无靠到处流浪或不务正业：伊串交陪的都是～。

【欹东欹西】kīā dāng kiā sāi　随意数落责怪。同"欹七欹八"kiā qìd kiā buè,又同"乱～一场"luǎn kiā jǐd dniú

【骑驴干马】kiǎ l-í gàn vê　大骂粗话：伊气甲～骂舱煞。

【俭肠勒肚】kiǎm dńg nuì dô　紧缩开支,节衣缩食：～,俭弄九月十五（佛生日请客）。

【俭酸苦洴】kiǎm sńg kô jnià　茹苦含辛：伊一世人～拖搦一群子儿。

【拾人屎尾】kiò lǎng sái vè　拾人牙慧,步人之后,捡别人废弃的：伊讲的故事专门是～,无什么新鲜。

【掬筋拍结】kiǔ gūn pà gàd　小气,吝啬,眼红,心胸狭窄：看见人好额有钱,伊怨妒甲～。

L

【拉拉杂杂】lā lā zǎm zàm　零星杂碎：储藏间专门系～的物件。

【六脚全须】lǎr kā zuǎn qiū　原指蟋蟀的形体,现指身体健全结实或一个单位设置完整：一个～的人卡输一个破相的,成实真漏气。

【搦屎搦尿】lǎr sái lǎr riǒ　多指清理洗涤幼儿的屎尿。比喻抚育幼儿,精心照料呵护：伊小汉是我共伊～的。

【乓鸟乓面】lǎn jiáo lǎn mǐn　粗话。骂人胆小怕事,呆傻无能,笨拙忠厚……。

【人来客去】lǎng lái kê k-ǐ　迎来送往,交友应酬：個老爸朋友真多,归日～真无闲。

【弄缝行动】làng pǎng gniǎ dǎng　乘机溜走或不安心工作：头家若无来,逐个早早着～歇睏。

【弄松假重】lǎng sāng gê dǎng　故弄玄虚：这篮菜～,其实无偌多。

【老瓜宿籽】lǎo guē xìr jì　原指瓜老籽儿成熟。比喻老到精明,成熟老练。也指年岁大于长相：你唔通看伊囝仔面,伊是～,今年二十多岁啦。

【醪天台照】ló tiān dǎi jiǒ　大发雷霆,使性子胡闹：自己做唔着佫敢～。

【醪膏狗腱】ló gō gáo giǎn　啰里啰嗦,胡搅蛮缠,没完没了：这项代志甲我无关系,你勿咧来甲我～。

【落霜雪冻】lô sńg sè dǎng　天寒地冻,气温低,很冷：十二月天～,唔敢伸脚手。

【露家散宅】lô gê sunā tê　流离失所：伊跛缴输甲～,老爸气甲死,效生掠去卖,偕某跟人去。

【漉田准路】lôr cán zún lô　明知故犯,将错就错,一条道走到黑:跛六合彩会了钱,伊却～,归个家伙输了了。

【漉个束个】lôr gò sôr gò　①不重要的杂物,多指无用的东西或废物:归间厝内～镇甲无位。②比喻不三不四的不务正业的人:伊串交都是～的朋友。

【鹿脚马枪】lôr kā vê qǐng　比喻不三不四的乌合之众:伊手下有一群～替伊当拍手。

【裂囊搧甲】lǐ lóng xiàn gà　破烂不堪,衣不蔽体:伊真赤,不时穿甲～。

【驴卡恶马】l-í kà ôr vê　蛮不讲理,反比人更凶:囝仔饲大汉唔去做工,归日伫厝内～,恶大恶小。

【驴筶马干】l-í kô vê gǎn　训斥臭骂,满嘴粗话:有话好好讲,唔通出嘴着～,甲猪亲象。

【汝兄我弟】l-ī hniā gguǎ dǐ　称兄道弟,亲密友好:伊朋友真多,归日～搛来搛去。

【汝鬼我怪】l-ì guǐ gguǎ guǎi　尔虞我诈,钩心斗角:商场如战场,真多人都是～,成实是无奸不成商,专门数想掩人的后空。

【掠无头总】liǎ vǒ tǎo zàng　找不到头绪,抓不到要领,无从下手:代志开始～,做久着会顺手。

【掠幼朝矬】liǎ vuě diǎo dó　掌控不住:鸭仔一出笼着四界闯,互你～。

【掠猫纽虎】liǎ niāo liù hô　坑蒙拐骗,瞒天过海:伊做人真无诚实,讲话～,无半句实在话。

【掠龟走鳖】liǎ gū záo bī　顾此失彼:你甲我咧～,行双出路。

【掠猫落瓮】liǎ niāo lô ǎng　对长大的公猫实施阉割手术是一件很困难的事。猫急了会咬人,猫爪很锋利,阉猫时如果用绳子绑,扎得不牢怕被逃脱,捆得太紧怕把猫勒死。人们想出了一个好办法,把猫的头和前脚塞进瓮口,只抓住尾巴后脚在外,就可阉割了。尽管猫痛得乱叫,前爪乱挠,也伤不到人,这就是"掠猫落瓮"。之后,把强人所难,逼迫或强制他人去做不愿意做的,不习惯的,环境恶劣的事,都比喻成如是说。

【掠风跋影】liǎ huāng snà ngià　捕风捉影。

【连工煞了】liǎn gāng suà liào　白费工夫:甲伊相借问卡惨问壁,～,伊归日唔吼啴。

【练仙敲箶】liǎn xiān kà kôr　漫无边际地闲聊胡侃:我今日无闲通甲你～。

【了工蚀呷】liāo gāng xǐ jià　得不偿失,白费工夫,一无所获:饲着歹子,一世人～。

【溜精溜裤】liù jnī liù kô　残缺不全,破烂不堪:一尾鱼互你煎甲～。

【犁生笃鼎】luě xnī dôr dnià 竭尽全力:俹老爸讲就使~敲家伙也要互伊读到大学。

【犁头戴鼎】luě táo dì dnià 比喻埋头苦干或拼命干活:伊做着工课着~乌死乌命。

【雷瞋闪燖】luǐ dán xì nǎ 雷鸣电闪:呷日昼后念弥时~,天暗甲若暝时咧。

【囵脚涩手】lūn kā xiàm qiù 缩手缩脚,畏葸不前:无钱人买物件~。

【软涂深掘】lńg tô qīm gùd 比喻得寸进尺:人是咧谅你,你佫~呷晤知饱。

M

【呣知死活】m̌ zāi xī wà 无忧无虑,不知利害或危险:归日想开钱,家内无收入伊也~。

【呣定呣着】m̌ dniǎ m̌ diò 好动,乱动不安静:人咧看电视,你归晡~。

【呣甘放断】m̌ gām bàng dǎng 舍不得放弃、不肯撒手:狗咬铁灯火~。

【摸无山屿】mô vǒ sunā sǐ 像在茫茫大海中看不到陆地那样。比喻找不到头绪,无从下手:代志要怎样做,我还~。

【挴屎挷秽】mī sái lǎr hê 清理洗涤幼儿的屎尿,比喻抚育幼儿,精心照料:伊小汉是我~照顾大汉的。

【名声透海】miǎ xniā tào hài 声名远播:伊的字号~。

【名声透屎】miǎ xniā tào sài 臭名昭著:这群歹子~。

【命卡清水】miǎ kà qīn zuǐ 心灰意冷:看着你这种角数,我~。

【面青面乌】mǐn qnī mǐn ô 陌生不认识,从未见过的人:一群~的人冲入商店抢物件。

【面笑肚忧】mǐn qiǒ dô yiū 表面装笑,内心忧愁。强作欢颜:听人呵咾起新厝,我总是~,欠人真多钱呣敢讲。

【瞒生人目】muǎ xnī lǎng vàr 瞒天过海,掩人耳目,采用手段企图蒙混过关:伊约略分几个圆仔~,其实自己暗去一大空。

【满流失隙】muǎ láo xìr kià 液体(水)多而溢流出来:碗小油多,倒甲~。

【满洋直界】muǎ nyiú dǐd gǎi 水淹泽国:突然一阵大雨,低洼处~。

N

【猫掠落瓮】niao liǎ lǒ ǎng 比喻突然间严加管束,失去自由不适应很难受:囝仔入学堂若~咧,一时赡惯是。

【掩甲臭酸】ng gà cào sng ①把小错掩盖起来,最后出大问题。②对小孩过度溺爱,形成弱不禁风,体弱多病。

【闲时白月】ngǎi xǐ bê ggè 平时普通的日子:阮～真少呷肉。

【圆头短嘴】ngǐ táo dé cuǐ 形容小孩或小猪崽肥胖结实,体形健壮。

【圆加漏㩼】ngǐ gā lǎo gǒ 光溜圆滑:伊目瞷～金金相。

O

【呵尸叫鬼】ō xī giò guì 千呼万唤:你走去途死,我～找无你。

【翁威公归】ōng wī gōng guī 比喻吓唬人的气势:伊寥动着～唔放人煞。

【乌烟白磅】ô yān bê bǒng 浓烟滚滚:工厂着火烧,～。

【乌牛大影】ô ggú duǎ ngià 有虚无实,浮夸:伊开几仔间店,其实～,都是贷款的,自己无偌本钱。

【乌龟白兔】ô gū bê tô 胡言乱语,一派胡言欺骗人:伊真勢～,其实无影无迹。

【乌死乌命】ô xí ô miǎ 竭力拼命:有好趁的空头伊～拼甲唔知瞑日。

P

【抛车遴斗】pā qiā lìn dào 翻滚折腾:唔通仵床顶～,者艙弄破被席。

【拍枋弹柱】pà bāng dunǎ tiǎo 旁敲侧击,指桑骂槐:有意见着当面提唔通～,闹不团结。

【拍寒拍热】pà gunǎ pà riàd 因病疾引发体温忽升忽降,时而发高烧,时而　畏冷而发抖。

【歹子浪荡】pái gniá lǒng dǒng 放荡不羁,胡作非为:伊一世人～,无做一项好事。

【歹心毒行】pái xīm dôr hǐng 狼心狗肺,心地狠毒:你～,唔惊去互雷敲死。

【歹瓜厚仔】pái guē gǎo jì 不好的瓜籽多。比喻无能的人坏习惯多:伊～,无半撒佫厚性地。

【歹牛损索】pái ggú sňg sò 比喻技术差的人常常特别会损坏工具或浪费原料:你成实是～,工课未做先拍歹物件。

【歹声犁喉】pái xniā luě áo 嘶声哭叫,喊声刺耳,喊得嗓子沙哑:受淡薄仔伤着哭甲～,真无担输赢。

【歹嘴腊斗】pái cuì lǎ dào 满口脏话,粗话:做人着卡文明咧,讲话唔通～。

【鄙厘刻界】pī lí kìr gǎi 爱斤斤计较,一点儿肚量都没有:伊真～,逐项勢计较,一丝厘都艙过角。

【鼻南鼻勒】pī lám pī lè 哭哭啼啼:伊见着亲人哭甲～。

【骗请害饿】piàn qniā hǎi ggǒ 不真心的宴请。事先口头有请,到时又不来叫,又不好意思不请自到,不敢去而挨了饿。比喻虚伪的热情,没实惠的敷衍:我无要听你～。

【翩边挹角】piān bnī yàm gàr　犄角旮旯,狭窄偏僻的地方:我～都去找,就是找无。

【品脚仓白】pín kā cňg bê　自我标榜,炫耀自夸:好歹着互人讲,唔通～。

【破身撞捶】puà xīn dǒng duí　衣衫褴褛,衣不蔽体,穿着破烂不堪:旧社会的赤人穿甲～若乞呷咧。

【破褴破毭】puà làm puà sǎm　破烂不堪且很脏的样子:这领衫～无人要穿。

Q

【七弯八返】qìd wān buè dǹg　流连忘返,不肯离去:伊真舱离咧外家,～爱回去看看。

【七叉八爬】qìd qê buè bê　不依不饶,泼辣凶悍地纠缠:无顺伊的意着共～,逐个唔敢惹伊。

【七弯八斡】qìd wān buè wàd　依依难舍,去了又来:你嫌我物件贵,～嘛是来共我买。

【七嘴八舌】qìd cuì buè jì　人多嘴杂,大家争着说话,众说纷纭:伊做唔着,逐个～该骂甲要死。

【七除八扣】qìd d-í buè kǎo　剋扣太多:一个月的工资～剩无几个圆。

【七七八八】qìd qìd buè buè　节外生枝,乱七八糟,无足轻重,不显眼:一天～的代志真多,实在真无闲。

【七手八脚】qìd qiù buè giò　人手很多或动手动脚的意思:甲查某人觖使咧～乱来。

【七叉八柳】qìd qê buè gê　混杂堆放,横七竖八:归间厝物件～系甲乱糟糟。

【七呢八呢】qìd tìd buè tìd　说了又说,同样的话说个没完:一句话～,讲无断了。

【刺破脚仓】qià puà kā cňg　东西很普及,数量多,到处都有,唾手可得:这种笠四界～,无人爱戴。

【签钉落榫】qiām dān lǒ sùn　双方同意签订合约并署名盖章以示慎重:已经～的代志,你反对也无路用。

【抄心劳肝】qiāo xīm lǒ gunā　费尽心机,伤透脑筋:父母为子儿～。

【抄心憋腹】qiāo xīm bê bàr　操心,苦无对策:无钱通开～。

【侵租借债】qīm zô jiò jê　经常向人借钱,负债累累:为了起一间厝,四界去～。

【亲成五月】qīn jniǎ ggô ggè　包括远近亲戚在内的所有亲戚,有时也包括亲密的朋友:抵着佛生日,～禣到,着开几仔块桌。同"亲成五十"qīn jniǎ ggô zàm。

【清天白日】qīng tiān bê rìd 光天化日：小偷真多，～也咧共抢物件。

【清气伶俐】qīng kǐ líng lǐ ①为人干练：伊呷老还真～。②彻底干净：着贼偷，物件搬甲真～。

【须胡目吐】qiū hô vàr tô 络腮胡子，眼球凸出，形容面相难看不清秀。也指不修边幅的邋遢相。

【生惊搭显】qnī gniā dà hià 担惊受怕：现阵鼠贼仔真多，瞑时也着～睏觞落眠。

【青头清面】qnī táo qìn mǐn 对人冷淡或陌生人：人客来伊也是～，连招呼都无。

【青磨白挩】qnī vuá bê tuà 家境贫困，艰难度日：家内无钱，只好～。

【抢年抢节】qniǔ nǐ qniǔ zuê 趁过年过节，商贩哄抬物件并短斤少两或兜售伪劣假货：做生理的逐个会晓～。

R

【持头翘尾】ryǐ táo kiào vè 情势失控，把握不住，应接不暇：事先计划无好势，到时者～乱糟糟。

【茹肆茹意】rǐ sì rǐ yǐ 一般过得去就好，得过且过地应付：朋友代，～着会用咧。

【茹何撞短】rǐ hó dǒng duàn 没完没了地吵闹、纠缠：伊不时甲爸母～，吵唔知煞。

【茹头毵髻】rǐ táo sàm gě 披头散发：查某人无梳头，放依～简有啥好看。

【茹乌茹粒】rǐ ô rǐ liàm 手忙脚乱，不知所措：事前无准备，临急者～，唔好踏死鸡母。

【日头无晡】rìd táo vǒ bô 时间过得很快，日短时快，一天一晃就过去了：冬天时～，工课做觞直。

【入门踏户】rǐm mńg dǎ hô 闯门挑衅，登门入室，指强行不请自到：伊真歹死，不时～骂人心适。

【入风随俗】rǐm hōng suǐ xiôr 随潮流，顺风俗：个老爸入城以后，跟人～去做健美操。

【人情相寄】rǐn jíng snā giǎ 相互有付出，必将有回报。

S

【捎无头总】sā vǒ táo zàng 抓不着头绪，不得要领：这项工课我还～。

【瘦沙薄地】sán suā bǒ dǐ 贫瘠的田地：山坡顶的田园都是～，定定都作无呷。

【瘦牛毛长】sān ggú mńg dńg 比喻没能耐的人毛病多：伊真贫惮，叫伊做工课着喊这痛遐痛，成实是～。

【三不五时】sām bùd ggô xí 不时，时而，隔三岔五，偶尔有之：到了热天,～有雷阵雨,～起风台。

【三时有阵】sām xí yiú zǔn 偶尔有之的突发事件,不是经常出现或发生:赤人开钱是～的。

【搜圆粒扁】sō ngí liǎo bnì 任由操纵摆弄:伊真忠厚,据人去～伊也无意无见。

【搜摸捏粒】sō mô nì liǎo ①乱摸瞎抓胡捏(带亵渎的动作)。②好像很忙碌却出不了效果,充其量也仅是磨磨蹭蹭:伊归日～,其实做无代志。

【搜之粒生】sō jī liǎo lǎn 粗鄙话,嫌弃他人做事笨拙,慢吞吞:你讲要上街赴早市,～到半放早还无法通出门。

【吮痰吮血】sù tǎm sù huì 倚仗权势或职务之便,巧取豪夺,强征暴敛:当官的若无～简会好额。

【水头水面】suí tǎo suí mǐn 面目清秀,但往往指徒有其表:唔通看伊～,其实心悻真歹。

【顺风拣墙】sǔn huāng sàr qniú 顺水推舟,乘势而为:看见伊有淡薄仔动心,逐个人～共伊赞成。

【三迎五请】snā ggiá ggô qnià 多次邀请:要来着自己来,唔免着互人～。

【三人五目】snā láng ggô vàr 众目睽睽:当场人真多,～看现现,互你赖争咧。

【三趁五罕】snā tàn ggô hàn 又"三趁相罕"蔚然成风的从众心理,跟风从俗:农村人～起新厝。

【三尖六角】snā jiām lǎr gàr 善于钻空子,斤斤计较:伊这个人～,真势扳人脚仓骨。

【三做四煞】snā zuě xì suà 工作断断续续:工厂不时停工待料,～。

【三更暝半】snā gnī mǐ bunǎ 深更半夜:逐日做到～。

【三着四熄】snā dò xì xìd 炉火或灯光不连续,也指工作不连续做:找一个头路～,不时无工课做,趁无够开。

【相粘致带】snā liǎm dì duǎ 缠绕纠集在一起:放尿抄溪沙,赖～。

【相舍连回】snā xià liǎn hué 丢人现眼,出丑害羞:穿破衫去做客,实在是～。

【相趁相罕】snā tàn snā hàn 蔚然成风,相延成俗:最近农村也～用煤气煮呷。

【相哭捩骂】snā kào luě mǎ 互相埋怨,漫骂:恁若做着工课着～。

【相抵会着】snā dú ê diò 走着瞧,声言要报复:船头船尾～。

【相拍撞捶】snā pà dǒng duí 吵吵闹闹,打打杀杀:囝仔多个,不是为着呷穿～。

【相重相叠】snā díng snā tà 重重叠叠,一层层堆积:物件系甲～乱糟糟。

【相报相啰】snā bò snā lǒ 互相通气、介绍:一个乞鸟仔相踏的小代志也～。

【酸酸仔闷】sñg sñg ā mǔn ①胃或腹部微微胀痛。②内心深处挂念或忧郁:放见钱唔敢讲,自己～。

【算觞了尽】sǹg vuě liáo jǐn 难以计数,没完没了:番爿寄的钱～,全部互伊开了了。

T

【刣鸡教猴】tǎi guē gà gáo 杀一儆百:将带头闹事的掠来～。

【癞哥烂瘆】tǎi gō nuǎ ló ①比喻全身又脏又臭,没一处是好肉,也形容臭味相投:伊交陪的朋友逐个是～。②东西、衣物破烂不堪。

【贪赊买贵】tām xiā vué guǐ 以为可赊欠不必付现款,其实是买到价钱高的。比喻因小失大:分期付款其实是～,商家一空掩双尾。

【偷拿偷搣】tāo tuè tāo wê 小偷小摸:伊贫惮作伕,四界～。

【偷工拨缝】tāo gāng buà pǎng 忙中抽空,乘机:我咧上班,～来找你。

【偷掩偷挹】tāoŋg tāo yàm 偷偷摸摸私藏东西:伊～去致荫外家。

【头空木蹎】tǎo kāng vǎr lǎm 面部神色憔悴,肌肉消瘦:外出旅游半个月,逐个都～。

【头目知崎】tǎo vǎr zāi giǎ 自觉自知,不必他人的提示:伊真～唔免互人差甲。

【头眩目暗】tǎo hín vǎr ǎm 头昏脑涨,头晕目眩:头壳互厝瓦损咧～。腹肚枵咧～。

【头垂尾垂】tǎo sé vé sé 垂头丧气,无精打采的样子:感冒几仔日,行路～无精神。

【头破耳划】tǎo puà hǐ wì 头破血流:倜兄弟仔不时相拍甲～。

【头烧耳热】tǎo xiō hǐ ruà 头痛脑热,身体稍有不适:团仔小汉不时会～,定定咧找医生。

【头满头耀】tǎo muá tǎo yǎo 初次:～卡生疏。

【涂鬼仔根】tô guī ā gūn 原指连结蚬蛤的黑线。比喻很多且纠结在一起:伊生真多子,一掐若～咧。

【吐气嗑哼】tô kuǐ bǔn hnǎi 唉声叹气:日子真歹过,伊归日～。

【吐血吐砣】tô huì tô dó ①让人棘手难堪、为难,觉得很讨厌:你无专心,定定做迓～的歹代志。②让人觉得不合事理,讨厌的话:你唔通佫讲讲迓～的话。

【吐沺糜仔】tô ám vě à ①骂人说谎。②出乎意料的棘手遭遇:成实真～,代志歹了了。

【褪脚仓白】tí kā cng bê 耻笑自我标榜、自己夸耀自己的人,竟然不知羞地夸自己的屁股很白。

【铁骨仔生】tì gǔd ā xnī 身材瘦小而结实:伊生成～,人小汉真有力。

【天不知道】tiān bùd zí dǎo 不管不顾,心不在焉:伊顾跋缴,家庭的代志~。

【挑工故意】tiāo gāng gô yǐ 明知故犯:伊~放屎伫路中央。

【越脚顿地】tió kā dòng duě 暴跳如雷,常因焦急或生气引起:伊讨无钿气甲~。

【越高越低】tió gunái tiǒ gê 着急奔忙,四处奔波:伊为起厝的代志~。

【腾头腾份】tǐn táo tǐn hǔn 分担承受,或跟人一样:伊虽然卡赤,乡里内的人情世故逐过都~跟人出钱。

【抽肠纠肚】tiū dńg gniù dô 抽泣时腹部时涨时瘪,常指哭泣得很久不停歇:无啥代志也哭甲~。

【托破天窗】tù puà tnī tāng 戳穿隐私,揭穿阴谋:个俗空的代志,未情未伍~。

【拖身磨命】tuā xīn vuá miǎ 辛苦劳碌,舍命坚持:伊~维持一家大小的呷穿。

【脱不了离】tuàd bùd liáo lǐ 躲闪不了,脱不了身:这摆事故,你的责任是~的。

【天拍天成】tnī pà tnī jniá 天造地设,浑然天成:一对哑狗的生一个真势讲话的效生,实在是~。

【天壳地外】tnī kàr duě gguǎ 遥远无垠,荒唐无稽:你欠我的钱紧来还,嗨免讲~的代志。

【糖廊灶空】tǐng pô zào kāng 比喻食量大,不挑呷:伊的嘴若~咧,一日呷无停,称彩呷。

V

【觅里觅啷】vǎ lí vǎ lāng 吊儿郎当,无所用心,不专心:读书着专心,做作业呣通~。

【密虱呷客】vǎd sàd jiá kê 早年卫生条件差,人们也不太讲究卫生,因此,身上的衣服里,睡的床上棉被里常生长许多臭虫,时间久了,习以为常,也似乎不觉得臭虫的存在了。
一次,有朋自远方来,主人把床让给客人睡。客人刚躺下一会儿,就觉得全身发痒。点上灯一看,那臭虫从蚊帐脚,床板缝像蚂蚁那样成群结队,熙熙攘攘向被窝奔袭而来。客人不敢打扰主人,只好折腾了一夜没睡。第二天起床,客人告知主人,主人苦笑着说:"这大概是'密虱食客'欺生吧。"从此,凡专门欺诈陌生外地人的都如是说。

【目屎流近】vǎr sái lǎo gǔn 多愁善感,好哭:伊软心伓自小~真爱哭。

【目屎流债】vǎr sái lǎo jê 留给人伤心怀念的印象:做人呣通太绝,着留~互下匀的。

【目睭目砚】vǎr kuè vàr hnī 众眼昭昭,让人眼馋:看着人有钱通分,伊归晡～。

【目眉拍结】vǎr vái pà gàd　愁眉苦脸：伊定定～，嗨八有笑容。

【目瞤白吐】vǎr jiū bê tô　怒目而视或难受时翻白眼：物件真多，互你呷甲～也呷艋了。

【目侣无抠】vǎr xiáo vǒ kāo　比喻不识相，没看清楚事物而糊里糊涂蛮干或乱干一通，因而误事或遭受损失，甚至失败或祸害。或由此受到惩罚。

【挽头挍胆】ván táo zǔn dǎo　搔首弄姿，忸怩作态：伊讲话～，真艋自然。

【挽瓜揪藤】ván guē qiǔ dín　刨根究底，抓住线索追查：根据现场提供的线索～，歹人着无块走。

【万乌重叠】vǎn ô dǐng tiàm　东西多得铺天盖地，人头攒动、拥挤且纷至沓来：要过年，到集市买卖的人～，挤艋入佫艋出来。

【袤袤扯扯】vǎo váo qê qê　好坏混杂搭配，可以互补，不必太精细：生理好歹做，～过得去。

【无闲无工】vǒ ngǎi vǒ gāng　整天忙忙碌碌，没有空闲的时间：你～嗨免来。

【无肥假喘】vǒ buí gê cuàn　装模作样，耍小聪明：人咧高血压呷药，伊也～讲最近脚疲手软真爱睏。

【无臭破味】vǒ cào puà vǐ　没尿骚味，比喻没意思，不够意思：伊真～，连自己老母买的物件也偷称头佫偏钱尾。

【无搭无捍】vǒ dà vǒ hunǎ　设备简陋，用具欠缺：新搬入厝，家具未整，四界还～。

【无有无缀】vǒ dnǎi vǒ duǎn　指女孩好动，调皮，与"文静"想反：查某囝仔～艋得人疼。

【无兜无捎】vǒ dāo vǒ sāo　无所用心，没有着落：你做代志真～，交代你的话艋记咧了了。

【无斗无偶】vǒ dào vǒ ggào　零星孤单，凑不成堆：这物件互我也～，归气全部互你。

【无代无志】vǒ dǎi vǒ jǐ　没来由的，平白无故，无缘无故：你～穿甲者美要去途落。

【无治无代】vǒ dǐ vǒ dǎi　没事，无缘无故：你～骂我心色。

【无定无性】vǒ dǐng vǒ xǐng　反复无常，没有定性：你真～，念弥要念弥嗨。

【无大无小】vǒ duǎ vǒ suě　没礼貌，不尊重年长者：囝仔人创治老伙仔～。

【无定无着】vǒ dniǎ vǒ diò　好动，多变：物价有时高有时低，贵俗～。

【无鼎无灶】vǒ dniá vǒ zǎo　家贫如洗，连炊具都没有：乞呷拾着鲎，嗨久～（比喻穷人得到东西也没法处理）。

【无张无迟】vǒ dniū vǒ dí 突然间出其不意,乘人不备:伊～共我喊一声。

【无该无再】vǒ gāi vǒ zǎi 世事难料,偶有巧遇:做生理是趁是蚀～。

【无讲无谭】vǒ góng vǒ dnǎ 无声无息,事先没说,不理不睬:要开钱着相共讲,唔通～自己大主大意。

【无紧无宽】vǒ gín vǒ kunā 慢条斯理,不着急:火烧目眉啦你还～。

【无骨无屑】vǒ gǔd vǒ sùd 原指事物细软不含硬物,比喻轻而易举,白赚的便宜:这项头路包稳好趁,要趁几千箍～。

【无疑无误】vǒ ggǐ vǒ ggô 猛然间,乘人不备:伊～伫脚仓后喊一声,我惊咧心拢要停去。

【无牛驶马】vǒ ggú sái vê 冒名顶替,权当应付:外嬷破病,本然阮老母应该去探望,伊无闲者～叫我去。

【无货无啄】vǒ hè vǒ dè 大势已去,虚弱无能,体力差:年岁若够大,做代志着～。

【无嘿无项】vǒ hê vǒ hǎng 笨拙无能,没着落:你真无头神,做代志～。

【无风无雨】vǒ huāng vǒ hô 天气正常(风调雨顺):唔知啥原因,～大榕自己倒,砸着一间厝。

【无法无度】vǒ huàd vǒ dô ①无能为力,没丝毫办法:起厝要佫装修实在～。②放荡不羁,极不听话:伊甲人乱来,～。

【无痕无影】vǒ huǐ vǒ ngià 子虚乌有:伊真势讲假话,～的代志也讲甲若成实的。

【无横无直】vǒ hunǎi vǒ dìd 乱七八糟,凌乱不堪,横七竖八:物件系甲～,欠用者四界找无。

【无戏无衔】vǒ hì vǒ hnǎi ①有气无力:拍拼几仔日,瘆甲～。②很少,无足轻重:今年歹光景,收成～。

【无遮无闸】vǒ jiā vǒ zà 毫无遮拦或掩盖:阳台～,披衫会沃着雨。

【无一块着】vǒ jìd dè diò 一无是处:互你嫌甲～,唔值半占钱。

【无擒无掠】vǒ kǐm vǒ lià 没有抓手,没着落,没依靠:潭仔水滇满满,四界～,掉落去着跕魷起。

【无内无外】vǒ lǎi vǒ gguǎ 内外不分,失去私密性:一间空壳厝还未装修,连门也还未张,～要怎样徛人。

【无来无去】vǒ lái vǒ k-ī 互不来往:伊搬去别位徛,我甲伊～,嘛唔知伊死或活。

【无娄无例】vǒ lám vǒ lê 无精打采,懒懒散散:伊做代志～,完全无一点仔积极性。

【无咧滚笑】vǒ lê gún qiò 不是闹着玩的:这摆"流感"～,是会死人的。

【无理无知】vǒ lǐ vǒ dī 莽撞胡闹,蛮不讲理,浑浑噩噩:团仔小汉～,你唔通互伊气。

【无理腊甲】vǒ lǐ lǎ gà 神志不清,

迷迷糊糊：婴仔呷饱自己佚佗，～着睏去。

【无料无数】vǒ liǎo vǒ xiǎo 漫不经心，不经意间：这几年我～都也剩甲三四万。

【无么无所】vǒ mô vǒ snô 没有分量，不知不觉间：要过年～佫开去几仔千。

【无暝无日】vǒ mǐ vǒ rìd 不分日夜，夜以继日：为着赶工期，逐个乌死乌命做甲～。

【无物无代】vǒ mì vǒ dǎi 无缘无故，无事无端：你～讨钱要创啥，着讲者要互你。

【无眠损神】vǒ mín sng xín 浪费精力心神：拍游戏机最～，若入迷佫卡呷力。

【无年无节】vǒ ní vǒ zuè 因为忙或什么缘故，连节假日也没办法正常地过：伊互你吵甲～。

【无娘无赏】vǒ niù vǒ xniù 分量极轻，似无感觉：伊五六岁时体重轻芒芒，～，无一只鸭角重。

【无掩无欺】vǒ ng vǒ kǎm 明摆着，没有遮掩：这项代志～逐个知。

【无鼻无目】vǒ pǐ vǒ vàr 有眼无珠，冒失莽撞：你实在～，看见伊咧伍骂，佫招伊要去佚佗。

【无手无头】vǒ qiú vǒ táo 没有权力，手头没钱：佮老母咧捍家，佮老爸～，连剃头呷熏嘛着讨者有。

【无字无眼】vǒ ryǐ vǒ ggàn 太没意思：你这个人～，甲人呣相八，随便找人呷物件佫带手。

【无事无白】vǒ sǐ vǒ bê 无缘无故，平白无故：伊～起手拍人。

【无沙无霎】vǒ suā vǒ sàm 无代价的，无辜的，无需理由的：这摆大风雨，家家户户都～受到损失。

【无啥无代】vǒ sá vǒ dǎi 没理由，没借口：伊～爱拍人。

【无算无论】vǒ sng vǒ lǔn 不分彼此，无须计较：佮两个是好朋友，不时～，相攒来相攒去。

【无头无总】vǒ tǎo vǒ zàng 没有头绪，束手无策或无人管理，像一盘散沙：番仔兵～茹怅怅。

【无头无面】vǒ tǎo vǒ mǐn 没有征兆，没有名气：我最近大腿肿起一块，～，呣知要生啥。～的人管人獪听。

【无味九素】vǒ vǐ gáo sô 太淡没滋味：獪记咧系盐，菜汤～。

【无时无阵】vǒ xǐ vǒ zǔn 不看时机，随时随地：伊真贫惮，～倒落着睏。

【无俗无啰】vǒ xiǒ vǒ lǒ 慢条斯理，磨磨蹭蹭：伊做代志～，呷饱慢拖。

【无心无成】vǒ xīm vǒ jniá 心情不好，情绪低落，精神不振，满腹心事：佮老爸抵仔去世，伊～跟人去旅游。

【无声无说】vǒ xniā vǒ sè 静悄悄，不动声色，无声无息：我～静静仔来，无人知。

【无声无虾】vǒ xniā vǒ hê　声音变得沙哑：伊真伤心,哭甲～。

【无要无意】vǒ yào vǒ yǐ　无动于衷,粗心大意,不当回事：五谷着虫啦,伊也～,等互虫呷了者共鬼哭无爸。

【无依无偎】vǒ yī vǒ wà　孤苦伶仃,无依无靠：伊从小自己一个～。

【无一无定】vǒ yìd vǒ dǐng　变数很大,不肯定,不稳定：这种天会觞落雨～。

【无因致单】vǒ yīn dì dunā　平白无故,无缘无故(有后悔之意)：我唔抵好踏着你的脚,成实真～。

【无影无迹】vǒ ngiá vǒ jià　子虚乌有,没有的事：伊真爱封龟,～的代志也讲甲若成实咧。

【无做无声】vǒ zuè vǒ xniā　默不作声：伊蹑脚蹑手～摸入厝内,我完全唔知影。

【无够前后】vǒ gào znǎi ǎo　数量少,应付不了：五尺布要做一付大人的衫裤～。

【无一片直】vǒ jìd pnì dìd　不懂事理：你真番,甲人～。

【无烂芋头】vǒ nuǎ ô táo　棘手难办或难以应付：抵着你这种～,无人有你变。

【无头公案】vǒ táo gōng ǎn　难以判断的事情：久年八载的～,谁也无法通解决。

【无意无见】vǒ yì vǒ giǎn　顺从听话,不反对,不反抗：伊真乖,有呷无呷都～。

【莫之八摄】vôr jī buè liàn　胡诌撒谎,莫名其妙：你这个人獪可靠,不时做一拐仔～的代志。

【要若唔咧】vè ná m̌ lê　三心二意,懒散不主动：伊做工课～,真破烂骨。

【要死要活】vè xī vè wà　伤透了心,死去活来的样子：伊放见金手指,伤心甲～。

【要死若虫】vè xī lǎ táng　半死不活,弱不禁风：伊着暗病,归个人～。

【要歆着跷】vè kī diǒ kiāo　经常借故找人的麻烦、短处或为难人：伊甲人獪合,不时～甲人话了了。

【卖生当鼎】vuě xnī dìng dnià　①卖掉家中所有的东西,倾家荡产：伊踮偷缴～还缴债。
②千方百计,竭尽全力：伊～也要互子儿读大学,甲人有亲象。

【卖嘴唇皮】vuě cuì dǔn pé　耍嘴皮子：横直伊唔答应,你唔免甲人～。

【卖头卖面】vuě táo vuě mǐn　货物的包装或上乘的商品摆放在显眼的地方,以吸引招徕顾客：物件～,你唔通乱翻。

【獪补獪组】vuě bô vuě dnǐ　能力差,粗活细活都干不了：我～只好倚看无代志做。

【觠泣觠变】vuě cuè vuě bnǐ　忍辱负重,任劳任怨,吃亏了也不改变:伊呣甲你好,你～佫定定关心伊。

【觠见觠笑】vuě giàn vuě xiǎo　恬不知耻,不知害臊:查某团仔穿甲献裂裂,真～。同"觠见笑死"。

【觠吼觠啴】vuě háo vuě cān　不吭声,不声不响:你若有困难着讲,呣通～。同"觠哼觠啴"vuě hnāi vuě cān

【觠呷觠睏】vuě jiǎ vuě kǔn　寝食难安,忧虑着急:伊真燥性,代志做无好～。

【觠了觠尽】vuě liáo vuě jǐn　没完没了,没尽头,难了结:家内工课做～,简有闲出门。同"觠了觠离"。

【觠掩觠欹】vuě ng vuě kǎm　一览无遗,掩饰不住,难遮拦隐瞒:这项代志～咧,未情未逐个知。

【觠歹觠势】vuě pái vuě xê　不拘小节,不守礼制,有失脸面还不知道羞愧:伊做贼去伍掠着也～。

【觠歹觠啰】vuě pái vuě lǒ　不易损坏变质,耐久放或收藏:安薯干晒够焦～,可以系真久。

【觠扶觠拿】vuě pô vuě tuè　腐烂不堪提拿不上手,扶不起的阿斗:伊若漉屎咧,互你～。

【觠头路直】vuě tǎo lô dìd　不坦率直爽,纠缠不清:你做人真～,爱甲人乱计较。

【觠插定咧】vuě càm dǐng lê　别理他,你越理睬他,他越得寸进尺,没完没了。有的甚至恩将仇报:伊这种人～,你愈插伊,伊愈有款。

【觠臭觠烂】vuě cào vuě nuǎ　不会变质的东西,不必保护:菜酺干～,系咧年抵年也觠歹。

【觠乃怠咧】vuě nài tnǎi lê　不可靠,让人不放心(幽默语):伊真～,你呣通听伊讲甲好锣好鼓。

【觠探听咧】vuě tàm tniā lê　不值得一提,很差劲,羞于让人知道:这间工厂的工资真低,实在～。

【觠孝孤咧】vuě hào gô lê　羞于见人,不像话,不像样:焦埔查某仃街路揪来搦去实在真～。

W

【倗年倗节】wá nǐ wá zuè　临近过年或过节日,表示忙碌或急用钱:～市场真闹热。

【越前越后】wǎd znái wǎd ǎo　东张西望,瞻前顾后,警惕地四处张望:平时欺侮人,出门着～惊人报复。

【歪嘴斜目】wāi cuǐ cuǎ vàr　口眼歪斜,五官不正的丑相。也形容故意做出口眼歪斜的面相,以表示某种情感或意思:伊痛甲～。

【歪糕市斜】wāi gō qǐ cuǎ　①东倒西歪,歪歪扭扭:这领衫肯定是次品,你看车趣～,无直佫无平无坦。②比喻事态、关系不正常：一项代志处理甲～。

【冤家量债】wān gê niǔ jê　经常吵架,争斗不休:個两个俏唔成家口,归日～。

【怨身泣命】wàn xīn cuè miǎ　自怨自艾,苦于命运不济:伊定定咧～,唔八甲人讲笑。

【挨尸挠假】wê xī lǎ wà　懒散、磨蹭、拖拉,懒洋洋坐卧不爱动：叫伊做工课～,若讲着呷现出身命。

【挨挨阵阵】wê wê dǐn dǐn　成群结队：上街的人～真闹热。

【话屎话汤】wê sái wê tīng　闲言碎语,冷言冷语,(多系风凉话)别人无意见,抵仔你～讲无断了。

【矮仔菇脰】wê ā gô dé　形容个子矮小：你若～咧,一汉汉仔。

【搣空挖壁】wī kāng yà bià　翻箱倒柜,四处寻找,连细小的缝隙,偏僻的地方也不放过：你归日唔做工课踮厝内～抄找物件。同"搣空挖缝"wī kāng yà pǎng。

【围山围海】wǐ sunā wǐ hài　到处圈地霸占或无原则的偏袒：有势着留歇逗逗仔用,唔通要～占人的便宜。

【画痕行路】wǐ hún gniǎ lô　循规蹈矩,不敢越雷池一步：伊要求真严,逐个着照伊～者会用咧。

【画乌擦白】wǐ ô càd bê　衣冠不整,胡乱涂鸦：你一个面～紧去洗伊

清气。

【五个六个】wù gò liù gò　不务正业的乌合之众,不三不四的人群：伊交陪的人都是～,无甲一个是正经人。

【有的无的】wǔ ê vó ê　无稽之谈,捕风捉影,没任何意义或作用的内容或事情：你免甲我讲遐～,要唔讲一声。

【有嘴无舌】wǔ cuí vǒ jì　只准听,不准插话或传话：囝仔人～。同"有耳无嘴"wǔ hǐ vǒ cuí。

【有嘴无澜】wǔ cuí vǒ lunǎ　费尽口舌,常形容把话都说了但效果不佳：我该好嘴甲～,好话讲一百担也无路用。

【有枝有叶】wǔ gī wǔ hiò　有鼻有眼,真实完整：伊真会编故事,明明无影的代志,伊也会讲甲～若成实的。

【有云无影】wǔ hún vǒ ngià　子虚乌有：你串讲是～的话,风球会去伍捏破。

【有空无损】wǔ kāng vǒ sòng　稀奇古怪,冷门的东西或想法：正路唔行,专门想～的臭屎计。

【有来有去】wǔ lái wǔ kǐ　①经常交往。②有模有样,像模像样：伊抵仔投资一万外银,生理做甲～。

【有暝无日】wǔ mí vǒ rìd　旷日持久：这只车系仜厝外～,吹风晒日沃雨,已经歹啦。

【有七无八】wǔ qid vǒ buè　稀奇古

怪,乱七八糟:伊不时爱讲一拐仔～的故事佋笑。

【有算无贯】wǔ sňg vǒ gňg　额外不上数的积少成多:年兜边～开去八九百。

【有头无尾】wǔ táo vǒ vè　虎头蛇尾,有始无终:伊无耐心,做工课定定～。

【有时有阵】wǔ xǐ wǔ zǔn　①偶尔发生的事:我～会腹肚痛。②选择适当时机:开钱着～,呣通逐日乱开。

【有侣无鼻】wǔ xiāo vǒ pǐ　粗话。稀奇古怪,不值一提,让人反感厌恶的事情:伊归头壳内专门是～的想法,共人无亲象。同"有侣无聊"wǔ xiáo vǒ liáo,又同"有譬无搢"wǔ suī vǒ gunǎ。

【有站有节】wǔ zǎm wǔ zàd　形容办事程序清除,层层推进,效果好:伊做代志～,真可靠,卒你放心。

【有高无低】wǔ gunái wǔ gê　①有涨有落:物件的价钱～不时咧变。②比喻说得很形象逼真或天花乱坠:无影的代志你讲甲～。

【碗头箸尾】wná táo d-ǐ vè　剩余饭菜,残羹剩粥:我拾呷怹的～着有够。

【碗头碟箸】wná táo dǐ d-ǐ　餐饮用具:大热闹时～无够,厝边头尾借来借去。

X

【世孤无奈】xê gô vǔ nǎi　无可奈何,不得已勉强而为:山沟内实在歹过日,～者着来到举目无亲的城市讨生活。

【四角罗砣】xì gàr lǒ dó　四四方方:一个大箱～歹势搬,两个人都搬艅振动。

【四空若隙】xì kāng lǎ kià　外围残缺,四面通风:个徛一间破厝桶仔,无门无户～。

【四玲珑返】xì līn lōng dòng　四周围:个徛家的～拢种果籽。

【是冬是季】xǐ dāng xǐ guǐ　各个季节,每逢庄稼成熟收成的时候:个人少欠脚手,～农忙着倩人来帮忙。

【是年是节】xǐ ní xǐ zuè　逢年过节:乡下人着～者有煮饭,闲时三顿安薯汤沰糜仔。

【死猪镇砧】xī d-ī dìn diām　强占位置,赖着不走(含厌烦意思):你趖早着来咧～。

【死狗烂羊】xī gáo lunǎ ngiú　胡搅蛮缠赖着不走:乞呷讨无物件,～踞跆门口呣行。

【死来活去】xī lái wǎ k-ǐ　①死去活来,要死要活的样子:伊真伤心,哭甲～。②难以穷尽:物件真多,互你呷咧甲～。

253

【死人亡圹】xí lǎng vǒng kǒng 派不上用场的大而破烂的东西:你拾人唔捏的～者多要创什么?

【死人骨头】xí lǎng gùd táo ①尸骨。②骂人的话,相当于"鬼东西"、"鬼名堂":你拾遐～简有啥路用。

【死蜂活尾】xī pāng wǎ vè 比喻死不甘心,垂死挣扎。同"死蛇活尾"xī zuá wǎ vè。

【死猪仔价】xī d-ī ā gê 固定价钱,不肯便宜,仍坚持高价位:伊卖物件比别人卡贵,定定着遐～。

【死无了的】xí vǒ liào ê 骂人的话,遗孤:途一个～共我偷掠鸡去鼓胀。

【死坐活食】xí zě wǎ jià 都不干活,坐吃山空:一家口仔都无头路,～,连山嘛崩。

【失德罪过】xìd dìr zě guǎ 翔安老妇人表示同情怜悯时,常说"色竹坐挂",其实原本是"失德罪过",因方言的口耳相传而走了样。原来,和尚或尼姑看到了以强凌弱的暴行给弱小者造成伤害,或看到天灾给人们带来痛苦,就屈手伸掌在胸前,口中念念有词:"失德,失德,罪过,罪过",表示对暴行或灾害的作孽者的谴责。

【设尸露体】xiàd xī lô tuè 赤身裸体,暴露私密,很不雅观:查某团仔穿甲～,唔惊见笑。

【闪拍倒惗】xiàm pà dò tiàm 父母打骂孩子,孩子逃闪,因没能打着更生气,一旦抓住,打得更厉害。比喻:是福不是祸,是祸躲不过,越逃避受到的损失更大:当初唔买厝,厝起价者买成实是～。

【冊八支番】xiàm buè gī huān 不谙世事,无理取闹。啰里啰嗦纠缠不清:外地人唔八风俗,甲你～乱乱来。

【痟的恁的】xiāo ê ggǒng ê 不入流,不正经,不值钱的人或物:坚坚钱买遐～。

【痟哥驴仔】xiáo gō l-ǐ à 公驴。

【数街路石】xiáo guē lô jiò 比喻闲得无闲,整天逛街。也指失业:我找无头路。归日～。

【烧佫坚冻】xiō gò giān dǎng 又烫又凝结,比喻鱼和熊掌兼得又好又便宜,投入少得利多:伊要求真高,逐项着～。

【小弟仔骨】xiō dí ā gùd 帅气英俊的年轻小伙子:伊生成～卡有查某缘。

【心适字眼】xīm xìr ryǐ ggàn 饶有风趣:这个花坛设计甲真～,四界无块看见有伊的翘神。

【心狂火着】xīm góng he dò 心急如焚:看着伊咧～,逐个唔敢多讲话。同"心狂燥热"xīm góng sò riad。

【心肝性命】xīm gunā xnì miǎ 心肝宝贝,像生命一样宝贵和珍惜:阮公仔的薰吹若～,定定扎在身。

【心气心拿】xīm kuì xīm tuè 上气不

接下气,急喘或哭泣的样子:伊赶紧走甲～。

【辛苦病痛】xīn kô bnǐ tniǎ 疾病交加或遭疾病。比喻生活中的困苦或病灾:现在有医保,～免烦恼。

【生空生缝】xnī kāng xnī pǎng 无事生非,挑起事端,找借口:伊动着～要讨钱去开。

【生菇郎殕】xnī gô làn pù 陈腐发霉:春天荫雨,衫仔无日通晒会～。

【生根钉朝】xnī gūn dàn diáo 像树木长出的根那样,老在一个地方盘踞着,再也不变动。比喻赖着不走或懒散不动的意思(多用于贬义):你着紧去紧回,唔通～无惊晏。

【生头发尾】xnī táo huàd vě 皮肤长疖疮:热天无常洗身躯会～。

【生空生损】xnī kāng xnī sǹg 节外生枝,找茬找借口:归日唔做工课,～想要呷好穿好。

【生屎生秽】xnī sái xnī hê 节外生枝拖累:做着工课～,艉专心做无好质量。

【生铣冻疕】xnī sān dàng pì 锈迹斑斑:这扇铁门～,无啥路用。

【渍盐挦露】xnī yán luà lô 原指用盐水渍浸腌制,比喻骂人活该受罪:我共你讲唔听,你着伍～者要变。

【想心想肝】xniǔ xīm xniǔ gunā 胡思乱想:糜呷工课做,唔通～。

【想空想缝】xniǔ kāng xniǔ pǎng 挖空了心思,想方设法:伊不时～数想占人的便宜。

Y

【枵饥失顿】yāo gī xìd dǐng 忍饥挨饿:旧社会真多乞呷～饿死街头路口。

【枵鬼孤魂】yāo guì gô hún 争先恐后,狼吞虎咽,生怕没能得到:看着物件咧拍价拼俗,逐个若～咧抢了了。

【枵蚛相夹】yāo jím snā ggê 贫困无助,仅有的一点点也相互争夺:兄弟仔唔出门去趁呷,踮厝内咧～。

【夭寿短命】yāo xiǔ dé miǎ 骂人的话,短命鬼:你这个～,钱拿咧现无看人。

【摇头拌耳】yǒ táo bunǎ hǐ 摇头摆脑,表示无能为力或无可奈何:大家看着伊上台者显场出洋相,都～失去信心。

【一陆钉馔】yìd liôr dàn zuǎn 一心一意直冲目标:伊到商场～去买相好的西装。

【淹洋淹海】yīm ngiú yīm hài 形容数量多,范围广:台湾船一到,台湾的果籽～满街都是。

【引鬼入宅】yín guì rǐm tê 引狼入室:互不三不四的生分人入内,简直是～,稳无啥好空的。

【应嘴应舌】yìn cuì yìn jì 顶嘴抬

杠:难道你无错吗?讲你两句你着~。

【英威光胿】yīng wī gōng guī 使性逞凶,凶神恶煞:赡堪咧伍讲一句着~,想出手拍人。

Z

【在安在坞】zǎi wnā zǎi wǔ 在原住地,安稳有保障:在本地工厂做工,~方便佮省路费。

【造乌造白】zǒ ô zǒ bê 凭空诬陷:你若照起工,无惊人~。

【注心注肝】zù xīm zù gunā 盯住目标,专心致志,一门心事:伊~想讨钱开销。

【做贼做鲎】zuè cǎd zuè hǎo 偷鸡摸狗,小偷小摸:伊工课唔做,专门~。

【做冤劳家】zuè wān lǒ gê 经常纠纷闹矛盾,不和谐而吵架:兄弟仔赡和,同妯人不时~,做序大人着做磨仔心。

【做恶做毒】zuè ôr zuè dôr 为非作歹,专干伤天害理的坏事:大人~者,互子儿去收坐。

【做硬做软】zuè ggnǐ zuè lǹg 软硬兼施,恩威并用:教示子儿着~,也着縻也着棰。

【水真鱼现】zuì jīn h-í hiǎn 水落石出,真相大白:代志破空着~,互你无块走。

【水流破布】zuí lǎo puà bô 随遇而安,走到哪里停在那里:你若~咧,行到歇到。

【存死存绝】zǔn xí zǔn zè 破瓮破摔,破釜沉舟(常贬义):伊~的归日跋缴唔知煞。又音"cǔn xí cǔn zè"。

【前去后空】znǎi k-ǐ ǎo kāng 前后皆失两头空:用出货的钱买六合彩,~了甲无半项。

【从头到尾】zǒng táo gào vè 自始至终:这件代志~我唔知半项。

【吮嘴吮舌】zǒng cuì zǒng jì 啧啧赞叹:讲起风味小呷~,逐个~。

俗语话 翔安

家乡话中最具有乡土气息的是俗语话,与市井百姓创造的草根文化关系密切。俗语话千百年来口耳传承,通俗易懂,耳熟能详,虽然浅白、大众化,却蕴含着深刻的文化积淀,反映着人生百态。

【屎礜三日新】sāi hàr snā rǐd xīn
新启用的厕所比较没有味道,人们喜欢光顾,但三天后也就不显新鲜了。告诫人不要"喜新"而"厌旧",做事不要"虎头鼠尾"。
礜:音"hàr"。屎礜:厕所。

【矮仔敖激幸】wê a ggǎo gìr hǐng
个子矮小的人特别精明,城府深,善算计。
激幸 gìr hǐng:细心盘算,周密思考。

【大空好收嘴】duǎ kāng hó xiǔ cuǐ
原意是皮肤裂开,伤口大些较容易愈合,引申意是事情闹大了,情况清楚了,反而解决得快。

空 kāng:小的是孔,大的是洞。

【青头唔识面】qnī táo m̌ bàd mǐn
素不相识。未曾谋面,显得"生份"。
青头 qnī tǎo:生疏、陌生。

【赤人明载多】jià lǎng miá zài zuě
贫穷的人都把希望寄托于明天。懒惰的人多把今天该做的事推迟到明天,甚至不做。
赤,贫穷。明载,明天。

【吃冬起祖厝】jiǎ dāng kī zô cǔ
农历冬至时,旧时农村要轮流作东备办酒席(称"做冬"),宴请亲邻(称"吃冬")。因为"吃冬"在祠堂里进行,为感祖宗恩泽,吃冬时总是建议维修破烂不堪的祠堂,吃过之后再也没人提起。意为:心血来潮时说说而已,内心并不真的想去做。

祖厝 zô cǔ:祠堂。

【有装有走拙】wǔ zīng wǔ zāo zuà
稍微打扮,就好看一点。即所谓"佛是扛的"(才有圣 xià);"人是妆的"(才漂亮)。

走拙 zāo zuà:变样。

【镫青吃狗屎】dnì qnī jiǎ gáo sài
对真相心知肚明,却假装一无所知的样子。装疯卖傻。

镫青 dnì qnī:装聋作哑。

【目贼无算点】vǎd zàd vǒ sǹg diàm
原为赌博的点数,10 点即为 0 点。引意为大约、随便,不计较精确的数量。常用在不论时间的多少或迟早。

目贼 vǎd zàd:乌贼,墨鱼。

【带离卖糜的】duà lǐ vuě vé ê
诬赖无辜。街边路口卖粥的,做小生意,赚点小钱,地位低下,人们常拿他说事,随便栽赃。

【内神通外鬼】lǎi xín tàng gguǎ guì
家里的神佛与外头的鬼怪相互勾结,内应外合干坏事。比喻吃里扒外。

【看无刮出重】kunǎ vó tǎi cùd dǎng
过去买猪,是杀完后挖出内脏,再称重算钱的。没想到称的重量比原来估计的重。喻低估,现实出乎预料。

刮 tǎi:杀。

【掠猫照实报】liǎ niāo jiāo xǐd bǒ
实话实说。坦白自己的缺陷或做错的事。

【倒剃无毛管】dò tǐ vǒ mňg gùg
反着刮更干净。意为本想节省一些,反而耗费更多。

剃 tǐ:理发、刮毛。管 gùg:毛茬。

【官司粘绨绨】gunā xī liǎm tī tī
打官司程序复杂,要立案,取证,控辩,审理……反反复复时间长。一般老百姓都害怕打官司,特别没有权势的穷人。

绨 tī:形容粘稠。

【一乖甲一偍】jǐd guāi gǎ jǐd ggái
事物是双重性的,好坏、难易、顺逆总是相随。

乖 guāi:忠厚老实。甲:配搭。偍 ggái:调皮好事。

【一空掩双尾】jǐd kāng yām sāng vè
捕捉鱼的时候,一个洞穴里只能抓到一条鱼。一个洞穴里能抓到两条鱼,即表示双倍的收获。意为除了应得的分额之外,还能得到双倍的、分外的收效。

空 kāng:洞穴。掩 yām:掩。

【一雷天下吼】jǐd luí tnī ê hǎo
事件重大,很快传遍各地。

吼 hǎo:响。

【一名通京城】jǐd miá tàng gniā xniá
很有名声,再远的地方都知道。

通 tàng:到达。

【船过水无痕】cún gě zuì vǒ hún

船行驶过后,水面又恢复原来那样,事情没有留下发生的痕迹。表示做事的手段很高明,让人丝毫不会发觉。

【好酒沉瓮底】hó jiù diǎm àng duè
好的在后头。有能耐的高手往往最后才露面。其实好的酒在瓮的最顶部,底部的酒最差。此语也带讽刺的反意。

【钝刀出利手】dūn dō cùd lǎi qiù
使用不锋利的刀,要用力才能砍断东西。使用不好的工具时,要用力气,讲究技术。

钝 dūn:不锋利。利 lǎi:锋利。

【正字掺狗屎】jnià ryǐ cām gáo sài
说话、读书时,常夹杂着方言土语;写的文章,常有错字错词或语无伦次的地方。

正字:正确的。狗屎:差错的。

【软索仔牵猪】lňg sò ǎ kān d-ī
①讲究策略,以柔克刚。②耐心。循循善诱,细心地开导。

索 sò:绳子。

【讲天说皇帝】gōng tnī sè hǒng dê
随意地无拘无束闲聊胡侃。漫无主题海谈。也指答非所问,故意乱说的题外话。

【王爷讲白话】ǒng yá góng bê wê
跳神的人讲的"佛话"似文言,让人难听懂。事急时就直截了当地用平常语把意思说得清楚,让人一听就懂。意为"打开天窗说亮话"、直话直说。

【气死验无伤】kì xì ggiǎm vǒ xiōng
劝人勿发怒,以免伤害身体。

【歹钱瘦念的】pāi jní sán liǎm ê
有过劣迹的人,常会无辜地受冤枉。无故受到冤枉的人常以此话表白。

【打人喊救命】pà láng huà giù láng
先打人又喊救命,混淆视听。欺侮别人又装无辜,骗人同情,恶人先告状。

【横人理路直】hunái làng lí lô did
欺侮了人,不讲道理,还觉得自己很有道理,不讲道理的人永远有道理。

横 hunái:蛮横欺侮人。理路:道理。

【嫌戏才要请】hiǎm xǐ jià vè qnià
指出不足或瑕疵,正是喜爱的表现。挑肥拣瘦,买卖才能成交。

【歹看好性情】pái kunǎ hō xìng jíng
原指人样子长得丑,可是温顺听话。比喻东西外表不怎么样,可是质量很好。

【爱水流鼻水】ài suì lǎo pǐ zuì
笑话女人爱打扮,穿得少,显"露",受不了冷,流鼻水还硬撑,死要面子活受罪。

水 suì:美丽。

【愈格愈失德】rú gìr rǔ xìr dìr
即"弄巧成拙"的意思。越是刻意,越是适得其反。

格 gìr:装饰。失德 xìr dìr:糟糕。

【有谅就有福】wǔ liōng diǒ wǔ hôr
慷慨施舍,资助他人,遭了不测,就有

人排忧解难。肯帮助别人就会得到别人的帮助。

谅 liòng：度量，宽容。

【古意有底蒂】gô yǐ wǔ dué dǐ
忠厚老实的人，老老实实地办事，一定有好的结果。

古意：忠厚老实。底蒂：基础。

【名声无块买】miǎ xniā vǒ dè vuè
一个人的名誉是用金钱买不来的，也没有地方买。要爱护自己的人格和名誉。

块 dě：地方。

【假哭无目屎】gê kǎo vǒ vǎr sài
假装着哭，不伤心，当然不可能有眼泪。虚伪的人假关心，言行不一。

目屎：眼泪。

【人老性无老】láng lǎo xīng vǒ lǎo
倔强的脾气、性格，年纪大了，也不会改变。

【老人囝仔性】lǎo láng ggǐn a xǐng
童心，幼稚。人老了，还像小孩子那样的言行举止或心态。

囝仔 ggìn ǎ：小孩子。

【银白心肝乌】gún bê xīm gunā ô
贪心，见钱眼开。不择手段地掠取钱财。贪得无厌。

【桥过拐仔放】gió gè guǎi a bǎng
过了河拆桥。目的达到，忘记了别人帮助。忘恩负义。

拐仔 guǎi ǎ：拐杖。

【好心给雷挣】hō xīm hô luí jīng
做了好事得不到好的回报，反而遭受非议，吃力不讨好。冤枉。

挣 jīng：用拳头打。

【敢的拿去呷】gnà ê tuě k-ì jiā
世上无难事，只要肯登攀。也指自不量力的人竟然也取得成功。

敢 gnà：有胆量。拿去吃：得到。

【功德做里草】gōng dir zuè lí cào
有功无益，得不偿失，没有回报，白费气力。

功德 góng dìr：由僧人念经拜忏的道场法事。

【十嘴九脚仓】zǎm cuǐ gáo kā cng
七嘴八舌，议论纷纷，无济于事的乱说。

脚仓：屁股。

【𫧃和呷屎无】vuě hó jiǎ sāi vó
闹不团结，不齐心协力，动作不协调，效果不好，什么都不能得到实现。

𫧃 vuě：不会。和 hó：团结、齐心协力。

【坐船爱船走】zě zún ài zǔn zào
坐在船上的人都希望船行驶得快，一起做事的人都希望工作顺利，事业发达。

【怨生无怨死】wàn xnī vǒ wàn xì
生前有过节，人死了就一笔勾消了，不能再说死者的不是。

无 vó：不能。

【怨无无怨少】wàn vó vǒ wàn jiò
本该得到，却一点没得到，埋怨、生气

是可以理解的。但是,如果得到,不能嫌少而不服气。

无 vó:没有。

【无呷讨得怪】vǒ jià tō dìd guê
人家好意请你,你不去,就会受到人家的埋怨。有来有往,来而不往,非礼也。

怪 guê:责怪、责备。

【甘烂呣甘溅】gām nuǎ m̌ gām zunǎ
宁可把东西留着不用,让它坏了,也不肯送人。

甘 gām:愿意。溅 zuǎ:送人。

【洩屎镇大位】cuà sài dìn duǎ wǐ
做事不伶俐,不利索,污染、占据了大片地方。也指不值钱的东西放置在显眼的地方。

洩 cuà:拉稀。镇:占据。大位:重要或宽阔的地方。

【多水多豆腐】gê zuǐ gê dǎo hǔ
做豆腐的时候,好像水放得多一点,豆腐就出得多。其实,没有增加价值。

多 gê:增加。

【好嘴得人疼】hó cuǐ dìd lǎng tniǎ
语言美,能主动和人打招呼,向人问寒问暖关心人的人,最能博得他人的喜欢。

【见笑赡畏挠】giàn xiǎo vuě wǐ ggiāo
【面红赡消蚀】vǐn āng vuě xiāo xì
做了丢脸的事又不知道害羞或觉得可耻。

【嘴花磨倒人】cuì huē vuǎ dō láng
利用花言巧语骗人。专讲好话,投人所好,讨人欢心。

【亲成同条龙】qīn jniá sǎng diǎo líng
亲戚或要好的朋友,往往一荣俱荣,一衰俱衰。

亲成:亲戚。龙:龙脉(运气)。

【嘴动三分力】cuì dǎng snā hūn làd
肚子饿了,一点力气也没有。随便吃点东西,就有力气了。

【酒醉心头定】jiú zuǐ xīm tǎo dniǎ
醉酒的人虽迷迷糊糊,但心里还是清醒的。指虽然迷惑不解,但心中有数,不会上当。

【呷水节身命】jiǎ zuì zàd xīn miǎ
一切都要量力而行,不可逞强。

【呷识穿打结】jiā bàd qīng pà gàd
耻笑有的人只顾讲究吃,爱吃好,滥吃,舍得花钱在吃的方面,穿得很随便、破烂。

识 bàd:知道,讲究。

【无钱卡惨死】vǒ jní kà cám xǐ
没有钱,难办事,生活困难,生不如死。所以有人说,骂人最毒的话是"让你永远没钱花"。

卡 kà:更加。

【脚澹嘴臭臊】kā dám cuì cào cō
只要下海,就有鱼吃。比喻只要肯干活,就会有收获,有吃的。

澹 dám:潮湿。臊 cō:鱼腥味。

【呷蛇配虎血】jiǎ zuá pè hô huì

穷凶极恶,心地恶毒,无恶不作的人。敢吃毒蛇的肉,敢喝凶猛老虎血的人,还有什么坏事不敢干呢?

配:音"pě"。

【羊仔见青好】ngiǔ a gnì qnī hô
羊吃百草,小羊仔更是以为绿色的都可以吃。意为随便都可以,不用太挑剔。

【阉鸡趁凤飞】yām guē tàn hǒng bē
阉过的公鸡虽然长得更大,更漂亮,但鸡毕竟是鸡,不可能和凤凰一样在空中飞。讥笑不认本分的人,不符合实际地好高骛远。

趁 tǎn:跟着。

【真知人魆赤】jīn zāi láng vuě qià
能未卜先知的人,什么事都可以做好。世事难料,所以难免失败,不必灰心。

赤 qià:贫困,穷。

【细字无蚀本】suè ryǐ vǒ xǐ bǹg
做事细心一些,只有好处,没有坏处。

细字:小心。无:不会。蚀本:吃亏。

【牛仔唔识虎】ggǔ a m̌ bàd hô
初生牛犊不认识老虎,无知者无畏。即憨人有憨胆,"憨憨雄"(ggǒng ggǒng híong)。

【铸枪打自己】zù jěng pà gǎ gǐ
自作自受。想做害人的事,反而害了自己。

铸 zǔ:制造。

【踢桌起无筅】tàd dò kí vǒ cunā
找茬。想欺侮人或发脾气找不到借口。

筅 cunā:竹或木的毛刺儿。

【贪俗买狗鲨】tām xiôr vuē gāo suā
因小失大,贪小便宜反而吃大亏。

俗 xiôr:便宜。狗鲨:鲨鱼的一种,很少人肯吃。

【有鱼唔呷头】wǔ h-í m̌ jiǎ táo
有了鱼肉吃,就把没什么肉的鱼头扔掉。比喻富足了就忘记节约,随便浪费。

唔 m̌:不要。

【春牛冬和尚】cūn ggú dāng hě xniǔ
春季的牛犁田是最忙的,年关的和尚请的人多,是最忙碌的。他们都是大忙人。

【臭头的厚药】cào táo ê gǎo yò
过去很多小孩常患癞痢头,相识的或不相识的人都会介绍药方,其实,无济于事,治不好。比喻道听途说的建议不大可靠,别太在意。

臭头:癞痢头。厚 gǎo:多。

【另星拾做就】lǎn sān kiò zuè qiǔ
零散的东西收集在一起,可积少成多。

另星:音"lǎn sān"。就 qiǔ:聚集。

【刣鸡安公名】tǎi guē ān gōng miá
杀了鸡要给爷爷滋补身体,但往往爷爷舍不得吃,只吃鸡爪、鸡脖子,把肉多的地方让给孙子吃。意为有名无实。

刣 tái：杀；安公：爷爷、祖父。

【嘴硬脚仓软】cuì ggnǐ kā cīng lǹg
声厉色荏。表面很凶，其实胆子小。说话口气很硬很坚决，其实很软弱，很犹豫。

【耳空塞破布】hǐ kàng tàd puà bô
躲避众人的指责咒骂，故意装作没听见。
耳空：耳朵。

【溜溜呷目睭】liū liū jiǎ vǎd jiū
待人做事要灵活，能随机应变、见机行事。
溜溜：眼珠不停转动。

【踮踮抄归念】diǎm diǎm sā guī liǎm
不动声色的人往往很有本事。
踮 diǎm：静。抄归念 sā guī liǎm：抓一大把。

【戆戆行相撞】ggǒng ggǒng gniǎ snā dǒng
无意中出乎意料走在一起相见面。不谋而合，不期而遇，不约而同。
戆戆 ggǒng ggǒng：呆头呆脑。

【无钱摸粿墘】vǒ jní mô gē gní
没有钱就别想，不要在旁边眼馋。就像没钱买糕饼，只能摸摸拿不走那样。
墘 gní：边沿。

【水瓜偎大爿】suī guē wá duǎ bín
水瓜即西瓜。西瓜切成片，都争着拿走大块的吃。比喻趋炎附势或从众的心理。

偎 wà：靠拢。

【一升到总兵】jĭd xīng gào zōng bīng
典出翔安马巷井头村，清代林君升从军时"拾鞋得官"的故事。意为职场顺利，升迁很快的意思。

【痟痟尴做姨】xiáo xiáo vuě zuè biao
口无遮拦的人往往不会搞阴谋鬼计干坏事。
痟痟 xiáo xiáo：不拘小节，好开玩笑。

【嫺嫺假封建】giàn giǎn gê hōng giǎn
梦寐以求，却假装羞于启齿、不好意思。
嫺 ggiǎn：喜爱

【水水势变鬼】suí suì ggǎo bnì guì
有些表面忠厚老实的人，却很会耍权术，做小动作，诡计多端。与"忠厚，拘屎吃归肚"意同。
水 suì：漂亮。

【色色无原则】xìr xìr vǒ gguǎn jìr
有的人什么道理都懂，却出人意料地胡作非为。
色色 xìr xìr：知书达理。

【赢惊输无忍】ngiǎ gniā sū vǒ lùn
赌徒的心态：赌赢了钱时，担心输掉，总是比较小心，不敢下大赌注，还有早点收手的打算；要是赌输了钱，急着想翻本，出手越疯狂，输红了眼，失去理智，完全顾不了后果，即所谓"缴（赌博）惶（兴致）卡重枪伤。"
忍 lùn：畏惧。

【未赢先想输】vě ngiá snāi xniǔ sū
①事先想到后果,要有忧患意识,不要盲目乐观,要留有余地和后路,才能立于不败之地。②缺乏自信,前怕狼后怕虎,该出手时不敢出手,畏葸不前,往往错过良机。

【俗物伫高州】xiôr mng lǐ gō jiū
现实中,便宜的简单的好事并不在我们的身边,仅存在于想像中的遥远的子虚乌有的地方——高州。应该正视现实,实际一点认本份,不要听信谣传,去等待或幻想高不可及的东西。

俗 xiô:便宜。

【无猪狗也残】vǒ d-ī gáo ǎ zán
小猪崽要阉割才能长得快,长得大。狗是看门或当宠物喂养的,无需阉割。阉刀已经拿出来了,找不到猪,就拿狗开刀,冒名顶替做替死鬼。喻意为:权当顶替,暂且为之。

残 zán:阉割。

【赤鞋抵着脚】qià wê dú diǒ kā
做皮鞋叫"赤",纳鞋底鞋帮也叫"赤",鞋子刚做好,就遇到正急着穿的脚板。意为事有凑巧,能派上用场,解决问题。

赤 qià:制做鞋子。抵 dù:遇到。

【裤破勒去就】kô puǎ lǐr k-ì jiū
裤子破了,抓起裤头把那破洞遮住,让人发现不了。意为将错就错,糊弄过去。或因陋就简,勉强应付。或顺水推舟,顺其自然。

勒 lìr:提上去。就 jiū:凑合\将就。

【告那咧摇橹】gǒ nā lê yǒ lô
划小船的"划"闽南方言为"告"gǒ,与控告的"告"同音。意为上告无门,告了也白告,丝毫意义作用也没有。

【大缸小瓮滇】duǎ gng suè àng dnǐ
农家收成的五谷用缸、瓮盛装。全都装满,表示五谷丰登。以此也表示很富裕富足。

滇 dnǐ:盛满。

【尫勥某撑头】āng ggáo vô tnì táo
丈夫有出息、能干、做成大事业,老婆得到依靠,借助影响力或权势也能出人头地。

勥 ggáo:能干。撑 tǐ:突出。

【捏惊死,放惊飞】nì gniā xì bǎng gniā bē
抓到一只小鸟,很高兴,很爱惜。用手抓住时,抓紧一点儿怕把小鸟掐死;放松一点儿又怕让小鸟飞跑。真是这不行,那也不行,左右为难啊!优柔寡断、胆小怕事,只能束手束脚,无所适从。

【三顿前,两顿后】snā dng znái lng dng ǎo
生活没着落,经常断炊,有上顿没下顿,过着三餐难度的日子。

【查某仔芋种命】zā vô a ô jíng miǎ
女人的一生变数很大,嫁鸡随鸡,嫁狗随狗,都是随遇而安的事,不必太刻意的苛求,不必太计较。

【红礼水黑大办】áng lê suì ô duǎ bǎn

平民百姓的审美习惯,都认为凡是红色的都好看,既有喜庆的意思,又很抢眼,看着舒服;凡是黑色的都是显得端妆得体稳重有气魄。

办 bǎn:体态。

【会呼鸡,觞嗌火】ê kô guē vuê bǔn hê

形容非常疲倦,连吹熄灯火的力气也没有了。

【出钱的人主意】cùd jní ê láng zú yǐ

做事的人自己拿主意,局外人不可指手划脚,说三道四。

【钱和体面对枂】jní gà tê viǎn duì gê

请客送礼,大方体面,就得花费较多的钱,怕花钱,舍不得,就显得小气,不好意思拿出手,难为情。可见,钱与体面正如鱼和熊掌一样,是不可兼得的。

对枂 duì gê:抵触、矛盾。

【自己呵,臭鼎罗】gǎ gǐ hō cào dniā lō

王婆卖瓜,自卖自夸。自吹自擂本事和成绩,是最没意思的。其实越是这样,人家越不卖你的帐,越瞧不起你。

呵 ō:称赞。臭鼎罗 cào diā lō:锅巴的焦味。

【呷公司,睏峇里】jiǎ gōng xī kùn vǎ lí

句意比喻一切均由家里承担,吃好住好,无忧无虑。

峇里:马来语 bali,轮船的客舱,房间很舒适。

【一趁早,二趁饱】yìd tàn zà ryí tàn bà

又"吃饱着趁早"。做事情一要抓紧时间,二要趁力气正足,兴趣正浓的时候。这就是抓住"火候"。或"打铁趁热"。

【贼唔捱,虎唔咬】cǎd m̌ dí hô m̌ gǎ

没人理睬、关照,自生自灭的人或事。

【媒人嘴胡累累】m̌ lǎng cuǐ hô luì luì

媒婆介绍对象,为了撮合成功,时常凭空捏造事实,把人品,相貌,家庭情况说得天花乱坠,非常诱人;而缺陷,不足只字不提,或万般掩饰。相信这样的胡诌,肯定上当。而媒婆常用"保你入房,无保一世人(一辈子)"推卸责任。

胡 hô:乱说。

【来无疑,去无辞】lái vǒ ggí k-ǐ vǒ xí

事先没约定打招呼就登门拜访,回去了,也没说一声就走,没有辞别。来去进出,无拘无束,随随便便,对人不尊重,缺乏基本的礼节和素养。引伸为:出乎意料,反复无常的气候变化或事件。

【先生缘主人福】xiān snī yán zú lǎng hôr

医师并不可能包治百病,能否治好,全靠病人的造化。意为:高手也有失手时候;瞎猫偶尔也能逮到死耗子。事物是相互联系的,互动的,片面的,绝对的并不存在。

先生:医师。主人:病人或家人。

【歹人好人拖累】pāi láng hó lǎng tuǎ tuī

好人受到坏人拖累或连累。

【跳过沟,呷三瓯】tiào gè gāo jiǎ snā āo

早年人们的伙食很差,稀饭可以照见人影,地瓜糊,萝卜干,缺乏营养,刚吃一会儿又饿了。此话常用于请人吃饭。

瓯 āo:大的碗。

【看瘦瘦,摸板板】kuǎ sán sàn mô bán bàn

没做之前,看似没什么,实际做起来很难。

【看俗俗,摸煞着】kuǎ xiǒ xiò mô vě diò

看似简单,实际要做却难以下手。

【看千千,做翻颠】kuǎ qiān qiān zuě huān diān

看时心中有数,做时手忙脚乱。

千 qiān:准确。翻颠:音"hān dān"。癫痫:头脑不正常。

【一枝摇,百枝动】jiǎ gī yó bà gī dǎng

事物总是相互联系,相互影响的,"牵一发动全身"。

【距愈高,摔愈死】bê rū gunái sàr rú xì

爬得越高,摔下来越惨。意在劝人野心不要太大,要知足。

【娘伓做,嬒偃学】niú guě zuě gàn ô ô

当官容易,做老百姓难。指挥容易,实际操作难。

伓 guě:容易。偃 ò:困难。嬒 gàn:女佣。

【唔成种,行城顶】m̌ jniǎ jing gniǎ xniǎ dìng

长得很丑又想城墙上走动,不怕丢人现眼,还觉得风光。意在讥讽缺乏自知之明的人。

【自己想,自己劝】gǎ gǐ xniǔ gǎ gǐ kǎng

遭受不幸时,要想得开,劝慰自己,早日从阴影中走出来。

【是唔是,管自己】xǐ m̌ xǐ guán gǎ gǐ

宽以待人,严以律己。多想想自己的不足或过错。多从自己方面主动寻找解决矛盾冲突的办法。

【倩人哭,无目屎】qnià lǎng kǎo vǒ vǎr sài

自己的事应该自己做,别人代替往往做不好。

倩 qiǎ:雇请。目屎:眼泪。

【铺面蛏,浸水蚵】pô mǐn tān jìm zuī ó

卖水产品的商人为了招揽顾客,常会把肥大的蛏摆在表面,用水浸涨海蛎。比喻以假像骗人。做表面文章,中看不中用。

【贫惮人,厚屎尿】pǐn dunǎ láng gǎo sái riǒ

懒惰的人爱找偷懒的借口,躲避做事。

惮:音"dunǎ"。贫惮:懒惰。厚 gǎo:频繁,次数多。

【未学行,先学飞】vě ǒ gniá snāi ǒ bē

好高骛远,基础没打好就想接触高难度的知识,做力不能及的事。

【天未光,狗末吠】tnī vě gēng gào vě buǐ

黑夜还没结束,天还没亮,连狗都还在熟睡,时辰还早。

光:音"gēng"。吠 buǐ:狗叫。

【钱大百,人无肉】jní duǎ bà láng vǒ và

赚钱辛苦,为赚钱操劳,身体瘦弱。劝人切莫"人为财死"。

大百:很多。肉:音"và"。

【钱四脚,人两脚】jní xì kā láng lǐng kā

有些钱是赚不来的,正如钱长着四只脚,跑得快,人只有两只脚,跑得慢,是追不上的,不要太勉强。

【好面孔,臭肚桶】hó mǐn kàng cǎo dô tàng

两面派,笑面虎。笑里藏刀。见人就笑容满面,其实内心肮脏龌龊。

孔:音"kàng"。肚桶:肚子。

【煞尾子,吮无奶】suà vé gnā sù vǒ līn

早年没有计划生育,子女一大阵,女人老了,还生最小的孩子,加上生活贫困,没了奶水,最小的孩子当然吸不到奶水。

捷足先登,过了这村,就无这店了。该做的就应主动及早做,步人后尘就失去了意义了。

煞 suà:煞尾,最后。吮 sù:吸。

【人脚迹,肥呀呀】lǎng kā ryà buǐ yà yà

人走过的地方,清扫的垃圾很有肥力。喻人气旺盛的地方就繁荣,热闹。

脚迹:足印。呀:语助词。

【严官府,出大贼】ggǐm gunā hù cùd duǎ càd

物极必反,管得越严,出事越多。比喻教育孩子要重疏导,少严禁。

【落水无一块烧】lǒ zuì vǒ jǐd dè xiō

世态炎凉,正如在水里找不到温暖的地方。比喻人际关系不好,得不到相互的关怀和集体的温暖。

烧 xiō:暖和。

【遇撞恰好软钻】dú dǎng kà hǒ lǐng zǎng

有时,机会条件很重要,比千方百计蛮干好得多。耐心等机会,有了成熟的条件成功就容易，不顾环境条件，虽想方设法钻空子也无济于事。

遇撞：音"dú dǎng"。软钻：音"lǹg zǎng"。

【允人卡惨欠人】wèn làng kà cám kiǎm làng

承诺一定要兑现。答应过的事比欠人钱还要牢记在心，一定要做。

允 wèn：应诺，答应。惨 càm：超过，过甚。

【粗人艙做幼粿】cô láng vuě zuè yiù gè

毛手毛脚的人是做不好事情的，只有大力气的人做不了精细的活儿。

【佛去才知佛圣】bùd k-ǐ jiǎ zāi bǔd xniǎ

人离开了，才发现他的好处，机会丧失了，才认识到机会难得。

圣 xniǎ：圣明，灵验。

【抗鼻屎呷咸咸】kàng pǐ sài jiǎ giǎm giám

斤斤计较绳头小利，节俭得近似小气。

抗 kǎng：挖、掏。

【呷狗艙得狗死】jiǎ gào vue dìd gáo xì

急性子。恨不得马上能满足欲望。

【做狗唔认呷屎】zuè gào m̌ rǐn jiǎ sài

不认本分，该做的事不做，该说的话不说。常用于对长辈不愿意称呼或不愿意孝顺赡养。

【鸡无奶也疼子】guē vǒ lin ǎ tnià gnià

贫穷的人，条件不好的人家，也疼爱子女，也重视孩子的教育培养。

【相打无过田岸】snā pà vǒ gè căn hunǎ

势均力敌，旗鼓相当。比喻分不出胜负、好坏，优劣，差不多的意思。

【屎唔是猫呷的】sài m̌ xǐ niāo jiǎ ê

猫逮老鼠的技术高明，却完全不习惯像狗那样吃屎。勉强做不习惯、生疏的工做，是做不好的。

【有钱人乞呷性命】wǔ jnǐ láng kìd jiǎ xnì miǎ

虽然很富裕，却很吝啬，什么都舍不得花自己的钱买。别说施舍他人，还想占人便宜。

乞呷：乞丐。

【报人去偷担私盐】bò lǎng k-ì tāo dnā sī yám

以前"偷担私盐"是严重的犯罪行为，意为引诱他人干坏事，或教唆他人去冒险。

报：原意为告知、指引。贬义为怂恿、唆使、诱骗。

【龟臧出伫龟壳内】gū hìr cùd lǐ gù kàr lǎi

乌龟外表都是硬壳，好像一点肌肉都没有，其实，龟壳里是有肌肉的。意为表面看不必出钱，到头来还得自己出钱。

【打折手骨接倒勇】pà jǐ qiú gùd jiàm dò yòng

打折的骨头经过医治加固，反而更坚硬。损坏的东西维修之后，反而更好使。因祸得福。

倒：反而。勇：牢固。

【坐轿唔知扛轿苦】zě giǒ m̌ zāi gng giǒ kô

坐在轿里很舒服，哪知道抬的人有多苦。没吃过苦的人是体会不到苦的。

扛，gng，抬。

【菜头拔起空原在】cài táo kāo kì kāng gguǎn zǎi

拔起萝卜，地里留着一个圆洞。意为做事要有始有终，不留尾巴，不要做了和没做一样。

菜头，萝卜；空，洞。

【呷爱好,做爱轻可】jià ài hò zuě ài kīn kò

好吃懒做的人,吃的讲究,做事挑轻松的。

【祸从天窗拍入来】ě dì tnī tāng pà rǐm lài

飞来横祸。没料到的不幸突然发生。

从：音"dǐ"。

【同款米饲百样人】sǎng kuán vì qǐ bà ngiǔ láng

同样靠吃白米过日子的人，能力、性格、品德……却各不相同。特别要警惕那种吃人吃的米，不干人干的事的人。

同款 sáng kuàn：同样。

【愈惊愈着加只膈】rū gniā rú diǒ gā jià pniā

是福不是祸，是祸躲不过。越怕出问题越容易出事。凡事要勇敢地面对，既来之则安之。沉着应对，可以化险为夷。

加只膈 gā jià pniā：背部。

【囝仔人有耳无嘴】ggīn a láng wǔ hǐ vǒ cuǐ

小孩子不要听传小道消息。听别人的讲话不要到处乱说。大人说话，不要插嘴。老师讲课，不要私下说悄悄话。听同学发言，不要打断别人的话。

【揭箸着会晓遮鼻】giǎ d-ǐ diǒ ê hiáo jiǎ pǐ

自己的缺点、不足、短处要自己明白，要认本分。

揭 giǎ：拿。箸 d-ǐ：筷子。晓 hiáo：懂得。

【拍虎掠贼亲兄弟】pà hô liǎ càd qīn hniā dǐ

关键时刻，或做大事情，都得有亲密朋友的支持配合。临急时，更显得亲人的可靠。

掠 liǎ：捕抓。

【子婿灶脚仔人客】gniá sǎi cào kái a lǎng kê

人说"子婿半子"，是最熟悉的常客，

269

胜似一家人,都会特别热情地以最佳贵宾招待。

【会的给獭的做奴】wê ê gǎng vuē ê zuè lô

能者多劳,如会骑自行车的人载不肯学骑自行车的人。多劳无益,助长了"不劳而获"的人。

【好物呣中饱人意】hō mǹg ǐm dìng bá lǎng yǐ

肚子吃饱的人,再好的东西也看不上眼。不喜欢的,不感兴趣的东西,再好也没意义。

物 mǹg:食物。中 dìng:喜爱。

【呣知天地几斤重】ǐm zāi tnī duě guí gǔn dǎng

不知天高地厚。

【真珠看做老鼠屎】jīn zū kunà zuè niǎo cí sài

不懂得好坏之分,不懂得珍惜,把好东西当作粗俗糟蹋。

【老鼠放无大泊屎】niáo cì bàng vǒ duǎ pě sài

讥讽小气,或没多大作为,成不了大事的人。

泊 pě:砣。

【囝仔脚仓三斗火】ggīn a kā cng snā dáo hè

一般用来形容小孩子身体好体温高。也可用来比喻小孩子精力旺盛,兴趣浓,热情高。

【剃头的先来先剃】tì táo ê snāi lái snāi tǐ

凡事要讲先来后到。对需要提供服务、解决问题的人,要按先后顺序。尊重、礼让先来的。不要争先恐后占便宜。

剃 tǐ:理发。

【獭晓驶船嫌溪跷】vuě hiāo sāi zún hiǎm kuē kiāo

不会做事或把事情办砸了,不从主观找原因,而推托是客观的原因。

晓 hiāo:懂得。跷 kiāo:弯曲。

【当你缺,无当你要】dng l-í kè vǒ dng l-í vè

趁着人家急需时,抬高身价。

【呷果子着拜树头】jiǎ gé jì diǒ bài qiǔ táo

吃水不忘挖井人,乘凉不忘种树人。不能忘本。不要忘记对自己有恩的人。

【身边无刀闲罗罗】xīn bnī vǒ dō ngǎi lō l ō

平生不做亏心事,不怕半夜鬼敲门。没干过坏事,心安理得。

罗 lō:语气词。

【胎哥呵咾好身命】tāi gō ō lō hó xīn miǎ

自己有毛病,却缺乏自知自明,还自我感觉良好。

胎哥 tāi gō:麻风病人。呵咾 ō lō:称赞。

【一粒田螺九碗汤】jid liǎm cǎn lé

gāo wnā tīng

比喻虚张声势,贪多图表面排场,实际上并没有多少实在的有价值的东西。就像有的文章尽是套话、空说、假话、废话那样,虽然长篇阔论,其实信息量很少。

【皇帝唔急急太监】hǒng dê ḿ gìm gìm tài gǎm

当事人无所谓,毫不介意。局外人却替他瞎操心、干着急。不该急的白急。又称"孝男唔急急师公"。

【老狗记得久长屎】lǎo gào gì lé gú dǎng sài

嘲笑老人时常回忆并动不动就提起早年曾经有过的美好时光,满意生活,得意业绩。也不厌其烦的提起早年得到谁的怎么样照顾或者曾经给谁怎么样的帮助。

【猪肝补你大敉蚵】d-ī gunā bô l-ī duǎ mǐ ó

得到的远远超过付出的、损失的。反之亦然:遭受的损失大大超过蝇头小利、小便宜。意为为人慷慨,得到的好处比损失大得多;、爱沾小便宜,常因小失大。

敉 vǐ:一只。

【借牛贪挂,借人贪续】jiò ggú tām guǎ jiò láng tām suǎ

借来牛,抓紧时间不停歇地犁地,请人来帮忙,舍不得让人走。意为借了东西不肯还,总想留着,自己图方便。

挂 guǎ:套牛轭。续 suǎ:继续留用。

【山内亲成呷饱现行】sunā lǎi qin jniá jiǎ bà hiǎn gniá

山里来的亲戚要回去,因为路远,就得刚吃饱就立刻动身。诙指:饭饱酒足,吃完嘴一抹就走。

亲成 qīn jniá:亲戚。

【九领牛皮做一摆剐】gāo lniá ggǔ pé zuè jǐd bái gunà

九层的牛皮一次性地割剐干净。喻多次的失误亏欠受到彻底的清算。大人警告孩子:如果有错不改,以后就"～"。

剐 gunà:剔括。

【做甲流汗,嫌甲流澜】zuè gà lǎo gunǎ hiǎm gà lǎo lunǎ

吃力不讨好。

【神仙嗽救得无命子】xǐn xiān vuê giù lê vǒ miǎ gnià

其命该绝,无可救药。到了不可收拾的程度,谁都没辙。大势已去,无可挽回。劝人要坦然面对现实。

【假忠厚,狗屎呷一肚】gê diōng hô gáo sài jiǎ jǐd dô

有一种人表面上看忠厚老实,可是在背后却专门搞阴谋诡计。"画龙画凤难画鬼,知人知面不知心"。正直的人们,要警惕假像的迷惑。

【讲长讲短,讲呷煞尾】gōng dńg góng dê gōng jiǎ suǎ vè

"民以食为天"。吃是人们重要的话

题之一。家乡人凑在一起聊天,即使海阔天空,没完没了,最后总会转到吃的话题上,这时才觉得肚子饿了,时间不早了,该忙各自的去了。

【洋装献领,恁厝吊鼎】ngiǔ zōng hiān nià lín cǔ diào dniǎ

穿戴很讲究、很时髦,都是高档的服饰,可是家徒四壁,连一点儿吃的也没有了。只顾外观脸面,而一点儿经济实力也没有。这种人只能让人耻笑、瞧不起。虚张声势。

【人敬富的,狗咬穷的】láng gìng bǔ ê gào gǎ qià ê

人们都羡慕有钱的人,连狗看到穷人衣着褴褛,也要追咬。足见人情冷暖,世态炎凉。重钱不重情,缺乏同情心,是旧社会的陋习。

【讲一个影,生一个子】góng jǐd ê ngià xnī jǐd ê gniǎ

捕风捉影,胡说八道。把想象当成现实,就提出不切合实际的、不合理的要求。

【做老爹也着欠粗桸】zuè lǎo diā ǎ diǒ kiàm cô hiā

再富足的人也有手头不方便的时候。再能干的人也有需要帮助的时候。不要孤僻绝情。

粗桸:舀粪便的勺子。

【五个指头仔无平平长】ggô ê znái tǎo a vǒ bnǐ bnǐ dńg

事物发展是不平衡的,有大有小,有快有慢,有好有坏。人的专长、缺陷也是不一样的。不能有平均主义的思想,也不要一样的标准要求人。

平 bní:一样。

【无捔家呣知柴米贵】vǒ hunǎ gê m̌ zāi cá vì guì

吃"饭缸中央"的人(吃闲饭的),不知道操持一家人过日子的艰辛。

【一日剃头,三日缘投】jǐd rǐd tì táo snā rǐd yǎn dáo

刚理过头发,漂亮又显得有精神。比喻刚装修,加工后的东西,焕然一新。

缘投 yǎn dáo:好看,漂亮。

【千斤力呣值四两命】cnāi gūn làd m̌ dǎd xì niú miǎ

这是一种宿命论,认为力气再大也比不上命根好的。也指只凭力气大蛮干,不如巧妙智取。

【四两篓仔着自己除】xì niù ǹg a diǒ gǎ gǐ d-í

卖水产品时应自觉主动扣除盛器的重量。发生矛盾冲突时,要自觉找出自己的过错,承认并负担自己的责任。

篓 ǹg:称的盛盘。除:扣除。

【棚脚仔站久的人的】bnǐ kāi ā kiǎ gù ê lǎng ê

站在戏台下看戏的人,只要坚持就能占到好位置。老实地耐心地从事任何一种工作,就能站得住脚,否则,这山看比那山高,打一枪换一个地方,是一事难成的。
棚脚仔:戏台下。
【等人侩老,等船偲到】dān láng guě lǎo dān zún ò gǎo
等待是很容易产生厌烦情绪的,越急越觉得慢,越慢越急,恶性循环。
侩 guèi:容易。偲 ò:不容易、迟。
【多话婆仔呷臭干丕】zuě wê bó a jiǎ cào dā pì
爱搅舌头,乱传话,挑拨离间的人,惹人讨厌。
臭干丕 cào dā pì:烧焦的锅巴。
【手后卵屈入无屈出】qiú ǎo lǐng kùd rìm vǒ kùd cùd
手臂弯曲时,总是向内屈,不会拐向外,比喻自己人为自己说话做事。
手后卵 lǐng:上臂与下臂的交接处,即胳膊肘。
【呷要呷,虱母唔爱掠】jià vè jià sàd vò m̌ ài liā
好逸恶劳,贪图享受。有困难有问题不想解决。
虱母 sàd vò:虱子。
【人若衰,放屁弹死鸡】láng nǎ suē bàng puǐ dunǎ xī guē
人在起背运的时候,做什么事都不顺利,而且还会祸从天降,平白无故的有意想不到的怪事,坏事临头。
衰 suē:倒霉。
【熟姒人,免行生分礼】xǐr sǎi láng vián gniǎ xī hǔn lê

熟悉的人不必客气。对自己的人要真诚相处,不要假装客气。
姒 xǎi:熟姒,熟悉。
【差猪差狗,唔值自己走】qê d-ī qê gào m̌ dǎd gǎ gǐ zào
叫人代劳往往不如意,还是自己做合意。埋怨别人办事不力,不可靠。
差 qê:叫人代劳。
【人讲唔听,鬼叫碌碌行】láng gòng m̌ tniā guì giǒ lôrlôr gniá
鬼迷心窍。好人的正经话不听,却听坏人的鬼话,跟着坏人干坏事。
碌 lòr:顺从地快步。
【有发蒸糕,无发蒸甜粿】wǔ huàd cē gō vǒ huàd cē dnī gè
做面食时,发了酵的就蒸糕,发不了酵的就蒸甜粿。比喻顺其自然,见机行事,随机应变。
发 huàd:发酵。
【十个老人九个当原初】zǎm ggê lǎo láng gáo ggê dǐng gguǎn cuē
好汉常提当年勇。老人经常爱说年轻时的好事情。
【十二月裁缝,正月师公】zǎm ryī ggě cǎi hóng jniā ggě sāi gōng
以前人们往往过年前才做新衣服,因此农历十二月裁缝都很忙。师公;道士。农村正月祭祀活动多,许多家庭祭祀时都会请道士念经呼请神明,因此,道士在这个月也最忙。本句意为在一些特定季节,从事某种特定行业的人特别忙。也用以形容大忙人。

【题缘无,放屎涂宫角有】duě yán vó bàng sài kô gīng gàr wǔ
到了宫庙,不但不烧香捐钱,还在墙角拉屎。好事不为,净做坏事。喻成事不足,败事有余。

题缘 duě yán:给寺庙捐钱。

【爸母疼小子,公嬷疼大孙】bê vò tnià suè gnià gōng mà tnià duǎ sūn
早年没计划生育,五六十岁的夫妻还生儿育女,总是子女一大阵,大的与小的相差二三十岁。父母喜欢小的,是因为可爱且需要呵护,祖父祖母喜欢长孙,是因为已成人,能孝顺又能赚钱。

【千般为嘴苦,万般为八肚】cnāi bunā wǐ cuì kô mǎn bunā wǐ bàd dô
人的一生,为了活命填饱肚子,在吃的方面花费最大。过去经济条件差,生产力落后,收入微薄,所以起早摸黑千辛万苦,都是为了挣口饭吃。

八肚 bàd dô:肚子。

【心歹无人知,嘴歹大厉害】xīm pài vǒ lǎng zāi cuǐ pài duǎ lǐ hǎi
存心不良,只要没行动,没人知晓;如果口无遮拦,到处乱说,人人讨厌。爱嚼舌头,挑拨离间、造谣生事,更是害人不浅。

歹 pài:坏。

【嘴歹逐个知,心歹卡厉害】cuǐ pài dǎr ggê zāi xīm pài kà lǐ hǎi
嘴坏心地不坏的人,一般可得到原谅理解。而心地狠毒的人是害人精,千万得提防。又作"会吠的狗鲶咬人,鲶吠的狗爱咬人"。

逐 dàr:每。卡 kà:更。

【目睭看九界,见物逐项爱】vǎd jiū kunà gáo gǎi gnì mǎg dǎr hǎng ǎi
贪婪,贪得无厌。凡是眼睛看到的东西都喜欢,都想得到。

目睭:眼睛。九界:四处。

【适的适三岁,戆的戆八十】xìr ê xìr snā hě ggōng ê ggōng buè zàm
聪明的人从小就显示出来,愚笨的人年纪再大也还是愚笨。

适 xìr:聪明。戆 ggōng:呆、傻。

【胀死大胆的,饿死小胆的】dniù xí duǎ dnà ê ggǒ xī xió dnà ê
本来,胆小怕事的人什么也干不了,敢作敢为的人才能有成就。胡作非为的人常能捞到好处,占便宜;谨小慎微,胆小怕事的人,总是吃亏,受人欺辱。

【青的青脆脆,黄的未曾未】qni ê qnī cè cě ńg ê vě jǐng vě
果树上的果子都还不成熟。不一定黄的先掉下来,有时未成熟的青果先掉落。有的人很年青、很健康,却英年早逝;有的人体弱多病,却岁寿很长。

未曾未 ve jǐng ve:还远不到时候。

【少年若咧格,一日换三色】xiāo liān

nǎ lê gìr jǐd rìd wnǎ snā xìr
讽刺有的人爱打扮,一天换好几种衣服。哗众取宠。特意翻新花样,引人眼球。

格 gìr:显示漂亮。

【呷老唔认老,毛鬖留尾后】jiǎ lǎo m̌ rǐn lǎo mǎng suī lǎo vé ǎo
老来俏,不认本分。刻意打扮。年纪大了,还像年轻人那样讲究穿戴。

毛鬖 mǎng suī:刘海,额头上的毛发。

【人咧落泊,厚烟也点𣍐着】láng lê lǒ bò gǎo hūn a diám vuě dò
人在不走运的时候,连香烟也点不燃。比喻倒霉的时候,做什么都不顺利。

落泊:音"lǒ bò"。厚烟:旱烟,烟丝。

着 dò:上火。

【三更唔呷屎,四更呷屎无】snā gnī m̌ jiǎ sài xì gnī jiǎ sāi vó
时不再来,不抓紧时间,就会失坐良机。

更:音"gnī"。

【知影臭头,故意给人摘帽】zāi ngiá cào táo gô yǐ gǎ lǎng liù vǒ
故意触及他人的忌讳,揭人的短。明知故犯,喜欢说人的坏话。

【顶半暝相鸡,下半暝相鸭】dǐng bunǎ mí xniù guē ê bunǎ mí xniù à
随心所欲,变化无常。爱怎么样就怎么样。矛盾重重。

暝 mí:夜里。相 xniù:属相。

【放尿抄溪沙,无相粘蒂带】bàng riǒ qiāo kuē suā vǒ snā liǎm dì duǎ
不真心相待,离心离德,缺乏亲密的感情。不肯同舟共济,事不关已,高高挂起,袖手旁观。

抄 qiāo:搅和。

【日时走趴趴,冥时点猪朥】rìd xì záo pā pā mí xì diám d-ī lá
白天不用功做事,到处疯玩,到了晚上才想起认真做事。不合理利用时间,平时不努力,临时"抱佛脚"。

朥:音"là"。猪朥:猪的脂肪,熬练出的油闽南人称其为"猪朥油"。旧时农村浸入灯芯,作为油灯照明。

【外甥呷母舅,无要呷到有】gguě xīng jiǎ vó gǔ vó vè jiǎ gà wǔ
母舅抚养外甥,理所当然。

【有若庠虾仔,无若洗身躯】wǔ nā hô hê a vó nā sué xīn kū
重在参与,不计较回报。坦然的平常心态对待竞争。顺其自然,不强求。

【鸡干块趁呷,鸭澹块趁呷】guē dā dè tàn jiā à dǎm dè tàn jiā
鸡在干燥的岸上找吃的,鸭在水里找吃的,比喻各人有各自生活的门路。

干 dā:岸上。澹 dǎm:潮湿,水里。

【做甲流汗,给人嫌甲畏寒】zuè gà lǎo gunǎ hô lǎng hiǎm gà wì gunǎ
卖力地干,不但得不到赞扬,反而让人嫌弃,吃力不讨好。

畏寒 wèi guná:打寒颤。

【嘴呼二万五，无呼狗屎埔】cuì hô lǐng mǎn ggô vǒ hô gāo sāi pô

约定不可违，是重要神圣的，一定要履行。没有约定的就没有约束力，不算数。

呼 hô：约定。

【会的格跕跕，獃的嘈嘈念】wê ê gìr diǎm diǎm vuê ê cǎo cǎo liǎm

有能力的人缄口不说，没能耐的胡乱说又不会做。

格跕跕：镇定、沉着。

【惊跌落屎礐，哼惊火烧厝】gniā buǎ lǒ sāi hàr m̌ gniā hé xiō cǔ

只顾讲究穿戴打扮，不顾家里贫穷，设备简陋。

【若有人民币，逐项都好势】nǎ wǔ rǐn mǐn bê dǎr hǎng dô hó xě

"凡事无财莫举"，"有钱能使鬼推磨"，只要有了钱，什么事都能得到。

逐项 dàr hǎng：每一项。好势 hǒ xê：好办事。

【三支锄头演输一支煎匙】snā gī d-ī táo yán sū jǐd gī jiān xí

不讲究勤俭节约，就会入不敷出。俭如山出泉，吃如水崩山。

演 yàn：操动。

【栲鸡无惜棰，栲人无惜面皮】yāo guē vǒ xiò cé yāo láng vǒ xiò mǐn pé

鸡饿了不怕驱赶，硬着头皮抢着吃，人在落难时，顾不了颜面。大丈夫能屈能伸。

栲 yāo：饿。棰 cē：竹棍。

【会哼的獃死，獃哼的死翘翘】ê hnāi ê vuě xì vuě hnāi ê xī kiào kiào

会叫苦的人不一定贫苦，真正穷困的人不敢承认穷困。

【呷三年清菜，唔知影人家代】jiǎ snā nǐ qīng cǎi m̌ zāi ngiá rǐn gê dǎi

闽南称出家人吃斋侍佛为"吃清"，"吃三年清菜"就是出家三年。比喻一家不知一家的事情。

代 dái：事情。

【做若桃花搭渡，呷若三战吕布】zuě ná tô huē dà dô jiǎ ná sām jiàn lǐ bô

上世纪五六十年代，农村集体生产公社化，吃食堂。村民出工时拖拖拉拉，下地磨洋工；进食堂吃饭争先恐后、狼吞虎咽，像战斗一般。泛指"好吃懒做"。

若 ná：好像。

【三个人五个目，过后无长短脚话】snā ê láng ggô ê vàr gè ǎo vǒ dňg dé kā wê

亲眼所见，不可后悔。经过眼见为实，答应了的事就不能推三托四，定下的事不能再说长论短。

【抄有是金，抄无着捶三下加只心】qiāo wǔ xǐ gīm qiāo vó diǒ duǐ snā ê gā jiǎ xīm

不能随便对人搜身，要尊重人格。早

年,小孩子丢失东西对人有怀疑,不能随便搜身,如果要对他人搜查,要遵守规定——如果搜出脏物,有了证据(金),让偷的人无地自容;如果搜不出脏物,要让无辜的人在脊背上打三下。不能轻易冤枉人,否则,应付出相应的代价。

抄 qiào:搜查、抄家。加只 gā jiǎ:脊背。

【冬头笊篱扣水缸,冬尾袋仔揞脚仓】dāng táo zunā lí kàm zuī gāng dāng vè dě a yàm kā cāng

消费无计划,五谷登场时,随便挥霍浪费,青黄不接时到处借粮食。在翔安农村,此类耻笑开支无计划的顺口溜还有很多。如:"冬头三顿饭,冬尾安薯汤"、"月头社会主义,月尾过渡时期"、"有做虎站(zǎm)、无才虎撑(tnī)颔(ǎm)"、"有钱三顿鱼肉饭,无钱月亮月光光"……

笊篱 zuā lí:捞饭的竹器。冬:收五谷的季节。揞 yàm:藏匿。

【三日无偷掠鸡,四日要做老大】snā rìd vǒ tāo liǎ guē xì rìd vè zuè lǎo duǎ

没有自知之明的人,经常干坏事,一旦不做坏事,就要乱管别人。

老大:和事佬,或德高望重的人。

【四两人讲半斤话,四两鬏仔插半斤花】xì niū láng gōng bunà gūn wê xì niū gè ǎ cà bunà gūn huē

说大话,言过其实,不协调,弄巧成拙。

鬏仔 gè ā:头发缠成的"结"。

【戏棚顶有迄种人,戏棚脚也有迄种人】hì bnǐ dìng wǔ hìd jǐong láng,hì bnǐ kā ǎ wǔ hìd jǐong láng

人生就像一场戏。戏里有各种各样的角色,人群里也有各种各样的人。

戏棚:戏台。脚:下面。

【呷无三支甘蔗粕着挡胸坎】jiǎ wǒ snā gī gām jiá pò diǒ dǎng hīng kàm

刚会做点事就装腔作势,好像很有办法的样子。

挡 dǎng:拍打。

【土地公白目眉,无人请自己来】tô dǐ gōng bê vǎr vaí vǒ lǎng qniǎ gǎ gǐ lái

诙谐自语:不请自到,不懂得客气,不讲礼节。

【不八呷猪肉,也八看见猪行路】m̌ bàd jiǎ dī và ǎ bàd kuà gnì dī gniǎ lô

虽然事情没有做过,但常常见过人家这样做,多少也懂一点。

八 bàr:曾经。

【青瞑的跛杯,臭耳聋的勥圆话】qnī mnī ê ggǎo buǎ buē cào hǐ láng ê ggǎo wǎn wê

笑话残疾人的本领高。

媳论话

翔安

媳论话，运用比喻，浅白而生动形象的趣话，蕴含深刻的道理，言简意赅。示意画龙点睛，揭义入木三分，说理深入浅出。媳论话处处表现翔安人的风趣、诙谐，显示其睿智。

【春天囝仔面】cūn tnī ggín a mǐn
春天的天气多变，一会儿晴一会儿雨，一会儿冷，一会儿热，一会儿风一会儿雨。如同小孩的心情不稳定，一会儿笑，一会儿哭，一会儿欢喜，一会儿生气。
囝仔 ggín ā：小孩子。
【脚仓烂到面】kā cīng nuǎ gào mǐn
形容坏透了，一无是处。
【密虱笑琼屁】văd sàd qiò kǐng puǐ
臭虫，名臭，身上也很臭，却嘲笑龙眼树上的琼屁臭。比喻人缺乏自知之明，自己有缺陷，非但不承认（或没发现），还耻笑他人。

密虱 văd sàd：臭虫。琼屁 kǐng puǐ：
【龟笑鳖无毛】gū qiò bī wǒ mńg
乌龟身上没长毛，却耻笑鳖浑身光溜溜。有的人并不比别人强，但看不到自己的不足，专门发现别人和自己一样的缺点。
【白鱼相咬尾】bê h-í snà gǎ vè
带鱼在海里游的时候，头尾相接，咬着尾巴走。"鱼贯"的意思就是像游鱼一样，一个挨一个地接连着。
白鱼：带鱼。
【洞简卡多枪】dǒng gàn kà zuě qǐng
旧时，军官都拿着文明棍指挥打仗。因为打仗减员，拿枪的士兵越来越少,当官的多于打仗的。比喻单位里做实际工作的人很少,而有官衔的人很多。

洞简 dǒng gàn:拐杖,文明棍。

【双手两片姜】sāng qiù lǐng piàn gniū
人的手掌连着指头,活脱脱像一片生姜。意为两手空空,什么也没有。常表示钱物两空,难以应付。

【歹竹出好笋】pái dìr cùd hó sùn
有的竹子并不茂盛苗壮,竹笋却比竹管粗壮。比喻有的家庭父母身体不是很健康,工作能力并不很强,但儿女却很健壮漂亮,能力很强,远远超过前辈。

【歹角势呷咸】pái giò ggǎo jiǎ giám
水平能力差又要耗费巨大的财物或报酬。意为嫌弃、厌恶没本事又讲究条件的人。

角 giò:角色。

【鸡小腹内全】guē suě bàr lǎi zńg
再小的鸡,肚子里都有五脏。有的单位虽小,但机构繁多,什么都有。有的物品虽小巧玲珑,但内部结构很复杂。

腹内 bàr lái:内脏

【牛仔唔八虎】ggǔ à m̌ bàd hô
初生牛犊不怕虎,老虎是山中之王,可刚出生不久的小牛不了解老虎的凶性,见老虎来了,还想跑过去跟它玩。婴儿看到火,红红的很漂亮,便伸手去抓。当然,有的人不怕困难,人家不肯做的事、不敢做的事,他勇敢、大胆地去做,也可称为"牛仔唔识虎"。

八 bàd:认识,了解。

【大石石仔硋】duǎ jiò jió a gnǎi
垒石头的时候,大块的石头叠在一起总是摇摇晃晃的,因为中间有空隙。在摇晃的地方垫上小石子,就很牢靠了。没有小石子,砌不成高墙。"一个篱笆三个桩","一个好汉三个帮"也是这个道理。

硋 gnǎi:垫住。

【蟳无脚唒趖】jím vǒ kā vuě só
蟳就是青蟹,有五对脚,第一对脚最大,叫"螯",形状像钳子,能开合,用以取食或自卫。真正用来行走的是后面的四对脚。比喻不论是普通单位或是高科技部门,只有领导或主管是不行的,必须有实际工作的人员,工作才能进行。

趖 só:爬行。

【歹牛势举肩】pái ggú ggǎo giǎ gnǎi
用牛犁地的时候,要把牛鞅架在牛脖子上拉犁,牛不听话不愿拉犁的时候,把头一仰,牛鞅就从肩上滑到背脊,绳子松了,当然就拉不了犁。不服从管理的人爱找茬顶撞领导,免得干活……都和那"歹牛"一样"举肩"。

势 ggǎo:喜欢,能。举 giǎ:挣脱。

【死死六工叉】xí xì liôr gōng qê
"六工叉"为南乐的"音谱"。比喻老

一套,没有新花样。

【歹牛勢损索】pāi ggú ggǎo sńg sò
性烈的牛不好上套拉犁,缰绳容易损坏。比喻懒惰的人做事容易损坏东西。
索 sò:绳子。

【瘦狗舍主人】sán gào xià zū láng
狗瘦,不是病就是饿,一定是主人不让吃饱或不关心爱护。小孩子衣服脏,常常是妈妈懒得洗;孩子学习不好,常常是家长未督促辅导;孩子表现不好,常常是家长溺爱,没教养。人们都是从小孩看父母的。孩子做丑事,羞的是父母。
舍,xiǎ,羞辱。

【近溪搭无船】gǔn kuē dà vǒ zún
乘车搭船,或者开会赴约,常有人因为路程较远,提早动身。也常有人因目的地邻近而姗姗来迟。时间观念强的人,做什么事都会提早做好准备,不至于"搭无船"。

【适牛闪犁后】xìr ggú xiám luē ǎo
犁地时牛应该在犁前面,偷懒的牛不往犁前走,躲在犁后不肯上套。比喻偷懒的人明知道有事情应该做,却假装不知道,或躲开现场。
适 xiè:偷懒。闪 xiám:躲。

【无钱摸粿墘】vǒ jní mō gē gní
眼馋,但无能为力而干瞪眼。

【鲫仔钓大鮘】jìd a diò duǎ dǎi
抛砖引玉。以小的投入获取大的收益。
鲫仔 jiè ǎ:小鱼。鮘 dǎi:鲤鱼。

【鸡嘴变鸭嘴】guē cuǐ bǹg à cuǐ
鸡的嘴巴是尖的,表示能说善辩,鸭子的嘴巴是扁的,表示缄口不语。人在理亏的时,无可辩驳,只得哑口无言,就像鸡嘴变鸭嘴那样狼狈。

【猪仔过槽香】d-ǐ a gè zǒ pāng
小猪吃食时,常觉得别人槽里的东西好吃,会占别人的槽。小孩子也一样,总觉得别人吃的、玩的东西比自己的好,喜欢丢掉自己的,抢同伴的。
猪仔:小猪崽。

【鸳鸯拖加蟀】wān ngiū tuā gā zuà
鸳鸯是一种比蟑螂瘦小的昆虫,却是蟑螂的天敌,再大的蟑螂见了鸳鸯都敛眉就擒。语喻小孩搬运较重的大东西,特别是背不比他大的小孩。
加蟀 gā zuà:蟑螂。

【无眠赖遮风】vǒ mín luǎ jiā huāng
不能入睡,怪床挡板的不是。出了问题不找主观原因,推托给客观条件。与"天不下雨打蟑薯出水"意同。
遮风 jiā huāng:床的挡风板。

【掠鸡寄山猫】liǎ guē già sunā niāo
野猫专门偷吃鸡鸭,把鸡寄在山猫那里,岂不是"肉包子打狗"?
山猫:野猫。

【无猫无老鼠】vǒ niāo vǒ niáo cì
前功尽弃,不了了之,什么效果也没有,一点收获也没有,满腔的热血被泼了冷水。

【画符使君众】wǐ hú sái gūn jiǒng
神棍不会解决问题，只会发号司令，叫"营下"去做。比喻只说不干，专对他人指手划脚，让人家做事。

【掠鹅砦鸭母】là ggiá dê à vò
借助强势（地位高、衔头大、名声响）镇住较弱势。即以大压小，以强凌弱。

砦 diè：压。

【破棺柴镇冢】puà gunā cá dìn tiòng
破朽的棺木佔着荒冢墓穴的地盘，比喻大而无用的东西占着位置，让人碍手碍脚，行动不便。

【破加犁遮壁】puà gā lué jiā bià
以丑掩盖丑的意思，比喻随便拿个东西当"箭牌"，糊弄过去。

加犁 gā lué：竹篾编的箔席，用于晾晒谷物。

【有吮才有烟】wǔ sù jià wǔ yān
抽烟时，一吸烟就冒出来，不吸就没有烟。读书学习也一样，认真学习，考试成绩就高，不认真，成绩下降。干活可以得到工资，不干活当然得不到工钱。

吮 sǔ：吮吸。

【相空掘鱄鱼】xiòng kāng gǔd jniū h-í
退潮时，章鱼躲在滩涂里，留下凹洞。渔民找到这样的洞，准能抓到章鱼，否则翻遍滩涂也白搭。做事得有针对性从关键处入手，不要漫无目标地瞎干。

鱄鱼 jniū n-í：多脚的软体墨鱼。

【裤带缚相粘】kô duǎ bàr snā liám
两个人相好，经常在一起，别人就说他们裤带绑在一起！表示关系十分密切。

【风透捡着柴】huāng tǎo kiò diǒ cá
小孩子拾柴，遇到刮风，树上的枯叶掉下来，山坡的枯草刮到低注处，便可捡到很多。意为"趁机捞一把"。

透 tǎo：风刮得大。

【吊鱼跌死猫】diào h-í buǎ xī niāo
猫爱吃鱼，看到主人挂在梁上的鱼，就跳着想偷吃，可是鱼挂得实在太高了，怎么跳也够不着，跳得筋疲力尽。太高的要求不可能达到，不自量力的人盲目追求，岂不像筋疲力尽的猫。

【空手掊关刀】kāng qiù bé guān dō
赤手空拳也想夺关公的刀，谈何容易？空手套白狼，也不可能。没有一定的能耐，一定的准备，空口说白话，是难有收获，没有结果的。

掊 bè：获取。关刀：关云长的青龙偃月刀。

【呷紧弄破碗】jiǎ gìn lòng puà wnà
怕人家把饭吃完，吃得太快，把饭碗搞破了，没碗盛饭，只能干着急，眼睁睁看人家把饭吃得一干二净，自己图快反而吃得少。"欲速则不达"，慌里慌张，手忙脚乱，一心图快，马虎应付,不可能把事情做好。

紧 gìn:赶快,紧张。

【罩鸡唔成孵】dà guē m̌ jniǎ bǔ
母鸡只孵自己的蛋。要是母鸡没生蛋,拿别的蛋让它孵,它是不孵的。即使你用粪箕罩住它,掀开时会发现它站着,蛋冷冰冰,一点热气也没有。有的人厌学,父母逼着上学,上课打瞌睡,作业乱涂,甚至逃学,这和那只不孵蛋的母鸡有什么两样?

【草鞋跟鸡母】cāo wê dè guē vò
母鸡生完蛋后便开始孵蛋,要经历一个混沌恋窝期。主人为了让母鸡恢复体力早再生蛋,就在鸡爪上缚一只破草鞋,让其行动不便,产生难受的刺激,一直到母鸡神态正常才解下。比喻伴侣形影相随,亲密无间。

【鼻臭赡割咧】pǐ cǎo vuě guà lê
鼻子长疮流脓,闻起来很臭,总不能把鼻子割掉。应该治疗,使它康复。家里人犯了错,总不能赶出家门,只能通过教育,让他改过自新。自己说错了话,总不能把舌头割掉。

赡 vué:不能。

【放屁安狗心】bàng puǐ ān gāo xīm
狗吃屎,看到人急匆匆往偏僻的地方走,以为是拉屎去,就紧跟其后。不料只听到"甭——"一声,再也不见动静。人把裤子一提走了,狗只好舐舐舌头,悻悻地离开。比喻不能兑现的承诺,不实惠的安慰,都像是"放屁安狗心"。

【拍人喊救人】pà láng huà giù láng
贼喊捉贼,倒打一耙。

【铸枪打自己】zù qīng pà gǎ gǐ
自作自受,想要为难别人反而为难自己,策划谋害他人,反而自遭其害。自讨苦吃,自寻没趣。

【勾溜菜瓜须】kiǔ liū cài guē qiū
过分节俭或小气吝啬。

勾 kiú:吝啬。

【翅股仔干离】xǐd gô a dā lǐ
鸟的翅膀硬了,能自己飞行觅食。比喻人能独立生活,不必依赖他人,不受牵制,可以不听使唤了。

干离 dā lǐ

【喊忽开枪窟】huà hùd kuī qìng kùd
说干就干,在一旁助兴造势。

【搵澜抓牌仔】wèn lunǎ zuā bǎi a
赌纸牌时用手指沾些口水再抓牌。数纸或数钱的时候也常这样做,容易把薄纸分开。意为手到擒来、轻松容易。

牌仔 bǎi ā:纸质赌具。

【四十九日乌】xì zǎm gáo rǐd ô
一连四十九天的阴雨天,不出太阳。比喻有的人脸色常常是阴沉沉的,不见丝毫笑容。

【闲人挨有粟】ngǎi láng wê pnà qìr
闲着没事干的人相遇,就漫无边际地东拉西扯侃大山,净说些无关痛痒的大话、空话、废话。

挨 wê：推磨。冇粟 pnà qìr：瘪谷。
【满面钱贯痕】vuná mǐn jní gòng hún
旧时货币用正中有方孔的铜钱，常用线从中贯串起来，以免丢失。计较金钱的人，爱财如命。
【揭顺风旗仔】giǎ sǔn huāng gǐ a
举着小小的旗子，顺着风跟在人家后面跑，省力又不用负担。比喻事事没主张，没有主心骨，只会顺从附和。
揭 gìa：举。
【一嘴挂双舌】jǐd cuǐ guà sāng jì
巧舌如簧，很会说话。
【一粒佮一荚】jǐd liàm gò jǐd guè
比喻相互关系特别好，很融洽，也常比喻牢不可破的友谊，很"铁"：個两个～。
【呸瀾佮掖沙】puì lunǎ gò yǎ suā
吐口水又撒沙子，表示嫌弃、厌恶、鄙视。
【死人捏桃枝】xī láng liǎm tǒ gī
死人装入棺木时，要让手里抓住一支桃枝，用来"赶狗"。比喻动作迟缓，做事太慢。
【枵胿目孔大】yāo guī vǎr káng duǎ
饿肚子的鸡鸭，只盯着多而大的食料。比喻人没本事却好高骛远、不自量力，脱离实际，贪大求多。
枵 yāo：饥饿。胿 guī：鸡鸭的膆子。
【双脚踏双船】sāng kā dǎ sāng zún
两只脚各踩一只船，船开走，人掉在水里。一心不能二用！比喻立场主意不坚定，犹豫不决。
【猴脚虾仔手】gǎo kā hê a qiù
猴子好动，双手一会儿抓抓这，一会儿扒扒那。虾的脚很多，许多小虾在一起游，你能看清哪一只脚的动作吗？好动，不安静，七手八脚乱抓。
虾仔：毛虾，小虾
【面皮井栏厚】mǐn pé jní lunǎ gǎo
井栏承受那么多人提水、洗衣，常常湿漉漉的，井栏不厚，不牢固是不行的。不怕羞耻的人净干见不得人的事，他的脸皮不比井栏厚行吗？脸皮厚，就不知道差耻、害臊。
【山头鹿扩尾】sunā táo lôr kôr vè
山的顶端，最高峰处。常指唯以攀登的山崖；比喻人迹罕至的地方，荒凉的不毛之地。
【山边沟仔缝】sunā bnī gáo ā pǎng
边远山区。常指偏僻、荒芜、人烟稀少的地方。也指带有神秘感的地方。
【呷糜坩中央】jiǎ vě knā dnā ng
不必负责任，不必出主意，无须担风险，只要听话，埋头做事就可以。
糜坩 vē knā：盛粥的钵。
【戇佛鼻香烟】ggǒng bùd pǐ hniū yān
"看有吃无干干嬭，亲像戇佛鼻香烟"，比喻不可能得到、不可能实现的奢望。只能解眼馋，不能解口馋，不能真正解决问题。
香烟 hniǔ yān：燃香发出的烟味。
【瘦田勢涗水】sān cán ggǎo sò zuì

贫瘠的田地留不住水,比喻瘦弱的人更会吃东西,食量大。

【拍死卖盐的】pà xí vuě yám ê
打死了卖盐的,抢到一担盐。不用花钱得到许多盐,于是就随意用,肯定咸的不得了。比喻咸得太离谱。

【瘦账钳算盘】sán xiǎo kňi sǹg buná
数量不起眼,但积少成多,就不可忽略、相当可观。

【先睏押尾醒】snāi kǔn à vê qnì
先动手做,却迟完成任务。有埋怨他人无所用心、动作笨拙的意思。

【死佳崒浸油】xí gā zuà jìm yiú
死掉的蟑螂浸在油里,回天无力。比喻身陷困难的绝境,无所作为,只有消耗时间,不指望改变现状了。
佳崒 gā zuà:蟑螂。

【爱花连枝惜】ài huē liǎn gī xiò
爱屋及乌。

【大船偲起碇】duǎ zún ò kí dniǎ
小船好掉头,大船难启航。大有大的难处。肥胖的人动作都比较笨拙;大人物一般都不平易近人;大单位难以迅速的统一行动,步调一致。
碇 dniǎ:锚。

【贡着鼻落广】gòng diò pǐ làr gòng
鼻梁碰不得,一受砸撞鼻血肯定涌流出来,直掉眼泪,耳朵轰鸣,很难受。比喻被击中要害,受到沉重的甚至是致命的打击。
贡 gǒng:砸。鼻落广 pǐ làr gǒng:鼻梁上。

【虎瘴水牛瘖】hô xiǎn suī ggú yǎ
人困马乏,对什么都不感兴趣。

【蛇空通水堀】zuǎ kāng tàng zuí kùd
用灌水的办法捕蛇行不通,因为蛇洞与水池相通,永远也灌不满。比喻坏人互相勾结,沉瀣一气,狼狈为奸;公私不分,把国库的钱放进小金库。
空 kāng:洞穴。堀 kuè:潭塘。

【老和尚无畏佛】lǎo hě xniǔ vǒ wì bùd
和尚天天和菩萨在一起,哪有怕佛的道理。比喻起初不习惯,有时还会不好意思,时间一久,习惯成自然,就不担心。

【大呷神,孝男面】duǎ jiǎ xín hào lǎm mǐn
形容死皮赖脸,无耻之尤。

【饲老鼠咬布袋】qî niǎo cì gǎ bô dě
有人养鸡养鸭,养猪养狗,就是没人养老鼠。因为老鼠即使吃饱,也要磨牙咬坏东西。吃里扒外的人都是会咬布袋的老鼠。

【金胡蝇,臭腹内】gīm hô xín cào bàr lǎi
大苍蝇全身油黑发亮,肚子藏的都是粪便、病菌那些又臭又脏的东西。有的人打扮入时,油头粉面,背地里却吸毒、偷抢、游手好闲、不务正业。不一样吗?
胡蝇:苍蝇。腹 bàr:肚子。

【心肝若铁拍的】xīm gunā ná tì pà ê

钢铁很坚硬,心肠如同钢铁一样。比喻铁了心,主意已定,毫不动摇;不徇私情,不因儿女情长而改变;不听规劝,一意孤行。

若 lá:好像。

【咬三嘴才到馅】gǎ snā cuǐ jià gào ngǎ

事情并不简单,万事起头难。已经咬了三口才能吃到馅,离吃完还很远呢!任务还很艰巨。

【去涂州卖鸭蛋】k-ì tô jiū vuě à lňg

婉言死去。

【抗鼻屎呷咸咸】kàng pǐ sài jiǎ giǎm giám

掏鼻腔里的污垢,放在嘴里还有滋有味。比喻胸无大志的人,斤斤计较蝇头小利,还沾沾自喜。

抗 kǎng:掏、挖。

【众人丧,无人扛】jìng láng sng vǒ lǎng gng

比喻公共的事情没人干,像不相干的人死了,大家袖手旁观。

丧:sng 丧事、死人。

【谴损多,偡巴锐】kiàn sńg zuě yò bā luě

顾虑太多而束手无策,难办成事。

【客鸟报无云晓】kê jià bò vǒ hǔn hiàó

原本王母答应牛郎织女七天见一次面,快嘴的喜鹊通报成七夕见一次面。指快嘴的人爱捕风捉影,经常传错消息,让人空欢喜。

【白白布,染甲黑】bê bê bô nì gà ô

欲加之罪,何患无辞:伊真忠厚,呣通共~。

【一百蚶,两百壳】jǐd bà ām lňg bà kàr

蚶是一种贝类,每只都有两片壳。一百蚶当然有两百片壳。意为明摆着的事,毋庸置疑。

【拳头母凿石狮】gǔn tǎo vò cǎr jiǒ sāi

用拳头击打石头狮子,比喻出力不讨好。

【半暝出一个月】bunà mí cùd jǐd ggê ggê

捕风捉影,子虚乌有。临时提出无法满足的要求。

【拍索仔双头紧】pà sò a sāng tǎo gìn

乡下人用的大绳索都是自己打的。麻线套在两边,两头使劲绞,麻线就"结股"成绳子。绞的时候,如果一头快,一头慢,结股的绳子就一股松,一股密,成了次品。动作不协调,步伐不一致,难以共事。

索仔 suò ā:绳子。

【脚仓卡壮城门】kā cng kà zòng xniǎ mńg

心中有把握或有靠山,胆子就大了,沉着镇定。

【一条肠通脚仓】jǐd diǎo dńg tàng kā cēng
直率,说话做事不会拐弯抹角,遮遮掩掩。憨厚坦然老实。

【牚头番薯先挖】tnì tǎo ān zí snai yà
挖地瓜时,总挑大的,突破泥土的肯定个头大,先挖出来。与"出头损角"意同。
牚 tnǐ:撑头,探头,露出地皮。

【出头椽子先痛】cùd tǎo gàr a snài bô
伸出瓦片的椽子,露在外面风吹日晒,总是先坏掉。好出风头争先露脸的人,都像撑头的番薯、出头的椽子,容易受伤。
椽子 gàr ā:屋顶支撑瓦片的木条。
痛 bô:腐朽。

【六月蚶,开嘴臭】lǎr ggě àm kuī cuì cǎo
六月大热天,蚶嘴裂开,表示死得发臭了。比喻狗嘴吐不出象牙。满嘴脏话。

【好柴无流过埭】hō cá vǒ lǎo gè dé
好的木头在水里漂,让人发现,一定会被捞起来,拿回去做成家具。优秀的人才,许多单位都争着要。只有连当柴烧也不行的烂木头才没人要,只有无才无德的人才没人要。
柴 cá:木头。埭 dé:水坝。

【嘴干才想开井】cuì dā jià xniǔ kuī jnì
口渴了才想挖井。挖井可不容易,要流多少汗呀,不是更觉得口干舌燥吗?平日不烧香,临时抱佛脚,有什么用呢?

【拍无死成恶蛇】pà vǒ xì xǐng ôr zuá
除恶务尽,蛇面目可憎,人人见了都害怕。没打死的蛇都会爱咬人。

【死蛇卡贵虎鳗】xī zuá kà guì hô muá
以前的人是不敢吃蛇的。有人卖死蛇,而且价格比虎鳗贵出许多。有人兜售假冒伪劣商品,标价又比正宗的名牌产品贵。
虎鳗,鳗鱼的一种,很珍贵。

【死鸭仔硬嘴怀】xī ài a ggnǐ cuì buē
犟嘴,无理也要争三分,不认输。

【猪母牵去牛墟】d-ī vò kān k-ì ggǔ h-ī
牛墟是专门卖牛买牛的场所。把母猪拉到牛墟去,岂不是白跑一趟。比喻东拉西扯挨不上。

【跟着猪就泻屎】dè diǒ d-ī jiǔ cuà sài
拾猪粪的人总是跟在猪的后面走,第一次拾猪屎就跟到拉稀的猪,有屎也捡不得。比喻倒霉、流年不利,做什么事都不顺。
泻屎 cuà sài:拉稀。

【默默呷三碗半】hḿ hm̀ jiǎ snā wnǎ bunǎ
默不作声的人不可貌相、小看,爆发

出来的言行是相当惊人的。不作声的人往往城府很深

【未放屎先叫狗】vě bàng sài snāi giò gào

还没拉屎就先叫狗,一群狗应声而来,围着你团团转,乱成一片。有的人还没做某件事,也不知道能不能做成,就大吹大擂,声称要怎么怎么的。

【猴死乞呷无命】gáo xī kià jià vǒ miǎ

乞丐带着一只猴子,靠猴子演猴戏讨钱。只要猴子整天卖艺,但不好好照顾猴子,结果,猴子死了,乞丐无从乞讨,也没命了。比喻两败俱伤。

【目眉毛无浆泪】vǎr vǎi mńg vǒ jniū àm

不识相,看不出险象环生。不留神,陷入困境。

【放屎无拭脚仓】bàng sài vǒ qìd kā cōg

大便过后不把屁股擦干净,甚至连擦都不擦。做事不干脆利落、善始善终。而是留着后遗痕迹,让人看了帮着收拾。

【缴惶卡重枪伤】giāo hóng kà dǎng qìng xiōng

赌博的人,劣性难改,比中了致命的枪弹还可怕。吸毒者,"无呷卡惨死"。

缴 giāo:赌博。惶 hóng:痴迷劲。

【屎流才要开屎礐】sài láo jià vè kuī sāi hàr

内急时,才想起挖厕所,非拉在裤里不可。平时不备好,急时难解危。

屎礐 sǎi hàr:厕所。

【田螺吐子为子死】cǎn lé tô gniǎ wǐ gniǎ xì

母田螺受孕后,一肚子的小生命都靠吸取母体的营养生长发育,母田螺的机体被吮吸殆尽。小田螺出壳之时,也是母田螺丧命之日。比喻女人怀孕生育要冒很大的风险,在旧时,许多产妇为难产付出了性命;父母呵护儿女不惜任何代价。

【徛高楼看马相踢】kiǎ gunǎi láo kunǎ vê snā tàd

坐山观虎斗。两匹马踢得死去活来,主人爬到楼上袖手旁观。有人吵架,不去劝解,而是在旁边起哄,火上浇油。与"事不关己,高高挂起"同义。

【破粪箕仔佫结彩】puà bùn gǐ à gò gàd cài

比喻低劣的东西还乔装打扮,极不相称。

【艁生怨人大腹肚】vuě xnī wàn lǎng duǎ bàd dô

自己生不了孩子,却怨恨别人大肚子。比喻见别人有能耐就眼红妒疾。腹肚:肚子。

【青瞑鸡仔啄着虫】qnī mnǐ guē à dè diǒ táng

失明的小鸡恰巧啄到小虫,比喻戆人

有戆福，难得的碰巧好事。

【歹马也有一步踢】pái vê ǎ wǔ jǐd bô tàd

不好的马虽然不能驰骋疆场，但也会自卫，抬脚踢欺辱它的人。"金无足赤，人无完人"，每个人都有长处。

【虎行路也会笃眠】hô gniǎ lô ǎ ê dù vín

老虎很凶狠，在森林里耀武扬威，但也有疲劳的时候，难免打瞌睡。本领高的人，偶尔也失误；再精明的人，有时也失策。

笃 dù：笃眠，打瞌睡。

【好马绑仁将军柱】hó vê bǎr dǐ jiōng gūn tiǎo

"是马是驴拉出来遛遛"，马好要驰骋在疆场上才知道，绑在柱子上的马，再好也没人知道。好马绑在将军柱上太可惜了，有才能的人得不到重用也很可惜。

【田鸸想呷万世瘦】cǎn lô xniǔ jià vǎn xì sàn

田鸸长得像鹤一样，两只脚细细长长的，只有骨头没有一点儿肉。挑吃、偏食的孩子营养不均衡，身体虚弱，也瘦骨嶙峋。

田鸸：白鹭类的鸟。世 xǐ：万世：永远。

【枵狗数想猪肝骨】yāo gào xiǎo xniǔ d-ī gunā gùd

痴心妄想。

【寒狗嗯八热天时】gunǎ gào m̌ bàd ruǎ tnī xí

狗不像人以穿衣应付气温的冷热变化，常年就是那一身毛。有人天气热了，毛衣、棉衣还穿着，或者还缠着围巾，就会被讥笑为"寒狗嗯识热天时"。不识时务，不合时宜。

【大水艅流得石臼】duǎ zuì vuě lǎo dìd jiǒ kǔ

石碓的臼很重，有分量，再大的水也冲不走。比喻只要稳重、沉着，就能应对恶劣环境和外力的冲击。与"树头若竖在，无惊起风台"意思相同。比喻只要坚持真理，一定胜利。群众关系好，不怕有人攻击中伤。

臼 kǔ：石碓的窟窿。

【到喉无到心肝头】gào áo vǒ gào xīm gunā táo

分量太少，只能吃到咽喉，吞不到肚子里。东西太少，不能满足需要或要求。

【适适戏跌落棚脚】xìr xìr hǐ buǎ lǒ bnǐ kā

老练的演员竟然也会掉到舞台下去。比喻精明的人也会犯傻，正经的人也会出问题，犯错误。

【戆佛想呷鸡母核】ggǒng bùd xniǔ jiǎ guè vō hìd

傻菩萨企盼能吃到母鸡的睾丸。比喻办不到的事，不可能实现的愿望。

核 hùr：睾丸。

【拳头掩伫手袖内】gǔn táoŋg dǐ qiūńg lǎi

拳术藏在袖子里,不展示出来。有的人有特殊的才能、有出众的技术,但从不表现,一旦表现,出乎人们的意料,人们就惊叹,原来"拳头掩在袖子里"。

拳头:拳术。

【拍折手骨接倒勇】pà jǐ qiú gùd jiām dò yōng

因祸得福,伤愈后更健壮。

【猪岫唔值狗岫好】dī xiǔ ḿ dǎd gáo xiǔ hò

猪有猪窝,狗有狗窝,各自习惯,随遇而安。到了陌生的地方,风景虽好,旅馆的设备也很高档,但总觉得不习惯,还是家里舒服。兔子满山跑,还是"老窝"好。

岫 xiǔ:窝。

【猛虎脍抵咧猴群】míng hô vuě dū lê gǎo gún

猛虎再凶悍,也抵挡不过一群猴子。一个人再有力气,也招架不住众多人。

抵 dù:抵挡。

【仙人拍鼓也会错】xiān làng pà gô ǎ ê cǒ

神仙似乎无所不知,无所不能,让神仙打鼓,再简单不过了,但鼓点有时也会打错。"虎行路也会笃眠",愚者千虑必有一得,智者千虑必有一失。

【公仔呷饼唔免澜】gōng ā jiǎ bniǎ ḿ vián lunǎ

又作"看人呷饼唔免澜","看人说话不要腰疼",看别人办事熟练利索,以为工作简单容易。

【好好鲨刣甲屎漏】hō hó hǎo tǎi gà sài lǎo

鲨是野生保护动物,不能捕杀。杀鲨的时候,要把肠子整条拉出来,肠壁很薄,一不小心就会扯破,屎就溢流出来,沾上很难洗净。吃了沾过屎的鲨肉,人会拉肚子的。简单容易的事也办砸。

刣 tái:宰杀

【狗肉扶起无扶倒】gáo và hǔ kí vǒ hǔ dò

身体好的人吃狗肉,身体会更好,体弱多病的人吃了狗肉,身体反而更糟。对有发展前途的人,格外关照;对弱势群体漠不关心。

【鸡母唔罩罩耐鹞】guē vò ḿ dǎ dà nǎi hiò

母鸡带小鸡觅食,老鹰飞来,把小鸡叼走。主人见了,拿篮子去罩老鹰,当然罩不到,等会儿还来捉小鸡。孩子与人打架,不骂自家的孩子,专骂人家的孩子。也比喻抓不住主要关键,解决不了问题。

耐鹞 lǎi hiò:老鹰。

【嘿龟的脍忍咧嗽】hê gū ê vuě lūn lê sǎo

气管发炎的人忍不住要咳嗽。正直的人,有正义感的人,疾恶如仇,不能容忍有人胡作非为。对看不顺眼的事,忍不得提意见。自己不顺心,也一定要发泄出来。

嘿龟 hê gū:气管病。

【歹船遇着好港路】pāi zún dú diŏ hō gáng lô

老旧的破船幸好走在好航道上,风平浪静,可以顺利航行,平安抵达彼岸。比喻,运气好,能力差的人也能顺利完成任务。与"吉人自有天相"近意。

港路:航道。

【破粪箕仔佮结彩】puà bùn gǐ a gò gàd cài

粪箕是盛粪便用的,破损了,不值得珍惜,何需精心修饰?岂不多此一举,让人笑话。讥笑过分夸张地装潢门面。自嘲不认本分,死要面子活受罪。

【王爷也有王爷笼】ǒng yá ǎ wǔ ǒng yǎ làng

闽南城乡普遍祀奉"王爷"为"挡境佛",据说"王爷"统管村里所有神佛。意为"强将自有强中手"。比喻,再不讲理的人,再凶残的人,也有人制服,"一物降一物"。

笼 làng:枷笼。

【和尚无长头毛淌暹】hě xniǔ vŏ dǎng tǎo mńg tāng xiám

吝啬的人原本就一毛不拔,别想从他身上揩出油来。不要对不现实的东西存有任何幻想。千万别奢望爱占便宜的人能慷慨施舍。

淌 tāng:可以。暹 xiám:抓缠。

【三代捏积,一代倾空】snā dǎi liǎm jìr jǐd dǎi kīng kōng

辛辛苦苦积攒了三代的钱,被不孝子孙一下子挥霍殆尽。

【十下钟无够一下梏】zǎm ê jīng vǒ gào jǐd ê kôr

和尚念经时,小和尚不断地敲打铃铛,主持久久地才打一下木鱼。比喻,平日勤俭节约久日积累,抵不上一次意外的损失或重大开支。不着要领的事做了很多,比不上关键的一招。

梏 kôe:木鱼。

【烧烧面熰人清脚仓】xiō xiō mǐn wù lǎng qìn kā cōng

与"热脸贴人冷屁股"意同。热情遭到冷遇,低三下四地讨好人家,奴颜婢膝地巴结他人,不计较遭受的冷遇。

【会晓偷呷,艙晓拭嘴】ê hiáo tāo jiá vuě hiáo qìd cuǐ

会干坏事、错事,却不懂得收拾残局,处理善后。

【大狗爬墙,小狗趁样】duǎ gào bê qniú suè gào tàn ngiǔ

大狗从墙头爬过去,小狗自不量力,也学着爬,爬不上去,只能摔下来,疼得嗷嗷叫。看到爸爸抽烟喝酒,也学着抽烟喝酒。看到妈妈玩牌打麻将,也跟着学。孩子们的坏习惯都是从大人那里学来的。

趁样:模仿。

【一个圆拍四十八结】jǐd ggê ngí pà xì zǎm buè gàd

旧时用的铜钱,中间有个方孔,是用绳子贯串起来的,比喻吝啬之极,有钱舍不得花。

【五百斤大柴炕飬烂】ggô bà gūn duǎ cá kòng vuě lunǎ

固执,顽固不化,不容易接受他人的意见或改变原有的观点认识。

炕 kǒng:炖。

【一日徙栽,三日倚黄】jǐd rǐd suā zāi snā rǐd kiǎ ńg

树木花草移植过后,总有几天蔫黄。做事要安心,不要轻易改变。

徙 suā:移。倚 kiá:竖、站。

【读唔成书,掮唔成驴】tàr m̌ jniǎ zī xiǎn m̌ jniǎ l-í

比喻学艺不专,做什么事都难胜任,文武不就。

【羊尾遮羊脚仓飬密】ngiǔ vè jiā ngiǔ kā cńg vuě vàd

羊的尾巴很短,完全遮不住屁股。一个月的收入只有几百元,要维持一家四口的生活,要应付柴米油盐、水电费,还要让孩子上学,有时还得添置衣服,请客送礼。那短短的"尾巴"哪能遮得住这"大屁股"。

【牛相牴,秧踹去一角】ggú snā dàrńg tùd k-ì jǐd gàr

牛相斗,角对角,四脚胡乱踩踏。在秧苗田头顶起,把秧苗踹烂一大片。比喻恶人相斗,殃及无辜。

牴 dàe:角斗。踹 tùn:践踏。

【衰三代,和你做同姒】suē snā dǎi gà l-ī zuè dǎng sǎi

比喻和你交朋友,倒霉透了。

同姒:妯娌。

【工换工,补被换挨砻】gāng wnǎ gāng bô pě wnǎ wê láng

有的人会做细活但没力气,有的人力气大干不了细活。会细活的替力气大的做针线活——被破子,气力大的替力气小的干粗活——挨砻。相互帮助,取长补短,能力互补,两全其美。

挨砻 wēi láng:推磨脱谷壳。

【山内无鸟,芒冬为王】sunā lǎi vǒ jiào mǎng dǎng wǐ óng

大山上没有其他鸟,山雀当然可以称王称霸,为所欲为。

芒冬:比麻雀还小的山雀,又名云雀。

【家内无猫,老鼠跷脚】gê lǎi vǒ vá niáo cì kiāo kā

家里的猫送人了,大小老鼠肆无忌惮闹得很凶,偷吃米还在米袋里睡觉,偷到了鱼吃得津津有味。又同"先生不在管、学生搬海返。"比喻失却管制，胡作非为。

【呷鸡倚鸡，呷鸭倚鸭】jiǎ guē wā guē jiǎ à wā à

吃鸡说鸡好吃，养鸡有用，吃鸭说鸭好吃，该养鸭。比喻得到谁的好处，就站在谁的一边。

倚 wà：依靠。

【大缸弄破，瓮仔序大】duǎ gāng lòng puǎ ô a xǐ duǎ

缸和瓮都用来盛放东西，缸比瓮大，缸破了，只好用瓮。比喻大的没了，小的顶上。

【清糜嗨呷查某嬶的】qìn vé m̌ jiā zā vô gàn ê

过去，有钱人家吃剩的东西，谁都不愿意吃，专门留给女佣吃。

清糜 qìn vé：吃剩的稀饭。查某嬶：女佣、丫头。

【老猴也会跌落树脚】lǎo gáo ǎ ê buǎ lô qiǔ kà

猴子的手脚很灵活，老猴子爬树的本领更高超。但是技术再老练，也会不慎失手，正如"仙人打鼓也会错"那样。

【有时星光，有时月光】wǔ xǐ qnī gng wǔ xǐ ggè gng

月明星稀，无月星亮，不会总是谁亮谁暗。三十年河西，三十年河东，好运、歹运都不可能永远不变。得势时不要盛气凌人，有你夹着尾巴做人的时候，挫折时不要气馁，总会有扬眉吐气的一天。

【无呷黑豆，放无黑豆屎】vǒ jiǎ ô dǎo bàng vǒ ô dǎo sài

没做坏事，犯罪的证据找不到，没有偷盗，找不到赃物犯罪证据。

【水泼落地也着一路透】zuì puà lǒ duě ǎ diô jǐd lô tào

人往高处走，水往低处流。水泼到地上，就得有地方让它流走。否则水堵起来，会泛滥成灾。小孩子生性好动，不引导他活动，这也不行，那也禁止，岂不成了小老头。不关照他活动，让他爱怎么动就怎么动，难免出危险。做什么都只能疏，不能堵。

透 tào：让水流走。

【适适人买漏酒瓮】xìr xìr láng vué lǎo jiú ǎng

聪明的人买了会漏的酒瓮，比喻精明的人也会干出蠢事。聪明反被聪明误。

【嘴和舌有时也会相碍】cuǐ gà jǐ wǔ xí ǎ ê snā ggái

牙齿有时也会咬到舌头，再好的朋友也会有矛盾。父母意见不一致的时候，还吵得脸红脖子粗，可是不久，又有说有笑了。

碍 ggái：发生矛盾。

【挑大肥的嗨知尾后臭】dnā duǎ buí ê m̌ zāi vé ǎo cǎo

挑屎尿的人走过，风往身后吹，自己闻不到臭味，他背后的人闻臭难忍。

"当局者迷,旁观者清"。

大肥:厕所里的屎尿。

【呣成番薯块张九斤半】m̌ jniǎ ān zǐ dě dniū gáo gūn bunǎ

以前卖地瓜,事先把十斤十斤的地瓜称好分开。十斤为"一称"。有的人卖的地瓜本来就长不好,不是太小,就是弯曲,甚至被虫咬过,称的时候又不足十斤,只称了九斤半,占顾客的便宜。比喻没有自知之明,不承认自己有缺陷,还居功自傲。

张 dnīu:称好。

【水蛇仔拍无死成恶蛇】zuí zuǎi à pà vǒ xì xǐng ôr zuá

水蛇一般不咬人,但它被打一次以后,见了人就以为又要打它了,就先下手为强,就咬人了。抓了小偷没教育就放了,他会以为偷人的东西不要紧,就越来越厉害,最后发展为抢劫犯。比喻小恶不除成大害。

【觟泅,带离男胞生瘤】vuě xiú duà lǐ lǎn pā xnī liú

自己没本事,却抱怨别人或客观条件。

男胞 lǎn pā:精囊。

【加走咬人无分大小粒】gà zào gǎ láng vǒ hūn duǎ suè liàn

跳蚤咬人吸人的血,不分大小,小的跳蚤甚至咬得更凶。坏人不分是男是女,是老是小,是北方人还是南方人,是长得漂亮还是长得丑,都有可能干坏事。画龙画虎难画鬼,知人知面不知心。比喻对坏人坏事的防范要不论大小。

加走,跳蚤。

【会做鸡母就会拍咯家】ê zuè guē vò diǒ ê pà gôr gē

母鸡下蛋以后,离开鸡窝总是"咯家,咯家"地叫。还没生过蛋母鸡的却从不这样叫。比喻:会做事的人自然就会有成功的愉悦。

咯家 gôr giē:母鸡叫声。

【人呷米粉,你咧共喊烧】lǎng jiǎ ví hùn l-ì lê gǎng huà xiō

看到人家捧着一碗热气腾腾的米粉吃,他却在旁边替人担心,叫喊:"不要烫到嘴唇,要嚼烂了才吃下去,当心噎着。"人家在下象棋,他在边上看,叫喊着要人家吃什么、走什么。比喻事不关己瞎起哄。

咧 lié:正在。共 gǎng:给人。

【拿别人的脚仓做自己的脸皮】tuě bǎd láng ê kā cōng zuè gǎ gǐ ê mǐn pé

自己没有实力,却用别人的名誉或东西装门面,当成自己的本事。

【肚猴开空,田蛤仔占坞】dô gáo kuī kāng cǎn gàm a jiàm wǔ

与"鸠占鹊巢"相近。有的人出力劳作,有的人坐享其成。弱势的劳无所得,强者不劳而获。

肚猴:大蟋蟀,善于挖洞。田蛤:小青蛙,不会挖洞,东躲西藏。

【芛仔拔舲上得三戒坛】nāi a bàd vuē jniŭ lē sām gài duná
平庸粗俗的东西不能上大雅之堂,自谦没有本事不敢上大场面,小百姓不敢与大亨大官相提并论。
芛仔拔 nǎi ā bàd:番石榴。三戒坛:隆重的祭坛。

【呷要呷,虱母唔爱掠】jià vè jià sàd vò m̌ ài lià
对肚子很重视,一心只顾吃,身上长满虱子,又咬又吸血,却懒得去捉。比喻好吃懒做、贪图享受,最简单最迫切的事情都不肯做。就连与切身利益性命攸关的事也不愿做。可见其"懒"的程度。

【九归熟透透,讨钱沿路哭】gāo guī xǐr tào tāo dō jní yǎn lô kǒu
死背教条,不实践训练,到了实际运用就困难重重,到处碰壁。
九归:算盘的基本算式。

【虱母趖去溪沙撸破肚】sàd vò sǒ k-ì kuē suā lù puà dô
放弃优越的环境,到艰苦的地方遭罪。自我苦吃,自寻罪受。
虱母 càe vò:虱子。趖 só:爬行。

【大贼劫小贼,蟳鱼劫目贼】duǎ càd giàm xiō càd jniū h-í giàm văd zàd
大贼与小贼,章鱼与乌贼,是同类。相互间你争我抢,偷来劫去。有点"同艺相斗"的意思。与"大鱼吃小鱼,小鱼吃屎虫"异曲同工。

【缺嘴的兴胡须,跛脚的爱踢球】kì cuǐ ê hìng hô qiū bnāi kā ê ài tàd giú
不自量力,不能正视自己的缺点,露短出丑。本想遮丑,反而弄巧成拙。

【棺材扛上山,无烧也着坮】gunā cá gng jniŭ sunā vǒ xiō ǎ diǒ dái
以前没有火葬,人死了都是土葬,故至今有"入土为安"之说。事情已经到了这种地步,总得想个办法解决,即使是不理想、不情愿也得勉强为之。
坮 dái:埋葬。

【加者背皇金,给人看风水】gā jià bě hǒng gīm gǎ lǎng kunà hōng suì
背上背着自家的皇金找不到好地方安葬,却要给他人寻找好的风水宝地,这真是自欺欺人。解决同样的问题,自己不懂的解决处理,还要教人怎样做才好。太缺乏"自知之明"。
皇金 hǒng gīn:盛骨骸的瓷瓮。

【无吙脚仓,唔通呷吙泻药】vǒ hè kā cng m̌ tāng jiǎ hè xià yiò
吃了泻药,肚子里的东西是从肛门排泄出去的。肛门狭小,泻药就不要吃得太多。否则,会受不了。没有真本事没有把握,就不要盲目轻易答应人家。没有那种承受能力,就别应诺担当责任。"没有金刚钻,别揽瓷器活"。
吙 hè:那种。

【树头倚那在，无惊大风台】qiū tǎo kiǎ nǎ zǎi vǒ gniā duǎ huāng tāi

树根扎得深，树头不动摇，就不怕被台风刮倒。基础扎实，立场坚决，就不会受恶劣环境的影响而动摇。没有干过坏事，就不怕造谣诬蔑。"平生无做亏心事，不怕半夜鬼敲门"。

在 zǎi：牢、稳。

【一笼床粿拣无一个通呷】jǐd lǎng sǒng gè gnái vǒ jǐd ggê tāng jiā

喜欢挑挑拣拣的人，经常找不到一项称心如意。

【猪仔会上槽，猪母呷屎无】d-ī à ê jniǔ zó d-ī vò jiǎ sāi vó

小猪崽会独立吃食以后，食量越来越大，原来喂母猪的饲料被小猪崽吃了，母猪就没啥吃了。比喻孩子多了，大人就省衣节食。

【脱赤脚执鹿，穿鞋呷鹿肉】tǹg jiǎ kā jìm lôr qǐng wê jiǎ lôr và

赤脚的追捕野鹿，没有鹿肉吃，穿鞋的没出力，却吃到鹿肉。过去，农民种田收粮食棉花，总是吃不饱穿不暖，地主和当官的不劳动，却吃山珍海味，穿绫罗绸缎。强势者不劳而获，弱者劳而无获。

执 jìm：追。

【土豆粒粒香，头毛卡长猪鬃】tô dǎo liǎm liǎm pāng tǎo mńg kà kuè d-ī zāng

讥讽好吃又不顾形象的人，舍得花钱买吃的，不肯花钱理发，让头发很长。

土豆：落花生。

【猪母近曲馆边也会拍碧】d-ī vò gǔn kìr guán bnī ǎ ê pà pìr

天天听南曲的母猪，也会用嘴巴打拍子。小孩子天天看爸爸下棋，再笨的也知道车马炮怎么走。只要勤学苦练，再笨的人也能学会一技之长。

碧 pìr：南音打拍子的乐器用几片硬木做成。

【痒块唔扒，无痒扒甲流血】jniǔ dè m̌ bê vǒ jniǔ bê gà lǎo huì

身上痒了，只有抓到痒处才能解痒。痒处没抓到，没痒的地方却抓挠出血，无谓的损伤。字写得不好，不认真地学习，而是换写字本，换写字的笔，又有何用呢？比喻工作抓不到要领。

扒 bié：用手指抓挠。

【小神道唔敢呷大副三牲】xió xǐn dō m̌ gná jiǎ duǎ hù sām xīng

小神佛不敢享用丰盛的供品；小人物、小百姓不敢奢望有优越的待遇。

三牲 sām xīng：供品。

【好那观音妈，歹那马赛爷】hò ná guān yīm mà pài ná vê sài yá

性格反复无常，行为举止反差很大，好时极好，坏时极凶。

观音妈：观音佛祖文静、善良。马赛爷：性情暴戾凶悍的神。

【小鬼也敢摸城隍爷的脚仓】xió guǎ

ǎ gná mô xǐng hǒng yá ê kā cīng

城隍爷即阎王,是阴间地府的最高官职,管理所有的鬼。老虎屁股摸不得,阎王的屁股更摸不得,除非活腻了。小百姓谁敢与当官的叫劲,下级怎敢胆大妄为顶撞上级,小人物胆敢揭大人物的短处或私密,岂不自寻死路!

【天公不下雨,打蟳茨出水】tnī gōng m̌ lǒ hô pà jniū zí cùd zuì

下雨前,蟾蜍会跑出沟来,跳来跳去。不下雨,蟾蜍不出来,把蟾蜍打死也无济于事,不会下雨。比喻怪了不该怪的人,找不到原因,乱伤无辜。

蟳茨 jíu zí:蟾蜍。

【鸡屎放落土也有三寸烟】guē sài bàng lǒ tô ǎ wǔ snā cùn yān

鸡屎刚拉出来掉在地上还冒热气,有的人温顺忠厚,但生气也会大喊大叫的。

【金龙一尾卡赢土蚓一粪箕】gīm líng jǐd vè kà ngiǎ dô wèn jǐd bùn gī

一条金龙比千千万万条的蚯蚓值钱。一个灵巧勤奋的人,比几十个好吃懒做的人强。

【虎头蜂叮人无论好歹头】hô táo pāng dàn láng vǒ lǔn hō pāi táo

马蜂叮人,老的少的,大的小的,一概照叮不误。比喻恶人的祸害,谁都难以幸免。

虎头蜂:马蜂。

【上山吹洞箫,下山弹琵琶】jniǔ sunā bǔn dǒng xiāo lǒ sunā dunǎ kǐ bê

上山时往上爬,气喘吁吁,像吹洞箫,下山要弯脚,防止滑下,腿部瑟瑟发抖,像弹琵琶。意为爬山吃力气喘,下山担惊受怕。

【四轿扛唔行,罩帕仔跟人跑】xì giǒ gng m̌ gniá dà pê ǎ dè lǎng zào

待嫁闺中的姑娘,人家正式隆重地用彩轿迎娶,她不理睬。过后,又按捺不住偷偷地与人私奔。意思是人家好意迎请,故意拒绝,错失良机后才无奈地"掉价"偷溜。

【呷无三嘴应菜就要上西天】jiǎ vǒ snā cuì yìng cǎi diǒ vè jniǔ xê tiān

"吃菜"即"吃清",刚吃了一点儿"清",就想能上西天成仙成佛。比喻没做多少好事,就想受人尊重;基本功没练,就想当师傅。

应菜:蕹菜。俗称空心菜。

【新新妇洗灶头,新长工洗犁头】xīn xīn bǔ sué zào táo xīn dǐng gāng sué luē táo

初来乍到的,都比较听话,肯干粗活脏活。

【饲大猪牵来刣,饲外孙叫唔来】qi duǎ d-ī kān lǎi tái qi gguǎ sūn giò m̌ lái

外孙长大了往往就不听话了,别想指望他干什么。

教示话

　　教示话大多是民间谚语，是翔安话中的精华，不但韵律抑扬顿挫而对称，内容更是极富知识性和科学性。这些民间谚语传承的生产生活经验和道德精神风貌，教化和规范着人们的言行举止，是无形的财富。

【穷厝无穷路】gǐng cǔ vǒ gǐng lô
在家要节俭，离乡在外要备足费用，该花的要舍得花，"钱死人无事"，这是因为"在家日日好，出外朝朝难"。
厝 cǔ：家乡。

【乞呷忌不语】kid jià kǐ pùd gg-ì
现在许多乞丐都是外地人，站在门口乞讨，不给钱物就赖着不走。越赶他，他越是呆着，因为他知道你心里别扭、不自在。如果无所谓，不理他，他站久了，只好悻悻离去。
忌 kí：担心害怕。不语：不理睬。

【相尊呷有伸】
互相谦让，彼此都能得到好处，还会有富余。

【自己推艁颠】gǎ gǐ dū vuě diān
人不可能拔自己的头发离开地面，也不可能推动自己。同理，靠自吹自擂不可能产生好形象。即火车不是推的，大山不是堆的，成绩不是吹的。
颠：趔趄、站不稳。

【呷甜忆着咸】jiǎ dnī yid diǒ giám
人需要补充盐份，吃过甜食之后，就会渴望吃点咸的。

【砖厅艁发粟】
堂屋不能种庄稼，更不可能平白无故

地结出稻米来。坐在家里是等不来吃的，正如天上不会无缘无故掉馅饼。

砖厅：厅堂。发粟：长五谷。

【零星拾做就】lǎn sān kiò zuè qiǔ
把分散零碎的少量的聚集在一起，就能积少成多。

【细子无六月】suè gnià vǒ lǎr ggè
小孩子（特别是婴儿）体质比较差，即使在夏季天热时，也不能穿得太少，否则，就会受凉得病。这是传统的育儿之道，告诫人们对幼小儿童要慎加呵护。

细 suěi，细子：小孩子。

【拍拼得人疼】pà bnià dìd lǎng tniǎ
做事认真、勤劳、卖力气的人，能博得人们的称赞。反之，懒惰的人惹人讨厌。

打拼：勤劳。

【阔嘴呷四方】kuà cuǐ jiǎ xì hng
口才好的人，到处行得通。大嘴巴的有口福。

【秋雨无过沟】qiū hô vǒ gè gāo
翔安的秋天，秋高气爽，雨量较少。仅是下阵雨，往往下"云雨"，即在有"云头"的地方下雨，范围很有限。

【俗物呷破家】xiôr mngè jiǎ puà gê
再便宜的东西也得用钱买，不经意、无节制地花销，会变穷。

俗 xôr：便宜。

【贪字贫字壳】tām ryì bǐn ryǐ kàr
"贪"字与"贫"字，字形很相近，字义相同。贪小便宜就容易上当受骗，受到损失，贪婪霸占总有一天受到惩罚，免不了受穷。

【慢钝呷无份】mǎn dǔn jiǎ vǒ hǔn
行动迟钝者要吃亏。

【鸟牙唔值钿】jiāo gê mǐ dǎd luī
夸夸其谈，只说不会做的人，讨人嫌，人们不喜欢就是不值钱。

钿 luī：钱。

【鸟只傍冬熟】jiáo jià bǎng dāng xìr
秋天，五谷成熟，大小鸟都可趁机吃一顿。能力低、收入少或生活困难的人，遇上好时机，也能得到实惠。与"傍神作福"意思相同。

傍 bǎng：依靠。冬熟：五谷成熟。

【饲鸟家火了】qǐ jiāo gê hé liao
喂养小鸟一点好处也没有：要有鸟笼子，要给喂食，要清理粪便。小鸟又不是鸡鸭，养大了可以宰了吃。放了它，能吃害虫，保护作物生长，又给予自由，有益无害，皆大欢喜。

家火 gēi hè：家财。

【老娆家火了】lǎo hiáo gê hé liao
不服老，常做出得不偿失的事。

娆 hiáo：女人好风骚。

【春天后母面】cūn tnī āo vó mǐn
继母对于"前人子"，往往是在众人面前装得很善良，背后却很凶狠，截然不同，判若两人。春天的天气多变，一会儿丽日当空，一刹那就风雨交加,让人始料不及。

【红面的侩落笼】ǎng mǐn ê guē lŏ làng

性急的人发起性子来脸红耳赤,一旦明白道理,知道真相之后,很快就变得温顺听话。倒是不露声色,不卑不吭的人难以捉摸,也不容易改变态度。

侩 guē:容易。

【同行不如同命】dǎng gniá bùd rǔ dǎng miǎ

既然志同道合,就该同舟共济。在人生的旅途上,走在一起,是天意缘分,一定要珍惜。要像把生命放在一起一样,互相关照。互相扶持,互相呵护。

【自己刣通腹内】gǎ gǐ tái tàng bùr lǎi

熟悉的人知根知底,深谙内情,窝里斗,自相残杀,最容易找到要害部位,伤害最严重、损失也最大。

刣:杀。通 tàng:抵达。

【货换货,趁双过】hè wnǎ hě tàn sāng gě

以物易物时,商家对物品的行情心知肚明,顾客却不清不楚,贪图不用花钱,其实亏得越大。商家高价出、低价入,赚了一个来回。

过 gě:次

【渐渐捡,免共借】jiǎm jiǎm kiò vián gǎng jiò

平日节俭,积少成多,需要时就不必向人伸手。

渐渐 jiàm:接连不断、经常。

【渐渐掀,炯甲嬗】jiǎm jiǎm hiǎn hniǎ gǎ xiǎn

烧饭时,未煮熟之前揭开锅盖,热气跑出来,锅里降温,饭就煮得慢,烧火时间就长。

掀:揭开盖子。嬗:疲劳。

【呷果子着拜树头】jiǎ gé jì diǒ bài qiū táo

喝水不忘挖井人,要知恩图报。

【牛有缭,人无料】ggú wǔ liǎo láng vǒ liǎo

牛有鼻索牵制,要它怎样就怎样,人能自由活动,难以预料。好的会变坏,坏的也能变好,笨的会变灵,能的也会变笨。对人对己都是这样。

缭 liáo:牵牛绳。

【月再光,艙晒粟】ggè zài gīng vuě pǎr qìr

月光没有热量,晒不干湿稻谷。解决问题必须创造条件和找到办法。不能搞形式做样子。

光:亮。粟:稻谷。

【沙姆广榨无油】suā vú gòng kuè vǒ yiú

砂粒里没有油,怎么也榨不出油。要正视现实,承认困难,不要单凭主观愿望瞎干蛮干。脱离必要的基础条件,将一事无成,更不可能无中生有。

姆：vú。沙姆广：砂粒。

【猫惜尾，狗惜鼻】niāo xiò vè gào xiò pí

猫靠尾巴爬高跳下，狗靠鼻子嗅觉闻气息。所以对这些器官特别呵护。

【呷志卡好赌气】jiǎ jǐ kà hó dô kǐ

志气是人奋发图强的动力，为人一定要有志气。赌气，整天发脾气，不但气坏身体，还影响工作或学习，也影响人际关系。

【七月水，浸死鬼】qìd ggě zuì jìm xí guǐ

翔安的农历七月，正是一年最热的"三伏天"，除了雷阵雨，经常还有"台风雨"，雨水非常充沛。七月正是民俗的"普渡月"，到处都在祭祀。迷信的说法是阴魂鬼神都在普渡时出来乞吃，只好淋雨。

【人咧做，天咧看】láng lê zuě tnī lê kunǎ

头上三尺有神明，做人做事要自律、讲道德。

【君子唔赢头拳】gūn zì m̌ ngiǎ tǎo gún

两人划拳，都会故意输第一次，以表示客气、自谦，也可试探对方实力。与"君子唔赢头盘棋"意同。

【人要面皮，树要树皮】láng vè mǐn pé qiǔ vè qiǔ pé

没有树皮的保护，水分蒸发得太快，树就会枯死。少一点树皮，虫害会乘虚而入，蛀死树木。人要脸皮、面子、人格，如果人"不要脸"，什么丑事、坏事都干得出来。

【肚肠狭、相挤榨】dô dǎng wê snā kuè zuè

胸襟狭窄、"无肚量"的人，事事爱斤斤计较，做事拈轻怕重。一切以我为中心，小肚鸡肠，搞不好人际关系，也成就不了大事业。

肚肠：指胸怀。挤榨 kuèi zuèi：挤兑。

【青瞑精，哑狗灵】qnī mǐ jīng ê gāo líng

瞎子和哑巴都是残疾人，但生活能自理，有些瞎子和哑巴做事情、想问题甚至比正常人还要高明。凡是熟悉他们的人都可以列举许多实例。

青瞑 qnī mí：瞎子。哑狗：哑巴。

【过瘾卡好呷补】gè ggiǎn kà hó jiǎ bô

心理平衡，心情舒畅，精神爽快，不但日子过得舒心，还有益于身体健康。心情好，吃好，睡好，做事精力旺盛，比吃大补药还管用。

瘾 ggiǎn：过瘾，心情舒畅。

【含梢瓷，贡艙破】hǎm sāo huí gòng vuě puǎ

瓷器摔到地上或不经意的撞击，很容易破碎。有的已经有裂纹了的受撞击反而不破。此语常用于安慰身体虚弱或有病的人。

含梢 hǎm sāo：有裂纹。贡 gǒng：碰撞。

【狗哈肺,有雨意】gào hà hǐ wǔ hô yǐ
空气中的湿度高时,水蒸气会刺激嗅觉灵敏的狗,狗就会打呵欠。这也预示着有下雨的可能。这是前人观察天气积累的经验。

哈肺 hà hǐ：打呵欠。

【芒种雨,沤破鞋】vǒng jíng hô gào puà wê
芒种时多地正逢梅雨季节,细雨绵绵全是阴雨天,难得出太阳。长时间浸泡在水里的鞋当然容易腐烂。

沤 gào：长时间泡在水里浸。

【秋雨卡贵麻油】qiū hô kà guì vuǎ yiú
秋高气爽,空气湿度低,干燥,水很少,所以"秋雨贵如油"。

【揭灯的脚下暗】giǎ ding ê kā ê ǎm
用灯照人,往往自己脚下暗。看人的缺点容易,发现自己的不足难。看别人做事很简单,自己做起来却不容易。

【鸡卵密密也有缝】guē lǎng vǎd vàd ǎ wǔ pǎng
表面上看,鸡蛋壳是密闭的,蛋清才不会漏出来。其实鸡蛋有缝隙,不然怎能孵出小鸡。再秘密的事情也有迹象,欲使人不知,除非己莫为。

【田螺含水罔过冬】zǎn lé gǎm zuǐ vōng gè dāng
冬天,池塘里的水干涸了,塘底的田螺没有食物,没有水,只能靠身体里的一丁点儿水维持生命,等待来年春雨。这是过去穷苦人家生活的写照,精打细算,勤俭节约,勉强维持半饥不饱的生活。

罔 vòng：勉强。

【行船走马三分命】gniǎ zún záo vê snā hūn miǎ
过去的船很小,都是小舢板或帆船,少有安全设备和救护设施,又没有气象预报。所以,坐船很危险。闽南人不善于骑马,骑马也十分危险。

【得人痛卡好拍拼】dìd lǎng tniǎ kà hō pà bniǎ
拼死拼活,还不如受人宠爱更有前途或实惠。

【人脚狗鼻和尚头】lǎng kà gáo pǐ hě xniǔ táo
都是最怕冷的部位,特别是人的脚心(通五脏六腑)。

【魂身烧度才知死】hǔn xīn xiō dô zà zāi xì
以前,人死后,要为死者糊个纸牌(魂身)供奉在厅堂的案桌上,待到死后的周年日才烧掉,改成木刻的"神主",安放到"祖厝"。"魂帛"烧过之后,人才知道自己已经死了,其实,已经死去整整一年了。比喻有些人顽固不化、死不悔改,不见棺材不掉泪,非得到不可收拾,无可挽回的时候,才叫苦不迭、悔不当初。可是,大势已去,无力回天。

度 dô:烧透,化成灰烬。

【皇帝也有草鞋亲】hǒng dê ǎ wǔ cáo wê qīn

皇帝是一国之君,最富有,但不敢保证所有亲戚,特别是不常来往的亲戚都很富裕。

草鞋亲:穿草鞋的亲戚,指穷人。

【千银买无好厝边】cnāi gún vué vǒ hō cù bnī

乡亲邻里,常年生活在一起,出入相见。好邻居很重要,安居才能乐业,大家要以邻为伴,以邻为善,同心同德,和气生财,这是花钱买不来的。

厝 cǔ:房屋,居所。

【金奶银奶露里奶】gīm līn ggǔn līn lô lì līn

未结婚的女人的乳房像金子一样宝贵、珍惜,结了婚就一般了,要是生了孩子,就不怕让人看见了。

露里奶 lô lìn lìn:摇摆晃荡。

【七坐八爬九发牙】qìd zě buè bê gào huàd ggê

婴儿一般出生后七个月能坐起,八个月能爬行,九个月开始长乳牙。现在育婴讲科学,营养又好,坐、爬、发牙都提早了。

【天照甲指,人照道理】tnī jiào gà jǐ láng jiào dǒ lì

天气季节的冷热变化,一年四季24个节气的更换都是地球自转受日照情况不同的结果。人们共同生存交往,必须遵循自然规律和一些共同的行为规范。

甲指:甲子,由十个天干和十二个地支相配而成,用于农历年份的计算。

【顶丘有水,下丘湿润】dīng kū wǔ zuì ê kū xìm lǔn

上面田里有水,多少会渗漏一些到较低的下一块地里。亲朋好友相互关照,贫穷的或多或少可以得到较富足的一点帮助。

丘 kū:一块田地。

【光光月唔值暗暗火】gnḡ gnḡ ggè m̌ dǎd àm àm hè

再亮的月光下也看不清楚精细的东西,再暗的灯光下也能看清楚一些东西。

【臭堀仔鮘饲得大鮘】cào kùd ǎ vuě qǐ lê duǎ dǎi

臭水坑里放养不了大鱼。偏僻的地方、信息不灵条件差,成全不了大人物的,所以有"鲤鱼要大就得出大溪"之说。

堀 kùr:窟窿。鮘 dǎi:鲤鱼。

【势行,也行赡过人影】ggǎo gniá ǎ gniǎ vuě gè lǎng ngiǎ

走得再快,也不可能快过自己的影子。一个人的能力水平再高,也不能离开自己的素质基础。

势 ggáo:有办法,有能力。

【虎唔咬蛇,狗唔呷芋】hô ḿ gǎ zuá gào ḿ jiǎ ô

虎很凶恶,见动物就咬,连人也咬,唯不咬蛇。狗什么都吃,连屎也吃,就是不吃芋。真是一物降一物。

【千人所指,无病也死】cnāi láng sô jì vǒ pnǐ ǎ xì

群众的眼睛是雪亮的,也是最公正的。如果为非作恶,遭到人人唾骂,这样的人活着还不如死了。

【掠奸仁床,掠贼仁园】liǎ gān lǐ cńg liǎ cad lǐ hńg

说话要有理据,处罚要有根据,定罪要重证据。不能捕风捉影、道听途说坏人名声。

【乞呷也有三日好运】kìd jià ǎ wǔ snā rǐd hó wěn

乞丐偶尔也能有几天乞讨得特别多,再倒霉的人也会有好运气。看到弱者,要有同情心,不能幸灾乐祸。

【头遍脚俗,二遍茶叶】tǎo biǎn kū xiò ryǐ biǎn dê hiò

制茶时,把茶叶包在布袋里,用脚踩蹚,使之卷茧,因此,茶叶沾了许多脚上的脏东西。泡茶时,第一遍冲出的当然是"脚俗",第二遍才干净。

脚俗 kā xiò:脚渗出物。

【草藤仔也会绊倒人】cáo dǐn a ǎ ê bunà dō láng

草是脆弱的,折易断,踏易烂。但它伸展的枝条有时也会将人绊倒。不拘小节的人,当心犯大错误。

藤 dín:蔓。草藤:草的枝蔓。

【水无加郎,人无十全】suì vǒ gā lńg láng vǒ zǎm zńg

人或事物都不可能十全十美。

水 suì:美;加郎:完整;十全 zǎm zńg:周至。

【人无廉耻,不如早死】láng vǒ liǎm tì bùd rǔ zá xì

不能分辨好坏,恬不知耻,专干坏事,成为害群之马,活在世上还有什么意思呢。

廉 liám:廉洁、清廉。耻 tì:羞耻。

【霜若落透,烂田种豆】sng nǎ lǒ tǎo nuǎ cán jìng dǎo

冬天霜雪下得多,来年会春旱。原来的烂泥田也会缺水,插不了秧,只好种花生或大豆。

【爸老子幼,仙祖无救】bê lǎo gniá yiǔ xiān zô vǒ giù

以前百姓的生活很困苦,各扫门前雪。如果老的老,小的小,没有劳力,"青黄不接",真是叫天天不应,唤地地不灵,活不下去。

【一岁生张,百岁朝老】jǐd hè xnī dniū bà hè diǎo lǎo

生活行为习惯是从小养成的,一旦形成,就不容易改变。好习惯如此,坏习惯也如此。所以,坏习惯要在没养成之前改正,好的行为要经常实践,养成习惯。

生张 xnī dniū：养成习惯。

【学好三年,学歹一时】ô hò snā ní ô pài jǐd xí

好习惯、好思想、好品格的形成，是长期努力坚持的结果。坏的东西一学就会，一沾上就难解脱干净。

【衫着穿新,人着用旧】snā diǒ qíng xīn láng diǒ yǐng gǔ

新的衣服漂亮，老的朋友知根知底、感情笃定，比较可靠。

【鱼呷露水,人呷嘴水】h-í jiǎ lô zuì láng jiǎ cuì suì

鱼要有露水才能长得快，生活得好，人要有好口才，才能与人交际相处。但不能只说好听的话，只说不做。

嘴水 cuǐ suì：言语。

【呷子洴洴,呷厎香香】jiǎ gnià jniá jnià jiǎ āng pāng pāng

这是老妇人的人生体验：靠儿子赡养是靠不住的，只有丈夫才可靠。

洴 jnià：淡而无味。

【一声唔知,百项无代】jǐd xniā m̌ zāi bà hǎng vǒ dǎi

明哲保身，事不关己，高高挂起。其实做人应该实事求是，不该知道的就不要打听，不要听信、乱传小道消息。应该知道的，已经知道的就要如实反映情况。即"知之为知之，不知为不知"。

无代：没事。

【小空无补,大空喊苦】suè kāng vǒ bô duǎ kāng huà kô

衣服、墙壁损坏要及时补好，人有缺点、不足之处要及时改正，不可任其发展。要防微杜渐，以免铸成大错。

空 kāng：洞。

【寒,寒有人；热,热众人】guná gunǎ wǔ láng ruà ruǎ jìng láng

早年人们缺吃少穿，到了冬天，穷人就得挨饥受冻，但有钱人吃饱穿暖，根本寒冻不着。夏天没有电扇、空调、冰箱，即使富人也得受炎热的煎熬。

【花插头前唔插尾后】huē cà tāo znái m̌ cà vé ǎo

人家重用，就应尽力而为，不要故意推托，等让了别人，你才扼腕叹息，埋怨人家瞧不起你。"要做阵前刘关张，莫做事后诸葛亮"，"该出手时就出手"。

【趁钱有数,字号着顾】tàn jní yiú sô ryǐ hǒ diǒ gô

做生意赚钱应堂堂正正，诚信、信誉（即字号）最重要。如果"无奸无成商"，坑蒙拐骗，销售假冒伪劣商品，等于砸自己招牌。

趁 tàn：赚。

【乞呷要做,茭自着整】kìd jià vè zuě gā zǐ diǒ jìng

做什么都需要有投资或下些本钱添置必要的工具。

茭自 gā zǐ：用草编成的盛物提袋，乞丐讨饭常背。

【坐户填头卡蛮柴头】zě hô dnǎi táo kà mǎn cǎ táo

闽南民俗,小孩不得坐门槛,否则会固执,不听大人的话。

户填 hô dnǎi:门槛。

【呷鱼呷肉,菜着相甲】jiǎ h-í jiǎ và cǎi diǒ snā gà

以前的人就知道营养均衡。不要一味吃高脂肪高蛋白食品,也要吃粗纤维、多元素成分的食物。

相甲:搭配。

【惥猫上灶,惥子不孝】xǐng niāo jniǔ zǎo xǐng gnià bùd hǎo

好习惯不培养,坏习惯就自然生成。猫一味宠爱,就会上灶台偷吃东西而不抓老鼠。人从小不严加管教,宠坏了就会不孝顺。

惥 xǐng:宠,过分溺爱。

【万般谋,不如摸田土】mǎn bunā vô bùd rǔ mô cǎn tô

尝试了许多职业,还是种田比较根本。我国以农业立国,人们根深蒂固地重视农业。但只有农业是不行的,应该有人从事各行各业,生活才能丰富多彩。

谋 vô:谋划,从事。

【清明谷雨,寒死虎母】qnī miá gôr wù gunǎ xī hô vù

清明谷雨这两个季节,乍暖还寒,加上连绵春雨,天气更觉得冷,连野生的老虎都受不了。

母,音 vù。

【冬节月头,串寒年兜】dāng zuè ggě táo cuàn gunǎ nǐ dāo

冬至这个节气必定是在农历十一月份。冬至在月初,寒潮来得早,连续低温寒冷的天气会出现在过新年之前。

冬节:冬至。串 cuàn:专门。年兜:年关。

【先的先,跟尾的显倥开】snāi ê snāi dè vè ê hián kǒng knāi

捷足先登者可抢占先机,后到者只能空手兴叹。

【十二月南风卡清水】zǎm ryī ggě lǎm huāng kà qìn zuì

海风南来,一般是在天气热(特别是夏天)的时候,十二月份即使刮南风,也是有凉意的,或冰冷的。此语也可以形容心灰意冷、态度冷淡。

清 qǐn:凉。

【狗蚁拦路,天要落雨】gáo hiǎ nuǎ lô tnī vè lǒ hô

蚂蚁忙着搬家转运粮食,预示着天气要变坏,要下雨。因为蚂蚁对空气的湿度很敏感。

【买卖算分,相请无论】vué vuě sn̄g hūn snā qnià vǒ lǔn

请客赠送不计较成本,但做买卖都要精打细算。意为丁是丁,卯是卯。

【久雨鸟鸣,天将转晴】gú hô jiāo

víng tnā jiōng zuān jíng

许多动物对自然环境的变化很敏感,如蛇、鸡、猪、狗能感到地震即将发生,对天气的变化也有很强的预见性。如果一连下了好几天的雨,突然听到鸟在枝头、屋檐鸣叫,可以断定雨要停了,天要放晴了。

【新车旧犁,古旧夫妻】xīn qiā gǔ lué gô gǔ hū cuē

新的车,旧的犁,原配夫妻是最可靠的。

【一个山头,一只鹧鸪】jǐd ggê sunā táo jǐd jià jià gô

鹧鸪生性好斗,占山为王,一山不容二鸟,一个山头要是有两只鹧鸪,一定要啄死一只或把另一只赶走。借喻为"地方恶霸"或影响一方的有头有脸的人物。

【阴琛琛,咬人三寸深】yīm tīm tīm gǎ láng snā cùn qīm

会叫的狗不咬人,不叫的狗爱咬人。人也一样,爱吵吵闹闹的人往往没有什么计谋,老谋深算的人往往沉默寡言,算计人特毒。即所谓"明枪易躲,暗箭难防"。

琛 tīm:深沉。

【水吼未滚,水滚鮯吼】zuì hào vě gùn zuì gùn vuě hào

烧水时,听见水响,此时水并未开;水开时,却没有声响。人也一样,好说大话的人没有真本事,真正有本事的

人都很谦虚。

吼 hào:发出响声。

【一句对对,二句臭俗】jǐd gǔ diǒ diò lňg gǔ cào xiò

第一遍说的话让人有新鲜感,重复让人听了厌烦。

臭俗 cào xiò:陈腐味。

【吃饱敲,卡损狗】jiǎ bá tào kà sńg gào

饭后马上大便,对身体健康不利。

敲 tào:解开,即大便。

【十夯九呆,无呆将才】zǎm hāi dāi vǒ dāi jiòng zái

小时候长的太肥胖的,十有八九是比较呆傻或智商较低,如果不呆不傻,还很机灵,将来一定很了不起,很杰出。

夯 hāi:胖、高大。

【食物勿毁,唔是人夭鬼】xǐr vùd vǔd huì m̌ xǐ láng yāo guì

不能糟蹋粮食,能吃的东西不要随便丢弃,这是勤俭节约的美德,不是小气吝啬。

【心幸若好,风水免讨】xīm hǐng nǎ hô hōng suì vián tò

人的品质德行好,一切都没问题,不用刻意寻风水神明保佑。又作"天补忠厚"。

【剺拣,拣一个老菜祠】ggǎo gnài gnái jǐd ggê lǎo cài gnài

过分挑剔,因而错失良机,到头来只

得到比先前差的。

【乌鸦抹粉，卡白也赡久】ô ā vuà hùn kà bê ǎ vuě gù

伪装难以持久，骗人的伎俩不能永远得逞。难看的人再打扮，也漂亮不到哪儿去。

卡 kà：多、再。

【冇鲟呷水，冇蛙呷后腿】pnǎ jím jiǎ zuì pnǎ qì jiǎ ǎo tuì

吃海鲜蟹类时，冇的鲟根本吃不到肉，只能吃到水，冇的蛙的腿肉较大，还有肉吃。

冇 pnǎ：空虚。

【加人加业，少人卡涩叠】gê láng gê ggiàm jiō láng kà xiàm diàm

人多事杂，人少比较清静。生育没计划节制，儿女"滥累"。只生一个，精心培养，清静又舒适。

涩叠 xiàm diàm：清静。

【芷瓜无瓤，芷子无肚肠】jnī guē vǒ lńg jní gniǎ vǒ dô dńg

未成熟的瓜没有瓤，年幼的小孩较单纯，城府浅，没有弯弯肠子。

【死坐活呷，万世赡好额】xí zě wǎ jiǎ mǎn xǐ vuě hô ggià

一家人都不挣钱，只等着吃饭，坐吃山空，永远贫穷。

额 ggià：好额：富裕，有钱。

【兄弟兄弟，各人顾自己】hniā dǐ hniā dǐ gôr láng gô gǎ gǐ

兄弟再亲，长大分家后，也是各人顾自家，不能长久依赖。

【冬节月尾，串寒正二月】dāng zuě ggě vè cuàn gunà jniā ryǐ ggě

冬至如果在农历十一月底，寒流来得迟，连续寒冷的天气常在过年后的正月和二月。

【东风惊鬼，南风惊露水】dāng huāng gniā guì lǎm huāng gniā lô zuì

迷信的人说，鬼晚上才出来。露水傍晚天黑才出现。意思是东风和南风一到天黑就停止刮了。

【天顶天公，地下母舅公】tnī dìng tnī gōng duě ê vó gǔ gōng

天上玉皇至高无尚，民俗，亲戚中母舅最重要，地位最高。

【有样看样，无样自己想】wǔ ngiǔ kunǎ ngiǔ vǒ ngiǔ gǎ gǐ xniǔ

有样品参考就参考，没有样品只能自己设想。不但要模仿，更要创新。

【豆豉粕卡浸也赡发芽】dǎo xǐ pò kà jǐm ǎ vuě huàd ggē

黄豆煮熟、晒干、经发酵酿制成豆豉，浸出酱油之后成为豆豉粕，这时不可能再长出芽来。机不可失，时不再来，错过青春年华，难再有大作为。

【好子好佚佗，歹子恰惨无】hó gniǎ hō qìd tó pái gniǎ kà cām vó

儿女听话孝顺，可尽享天伦之乐。逆子不孝，是家庭的不幸。

佚佗 tìe tó：玩弄、游戏。

【一人主张，呣值两个人思量】jǐd

láng zū dniū ě dǎd lǐng láng sī lniú
集思广益；三个臭皮匠，胜过诸葛亮。

思量：思考，商讨。

【细想出智慧，细哺出滋味】xê xniǔ cùd dì huǐ xê bô cùd zī vǐ

周密思考才有对策，正如细嚼慢咽才能品尝出好滋味。心急吃不了热豆腐。

哺 bô：咀嚼。

【芋横卡粗也觘做洞简用】ô hunái kà cô ǎ vuê zuè dǒng gàn yǐng

芋梗没有木质层，又空又松，受不得重力，虚伪的东西再逼真也没有实用价值，不诚实的人再听话也不可靠。

横 hunái：茎。洞简：拐杖。

【鸡寮仔里无隔暝的土蚓】guē diáo a lǎi vǒ gê mí ê dô wèn

贪吃的人，好东西不隔夜。好花销的人口袋里没有隔夜钱。对不可靠的人不要寄托希望。

寮 diáo：窝。隔暝：过夜。

【死猫吊树头，死狗放水流】xī niāo diào qiǔ táo xí gào bàng zuì láo

翔安民俗：猫死后，吊在树上让其风干或腐烂，猫骨可入药；狗不干净，死后抛入江河渠中，让其逐离至外乡。

【天不言自高，地不语自厚】tnī bùd ggián zǐ gō duê bùd gg-ì zǐ gǎo

有成绩、有贡献，不必自己说，人家也知道。有本事、有能力，不用彰显，人家也承认。

【世事赴透透，无鼎甲无灶】xê sǐ hù tào tǎo vǒ dniǎ gà vǒ zǎo

各种礼节活动都跟着参与，就要花很多钱和时间，最后落得个穷困潦倒。

【嘴常讲觘笨，刀常磨觘钝】cuī xiǒng gòng vuê bǔn dō xiǒng vuá vuê dūn

拳不离手，曲不离口，熟能生巧。三天不练手生，三天不唱口生。

【常近戏鼓边，觘唱也会哼】xiǒng gǔn hì gô bnī vuê qniǔ ǎ ê hnī

常看戏的人多少学得点戏文，虽唱得不地道，至少也能哼几声。近朱者赤，近墨者黑。

哼 hī：只唱曲声。

【江湖一点诀，讲破无半撒】gāng ô jǐd diám guàd góng puǎ vǒ bunǎ puàd

走江湖的变把戏，只要识破机关，就一点儿也不稀奇。做什么事都有个要领或关键难点，破解其中的奥妙，就简单容易了。

【牵牛牵牛鼻，揭刀捻刀柄】kàn ggú kān ggǔ pǐ giǎ dō liǎm dō bnǐ

牵牛鼻子，牛会乖乖地听话，握刀把子，才能使上劲。解决问题要找准关键症结。

捻 liǎm：握。

【七呷八呷，呷互脚仓坐额】qì jià buè jiǎ jiǎ hô kā cīng zě ggià

病从口入，不讲卫生、没有节制地狂吃滥吃，消化不了，伤了胃肠拉肚子，连屁股都受连累。

坐额 zě ggià：承受。

【行路倚壁边，做事卡大天】gniǎ lô wā bià bnī zuè sǐ kà duǎ tnī

谦逊且深藏不露者，常是做大事的人。

【面若拍结球，呷嗨长岁寿】mǐn nǎ pà gàd giú jiǎ vuè dǎg hè xiǔ

整天郁闷不乐，很损害、影响身体健康，不会长寿。此语劝人要乐观、豁达、宽容，保持平静的心态。

面打结球：整天愁眉苦脸，多愁善感。

【知识无偏心，肯学本事成】dì xìr vǒ piān xīm kíng ô bún sǐ xíng

世上无难事，只要肯攀登。学三天，本事在眼里，学三个月，本事在手上，学三年，本事在心里。不学则无术。

【老鼠势开洞，歹人势钻空】niáo cì ggǎo kuī kāng pāi láng ggǎo zǐng kāng

老鼠挖洞为了偷东西，为了隐藏，坏人钻空子为了干坏事，为了损人利己，占便宜。

势 ggáo：善于、惯于。

【请鬼来医病，十个死十二】qniá guì lǎi yī bnī zàm ggê xí zǎm ryī

听信坏人的话，请不可靠的人来帮忙，是要倒霉吃苦的，只能帮倒忙。

【好针侩裂鼻，好人侩过时】hô zām guê lǐ hô láng guê gè xí

好用的针太常用，针眼容易断裂，有

能力的人劳累过度，寿命不长。可惜。

侩 guê：容易。

【好看嗨十全，歹看嗨加郎】hó kunǎ vuè zǎm zńg pái kunǎ vuè gā lńg

好的不可能十全十美，差的也会有一些长处。世界上没有绝对的好坏之分，一切都是相对而言的。

全，zńg。加郎 gǎ lńg：完整。

【少年嗨拍拼，呷老无名声】xiào lián m̌ pà bniǎ jiǎ lǎo vǒ miǎ xniā

鸟过留声，人过留名。年少不努力，老大徒伤悲。

【少年嗨晓想，呷老嗨成样】xiào lián vuè hiáo xniǔ jiǎ lǎo m̌ jniǎ ngiǔ

年少时不懂得努力向上，年老了就一事无成。

【干埔人拳头，查某人目屎】dā vô lǎng gǔn táo zā vô lǎng vǎr sài

男人用武力硬办法征服对方，让对方妥协、改变。女人却用软的办法，让对方认输、屈服或同情。

干埔 dā bô：男人。查某 zā vô：女人。

【远庙烧香不如门前积德】hňg viǒ xiō hniū bùd rǔ mňg znái jìr dìr

到处烧香拜佛求神保佑，还不如平日多做好事善事。

【老的老步在，少年变形害】lǎo ê lǎo bô zǎi xiào lián bnì hňg hǎi

老步在，沉着应付，熟练操作。变形

害,不得要领,装模作样。老手技术熟练动作慢条斯理;新手手忙脚乱,难得有好效果。

【八算唔八除,讨米换番薯】bàd sǎg mǐ bàd d-í tó vì wnǎ ān zí

以前大米很珍贵,地瓜很便宜,谁也不愿意用大米换地瓜。只看到有利的一面,没看到不利的一面,不全面权衡比较,要吃亏的。

八 bàd:懂得。

【好牛唔惊犁,好汉唔惊做】hō gú mǐ gniā lué hó hǎn mǐ gniā zuě

各尽所能,尽力而为。有本事的人不怕工作负担和艰巨任务,也不会被困难吓倒。

【多牛踏无粪,多子无块睏】zuě ggú dǎ vǒ bǔn zuě gniǎ vǒ dè kǔn

人多但不同心协力,只能是内耗,窝里斗。一个和尚挑水喝,两个和尚抬水喝,三个和尚没水喝。

粪:肥料。睏:睡觉。

【孤鸡唔呷米,孤雁叫声悲】gô guē mǐ jiǎ vì gô ggán giò xniā bī

孤独,寂寞,无聊,这是脱离集体的结局。没有交际的情趣,连小鸡也失去吃米的欲望,离开相互关照,海雁的处境也变得危险。

【孔子公唔敢允人隔暝帖】kōng zī gōng mǐ gnā wén lǎng gê mǐ tiàm

做事情要"只争朝夕"。世事难料,自己没有把握的事情不要乱答应人家。

【离近相刺目,离远刬鸡角】lǐ gǔn snā qià vàr lǐ hňg tǎi guē gàr

近即疏,远即亲。分久必合,合久必分。相处久了,难免有矛盾,离别久了,产生思念,杀鸡相邀请。

刺,qià。刬 tiá:杀。

【人情像拉锯,有来着有去】rǐn jíng qniǔ tuā g-ǐ wǔ lái diǒ wǔ k-ǐ

有来有往,来而不往,非礼也。有呼就有应。人的来往、关照、支持,是互相的,不能一厢情愿。

【亲家相向门,礼数着照行】qin gê snā ng máng dê sô diǒ jiao gniá

不能因为太亲近、太熟悉,就不讲究基本的交往规则。亲兄弟还要明算账呢!

【歹势头先,卡好歹势路尾】pāi xê tǎo snāi kà hō pāi xê lô vè

先小人后君子。有困难有问题要有言在先,办不到的事情不要随便答应。有承诺就得兑现,不要开空头支票。

歹势:失礼。路尾:最后。

【大人怨甲死,无怨团仔庀】duǎ láng wàn gà xì vǒ wàn ggín a pì

两家大人之间有矛盾,相互怨恨再大,也不能怨恨对方的小孩子。因为孩子不是当事人,是无辜的。冤仇不能传过代。

团仔庀:小孩子。

【相骂无泻呷,相拍无伤额】snā mǎ

vǒ xiā jiǎ snā pà vǒ xiōng hià

吵架的时候揭人隐私羞辱人是不道德的，打架时打人额头、脸部是最可恶的，必定遭受众人的非议和谴责。

泻 xiǎ：羞辱。额 hià：额头。

【紧行无好步，紧吃无味素】gīn gniá vǒ hó bô jīn jià vǒ vǐ sô

慢工出细活，匆匆忙忙难免忙中出错。细心体验，才能品味出深刻的内涵。

味素：滋味。

【掠蜂唔做蜜，掠人唔作稿】liǎ pāng ǐm zò vìd liǎ láng ǐm zò xìd

强扭的瓜不甜。威逼之下，没有真心听话的人。

作稿：种田，种庄稼。

【做贼做一更，守贼守一暝】zuè càd zuè jǐd gnī jiū càd jiú jǐd mí

坏人做坏事不必用太长时间，而防破坏却要时刻提高警惕。

更 gnī：夜里两个小时为一更。

【会的呷嘴水，艁的呷脚腿】wê ê jiǎ cuì suǐ vuě ê jiǎ kā tuǐ

能力强的人靠设计谋划指挥别人工作，能力差的人只能实际操作或跑腿。

【大嘴糜唔呷，大话唔通讲】duǎ cuǐ vé tāng jiǎ duǎ wê ǐm tāng gòng

吃饭时大口吃没关系，大话可不能随便说，说了大话做不到就是"吹牛"。

糜 vé：稀饭。通 tāng：可以。

【老鼠空唔塞，会变圆拱门】niāo cī kāng ǐm tàd ê bnì wáng gōng mńg

小缺点不改，会铸成大错。小损坏不修，会不可收拾。一切都要防微杜渐，把毛病清除在萌芽状态。

塞 tàe：堵。

【笑人笑一腚，互人笑加郎】qiò láng qiò jǐd dńg hô láng qiò gā láng

耻笑别人只是针对某一方面，而自己更多丑事被别人议论，却全然不知。

腚 dńg：一部分。加郎：全部。

【有疑拍无疑，暗箭着张弛】wǔ ggí pà vǒ ggí àm jnī diǒ dniū dí

明枪易躲，暗箭难防。害人之心不可有，防人之心不可无。

张驰 dniū dí：警惕，防备。

【细汉偷挽匏，大汉偷牵牛】suè hǎn tāo vān bú duǎ hǎn tāo kān ggú

小时候偷东西得逞，没受到惩罚，长大后贼胆就越来越大，偷贵重的东西。

挽 màn：摘。

【动嘴不动手，动手烂朽朽】dǎng cuǐ bùd dǎng qiù dǎng qiù nuǎ hiú hiù

争吵只能用嘴巴，不能出手动粗。粗暴是无能的表现。有理不在声粗，更不在力大。

朽 hiù：腐烂。

【喝酒着适量，滚笑着适中】līm jiù diǒ xìr liǒng gún qiò diǒ xìr diōng

物极必反。喝酒和开玩笑都应适可

而止,不要过分。真理前进一步也是谬误的。

滚笑:开玩笑。

【无伙脚仓,唔通呷伙泻药】vǒ hè kā cīng ǔ tāng jiǎ hè xià yiò

应实事求是,量力而行,不要随便应诺做不到的事。

伙 hè:那个,那种。

【脸红呷酒人,脸青呷酒精】mǐn áng jiǎ jiū láng mǐn qnī jiǎ jiū jnī

喝了酒脸泛青的比脸泛红的酒量更大。

精 jnī:鬼怪。

【有钱乱乱开,无钱苦哀哀】wǔ jní luǎn luǎn kāi vǒ jní kô āi āi

有钱就乱花,等到急用又没钱时才叫苦不迭。富日子要当穷日子过。

【起厝三石米,折厝一顿饭】kí cǔ snā jiǒ vì tià cǔ jǐd dǹg bng

建设要比破坏艰难得多,耗费也要大得多。

【常拍若拍碧,常骂若唱曲】xiǒng pà nā pà pìr xiǒng mǎ nā qniù kìr

常骂不听,常打不痛。教育孩子应循循善诱,耐心开导,不要简单粗暴。说服是长久的,压服是暂时的。

碧 pìr:南音打拍子的乐器。

【有钱行有路,无钱无变步】wǔ jní gniǎ wǔ lô vǒ jní vǒ biàn bô

凡事无财莫举。钱靠赚,也靠攒。钱虽然好用,但人不是金钱的奴隶,人花钱,不是钱花人。

【九月狗尲日,十月日生翅】gào ggě gào nà rìd zàm ggě rìd xnī xìd

深秋时节,白天越来越短,九月的白天短,十月更短,冬至那天最短。

尲,nǎ,一闪而过。

【春寒雨那潒,冬寒烤大旱】cūn guná hô ná zunǎ dāng guná kó duǎ hunǎ

春季天冷,雨水多,冬季天冷,少雨。

【落霜有日照,乌寒死无药】lǒ sng wǔ rǐd jiǒ ô guná xí vǒ yiò

冬春时节,夜里下霜,第二天早晨常出太阳。阴冷的天,不会回暖。

【海雁飞上山,破裘捡来裲】hái ggǎn bē jniǔ sunā puà hiú kiò lǎi muā

裲,muā,披。

【海雁飞落海,破裘盖狗屎】hái ggǎn bē lǒ hài puà hiú kàm gáo sài

海雁对天气变化很敏感,能预先知道气温的变化。根据海雁的行踪,可以提前知道未来几天的气温变化。海雁往山沟飞,预告大风降温即将出现,海雁向海边飞,预告天气即将转暖。

盖狗屎:不用了。

【半暝肚蚓叫,明载大日照】bunà mí dô wèn giǒ miá zǎi duǎ rìd jiǒ

夏天,夜里蚯蚓叫得急,预示第二天是烈日高照的闷热天气。

半暝:深更半夜。

【路头担灯芯,路尾担铁锤】lô táo

dnā dīng xīm lô vè dnā tì tuí
上大山砍柴割草，挑担子走远路，担子刚上肩时不觉得重，中途越歇越想歇，觉得担子越挑越沉重。

灯芯：通草，很轻。

【睏破三领蓆，心事掠觞着】kùn puà snā lniā qiò xīm sǐ liǎ vuê diò
人心难测，夫妻一起生活很长时间，也难把握对方的内心世界。

【唔惊虎咬人，只惊双面刀】m̌ gniā hô gǎ láng jí gniā sāng mǐn dō
虎会咬人，人可躲，阴险的人，像双面刀害人，难料。

【小酒小人参，大酒误了身】xió jiù xió rǐn xīm duǎ jiù ggô liǎo xīn
斟酌呷饮小量的酒，促进血液循环，有好处。酗酒，会诱发多种疾病，酒精中毒，危险很大。

【饲子无读书，不如饲大猪】qǐ gnià vǒ tǎr zī bùd rǔ qǐ duǎ d-ī
猪养大可卖钱，不读书没本事的儿子不会赚钱。

【输人唔输阵，输阵粗纸面】sū láng m̌ sū dǐn sū dǐn cô zuá mǐn
能力比人家差一些还没什么，如果临阵逃跑，那就没脸见人了。

【会行行晬一，觞行行晬七】ê gniá gniǎ zè yìd vuê gniá gniǎ zè qìd
婴儿出生后一年又一个月一般开始行走，最迟不超过一年又七个月。现在大都提早了。

晬 zè：周岁。

【六月无好风，七月无好雨】lǎr ggè vǒ hō huāng gìd ggè vǒ hó hô
农历六月刮的风，经常是台风，七月下的雨，往往是暴雨。

【插榕勇灵灵，插艾勇身命】cà jīng yóng líng líng cà hniǎ yóng xīn miǎ
五月初五端午节，民俗要在门户上插榕树树枝和艾草，以驱邪。其实也有科学道理，因为此时正值梅雨季节，天气又开始热了，病菌繁殖快，空气中瘴气多，艾草可消毒。

勇 yòng：健壮。艾 hiá：叶子有香味的草本植物。

【嘴尖舌利，无厝边无同姒】cuì jiàm jǐ lǎi vǒ cù bnī vǒ dǎng sǎi
好骂人、好吵架的人，人人都不愿与之交往，结果成了孤家寡人。像没有了邻居、没有了家人一样。

同姒 dǎng sǎi：妯娌。

【锄头掘甲死，唔值做生意】d-ī táo gǔd gà xǐ m̌ dǎd zuè xīng lì
庄稼人常哀叹"做农民是尾条路"，大半年才有一次收成，收成差，东西才贵，收成好，五谷就便宜，收入总不见提高；做生意日日见利，天天见财，多好。

【冬头三顿饭，冬尾番薯汤】dāng táo snā dǐng bňg dāng vè ān zǐ tňg
不会精打细算过日子的人，五谷刚收成的时候，不懂得节约，天天净吃干饭,到了青黄不接的时候,只能紧束裤带,三餐喝地瓜汤了。

冬 dāng:五谷登场。

【月头无按算,月尾月光光】ggĕ táo vŏ àn sŏg ggĕ vè ggĕ gīg gīg

月初发了工资或平日有收入的时候,不懂的计划安排和细水长流,而是大手大脚乱花(不和钱过夜),到了月末或者急用的时候,只能干瞪眼,束手无策。

【媒人脚骨力,媒人嘴白贼】mĭ lăng kā gùd làd mĭ lăng cuĭ bê càd

解放前,男女结婚要"明媒正娶",不能自由恋爱,都要经过媒婆的介绍撮合。男女双方、两家不能直面接触,全靠媒婆"牵线搭桥"。但凡有谈婚论嫁,总会有讨价还价,媒婆就得跑腿。为了玉全美事,媒婆的腿就跑得特别勤快。而媒婆净讲好话,双方才能入耳,其实,没几句是实话。

骨力 gùr làr:勤快。白贼 biĕ càr:瞎话、谎言。

【捷见官觠畏,捷呷酒觠醉】jiăm gnì gunā vuĕ wĭ jiăm jiă jiù vuĕ zuĭ

习以为常,司空见惯。

捷 jiàm:经常。

【真药医假病,真病无药医】jīn yò yī gê bnĭ jīn bnĭ vŏ yŏ yī

此话说的是用药治病,更多的是告诫纠正错误的道理。错误能不能及时纠正,关键在犯错误的人的态度。小错误,刚犯错误时,能听人劝,马上改就没事了。如果是犯罪,或屡教不改,"病入膏肓"就无药可治、"无可救药"了。

【歹子也着惜,孝男无块借】pái ggnià ă diŏ xiò hào lám vŏ dè jiò

家庭教育很重要,子女不听话、更要循循善诱,用心感化。不要失掉信心,让其自生自灭。"浪子回头金不换"、"家无浪荡子,官从何处来"这是古人的话。

【做人好道德,呣免金香烛】zuè láng hó dŏ dìr mĭ vián gīm hniū jìr

"平生不做亏心事,不怕半夜鬼敲门"、"心正不怕邪"。没有做过坏事,就不必到处求神拜佛,祈求神明的庇护。

金 gīm:纸钱。香 hniū:芳香。

【一岁乖,两岁哇,三岁叫呣来】jǐd hē guāi lĕng hē ggái snā hē giò mĭ lái

小孩一岁比一岁更调皮捣蛋。

【糜可滥糁呷,话不可滥糁讲】vé tāng lăm sām jià wê mĭ tāng lăm sám gòng

稀饭可以随便吃,话不能乱讲,要说真话,说实话,说真心话。

滥糁 lăn sàm:胡乱。

【胡溪对额,番薯仔芋挖来呷】ô kuē duì hià ān zí a ô yà lăi jià

仲夏夜晚,抬头能看见银河的星星正对头顶闪烁,正是地瓜芋头成熟上市的时候。

胡溪:银河星星。

【未呷五月节粽,破裘唔嗵放】vě jiǎ ggô ggě zuè zǎng puà hiú ǎ tāng bǎng 还没到端午节,天气还有转凉的可能。

五月节:端午节。

【胀猪肥,胀狗瘦,胀人大肚桶】dniù d-ī buí dniù gáo sàn dniù láng duǎ dô tàng 猪吃得多就肥胖得快,狗吃得太饱,反而会变瘦,人吃得太饱,容易损坏胃,加重消化器官的负担,容易得病。

【水盘过碗会少,话盘过嘴会多】zuì bunǎ gè wǎ ê jiò wē bunǎ gè cuǐ ê gê 告诫人们不要乱传话,以免惹事生非,造成恶果。

【好馅不如好粿,好头不如好尾】hó ngǎ bùd rǔ hó gè hō táo bùd rǔ hó vè

馅虽重要,包馅的皮更重要。好的开端重要,好的结局更重要。

【贫惮人急仁嘴,骨力人急仁腿】bǐn bunǎ láng gìm lí cuǐ gùd lǎd láng gìm lǐ tùn

懒惰的人只是嘴里喊急,没有行动;勤劳的人,马上行动着手办事。

贫惮 bǐn dunǎ:懒惰。骨力:勤劳。

【爱人好,自己好,爱人歹,自己歹】ài lǎng hò gǎ gǐ hò ài lǎng pài gǎ gǐ pài

送人鲜花,手有余香。欺人自欺,害人害己。

【松柏仔通宏,大人团仔枵甲狂】qniǔ bê ǎ tōng hóng duǎ lǎng ggìn ǎ yāo gà góng

春夏之交,松柏迅速长出新的枝芽叶子,也是这个时候,新的五谷尚未登场,旧的粮食所剩无几,此时,又是逐渐昼长夜短的节气,所以不论成年人或小孩,都时时觉得肚子饿。

通宏 dōng hóng:松柏长出新枝叶。

【靠子靠媳妇,唔值身边自己有】kò gnià kò xīn bǔ ǎ dǎd xīn bnī gǎ gǐ wǔ

养儿防老是古训,赡养孝敬父母,是为人子女的天职。"父母疼子在心头,子爱父母放水流"却成老人辛酸的哀叹。如今在城里,不少老人有退休金,儿子下了岗,还靠父母接济。还是老人身边有自己的积蓄可靠呀!

【一年新妇,两年会渚,三年师父】jǐd nǐ xīn bǔ lňg nǐ ê dǔ snā ní sāi hǔ 媳妇入门,头年乖顺,第二年开始顶撞抬杠,第三年就成了师傅那样,管起其他家人乃至公公婆婆来。告诫人们,对媳妇或类似的人不能纵容迁就,要严加管教约束。

【一枝草一点露,壁边草呷打横雨】jǐd gī cào jǐd diám lô bìà bnī cào jiǎ dná hunǎi hô

生物都能适应生活环境生存下来,墙边草能淋到横刮的雨,既是偶然,又是必然,"憨人有憨福"。

【真睏的人好叫,假睏的人叫觞醒】jīn kǔn ê láng hó giǒ gê kǔn ê láng giò vuě qnì

明知故犯最要不得。不会干,教了就会,不肯干,没辙。

【会掩得一人的嘴,难遮得众人的目】ê ng lê jǐd láng ê cuǐ lǎn jiā lê jìng láng ê vàr

让一人不说可以,要躲得过众人耳目难。欲盖弥彰。欲使人不知,除非己莫为。群众的眼睛是雪亮的。

【呷着黄连才知苦,摸着鼎底才知黑】jiǎ diǒ ng ná jiǎ zāi kô mô diǒ dniá duè jià zāi ô

实践出真知。吃过苦的人才知道苦的难受,遇到困难的人才能尝到问题的棘手。

【会咬人的狗觞吠,会吠的狗觞咬人】ê gǎ láng ê gào vuě buǐ ê buǐ ê gào vuě gǎ láng

看人不能看外表,正如防狗不能凭叫声。前人说,"好嘴的不一定好心,歹嘴的不一定歹心"。

【好干埔唔呷闲饭,好查某唔呷嫁妆】hó dā bô ǐm jiǎ ngǎi bng hó zā vô ǐm jiǎ gê zng

真正的男子汉不吃嗟来之食,勤俭的女人不动用攒积的金钱。

【同厩牛相知气力,同行人相知个性】sǎng diǎo ggú snā zāi kuǐ làd sǎng gniǎ láng snā zāi gò xǐng

路遥知马力,事久见人心。

厩 diáo:牛圈。

【喜时讲话常失言,怒时讲话常失理】hì xí góng wê xiǒng xìd ggián nô xí góng wê xiǒng xìd lì

得意忌忘形,怒时忌失控。高兴时不要夸夸其谈忘乎所以,激怒时不要说过分无理的话。

【勤俭好比山出泉,浪费亲像水崩山】kǔn kiǎm hó bí sunā cùd zunǎ lǒng huǐ qīn qniǔ zuí bāng sunā

积少成多,要有恒心、耐心。花钱如流水,坐吃山也空,是一眨眼的事。

【宁可田头多一堀,唔嗵桌顶多一佛】lǐng kō cǎn táo gê jǐd kùd m̌ tāng dò dǐng gê jǐd bùd

田间多一垄可以多收粮食,桌上多一尊佛,要多一份供品的耗费。

【贫惮干埔爱种麦,贫惮查某爱作客】bǐn dunǎ dā bô ài jìng vê bǐn dunǎ zā vô ài zuè kê

种麦很简单,不用锄草;作客不用干活,又有好吃的。

【龙交龙,凤交凤,瘟龟交挡戆】lǐng gāo lǐng hǒng gāo hǒng wēn gū gāo dòng ggōng

人以群分,物以类聚。正经的人与正经的人交往,不三不四的人常和不三不四的人在一起。

瘟龟 wēn gū:驼背。挡戆 dòng

ggǒng：痴呆。

【臭头和尚念无好经，臭头师公摇无好铃】cào tǎo hě xniǔ liǎm vǒ hō gīng cào tǎo sāi gōng yiǒ vǒ hō līng 不老实的人做不出好事，不正规的厂家生产不出合格的好产品。

师公，sāi gōng，道士。

佝骨话

佝骨话即歇后语，又称桀口话。说话时不直接说，把一个句子分成两部分：前半句是比喻或悬念，像谜面；后续的半句才是谜底似的本意。听这种话，像猜谜语一般，让你从"？"到"！"，很是有趣。

【牛蜱——有入无出】ggǔ bī—wǔ rìm vǒ cùd

牛蜱寄生在牛身上，吸牛的血，不排泄出东西。此语常用来比喻贪得无厌又很吝啬的人。

【捏挦——面笑肚忧】nǐ lir—mǐn qiǒ dô yiū

大雄宝殿里弥勒佛笑容可掬，可肚皮上却有许多皱纹。此语常用来描写强作欢颜的人。

捏挦 nǐ lìr："弥勒"的谐音。

【金蝇——一肚屎】gīm xín—jǐd dô sài

大苍蝇外表很漂亮，肚子里面装的都是粪便和病菌。比喻眉目清秀、表面忠厚老实，其实满肚子坏水、满脑子坏主意、灵魂龌龊的人。

金蝇：大苍蝇，

【跛的——一脚在】bài ê—jǐd kā zǎi

跛脚的人只有一只脚不听使唤或行动不便，另一只脚是可靠的。比喻什么事都要掺和，插上一脚，好事坏事总有他的分。

跛的 bài ê：跛脚的，瘸子。

【狗肉——扶起无扶倒】gáo và—hǔ kí vǒ hǔ dò

狗肉燥补，健康的人吃了很滋补，体弱的人吃了受不了。语意为助强不助弱。

【跷跔的——侗骨】kiāo gū ê—gìr gùd

驼背的人脊椎骨隆突,似是骨头挤压而高出来的样子,称激骨,即侗骨。为人说话做事别出心裁,故意标新立异,不墨守陈规,故意让常人出乎意料。

【鸡啄蚶——拍损嘴】guē de hām—pà sńg cuǐ

鸡的嘴虽又尖又硬,但却硬不过蚶坚固的外壳。啄不开蚶壳,吃不到里面的软肉,反而啄伤了嘴。比喻别费唇舌,再说也没用。

蚶 hām:海里壳硬而坚固的软体动物。

【三脚狗——撇出】sńa kā gào—yà cùd

跛脚的狗走路,总有一只脚往外拐。讽刺吃里扒外、胳膊肘向外拐的人。

【海胡椒——杂刷】hái hô jiō—zǎm suà

海胡椒,有辣味的调味品,可入药。海胡椒味道香,可消除食物中的腥味和膻味,其辣味可刺激食欲,许多人都喜爱,凡是咸的食物都可以撒一点。比喻有的人艺虽不精,但样样都能帮一点忙。

【万金油——杂抹】mǎn gīm yóu—zǎm vuà

万金油,头疼脑热的可以在太阳穴上抹,感冒鼻塞的可在鼻孔下抹,皮肤痒或被蚊虫叮咬处也可抹,可治百病,可一物多用。比喻人,样样事都掺和插手。

【酸担勿(文昌鱼)——无鼻无目】sńg dnā vùd—vǒ pǐ vǒ vàr

文昌鱼是一种由非脊髓动物向脊髓动物过渡的鱼,缝衣针长短,无头尾之分,全身非常简单,没有什么器官,没有嘴、鼻、耳、目,比喻不看场合、不拘小节的。

【柴关刀——直劈】cǎ guān dō—dǐd puǎ

关刀是"三国"关云长使用的长柄钢刀,木头制的大刀当然差得多,不能横杀,只能直劈——忠直的人有话就直说,有不同看法就勇敢地坦率地提出来。

【安溪兄——厚礼数】ān kuē hniā—gǎo lê sô

安溪山区的人待人接物都很客气,彬彬有礼。比喻人习惯讲究繁琐的礼节

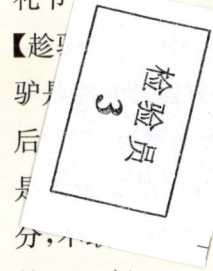

【趁驴的——__ __ __】__ ān l-í ê—rǐn lô

驴是__ __ __ __的,赶驴的人跟在后__ __ __ __在前面的驴走的路__ __ __ __了,比喻人自认本分,__ __ __ __

趁 tǎn:赶。

【拍铁的——趁热】pà tì ê—tàn riad

修理锄头、镰刀的打铁匠,加工的时

候要把铁烧软,这样容易敲打,热退变硬就打不动了,所以要趁热打铁。比喻做什么事都要抓住火候,把握时机,才能一气呵成。

【泉州客——对半说】zuǎn jiū kê—duì bunà xê

泉州晋江人很会做生意,卖东西开价很高,对半砍价也成交,比喻东西过手就少,传话意思不全,少了一半。

【虎相交——一过定】hô snā gāo—jǐd gè dniǎ

据说老虎一生只生一胎。"一过定"是指雌雄老虎只交配一次就断绝关系,再也不发生第二次。引意为吃过一次亏后,再不会上当;与人交朋友,只来往接触过一次,就再也互不来往。

过 gě:次。

【狗相咬——一嘴毛】gào snā gǎ—jǐd cuì mńg

狗咬狗都用嘴,结果嘴上留着满嘴的毛。比喻两败俱伤,毫无用处;比喻多嘴的人讨人嫌或得不偿失。

【十一升——积斗】zǎm yìd jīn—jìr dào

以前量谷物,十升为一斗。十一升就一斗装不下,只能硬挤压。意为工作、操作不顺利,受阻或语塞、哑口无言,无话回应。

【毛虾烩——专专目】mǐng hê gué—zuān zuān vàr

小毛虾很细小,整团整团的,只能看到麻麻密密的小黑点,那都是眼睛,比喻都是管理人员,没有办事人员。都是当官指挥的,没有实际操作的。

【吃柚柑——先涩后甜】jiǎ yǒu gām—snāi xiàm ǎo dnī

柚柑是一种野生水果,果实小而青,刚吃是涩的,越嚼越甜——先苦后甜。从事某项工作,虽辛苦,但前景看好,劝人坚持。

【破笳犁——遮壁】puà gā lué—jiā bnià

笳犁原本用来晾晒谷物,破了就盛不了,不能再用了。墙壁脱了灰,不雅观,用它遮住,人家还以为是特意挂在那边呢。意思是废物利用,姑且代替;做了错事、丑事,找借口搪塞或拉个顶罪的。

笳犁 gǎ luéi:加了圆沿的席箔。

【破鲎靴——舀渴咧】puà hǎo hiā—vuě kàd lê

鲎的壳可以做舀水的勺子,破裂以后就舀不了水了。意为忍不住要打抱不平。

【拍桶的——倒郑】pà tàng ê—dò dnǐ

木桶由一片片桶墙用竹篾编成的箍拢起来的,上大下小,要反着砸才能束紧。

倒郑:说反话、讽刺、耻笑。

【挨砻直——呷不宙】wê lǎng dìd—

jiǎ bùd diǔ

翔安坊间有一种土围棋叫"行直",形成左右逢源棋局时每一步棋都能抽掉对方。比喻有口福,到处都有吃的,引意为受多方的照顾,到处都得实惠。

宙 diǔ:停止,终了。

【舫山石——无一面】hōng sān jiò—vǒ jǐd mǐn

翔安香山上的石头,纹理无规则,打不成石材,因为没有一面是平的。比喻人长得难看,其貌不扬。或者比喻人什么事也不会做,无一技之长,一无是处。

【太监帽——无辞】tài gàm vǒ—vǒ xí

古代官帽左右各有一支翘起的翼,称"翘匙",太监的帽子没有"翘匙"。"匙"与"辞"同音,"无辞"意为不推辞,随便接受;不会客套,不讲客气,坦然应承。

无辞:没有推辞、欣然接受。

【六起四——够消】làr kí xǐ—gào xiāo

打算盘时,从六中去了四,只剩下二,去了一大半。比喻大势已去,勉强可以支撑或应付,已经没剩多少了。

【吃珠律——言多必失】jiǎ zū lùd—ggián dō bìd xìd

抽烟时,只顾讲话,不及时吸,烟就熄灭了。比喻话说太多了,必然会有差错。或者比喻爱嚼舌头的人,必定会得罪人。

珠律:雪茄烟。

【放屁脱裤——多了工】pàng puǐ tǹg kô—gê liāo gāng

脱裤子放屁,实属多此一举,完全没有必要。

了 liāo:浪费。

【五月弓招——粗枝大叶】ggô ggě gīng jió—cô gī duǎ hiò

五月的香蕉正要开花结实,是长得最茂盛的时候,茎粗叶大。做事粗心大意、不细心。

弓招 gīng jiō:香蕉。

【五十减二——涩泼】ggô zàm giám lǐng—xiàm puàd

五十减二之后剩下四十八,说快点"四十八"成了"涩泼"的谐音。说的话太粗野,不文明,穿得太露,隐私影绰,都叫"涩泼"。

涩泼 xiàm puàe:不雅。

【皇金浸水——激骨】hǒng gīm jìm zuǐ—gìr gùd

皇金里面有水,淹到骨头。别出心裁故意玩弄新花样。与众不同的言行,说反话,做蠢事。

皇金 hǒng gīm:盛尸骨的罐。

【师公摔席——拼真步】sāi gōng sàr qiò—bnià jīn bô

旧时农村常在佛生日"过火炉",乩童(神棍)和师公(道士)要从烧着的火炭上走过去。有个师公投机取巧,先用草席往炭火上摔压,然后才急匆匆地跳过去。人们觉得他的绝招是"拼真步"。后人把使出浑身解数(杀手锏)、使用最后的绝招称为"拼尽步"或"拼真步"。

【番仔洞简——乱物】huan ā dǒng gàn—luǎn vùd

旧时当官的人手持拐杖,表示文明,拐杖因此又名"文明棍"。外国人不会用拐杖,胡乱比划,随便操动。比喻不按程序、不遵规定或规律,蛮干,胡来。

洞简:拐杖。

【九月蟳蛄——无膏】gáo ggě jīm gô—vǒ gō

夏天的蟳很肥实,有膏黄,秋天蟳体内松瘦,没有膏黄。意为没有实力、本领、本事、钱财或对策。

蟳蛄:产过卵的母蟳。

【狗吃猪肝——知心里】gào jiǎ d-ī gunā—zāi xīm lǎi

狗和猪属类相近,猪肝是内脏,狗吃了猪肝,就大致知道自己的内脏什么样——指自己干的事自己知道。

【脚踏马屎——傍官气】kā dǎ vê sài—bǐng gunā kuǐ

马拉屎在路上,那些跟班的踩到沾了官气,仗着官势,自命不凡,以为自己就是骑在马背上的大官,说话做事盛气凌人,其实本是跑龙套的。比喻人狐假虎威、仗势欺人。

【和尚死某——呣敢哭】hě xniǔ xí vô—m̌ gná kǎo

和尚不能结婚娶妻,背地里偷偷讨的老婆死了,不敢声张,怕人知道。比喻因干坏事而受损害,只能认了,不敢说出来。也叫有苦难言。

【广东目镜——在人甲目】gńg dāng vǎr gniǎ—zǎi lǎng kǎ vàr

目镜,眼镜。甲目,适合度数。眼镜早期是从广东引进的,不同的眼镜适用于不同人的眼睛。比喻萝卜青菜,各有所爱。各人的观点不一样。

【山内亲家——无话讲柴蕾】sunā lǎi qīn gê—vǒ wê góng cǎ luí

从山沟里来的亲戚,对山外的情况很生疏,什么话也搭不上,只能讲讲自己熟悉的松树也会结果的话题,比喻没话找话。

柴蕾:松果。

【洗衣查某——话卡多狗毛】sué snā zā vô—wê kà zuě gāo mńg

农村妇女常许多人围着井栏洗衣服,边洗衣服,边说东道西,张家长,李家短,天上地下,古今远近,没完没了。人们常说:三个女人一台戏,"三个查某卡闹热一棚锣鼓"。比喻无关紧要的话太多。

【蚊叮男胞——歹拍】màng dàn lǎn pā—pái pà

蚊子叮在男性的阴囊上,打也不是,

不打也不是。比喻左右为难,束手无策。

【石码糖仔——好嘴路】jiǒ vê tǐng à—hō cuì lô

早年,石码人做的糖果特别好吃,甜中带咸,甜中冰凉,口感很好。比喻投人所好、说奉承的话。

【同安红圆——好看唔好吃】dǎng wnā ǎng ngí—hó kunǎ m̌ hō jiǎ

同安城关食品店卖一种面团做的发粿,外表染上红色,其内放糖很少。好看,但不甜。比喻徒有其表,样子好看,没实用价值。

【北山龙眼——够挽】bàr sunā ggǐng ggǎi—gào vàn

北辰山上种植的龙眼特别多,龙眼成熟时,一时摘不完,掉在地上。比喻让人忙不过来,招架不住。受不了,真够呛。

【曹操欢喜——见笑败】zǒ cǒ hunā xì—giàn qiò bǎi

曹操得意开怀大笑之后总是打败仗,意思是不要高兴得太早,大喜必有大悲。

【老猴照镜——不是人面】lǎo gáo jiò gniǎ—m̌ xǐ lǎng mǐn

猴子照镜子,看到的不是人的面孔。意思是虚伪,不诚实,不可靠。

【洞简准枪——拍艙吼】dǒng gàn zún qǐng—pà vuě hào

拐杖当成长枪使,行不通,当然打不响。意思是提出要求得不到许可;与人协商,关节没打通。

准:当作。

【卖豆干的——少年】vuě dǎo gunā ê—xiǎo lián

豆干一块俗称"一连",买卖的时候,不以重量计算,以"连"算。数一数多少"连",以"连"算钱,"数"土话"xiǎo",与"少"谐音,"连"与"年"谐音,就成了少年——年轻漂亮。

【担衫笼的——艙允得戏】dnā snā làng ê—vuě wēn lê hǐ

有人专受雇挑戏班的服装道具,与戏班并无多大关系,如果预定戏期,找他是没用的,他做不了主。比喻无决定权,不敢应允。

允 wùn:承诺。

【梵天加勒——就钱弄】hǎm tiān gā lè—jniǔ jní lǎng

同安的梵天寺每年农历正月二十日庙会,一些演木偶戏的把家当搬到庙前,有人给钱就演,钱少就随便演一下,钱多就演得精彩些。就钱多少而摆弄木偶。比喻按酬付劳,以钱的多少做事或交易。

加勒,木偶。弄:摆弄、操办。

【火烧甘蔗——无哈】hé xiō gām jiǎ—vǒ hà

甘蔗长大后,下面的叶子就枯干,一着火就烧。一烧,叶子就没了。意指两人不合适,两人之间有过节、不相来往。

无哈 vǒ hà,搿合。甘蔗外面的叶子,土话"外哈"。

【水缸倒吊——假钟】zuī gīng dò diǎo—gê jīng

水缸倒挂像钟,但不能当钟敲,用力一敲准破。比喻假冒的东西终究是假的,会露馅。比喻人假精灵,假聪明。"钟"和"精"谐音。

【洞箫浸水——激空】dǒng xiāo jìm zuì—gìr kāng

洞箫用竹管制成,前有五孔,后有一孔,浸到水里,那孔灌满了水就吹不响了。比喻人标新立异以显富裕宽绰,显示高贵富足。

空:孔洞。

【浸水火龙——搿"忽"咧】jìm zuí hé líng—vuě hùd lê

早年火柴很昂贵,农妇做饭时,生火很麻烦,要到邻居家"引火"。引火用的"火龙"是用回田的花生蔓和洋麻稿或草纸做的。引来的火星要吹气才能燃出火焰来。吹气时发出"忽忽"的声音。浸过水的火龙是湿的,怎么吹也不出火焰来。人们就以湿火龙比喻那种不值得交往、理睬的人。因为湿火龙就像那扶不起的"阿斗"。

【踏棉绩的——摸暝】dǎ mǐ jiò ê—mô mí

弹棉花的整天和棉花打交道,手常摸棉花,"棉",与方言"暝"同音,因此,摸棉成了"摸暝"。比喻在没有灯光的夜晚工作,整夜不停的坚持工作。

棉借:棉絮被,

【囝仔呷蟳——爱"广"】ggìn ǎ jiǎ jím—ài gòng

"广"是蟳的螯,即第一对脚,形状像钳子,特别大而有肉,叫"大脚"或"蟳广"。小孩特别喜欢吃,叫"爱广",谐音"爱讲",意为何必多说,说了也白搭没用。

【井内水鸡——一恶】jní lǎi suī guē—yìd ôr

青蛙在井里叫声:"嘓嘓"(gôr gôr)与方言"恶"(ôr)音近。意为见识少、本领差,又自命不凡,得意忘形。

水鸡:青蛙。

【骑马放尿——滥鞍】kiǎ vê bàng riǒ—lǎm wnā

骑在马背上撒尿,尿水淋在马鞍上。滥鞍与"南安"同音。

滥:淋浇。

【高甲烧香——点籐】gáo gà xiō hniū—diām dín

演高甲戏时,烧的香用籐条做的马鞭代替,点香就成了点籐。

点籐:diām dín 做事认真、周全。

【皇帝夜壶——国鳖】hǒng dê yǎ hô—gôr bì

皇帝为一国之君,夜壶又称"尿鳖",皇帝的夜壶当尊称"国鳖"。翔安话

"国鳖"的意思是:调皮、不听话,故意对着干、抬杠、耍花招、别出心裁。

夜壶 yǎ hô:男子撒尿的盛具。又称尿壶,俗称尿鳖.

【老鼠见油——目前光】niáo cì gnì yóu—vǎr znǎi gōng

以前用花生油点灯。老鼠爱偷吃油,见了油,就像见了灯光,眼睛发亮,很欢喜。比喻人鼠目寸光。只顾眼前,不顾长远。胸无大志。

【狗母放尿——软后腔】gáo vò bàng riŏ—lńg ǎo dńg

母狗撒尿时,放低后脚和臀部,好像后半身都软下来一样。比喻人做事虎头鼠尾,不能坚持到底。遇到困难就泄气。没有后劲。

后腔:臀部。

【老鼠哭猫——假有心】niáo cì kào niāo—gê wǔ xīm

老鼠对猫都是恨之入骨的,竟然有老鼠对猫的不幸表示同情,谁信? 当然是虚情假意。

【猪母板肭——无油激泊】d-ī vō bān lá—vǒ yóu gìr pè

母猪一般都很瘦,板肭炸不出油来,充其量冒出一些泡沫。比喻人装扮很时髦,其实囊中羞涩。

板肭:猪的板油。激:伪装。泊:水泡。

【建华火拭——假皇】giàn huá hé qìd—gê hóng

火柴的黑头俗称"皇",能划出火来。但建华厂生产的火柴,一划就掉黑头,,划不出火来。人们都骂那是假货,假"皇"。比喻人没有真本事,却抢着要露一手。好表现。

皇:漂亮、有水平。

【六月芥菜——假有心】lǎr ggě guà cǎi—gê wǔ xīm

六月,芥菜快开花了,叶柄也长出心芽来,但长不出大片的叶子。比喻人过分、多余、虚假的亲热。

【六月田螺——野子】lǎr ggě cǎn lé—yá gnià

六月是田螺产仔的季节,母田螺把幼仔从螺口吐出来,称"冶子",方言谐音为"野子"。喻指诡计多端、心怀叵测的人。

【六月菜头——半头青】lǎr ggě cài táo—bunà tǎo qnī

夏天太阳光很强,挺出地面的白萝卜常常晒成绿色,拔起萝卜,一半是白色的,一半是绿色的。这话说人是愣头青、二百五、十三点。

菜头:萝卜。

【涩仔扁担——愿折不愿跷】xiám ā bīn dnā—gguǎn jì m̀ gguǎn kiāo

一种叫涩仔的木头,很硬,做成的扁担直挺挺的,挑担子两头不会往下垂,压得太重,只有折断。比喻人坚持自己的意见,宁死不屈,宁为玉碎,不作瓦全。

跷:弯曲。

【菜瓜贡狗——去一腔】cài guē gòng gào—k-ì jǐd dńg
丝瓜长长的,一甩就断。用来打狗,肯定折断。比喻前功尽弃,得不偿失。或说损失(坏了)一大半。
菜瓜:丝瓜。去一腔:断掉了大半。

【脚仓贴纸——封龟】kā cūg dà zuǎ—hōng gū
土话把屁股俗称为"龟",用纸贴住屁股就是封了"龟"。比喻人自吹自擂。自高自大。骄傲,好表现,瞧不起人。
脚仓,kā cng,屁股。

【芋叶戴水——接身鮁崎】ô hiò dì zuì—jì xīn vuě giǎ
芋的叶片很大,雨水落在叶子上面会盛着滚来滚去,积多了滑落下去,连叶子也压倾了,叶柄撑不直了。比喻人自顾不暇,支撑不了,招架不住。
戴 dǐ:盛。

【肚脐抹粉——中装】bù zái vuǎ hùn—diōng zīg
抹粉是打扮最基本的内容。肚脐是人体的中间部位,肚脐上抹粉,就是在中间位置装扮。比喻做事为人适中、适合。

【颔滚生瘤——抵着】ǎm gùn xnī liú—dù diǒ
脖子长个大瘤子,顶住了下巴。意思是遭遇为难的情况,不得已而为之。无奈之举。不是心甘情愿的主动行为。

【臭头和尚——做无好功德】cào tǎo hě xniǔ—zuê vǒ hó gōng dìr
和尚光头,和尚长了癞痢头,头发不能理,不像和尚,且惹人讨厌,肯定做不好佛事。比喻成全不了好事,难做出正经事。

【菜补揾豆油——加了】cài bô wèn dǎo yóu—gê liào
菜补是白萝卜加盐腌制而成,已经很咸,再加上豆油(酱油)就更咸,完全没必要。比喻白费力气。
揾 wěn,蘸。了:损失。

【丝线吊铜钟——危险】xī sunǎ diào dǎng jīng—wǐ hiàm
丝线很细,铜钟很重。丝线吊不了铜钟,一吊,必断无疑。比喻千钧一发。

【七月半鸭子——知呷唔知死】qìd ggě bunǎ ài ǎ—zāi jiǎ m̌ zāi xì
农历七月十五是"鬼节",家家都要宰杀鸡鸭过节。宰鸭子清洗内脏的时候,还没杀的鸭子就在旁边争吃主人丢弃的内脏,等会儿收拾完就轮到它了。比喻大难临头,全然不知。浑浑噩噩的人混沌无知。

【猪母裏赤土——变虎】d-ī vò gǒ qiǎ tô—bnì hô
母猪在红土泥浆里滚,沾上一身红泥,完全改变了模样。这时,原本是温顺的母猪,突然发怒,还真像是只老虎。比喻没有能耐的人逞凶,只是样子可怕而已。

【芒冬生鹅蛋——脚仓裂到嘴】mǎng dāng xnī ggiǎ lǎng—kā cng lǐ gào cuǐ

芒冬是一种比麻雀还小的鸟,要生那么大的鹅蛋,那屁股肯定要裂开,即使全身都裂了也没办法。比喻人干力不从心的事,瞎干、蛮干,肯定损失惨重。

【脱体穿棕蓑——够赤】tng tê qǐng zāng suī—gào qià

棕蓑是用棕丝编织而成的雨具,赤身裸体不穿衣服披上蓑衣,棕毛就会像千万把针刺痛皮肤,又痒又痛,怪难受的。这种感觉也叫"赤"。比喻人一贫如洗,身无分文。

赤:贫穷。

【青瞑的拍某——约略】qnī mí ê pà vô—yôr liôr

瞎子打老婆,眼睛看不见,生气起来,抄起家伙只能胡乱敲打一通。意为随便,大概,抓不准。

青瞑:瞎子。

【狗屎裹溪沙——假麻老】gáo sài gǒ kuē suā—gê vuǎ lào

麻老一种油炸食品,米面和糖下油炸,膨胀后捞起再沾上芝麻、花生末。河滩上的狗屎,沾上溪沙,一条一条的,活脱脱像麻老。取意"假老"。比喻人没有真本事又装能干。

【头壳戴烘炉——热唪唪】tǎo kàr dì hōng lô—riǎd bòng bǒng

兴趣浓、热情高,按捺不住激情,兴致勃勃。

【大道公出巡——押尾】duǎ dǒ gōng cùd sún—à vè

出巡时,保生大帝乘坐的大辇总是在最后压阵。比喻人笨手笨脚、动作迟缓,总是跟不上人家,经常掉队。

大道公:保生大帝。押尾:压阵。

【落雨天沃菜——无采工】lǒ lô tnī àr cǎi—vǒ cāi gāng

下雨时去浇菜白费力气。多此一举。

沃 àe:浇。

【老公娶小姨——家婆】lǎo gōng cuǎ suè yí—gê bó

"家婆"原本是地方戏中的老女丑角,又称"丑旦"。引意为"管家婆",即好管闲事、常弄巧成拙的意思。

"娶小姨"即多了个老婆,"多"方言音为"加","加"与"家"同音"gê"。

【水牛跌落井——有力出无路】suī ggú buǎ lǒ jnì—wǔ làd cùd vǒ lô

有力无处使,有力出"无块(dè)去"。

【老鼠嗫缸盖——缺不缺】niáo cì kuè gng guǎ—kuǎd bùd kuǎd

"缺"指老鼠咬缸盖发出的声响,意指事情不出所料,和预先估计的一样。

缺 kuǎd:"咯"的声音。

【草耳弄鸡庵——寻死】cáo nì lǎng guē ām—cě xì

虫子在鸡笼上逗弄公鸡,一不小心,就被公鸡啄吃。比喻人自找苦吃、自寻死路,弱者向强者挑衅。

草耳:蝗虫。

【狗咬铁灯火——唔甘放断】gào gǎ tì dīng hè—m̌ gām bàng dǐng

过去的小油灯用的是花生油,狗咬到没油的油灯,只闻见油香,舔不到什么东西,丢掉又舍不得。比喻藕断丝连,舍不得放弃。

【猪哥睏煎盘——倒鼎】d-ī gō kùn jiān buná—dó dnià

煎盘,也是锅的一种,平底的,老公猪躺在煎盘上,其实就是倒在锅上。比喻垮台,彻底失败,一败涂地。

【十二月屎虫——变无蚊】zǎm ryǐ ggě sāi cī—bnì vǒ màng

冬天气温低,幼虫被冻死,成不了蚊子。比喻黔驴技穷,没什么伎俩可摆弄。

屎虫:孑孓,蚊虫未长出翅膀之前的幼虫,常在阴暗的水洼或厕所坑里。

【老鼠拖称砣——受苦尾后来】niáo cì tuā qìn dó—xiǔ kô vé ǎo lái

称砣是用生铁做的,很重,老鼠用尾巴拖大称砣,很难拖动。苦难在后头呢!比喻前途暗淡,前松后紧,不要盲目乐观。

【哑狗砣死子——有苦难说】ê gào dê xí ggnià—wǔ kô ô gòng

哑巴压死自己的儿子,既悔又恨,有苦难言。比喻哑巴吃黄莲。

砣:压。

【二一添作五——对开—(蒜头)】ryǐ yìd tiām zôr ggô—duì kuī(sng táo)

珠算的除法口诀,二一添作五是一除以二,得数为零点五,正好是一半。指平分,一人一半。

二一添作五是珠算开始归除的第一句口诀,是学珠算的开始。——算头(蒜头)

【青瞑的放鸽——溜溜去】qnī mí ê bàng gàm—liū liū k-ǐ

瞎子把鸽子一放,鸽子一飞就不知往哪儿去了。比喻杳无音信。不见踪影。有去无回。

【头毛掺锯屑——乱糟糟】tǎo mńg cām g-ì sùd—luǎn zǎo zāo

锯子锯木头拉出来的木屑又小又碎,放在乱蓬蓬的头发里,难以清理干净。意为添乱,穷以应付,不知所措。

【耳空塞破布——装聋】hǐ kāng tàd puà bô—dnì lóng

在耳朵里塞破布,假装没听见。比喻装聋作哑。

【放尿溹火炭——试试吼】bàng riǒ zunǎ hé tunǎ—qì qì hào

尿拉在烧红的火炭上,肯定发出"哧哧"的声响。

溹:喷射。试试吼:急匆匆、兴冲冲的样子。

【皇帝跌落马——倒龙】hǒng dê buǎ lǒ vê—dō líng

皇帝尊称"真龙天子",是龙的化身,

跌倒了岂不是"倒龙"。意思是失败、垮台了。

【青暝的举灯——多了油】qnī mí ê giǎ dīng—gê liǎo yóu

与"瞎子点灯——白费蜡"意思相同。

青暝:瞎子,举:提。

【日本仔嘴须——无半撇】rǐd būn ā cuì qiū—vǒ bunà puàd

日本男子的胡子仅是鼻孔下方的一撮毛,不像中国男人的八字胡,至少有两撇。意为没有一点儿才干,什么事也做不了。

嘴须:胡子。

【做梦拾着钱——空畅唅入腹】zuè mǎng kiò diǒ jní—kāng tiǒng vuè rǐm bàr

梦见捡到钱,醒来一无所有,空欢喜一场。

畅:称心、高兴。

【臭头遮雨伞——无法无天】cào táo jiā hô sunǎ—vǒ huàd vǒ tiān

人一患癞痢头,头发掉光,"无发"与"无法"同音。意为胡作非为,目无法纪。

臭头:癞痢头,

【洞简准洞筲——找无空】dǒng gàn zún dǒng xiāo—cě vǒ kāng

拐杖要当成洞筲吹,一定找不到出气的孔。意思是找茬,无事生非,找借口欺侮人。

【鸡蛋贡石头——无磕】guē lǎng gòng jiǒ táo—vǒ kàm

鸡蛋壳很薄而脆,碰到又坚又硬的石头,肯定要粉身碎骨。意为实力太悬殊,难以抵挡,碰不得。劝人不要逞能,要忍耐。

无磕:碰不得。

【秫米煮黑糖——米糕趖】zǔd vì zí ô tńg—ví gō só

原指用糯米加糖做成的一种饭的名字,喻为男女关系暧昧,偷偷摸摸暗中来往。指行为不光明正大,乘人不备偷偷占人便宜。

【半路折扁担——路边苦】bunà lô jǐ bīn dnā—lô bnī kô

途中打折扁担,用手提不了,只能叫苦不迭。办事过程中遇到过不了的坎,束手无策。意外的挫折。"路边苦"又是马巷附近的一个村庄。

【蒸糕无放酵——无法】cē gō vǒ bàng gnǎ—vǒ huàd

蒸糕必须放入酵母,米面才能借发酵产生的气体膨胀,否则就"发"不了。闽南话"发"与"法"同音。不"发"——无"法",即没法子,没办法。

酵:酵母菌。

【查某仔饲大——别人的】zā vô ǎ qí duǎ—bǎd lǎng ê

女孩子培养大了,都是要嫁人的,就成了别人的。虽有惋惜,但也高兴。

【棺柴内放炮——惊死人】gunā cǎ lǎi bàng pǎo—gniā xī láng

棺材里是装死人的,在里面放鞭炮,受惊吓的当然是死人。对意外、突然、不寻常的事表示惊讶或感叹。

【皇金内放炮——惮骨】hǒng gīm lǎi bàng pǎo—dunǎ gùd

鞭炮由爆裂而响,纸屑乱弹。把鞭炮丢进装尸骨头的皇金里,会弹到骨头。"弹"与"惮"谐音,即懒惰。意为懒惰的家伙,生性较懒。

【缺嘴的呸澜——歹】kì cuǐ ê puì nuǎ—pài

正常人吐口水,发出的声音是"puì",兔唇或嘴缺裂的人吐口水,因漏气的缘故,发出的声音是"pài",即"歹",坏的意思。

呸:吐。澜:口水。

【缺嘴的讲话——漏气】kì cuǐ ê góng wê—lào kuǐ

因为嘴唇缺裂,说话时气流会外泄。意为出洋相、让人笑话、不好意思。

【卖玲珑鼓的——摇准应】vuě lǐn lōng gô ê—yó zún yǐn

卖玲珑鼓的就是走乡串户卖日用百货的肩挑货郎,以拨浪鼓为号让人知道他来了。顾客叫他,也只摇动拨浪鼓、发出响声,以作回应。此语意为"不理睬"、"爱理不理",不正面地表示拒绝,以冷淡让识相的人知难而退。

准:当作。

【海龙王辞水——假客气】hái lǐng óng xǐ zuì—gê kê kǐ

海龙王天天在水里,水是多多益善,推脱不要水,岂不是假装客气。

【吊鱼跌死猫——得不偿失】diào h-í buǎ xī niāo—did bùd xióng xid

猫跳着想偷吃高高吊着的鱼,摔得半死也没能吃到。意为追求不可实现的目标,毫无效果。

【泉州上元圆——愈撵愈夵】zuǎn jiū xiǒng gguǎn ngí—rǔ gó rǔ hāi

泉州人做上元汤圆,用馅裹糯米粉,越滚越大。比喻事情越做越复杂,越来越难办,参与的人越来越多。欲盖弥彰。

撵:滚。夵:大。

【砒霜呷入腹——内割】pī sng jiǎ rǐm bàr—lǎi guà

砒霜剧毒无比,吃到肚子里一发作,像火烧刀割一样,难受极了。

内割:办事能力强,手脚麻利。

【盐馆的称砣——咸甲涩】yǎm guàn ê qǐn dó—giám gà xiàm

盐馆的秤砣长年与盐和滷接触,用舌头一舔,一定又咸又涩。意为肚量很小,很吝啬。

【鸭母呷着水鲎——憋腹】à vò jiǎ diǒ zuí hǎo—bê bàr

水鲎全身都是节肢和翅膀,躯壳也是硬的。鸭子吃了它,消化不了,就觉得胸闷、肚子难受。意为烦心、郁闷。

水鲎:水中的昆虫。

【坑仔口的夜壶——通通好（吼）】knī á kào ê yǎ hô—tōng tōng hào 同安城郊的坑仔口陶瓷厂，因陶土质量好，烧出的夜壶质量也好，一敲能发出"通通"清脆的响声。喻意为人随和，不会计较，什么都好。

【骨力的水查某——好价】gùd làd ê suí zā vô—hó gê
能干又漂亮的女孩子受人青睐，最容易嫁出去。方言"嫁"与"价"同音，好出嫁成了好价钱。意为值钱，宝贵，价值高。
骨力 gùr làd：勤劳。

【放屎搁路中央——使横】bàng sài kê lô dnā ng—sāi hunái
把屎拉在路的中间，一条屎就横在路上，"屎"与"使"都读"sài"，"屎横"即"使横"。意为来硬的、动粗、不讲理。
搁 kê：放置。

【中秋节的月娘——光明正大】diōng qiū zuè ê ggě niú—gōng míng jìng duǎ
秋天天高气朗，中秋节八月十五的月亮又正圆，所以特别亮。意为坦荡磊落，毫无掩饰。
月娘 ggě niú：月亮。

【共哑狗的问路——无采工】gǎng ê gào ê mǎng lô—vǒ cāi gāng
向聋哑人问路，知道也说不出来，用手比划又看不懂，等于白问。意为白费劲。
共：向。哑狗：哑巴。

【棺柴边的老鼠——烦死人】gunā cǎ bnī ê niáo cì—huǎn xī láng
老鼠在棺材旁蹿来蹿去，影响死者安息。意为讨厌烦人，不堪其扰。
烦：吵闹打搅。

【番汰查某冤家——唠唆直】huān tái zā vô wān gê—lō vuē dìd
女人原本就爱唠叨，两个不可理喻的女人吵架，肯定纠缠得没完没了。
番汰 huān tái：不可理喻。唠唆直 lō vuē dìd：怎么说也说不清楚。

【芳仔拔叶卷蔫——假虫茧】nāi ā bǎd hiò gng liān—gê tǎng gnài
番石榴的叶子翻卷起来，活脱脱是昆虫结的茧。指小孩模仿成人的行为动作、言语讲话，像模像样，惟妙惟肖。

【仙公霸当司机——开倒车】xiān gōng bǎ dǎng sī gī—kuī dò qiā
《封神榜》中，申公豹坐骑时总是倒着走。意为倒退，犯晕，犯低级错误。

【共和尚借柴梳——允无的】gǎng hě xniǔ jiò cǎ suē—wēn vó ê
和尚都光头，根本用不着木梳，那有木梳可借？
柴梳：梳头的用具。允无：肯定没有。

【缺嘴的卖芥菜——觅甲洒】kì cuǐ ê vuē guà cǎi—vǎ gà sǎ
嘴有瑕疵，说话时控制不了气流，把"卖芥菜"说成"觅甲洒"。意为"刚好"或"很合适"。

觅甲洒:吻合。

【松柏林的査某——无话讲笊老】qniǔ bê ná ê zā vô—vǒ wê góng gā lò

大同镇的松柏林街,以前全是卖竹器的商店,老板娘们闲着没事时,聊天的话题离不开店里的篾货。比喻老生常谈。

笊老:竹编的罩子,也可盛东西。

【卖豆油的子儿——斗搭】vuē dǎo yóu ê gniā ryí—dào dà

过去卖酱油不是瓶装的,而是折零。用一个竹筒往瓮里舀,竹筒有大有小,一斤的、半斤的、四两的、两两的、一两的。打多少都可以,小孩子做帮手,帮着打酱油。意为配合默契、协调。考虑周到,设计精细。

斗搭:配合默契、协调。考虑周到,设计精细。

【竹篙尾缚月扇——大悦】dìr gō vè bǎr ggě xnǐ—dǎi yàd

竹杆很长,在末端绑上一把大蒲扇,扇动起来,范围很广。比喻招摇过市,出头露面,张扬才能。

【缺嘴的吹洞箫——漏气】kì cuǐ ê bǔn dǒng xiāo—lào kuǐ

洞箫要从一端的缺口集中吹气,才能发出清纯的声音。缺口很小,兔唇的人送气不集中,把气吹到管外。比喻露出破绽,当众出丑,惹人笑话。不成功,大失众望。

【心富仔死头对——觖晓哭】xīm bǔ à xí tǎo duǐ—vuě hiáo kǎo

过去,有男孩的人家常抱养女孩,长大后做儿媳妇,这种童养媳就称为"心富仔",那个男孩就是这个女孩的"头对"。要是未成婚男的夭折死了,那女孩子就不好哭了。哭丈夫吧,不是,哭哥哥吧,明说是丈夫呀。比喻遭遇到困难又不好意思说。有苦难言。

【拳头母凿石狮——了戆力】gǔn tāo vò cǎr jiǒ sāi—liáo ggōng làd

用拳头打石头雕的狮子,石狮无动于衷,自己又受伤,真是无益之举。

凿:撞击。

【后山岩的鸡角——恨阮命】ǎo sunā ggiám ê guē gàr—hǔn gguán miǎ

早年后山岩摆道坛时要用一只公鸡"开眼","开眼"后就任其寡居在庙内,不能像其他的鸡一样群居地欢乐。意为自认倒霉,以为这是命运的安排,命中注定的。

阮:我的。

【灵厝的土旺仔——觖堪咧忽一下】líng cǔ ê tô gǎng à—vuě kām lê hùd jíd ê

庙里泥土做的佛像,一敲就破。觖堪"忽"一下的"忽"是敲打的意思,即不堪一击。

【脚头夫戴草笠——唔是人面】kā

tǎo hū dì cāo luè—m̌ xǐ lǎng mǐn
膝盖上盖一顶草帽,帽子下不是人的头脸。比喻言而无实,诡计多端的人。缺乏诚信,不讲信用的人。

脚头夫:膝盖。

【牛屎龟顶石板——硬撑】ggǔ sāi gū dnì jiǒ bāng—ggnǐ dnǐ
让屎壳郎顶动石板很困难。比喻不自量力,勉强支撑。

牛屎龟:屎壳郎。

【温龟的扛大石——着力兼歹看】wēn gū ê gīng duǎ jiò—diǒ làd giām pái kunǎ
驼背本来就其貌不扬,扛大石的动作更是难看。比喻吃力不讨好。

温龟:驼背。

【跷龟的抛山奶——着力兼歹看】kiāo gū ê pā sunā lin—diǒ làd giām pái kunǎ
驼背翻筋斗(要手着地,不是前滚翻),手脚伸不直,动作变形。意思是不认本份,吃力不讨好。

【壁顶挖安薯样——免数想】biǎ dìng yā ān zǐ ngiǔ—viān xiào xniǔ
遗弃在地里的番薯时间久了会长出芽秧来,墙壁上没有番薯,不可能长出芽来。比喻凭空瞎想,不能实现的梦想,不切合实际的打算。

【鸭母跌落屎礐——拣一顿饱】à vò buǎ lǒ sāi hàr—kiò jǐd dīng bā
鸭子会游泳,掉到厕所里不会被淹死,趁这个机会,还可以吃到厕所里的孑孓或小虫哩。比喻因祸得福。

【土地公看正音——茹敞敞】tô dǐ gōng kunǎ jniá yīm—rǐ cáng càng
土地爷是家家都供奉的"地方佛",听不懂京剧。比喻不得要领,不解风情。乱糟糟、不清楚明白。

茹敞敞:乱哄哄。正音:京剧。

【青暝的看告示——唔八假八】qnì mí ê kunǎ gò xǐ—m̌ bàd gê bàd
瞎子看不见东西,站在告示牌前装模作样地看,其实,什么也看不出来。意为不懂装懂。

八 pòr:认识。

【田鸽仔裹面粉——硬死箭】cǎn gàm ǎ gǒ mǐ hùn—ggnǐ xí jnǐ
以前的人吃青蛙,裹上面粉用油一炸,直挺挺、硬梆梆的。比喻善于争辩,争强好胜,死不认错。

田鸽仔:青蛙。箭:用油炸,争论、争辩也叫"箭"。

【小汉无缚脚手——好动】suè hǎn vǒ bǎr kā qiù—hô dǒng
刚出生的婴儿,袖口、裤脚常用布条绑住,以避免乱动把衣服挣脱。比喻喜欢乱摸乱动的小孩。

【锄头柄抹黑油——假枪】d-ī tǎo bnǐ vuǎ ô yóu—gê qīng
锄头柄抹黑色的油漆之后,像支枪,可是不能发射子弹。比喻装派头,惹事端。盛气凌人。高傲、目中无人。

【烟筒尾烰（烤）番薯——半头青】
yān dǎng vè bǔ ān zí—bunà tǎo qnī
烟筒末端并不太热，在那里烤地瓜，只能半生不熟。比喻楞头青，傻里傻气。

【目睭生伫头壳顶——看上不看下】
vǎd jiū xnī lǐ tǎo kàr dìng—kàn xiōng bùd kàn hǎ
眼睛长在头顶上，只能往上看，不能往下看。比喻人擅长对上级阿谀奉承，对同伴冷眼相待。

【外较场的乞鸟仔——唔惊枪】gguǎ gà dniú ê kìd jiáo à—m̌ gniā qǐng
较场是古代军队练武的场所，近代是射击的训练场，附近的麻雀听惯了枪声，习以为常，枪响也"唔掀（hià）翅"。意为不知危险，不懂害怕，与"初生牛犊不怕虎"意近。

【胎哥的呷猎鸡角——存死】tāi gō ê jiǎ qiō guē gàr—zǔn xǐ
麻疯病患者吃了正发情的公鸡，会使病情更严重。比喻人图一时之快，造成不可挽回的严重恶果。也喻冒险。

【青瞑鸡仔啄着虫——凑巧】qnī mǐ guē à dè diǒ táng—cào kà
瞎了眼的小鸡仔啄到小虫，纯属偶然巧合。比喻出乎意料。天上掉馅饼。歪打正着。戆人有戆福。

【胡神戴龙眼干壳——勘头勘面】hô xín dì ggǐng ggái gunā kàr—kàm tǎo kàm mǐn
苍蝇较小，龙眼干的壳很大，一戴上就看不见头脸了。形容不知事理，盲目自大，不知好歹，不识趣、不识相。

【老鼠钻入水牛角——走投无路】
niáo cì zǹg rǐm suí ggǔ gàr—zāo táo vǒ lô
老鼠钻进水牛角，沿着弯弯的道，越往里钻空间越小，钻不出去。比喻陷入绝境。

【秀才娘仔生千金——出才女】xiù zǎi niú ā xnī qiān gīm—cùd zǎi l-ì
秀才的老婆生了个女孩子，也是秀才的女儿，简称"才女"。"女"与"你"方言同音，"出才女"谐音"由在你"。意为随你便，由着你，你说了算，按照你的意思。

【哑狗的看见闪烂——指天指地】ê gào ê kunā gnì xì nǎ—gí tnī gí duē
哑巴的人看见闪电又听不见雷响，觉得奇怪，着急又说不清楚，一会儿指天，又一会儿指地。意为互不通情达理，纠缠不清。

闪烂 xì nǎ：闪电。

【隔壁婆仔吹熄灯火——多管闲事】
gê bià bó ā bǔn xìd dīng hè—gê guán ngǎi sǐ
闲得没事找事干的老太婆，到隔壁邻居家吹熄人家的灯火，自己还得摸黑回家。比喻吃饱撑着。

【十二月虾姑正月蚝——饱膏】zǎm ryǐ ggě hê gô jniā ggě qì—bā gō

十二月的虾姑和青蟹都长得肥美,体内的膏黄饱满充盈。意为夸人(1)很有内才,知识渊博;(2)赞扬人很富裕,积攒的钱很多。

【一手火龙一手大龙贡——呋呋吼】jǐd qiú hē líng jǐd qiú duǎ líng qǒng—hù hù hào

火龙:早年引火的东西。大龙贡:鞭炮。"呋呋吼":急不可耐,急性的人的行为。

【十五仙土地公排两爿——七土八土】zǎm ggô xiān tô dǐ gōng bǎi lǐng bín—qìd tô buè tô

土里土气。不解风情,出洋相,惹人笑话。傻里傻气还自以为是的不合事宜、不合潮流的人或事。

仙 xiān:尊、座。

闲间话

早时,乡村里每个角落都有闲间。每当晚饭过后,人们不约而同地趿着木屐"嗒嗒嗒"走进小屋,开始了海阔天空地"话仙"。除了谈论国事、家事、农事,间或也有时事、故事、逸事。许多故事的话题便成了语汇典故(归入《翔安掌故》)和经典趣闻。于是,口耳相承的家乡话连同本地文化,就代代薪尽火传地保存下来。

识礼无子婿淌做

这话有两层意思:一是等你懂得道理("道"、"礼"),为时已晚;二是不要墨守陈规,纠缠繁文缛节。否则,事事较真,束缚手脚,一事难成。典出一个"请女婿"的故事。

"请女婿"是结婚的时候,岳父要宴请女婿。一来显示娘家的富有阔绰;二来测试女婿的"智商素质"。帮着办事的人"礼多必诈",总是想方设法作弄前来赴宴的新郎官。而初出茅庐的戆小子十有八九要出洋相,惹人取笑。

当年,坪厝的康侃当女婿就出了个闻名遐迩的大笑话。

当他走到岳父家时,看见那本该挂在门楣上的彩布却拦腰横着。于是,试着抬脚跨过去,可实在太高,怎么也跨不过去,只好低着头、弯着腰钻进门去。到了天井,哇!满满一池水,无路可走,只好脱下鞋袜,卷起裤管,赤着脚蹚水而过。

上了厅堂,鞋袜还没穿好,几个身着长衫像私塾先生模样的人,大概是"子婿桌"的陪客,热情前来催着入座。大八仙桌上早已摆好了酒杯、汤匙、筷子,四个角落分别放着用盘碟盛的瓜子、橘瓣、剥了皮切成段的香蕉和削了皮也切成段的甘蔗。

菜还没上桌,陪客们轮番热情地招呼嗑瓜子尝水果,都带头吃了起来。康侃静静坐着,只是陪着笑。一位长者亲自用筷子夹起一段甘蔗放在女婿跟前的汤匙里,轻声地说:"吃,吃,都是自家人,不用客气"。康侃只好顺从地把甘蔗送进嘴里,一嚼,还满甘甜的哩!

第一道菜端上来了,是作为"大礼"的炒米粉。陪客们马上招呼动筷。可康侃嘴里的甘蔗,汁吸干了,渣还没有吐出来呢!看看桌上,瞧瞧桌下,都看不到一片瓜子壳或一撮甘蔗渣。心想莫非连渣也吃了?只好伸长脖子,想努力把蔗渣咽下去,可是怎么咽也咽不下去。正对面的陪客见子婿咽甘蔗渣那难受的狼狈相:额头冒汗、腮帮涨红、两眼瞪圆,喉结滚动……不禁"扑哧"一笑。这一笑可不得了了,刚送进嘴里的粉丝从鼻孔蹿了出来,惊呆了正不知如何是好的康侃。他马上起身,抱掌对大家说:"这子婿俺当不了,甘蔗连渣吞都还没咽下去,这回又要用米粉穿鼻孔,这活路,俺不行……"

边说边撤,顾不得脱鞋就蹚过天井,往大门外落荒而逃。从此"筃坎"子婿的故事成了人们茶余饭后的谈资。

后来,康侃的儿子康明结婚,也要去当女婿,康侃对儿子再三吩咐:"看到大门横着彩布时,主人再怎么招呼也别过去,就说你们都还没准备好呢,他们会赶快把彩布升到门楣上。看到天井放满水时,不要脱鞋,当作没事似的蹚过去,湿了没关系,丈母娘已经备办好了替换的鞋袜。他们招呼吃水果时,千万别吃甘蔗,就吃香蕉,他们吃的甘蔗渣都吐在长衫的袖口里,你当然看不到……"

乡亲们都说:当年你不懂得这些,好歹当过一回女婿,如今你"识礼无子婿淌做"了。

识字掠无麻欺

乡间流传一句俗语:"呣识呣惊,半识半惊,全识全惊"。意思是:不知道的"恣恣雄",知道一些的有点犹豫担心,全知道的畏葸不前。沿海又流传着"识字掠无麻欺",意思是凡事只惟书、不惟实,拘泥于条条框框,往往收效甚微;只有实事求是,开拓创新,才会有丰厚的收获。

清朝初期,郑成功举起"抗清复明"的旗号,起兵与清军对抗。郑成功在厦门组建了一支水师并使之成为抗清的政治中心和军事根据地时,清政府为了隔绝老百姓与郑军的联系，颁布禁海令，烧毁渔船，在闽粤沿海一带15公里处划界，强迫老百姓搬迁到界外居住，历史上称之为"促界"。

界边出示布告牌曰：越界者格杀勿论。沿海渔民从此断绝了生路。出于生计，有些渔民尽管不能下海捕鱼，仍然乘着夜色冒险前往海边滩涂讨小海。到了界边，识字者见到布告，踟蹰不前，不敢越雷池一步；不识字者则无所畏惧，直接闯入滩涂地捕捉小螃蟹等活海鲜，以聊补无米之炊。因为识字者忍饥挨饿，望滩兴叹，被调侃为"识字掠无麻欺"（麻欺，螃蟹）。

发粒仔龙（症）

骂人的话各地都有，翔安人的骂话很有特色：男的骂，粗野，句句能增人；女的骂，狠毒，句句能死人。最狠毒的莫过于"发粒仔龙（症）"。

"发粒仔龙症"指的是鼠疫，鼠疫是源发于老鼠的人畜共患的急性传染病。发病时凡有淋巴的部位都长出粒状硬块或条状的垄块，俗称"发粒仔龙"。

鼠疫是传染力极强、死亡率极高的瘟疫，欧洲曾发生过鼠疫，人口减少了1/3。老鼠身上的跳蚤叮到人，人就被传染上了。

解放前翔安曾几次遭受鼠疫，那传染的速度不亚于SARS，那恐怖的情景让人毛骨悚然。只要一人得了鼠疫，治病的、看护的、探望的人，就难保不受传染。病人一死那跳蚤马上离开冰冷的尸体，跳到活人的身上，往暖和的贴身处钻。饿了，就咬人的血并把病菌注入人体。这样，健康的人就染上了。只要村里一人死于鼠疫，很快就有亲人和邻居被传染。亲朋好友来探病或奔丧，又把鼠疫带到远近地区。

当时，缺乏科学常识和医疗设施，得了鼠疫必死无疑，死得不明不白。昨天为家人送葬，今天身上就"发粒仔龙"了，明天就得"入土为安"了；前天还能帮人抬棺木出殡，今天轮到自己被人抬出家门……每村天天都有人"出葬"，连棺材都涨价、供不应求。原本喧闹的乡村变得死一般静寂。

卖瓷的吃缺

又作"烧瓷的吃缺"。此话的意思有二：一是卖东西的人总是以好质量换取好价钱，下脚料、残次品留着自己用；二是人际交往贵在克己待人，方便别人，才能方便自己。

很久以前，有一个开瓷器店的店主很讲究信誉。

一天，一位顾客登门选购瓷器，

恰好店主全家人正围坐在一起吃饭。他近前一瞧，看见所有端在手上的，搁在桌上的碗，碗沿上都有缺口，有的碗缺口密密麻麻，形似圆形的锯子。不禁一头雾水，于是好奇地问店主，是什么缘故。

店老板说：每次进货，总有一些在搬运中破损的，上架之前，要对每件瓷器认真检验，重新遴选一番，凡是残次品都不敢卖给顾客，丢了又感到可惜，虽不好看，但还能用，便留作自己用。

顾客听了，很受感动，"卖瓷的吃缺"就传开了，这家瓷器店便成了远近闻名的"信得过"老字号。

饲道人

翔安长辈老人们习惯把喂养好吃懒做的人或只会吃不长大的牲口及种出的半死不活的庄稼称"若咧饲道人咧"。

元朝时，朝廷怕百姓暗中聚众起义，对南方汉人实行高压政策，规定三家百姓供养一个元兵，以进行监督。这个元兵即被称为"道人"。还规定供养的道人只准养胖，不得养瘦。从这家到那家，要称过体重才移交，移交时如果体重轻了，要用白银添到原来的重量。为此，各家都三餐好酒肉好饭菜侍奉。

对这些"道人"，老百姓都敢怒不敢言，只在背地里深恶痛绝。

掊灰连棺柴去

从前，有一对好吃懒做的兄弟俩，死了父亲却家无分文，只得向邻居亲戚借钱办丧事。可是亲邻都以农为生，也不宽裕，东挪西借才借得刚好买口薄棺材的钱。

兄弟俩带着钱回家，经过一家赌馆，听得里面吆三喝六。弟弟对哥哥说，即便买了棺材，没有壳灰也葬不了老爹，不如进去赌一把，看能不能赚些壳灰钱。哥哥同意了，二人就以借来的钱当赌注，结果输了个精光。兄弟俩只得用条草席裹了老爹，在野外刨个坑，草草掩埋了事。

后来，人们以此作为劝诫，如果有人不走正道，想靠侥幸获利，就提醒："当心掊灰连棺柴去！"

掊 bè：赚取。

教子泅，不教子爬松树

这句俗语源于一个古老的民间传说。

从前有两户相邻的人家，各生有一个儿子。有一天，甲乙两家人坐在一起闲聊。两位父亲谈到让儿子学会什么本领的话题。甲家洋洋得意地说："我的儿子非常聪明，我要教他爬树。"乙家则略显自谦地说："我的儿子比较笨拙，学爬树不行，村边有条小河,就教他学泅水吧。"

过后,两家的儿子都学会了各自的本领。有一次,甲家的儿子为了显示其高超本领,爬到一棵大树的顶端,不小心掉下来,摔死了。不久,因连降暴雨,洪水泛滥,把所有的房子都淹没了。乙家的儿子凭着自己的好水性,不仅安全游到高处,还救了不少落水者。此时,甲家才后悔莫及地说:"早知如此,应该教子泅,不教子爬树!"

这句话的含意是子女成才与否,父母是至关重要的,起着举足轻重的作用。正确的引导和培养,能使子女扎扎实实掌握过硬的本领,成为社会有用之才;反之,则会使子女无所作为,甚至可能毁其一生。

小神兴唸久

早年,一位书生要进京赶考,来到翔安的地界时,突然乌云密布、雷鸣电闪、狂风大作,眼看一场西北雨就要来临。怎么办呢,前不着村,后不着店,连一棵大树避雨也没有,一根纸雨伞也抵不过这么大的风雨呀!

这时,他发现路旁有一个废弃的大石臼,就赶快跳进石臼里,撑开雨伞扣着,瓢泼大雨打在伞上流到石臼外。西北雨虽又大又急,但一般都下不久,不一会儿,雨停了,太阳出来了,彩虹也挂在天边,书生又上路走了。

大雨过后,下地的农人惊奇发现,到处都是雨水,唯独这石臼里一滴水也没有,连边沿也是干干的,而石臼外却淹没着流水。于是一传十,十传百,远近的人们都来亲眼目睹见证这神奇的现象。谁都说不清这是什么原因,都认为一定是这大石臼有神!

从此,人们遇到大灾小难的,都来求石臼神灵保佑;即使没事,平日也常有人成群结队来叩跪祈福。不久,还筹资兴建了宫庙,把石臼抬进庙里称"石臼爷"供奉。

第二年,那位进京考中状元又当了官的书生,回乡省亲又路过翔安,发现去年避雨的地方平添了一座宫庙,还香火鼎盛,就下轿问个究竟。善男信女们绘声绘色地告知了原委,还带他进庙去看那"石臼爷"。书生听了,哈哈大笑,没想到那次避雨竟然能生出一个神来。

人们知道真相之后,再也没人来上供烧香了,那宫庙也荒废坍塌了。这就是"讲破唔值钱"、"小神兴唸久"典故的由来。

趁钱有数,信用着顾

传说古时候马巷有间卖肉的店铺,生意非常红火。有一天,伙计把一头病猪宰杀了。老板回来发现后,严厉地训斥了伙计,同时让人通知买病猪肉的顾客到店铺更换合格的肉。老板还告诫伙计说:"趁钱有数,信用着顾"。

这件事传开后,这家店铺的肉更加畅销了,老板的生意也越做越大。这句话不但成了这家肉铺的广告用语,而且成了民谚在闽南各地流传,成了为人处世的基本原则。

此语的意思是:挣钱有限度,赚钱要合理,做人应讲诚信。千万不要为了赚钱,不讲信誉。推而广知,为人要说话算数、履行承诺、言行一致,不要图一时之利,失言失信失人格。

孝男呣急急死师公

相传古早时有一个叫刘善泉的,死了父亲,出殡时请了师公(道士)前来设坛祭法。

其时正是七月,多雷雨的季节。因此,师公特地向刘善泉说:"今日正好遇到'雨巡',午后会有大风雨,出葬时又不能戴笠撑雨伞,要趁早'拨雨缝'出门。"可是,刘善泉听了,觉得无所谓,大不了等雨停了再"出山",横直"西北雨"下不会久。再说,午后天气正热,大家都不好受。

午饭过后,真的天空乌云密布,眼看大雨就要来了。于是,师公抓紧时间在门口祭法。三巡过后,本该寿柩应起棺抬出大门。可是,师公见屋里没有动静,就赶快去查个究竟。原来抬棺柴的"丧脚"正找不到孝男刘善泉呢!这时,刘善泉正拨打着算盘帮主事核算亲朋好友送的"金银礼"。

棺柴刚抬出大门要往大埕去时,天空开始打雷闪电,众人都怕要下雨,都加快了步伐,师公更是急走匆匆。可刘善泉却正向妹夫教怎样跪拜,不时还停下来做示范动作。棺柴停妥后,师公找不到孝男"巡棺",这时,刘善泉正在半路上耐心地纠正妹夫跪拜的不规范呢!

稀疏的大雨滴开始下了,好不容易送葬的宾客也拜完了。于是,师公赶快催大通鼓启奏,趁雨还没下大,让棺柴"入土为安"。这时,师公又找不到刘善泉,因为"起棺"以后,孝男必须举着"幢幡"在前面引路呢!刘善泉哪去了呢?——原来,他蹲在桌下"谢拜"时,不知不觉趴在桌掌上睡着了。师公叫醒刘善泉时,只见他睡眼惺忪,嘴角还挂着口水:肯定睡得很香!

还没走出村子,倾盆大雨夹着雷鸣电闪,淹没了送葬的队伍。

那急性的师公,刚才还大汗淋漓,突然又全身湿透,鼻血直往外涌,回家就大病不起,一命呜呼了。

这就是孝男不急急死师公的由来。后人把"该急的不急,可不急的却急"或"关键的主事不急,无关的局外人'歹命神'替他人急",都借用此语。

先生呷互拍土砻的坐额

翔安人评论一个人做了臭事、坏事，又不必承担责任、受到惩处时，常说："先生吃给打土砻的坐额"（坐额 zě ggià：承受、责任）。

从前，有一富家聘请私塾先生专门教儿子读书识字。又雇请工匠修筑土砻。中午，主人让私塾先生和拍土砻师傅共进午餐。

那私塾先生一改过去斯文形象，吃食时狼吞虎咽，一口气吃了三碗饭。食相十分不雅，食德更是恶劣，吃鱼专挑中截，吃肉专吃精的，青菜一筷子也不沾。那拍土砻的师傅见钵里面的饭不多，只吃一碗就不敢再添了，留了钵底。吃鱼只吃一只鱼头，也没敢往肉下筷，只夹些许青菜下饭。

主人收拾饭桌时，发现桌上一片狼藉。心想：今天太亏待私塾先生了，那拍土砻的干的是粗活，粗人饭量大，又失教养，难得今天伙食好一点，肯定是"大开杀戒"，吃得肚圆嘴油。那私塾先生为人师表，克"己"服"礼"，肯定客气得不大敢动筷，说不定还没吃饱呢！于是，半晌时分煮了一碗面线给先生送去，迎面正遇见儿子神色慌张跑来说："先生在厕所里又拉又吐，尽是没消化的鱼和肉……"

这才真相大白。从此，人们就把"冤屈无辜"和"代人受过"说是"先生呷互拍土砻的坐额"。

多子饿死爸，多媳妇磨死焦家

焦家 dā gēi：婆婆。

这句谚语是由两个故事凑成的。

有一个老汉，五个儿子都成家立业分开过，老汉按月轮流由五家供养。农历有的月份二十九天，有的月份卅天，轮到有卅天的，觉得吃亏，故意忘记送饭，因此，隔三差五要饿一天。

农村里过年的"除夕"有"二九下昉"的叫法。那年的真正除夕，是大年三十。农村里过年，有"连狗都要吃一块肉"的习俗，可就在这一天，家家户户都喜气洋洋吃团圆饭的时候，老汉又挨了又冷又饿的一天，五个儿子家谁都没记得还有个年迈的老人，其中当然包括故意忘记送饭的那一家。

无独有偶，有位老太婆，早年丧夫，好容易把五个儿子拉扯大，都结婚成了家，自立门户。老太婆自己过，粮食柴草由五家平均提供。

老太婆的生活也过得并不自在。大媳妇下地时在门口喊一声："娘，地瓜和米我已经下锅，午饭让你烧烧！"

二媳妇下地时带来一把菜,往门槛一搁,说:"娘,中午就炒这菜。"三媳妇上街从门口走过,说:"娘,埕上我晒着地瓜签,要是变天下雨,得赶快收回来。"四媳妇急匆匆地跑过来说:"娘,我要回一趟娘家,小明放学就到你这儿吃饭,上学时我已经吩咐过了。"五媳妇在老远的地方喊:"娘,婴仔刚哄睡,醒了给他喂米糊、换尿布……背兜放在交椅上。"

如此这般的派活,老太婆纵使有三头六臂,还不这家进、那家出的团团转陀螺。要是媳妇们担待点,也就认了。要是不合意,轻的拉长脸给你颜色看,甚者当着面说:"我家供着你,比养只狗不如。"

忠厚鬼趁无吃

此话与普通话的"撑死胆大的,饿死胆小的"异曲同工,意思是谨小慎微、胆小怕事的人活该受穷。这话出自一个荒唐的故事:

一个饿得皮包骨的瘦鬼问一个肥得像猪的胖鬼:"你怎么能长得这么胖。"

肥鬼说:"想吃就有的吃,怎么不胖!"

瘦鬼又问:"哪来吃的?"胖鬼拿出一个明晃晃的金环,说:"全靠这个,只要往人的头上一放,那人的头就痛得受不了,就得烧香上供,不就有吃的了?"

"噢!原来你有这样的宝贝!"瘦鬼赞叹道。

胖鬼见瘦鬼实在饿得可怜,又贪婪地直瞪着金环,就说:"要不,借你用一天,准让你吃得胀破肚皮。"

瘦鬼拿到金环,如获玉宝,急不可耐地讨吃去了。首先,他想到餐馆准能找到吃的。刚要进门,听到一位食客正出来,和另一位要进去的食客打招呼。要进门的问:"你吃了多少?"正出来的回答:"点心吃了两块几。"一听这话瘦鬼吓得腿都软了。因为"两块几"闽南话是"lńg Kô guǐ"即"两个鬼。"瘦鬼想:我单身一个,还不够人家当点心吃呢!岂不枉送性命!于是,赶快溜之大吉。

瘦鬼拐个弯,看到一个汉子正在劈柴,赶快把金环往他头上一搁。这汉子立即停下手。歪着头自言自语:"奇怪,刚才还好好的,怎么一下子头痛得这么厉害!"瘦鬼正得意地想:这金环真灵,马上见效。没想到那汉子抡起斧头,对着脑门说:"再痛,我把头劈了!"瘦鬼一听,吓得呆了:那是向人借的金环啊!被劈坏了,拿什么还人家。于是赶忙把金环取下来,逃之夭夭。

第二天,瘦鬼早早地把金环送还给胖鬼,胖鬼问:"怎么样,饱享口福了吧！"瘦鬼羞涩地说；"唉，别提了……"把昨天的事说了一遍。胖鬼听了，哈哈大笑；"真是忠厚鬼趁无吃"。

人无惊老，粗桶惊漏

闽南话"老"和"漏"同音，都是"lǎo。"

有一位姑娘二十几了，还"待嫁闺中"，不是不想嫁，而是母亲不让嫁，想留着多干几年活。经常有媒人登门介绍，母亲总是推托说；"还年岁未，捧不动人家一碇粥。"姑娘一听，急了，就当着媒人的面捧来一碇粥。

眼看年纪直奔三十了，早已春心荡漾，上门求亲的却越来越少，姑娘这回真的急了，想撕破脸和母亲直说。

这天，她从地里回来，故意把粗桶搁在天井里让太阳晒。母亲看见，急了。说；"粗桶放在太阳底下晒，不怕漏水吗？"姑娘顺势顶回一句；"人都无惊老咧，还怕粗桶漏！"

这时，母亲才体会到"女大不中留"的意思，不得已把女儿嫁出去。姑娘就是巧用了"老"和"漏"同音，暗示了心迹。

许獬过苦海

许獬是明代金门人，小时候就聪敏且好学，前往晋江欲拜陈紫峰为师。来到学馆问一学童工："令师在否？"学童答道："请稍候片刻，待我入内禀报"。陈紫峰得知金门人许獬前来求学，心中自然欢喜，因为他早就耳闻许獬聪颖过人。

陈紫峰对许獬说："我听说你很会答对子，现在就出一个让你试试，对得上我就收你为弟子；对不出来，就怎么来还是怎么回"。这时屋外正有许多小孩用竹竿打桐籽玩，于是，陈老先生信口拈来："童子打桐籽，桐籽落，童子乐"。这对子的趣点和难点都在于"桐籽"与"童子""同音"，"落"与"乐"的闽南话也同音。

许獬低头沉思了一会儿，就答道："许獬过苦海，苦海尽，许獬进"。这话用闽南话读起来，"许獬"与"苦海"同音，"尽"与"进"也同音。同时，不仅将自己的名字巧妙用上，而且寓意深刻，说明了自己迢迢渡海，又攻克难关答对了试题，好容易才拜师成功，话语中蕴含着苦尽甘来的无限喜悦。

烫酸糜

路口有一间饭店，一天，一个过路的人到饭店准备吃饭，问老板有什么吃的，老板说："烫酸糜"（把变馊的稀饭再加热），路人以为是"糖霜糜（闽南话"糖霜"就是"冰糖"）"，就叫来一碗。

一吃，又酸又涩，猪狗都不吃。搁下碗筷，找老板要个说法："你这是什么糜,一点甜的味道都没有,酸溜又涩辣,已经放了几天的剩糜"。老板说:"不是明说是烫酸糜吗?烫热的剩糜能有什么好味道?"

原来,闽南方言的"烫酸糜"和"糖霜糜"都是"tṅg sṅg vé"。

猪肭油、三片肉

有位食客上饮食摊,问:"你这米粉一碗才五锢,一定没下什么料吧!"那老板说:"怎么没有,除了相骗肉还有这箸搅油。"食客一听,觉得既有猪肭油又有三片肉,物有所值,就要了一碗。

吃进嘴里,才越吃越不对劲,怎么一点油香也没有,搅到碗底,(闽南话"三片"和"相骗"都是"snā pnǎn";"猪肭油"和"箸搅油"都是"d-ī lǎ yoú"。)也找不出一片肉。跑去问老板:"你下的料在哪里?"老板从罐子里抽出一双筷子,又在米粉里搅了搅,说:"这不是'箸搅油'吗?""那三片肉呢?""既然是相骗的,那能找到?""你坑人!""那广告里的牛肉面、排骨面、鲜虾面你能吃到牛肉、排骨、鲜虾吗?"

卖旺梨

长途客车在马巷车站停靠,趁旅客上下车,卖水果饮料的小贩挤到车窗。

有个卖菠萝的,手里拿着两支竹签,各串着一个菠萝,高声叫卖:"新削皮的旺梨,两颗(kô)五角银。"

一位旅客伸探出身子,要了两支,递给五元钱,小贩收了钱转身要走,旅客大声嚷:"喂,找钱呀,找我四块五!"小贩说:"找什么钱呀?五块钱刚好。""你不是说两颗五角银吗?""对呀,每支两元(kô)五角,两支不正好是五元吗?"没等旅客下车算账,汽车就开走了。

小贩 就是利用闽南话的"颗"与"元"同音"kô"巧取豪夺的。

薄饼纸

从蔡复一夫人首创"薄饼"以后,人们都在二月节、三月节吃"薄饼"。用来包裹菜肴的面皮俗称"薄饼纸"。

加工"薄饼纸"的匠摊良莠不齐。有的既薄又韧,包了热菜也不容易破,又因为薄,用的纸就省;有的既厚又烂,包了冷菜也裂开,又因为厚,用的纸就多。因此,买"薄饼纸"时常用一斤有几张论优劣。

一天,妈妈忙着切菜,让儿子去买"薄饼纸"。儿子上街听到叫卖:"来呀,一斤拭(qê)十二张的"。就买了一斤回去。妈妈见到"薄饼纸",鼻子都气歪了,那么厚,数数才十四张。就去找摊主理论:"你这是一斤七十二张吗?"摊主说:"我的qê是'拭'

（抹），不是你的 qê'七'呀！"

试体温

长期住在山沟里的张老汉，趁着到城里找儿子，自己到医院给医生看病。

护士拿出一支体温计，递给张老汉说："来，先试一下体温，"又用稍带龙海乡音的话特别叮嘱："折着赔（bê）！"转身走了。

过了一会儿，护士来看体温计，看到张老汉一直用体温计不停地在舌头上刮，便好奇地问："你这是在干什么？"

"你不是说舌着扒（bê）吗？"

体温当然测不出来。

原来，闽南话"舌"与"折"都是音"jī"，而翔安的"扒"与龙海的"赔"都是"bê"。翔安的"赔"音是"bé"，"扒"才是"bê"，因此误会。

卖芋头

闽南话"卖"与"鲙"（不会）同音vuě；芋头煮熟了变得"腐"、"松"，叫"烂（nuǎ）"，与腐烂的"烂（nuǎ）"一样的音。这就害苦了一个卖芋头的。

刘老汉挑着一担槟榔芋，摆在菜市场。心想：这槟榔芋头如果煮熟后会烂的，又松又香，好吃极了；如果煮不烂的，比生萝卜还难吃。于是，为了招来顾客，就大声喊道："来呀，卖烂芋头啊！"

一个顾客听了问："烂掉的芋头谁愿买呀？"

刘老汉赶忙解释说："不是芋头烂了，是一煮很容易烂，酥酥松松的。"顾客不放心地拿起一个闻闻捏捏，倒是硬硬的没有酸味。可是里面是不是烂了，难说，走了。

刘老汉马上改口喊："来呀，鲙烂芋头啊！"那位顾客又转回来说："我知道你改成了'鲙'，与刚才的'卖'，还不是一样。应该喊卖'无烂'的芋头"。

于是，刘老汉高声叫卖："来呀，无烂芋头啊！"（其实，闽南话中，对物品性质的判断，如香、臭、硬、软、烂等，'鲙'和'无'的意思是完全相同的。

一个顾客听了问："无烂芋头，要是炖上一天，或用高压锅，能烂吗？"

刘老汉赶忙解释说："我的芋头无烂，是会烂，一煮就烂"。

"倒底会烂鲙烂，你也说不清楚。"

刘老汉叹了口气说："嗨！鲙烂无人买，会烂的也没人要，我这芋头怎么卖呀！"

买水缸

一个人到陶器店买水缸，要店老板帮助挑选一个鲙漏（lǎo）水的水缸。

老板挑来选去,最后指着一个大缸说:这个最好,一定鲩留(lǎo)水。

听信老板的话,那人把缸买回去了。

没过两天,那个买缸的又把缸抬回陶器店,大骂奸商坑人。"你卖给我的是破缸,特地挑选一个有'砂眼'的,今天盛了水,第二天一早就滴水不剩了!"

那老板只好装糊涂:"我以为你是装干货用的,才向你保证一定不会留(lǎo)水,你去盛水,当然漏(lǎo)了了啰。"

原来,"漏"lǎo与"留"lǎo单音并不相同,但与"水"连成词后,都应读成"lǎo"。

掠猪仔

一个人到猪仔市想买两只小猪崽。正遇一个卖猪仔的大声嚷着:"我的猪仔逐只都很'煞吃'(好吃食)保证你喂养时'跟手起'(长得快)!"看看猪相也还不错,就买了两只。

回家喂了几天,才发现上了当,根本不是那么回事。那猪仔只吃好的,菜叶、地瓜渣一口也不吃。于是,找上了那卖猪仔的。

卖猪仔的说:"我说'煞吃'是要'洒'些盐水或臭鱼腥之类,它才要吃,这就是'洒吃'。("煞"与"洒"同音 suà)

那人又问:"'跟手起'又是什么意思?"

"你手把鱼腥舀下去,它就'煞吃',你手伸上来,猪就抬头看是不是还放鱼腥或盐什么的,这不就是'跟手起'吗?"

"距"和"岛"

民国初年,私塾改为学堂,由"新学界"的老师办学。

一位新教师到山村学堂教书。他教学生:"重"与轻相反,"出"与入相反,"射"是放箭的意思,"岛"读音是 dò。

不几天,村里的"老大"和学生家长到学堂兴师问罪:"你是怎么教的,不会教就回家乘凉去!"

新老师被辞得冤枉,很是不解,也很不服气,找原来的那位私塾先生请教。原来,私塾先生教的是:"重",由千里合成,是"远"的意思,"出",两山相叠,是"高"的意思;"射",身高只有一寸,是"矮"的意思;"岛"的读音是"kú"(距)。

新老师恍然大悟,原来,私塾仙全部以会意字的方式教的,但那个"岛"字读音"kú"也实在太离谱。因此就问:"请问那个'岛'字为什么会读'kú'呢?"

"当然读'kú',那只鸟不是距在山上吗?"

"应该读'dò'才对呀？"

"在那个学校我好歹一跙(kú)跙了三年，你说该读'dò'(倒)，一来就倒！"

打哑谜

有个人出了一道哑谜让人猜。在木板上写个"狗"字，旁边放着一块破布和13个银元，猜古代一皇帝的姓名。

众人见那么白花花的银子，都很"心动"地围过来。谁都丈二和尚——摸不着头脑，不知怎么猜。人群里走出一个人来，一声不吭，抓起破布把"狗"字擦掉，扔得远远的，顺手拿走那13块银元，扬长而去……

众人愕然，谜主说："让他猜中了。"众人不解，细听谜主解说："闽南话'狗'与'九'、'拭'与'七'、'掠'（拿）与'六'同音，那人的动作正好是'七九六十三'之意。"众人还是不解，那谜底呢？谜主继续说"闽南话'木板'叫'梆'(bāng)木板上什么东西都没有了，只留下木板，'留'又与'刘'同音，这不就是"刘邦"吗！

买 柑

一个翔安人到漳州，早就听说漳州盛产水果，很便宜，想买些柑回家。他问卖柑的："一斤多少钱？"卖柑的说："一斤二角(nô gàr)"，"二角"翔安话是"lñg gàr"，把"nô"听作"ggô"，就正好是"五"，因此以为是五角(ggô gàr)。心想，同样的柑，翔安才卖四角，怎么更贵？不买！

见顾客要走，卖柑的赶快降价说："gà bê"（一分八角），翔安人听到"gà bê"，以为"甲剥——（即帮你扒皮）"。"哼"的一声。喃喃自语：谁吃柑不会扒皮，费你的神去吧！扬长而去。

买柴火

在柴火市场，一个买柴火的问樵夫："你这柴火是干的还是澹（湿）的"。那樵夫说："艠澹，一入灶就呋呋吼（火烧得很旺的意思）。"

买回去之后，才发现那柴太湿，有的还青青的，根本烧不着，被烟熏呛得两眼直淌泪。

第二天找樵夫理论，那樵夫说："我明说是买澹的。（"艠"与"卖"同音'vuě'）。"

"那'呋呋吼'，又怎么解释？"

"你没有流眼泪吗？那就是哭得'呋呋吼'呀！"

卖谷缸

闽南地方空气湿度大，盛五谷的都用大缸。夏收前夕，人们在大榕树下乘凉聊天。有人说："我有三个大缸，全都空空的，无兑(duè)想俗俗卖。"（"兑"是"盛"放"东西的意思）另一个听了，想买，就商定了价钱，并给了2元定金。

第二天，那人叫了帮手去抬缸，才发现那三个大缸全是破的，没有底，于是两人就争吵起来，买缸的说："你蒙骗人，没了底的怎么说'无兑'（duè）"，缸主人辩解说："我怎么知道你是盛谷子用的，我明说'无兑'（duè），当然是没缸底，还可以养兔子呀！"

原来，闽南话盛东西的"兑"和"底"同音 duè。

问　路

从前，有个大嶝人过海探望亲戚，走到董水向一个正在花生地锄草的农人问路："锄耶，要去吕塘和西林该从哪儿走？"

那农人觉得：这人怎么这样不懂礼素？叫我"锄耶"！（"锄"闽南方言是辱骂人的话，意思是"没有教养"、"野性"，）就假装听错了，说："你要去驴肠吗？"（"驴肠"与"吕塘"音同——l-ǐ dńg）"把驴尾抬起来，从驴屁股钻进去就到了驴肠。"

那路人知道冒犯农人，又不肯道歉赔礼，硬着头皮又问："那西林呢？"

农人见这人死不悔改，就告诉他："从驴肠返回，钻出了驴屁股，就到了屎篮。"（原来，"西林"与"屎篮"又是同音——sǎi ná）

附一

【途】dô：哪里
【伵】jiá：这里
【遐】hiá：那里
【若】ná：好像
【喏】ruǎ：多少
【罔】vòng：姑且
【侩】guě：容易
【僫】ò：困难
【艍】vuě：不会
【嫒】mǎi：不爱
【唔】m̌：不要
【汰】tǎi：不必
【推】tē：拒绝
【煞】suà：结束
【尫】āng：丈夫
【某】vô：妻子
【公】gōng：祖父
【嬷】mā：祖母
【澜】nuǎ：口水
【跤】kiāo：弯曲
【砧】diām：案板
【檨】suǎi：芒果
【展】diàn：炫耀
【襬】tì：张扬
【哄】hàng：恐吓
【唬】hô：骗取

【飨】xniá：诱惑
【术】sùd：欺骗
【瞒】muá：蒙骗
【挡】dǒng：阻止
【筛】tāi：淘汰
【卡】kà：更加
【瘂】yǎ：厌烦
【劳】lô：繁忙
【忷】è：恼火
【吼】hào：声响
【闷】vǔn：思念
【啍】hnāi：呻吟
【闪】xiàm：避开
【跤】jiao：跳跃
【惹】rià：招引
【应】yǐn：回话
【执】jim：追赶
【咧】lê：嬉闹
【目】vàr：眼睛
【爽】sòng：舒适
【凉】liáng：清闲
【姆】ggiǎn：嗜好
【疼】tniǎ：溺爱
【乖】guāi：听话
【逛】kó：散步
【顾】gô：守护

【押】à：强迫
【伸】cūn：盈余
【业】giàm：背运
【合】hà：友好
【放】hǎng：肿大
【凸】pǒng：膨胀
【凹】nà：塌陷
【奅】hāi：庞大
【懔】liàm：害怕
【惊】gniā：担心
【势】ggáo：能干
【老】lào：熟练
【孽】ggiàd：轻浮
【践】jiǎn：好动
【雄】hióng：凶悍
【蛮】mán：顽固
【野】yà：虚伪
【鬼】guǐ：狡猾
【惠】xǐng：娇宠
【匡】ngá：袒护
【乘】cuǎ：带领
【滴】hāo：浮肿
【晗】hná：昏暗
【赤】qià：贫穷
【衰】suē：倒霉
【呼】hô：约定

350

【缓】ǎn：宽限

【办】bǎn：作弄

【傍】bňg：依靠

【槽】cáo：移动

【绲】án：牢固

【张】dniū：赌气

【喧】suān：讽刺

【诤】jnǐ：争辩

【叼】dáo：告状

【过】gě：传染

【衔】hnǎi：赠送

【透】tǎo：掺杂

【真】jīn：清澈

【柯】guā：不嫩

【澹】dám：潮湿

【釉】kiǔ：柔韧

【勼】giū：收缩

【扳】bnài：翻转

【勇】yòng：健壮

【饿】qǐng：嚣张

【泅】xiú：游泳

【迸】biǎng：爆裂

【承】xín：盛接

【睏】kǔn：睡觉

【歇】hiào：休息

【烦】huán：操心

【样】niǔ：嫩芽

【牴】dàr：斗嘴

【遛】liǔ：调皮

【约】yò：猜测

【枋】bāng：木板

【当】dng：等候

【相】xiǒng：照片

【相】xiòng：挑选

【俗】xiôr：便宜

【俗】xiò：寂寞

【恶】ôr：欺侮

【恶】ngô：龃龉

【精】jīng：准确

【精】jnī：机灵

【巧】kiào：精美

【巧】kà：奇怪

【觅】vì：躲藏

【觅】vǎ：寻找

【通】tōng：聪明

【通】tāng：许可

【捋】luà：梳理

【捋】lìr：卷起

【整】jìng：添置

附二

【拗】ào 使弯曲，使断

【跛】bài 腿脚瘸拐

【糒】bǐng 干饭

【嗙】bǒng 虚夸

【攽】būn 散发；分送

【抔】bùd 聚集捡拾

【哺】bô 咀嚼

【哺】bô 响

【掰】bê 剥开

【踣】buà 跌倒

【烰】bú 烘烤

【厝】cǔ 房屋

【猝】cò 粗嘴谩骂

【闩】cunǎ 关门栓

【洇】dô 渗透

【箸】d-ǐ 筷子

【遁】dǔn 逃匿

【鼎】dnià 锅

【䫇】dê 压
【靪】dnī 脚后跟
【滮】dā 干燥；枯焦
【捯】dāo 扣留
【躘】dǎg 猛力下坐
【搿】gê 卡住
【妗】gǐm 舅妈
【滚】gùn 水开沸腾
【唅】gám 含在嘴里吃
【刿】guì 划伤
【掌】gunāi 桌椅的横木
【撓】ggiāo 用指头轻撩
【蛲】ggiào 蠕动
【愕】ggé 心慌意乱
【戆】ggǒng 愣傻
【乏】hàd 稀缺
【孝】hǎo 供奉祭献
【回】huê 应答声
【绗】háng 面密里疏的缝
【石】jiò 十升
【弇】kǎm 遮盖；罩
【阬】kāng 洞穴
【欹】kī 倾斜而歪
【洘】kò 浓；稠
【鞠】kiú 收缩而蜷
【薅】kāo 用手拔、揪
【倥】kōng 蒙昧无知
【跍】kú 下蹲
【苋】kiǎn 拌搅
【憨】kàm 痴呆傻
【娄】làm 身体虚弱；易坏

【拃】lià 手指伸直之距
【汝】l-ì 你
【蹽】liáo 快步逃走
【了】liào 亏损；蚀本
【胪】lé 圈形指纹
【揽】làm 搂住；拥抱
【贸】mào 整体收购
【批】puē 信札
【啐】puǐ 从口中吐出
【潽】pǔ 液体沸腾溢出
【歹】pài 坏
【披】pī 扒散
【芳】pāng 香
【冇】pnǎ 空虚
【清】qǐn 凉、冷
【焓】qǐng 闷干烹煮
【砗】qiáng 水冲刷
【渍】qí 未干稍湿；反潮
【挼】ré 揉搓带磨
【仁】rín 果谷的壳内核
【趖】só 爬行
【逝】sè 绕弯而行
【糁】sàm 撒粉末
【嗽】sù 吮吸
【毵】sǎm 毛发下垂
【敨】tǎo 解开
【牮】tnǐ 斜着支撑
【褪】tǎng 二手转让
【忝】tiàm 厉害严重
【哆】tī 张开口
【畅】tiǒng 满足痛快

【涂】tô 泥土
【阣】wà 依靠
【崴】wài 扭伤
【搵】wěn 蘸；沾
【煴】wēn 蹲缩或蜷躺
【糜】vé 粥；稀饭
【码】vǎ 3 英尺
【猛】vìng 康健，壮实

【庹】xiám 双手侧伸之距
【卌】xiàm 四十
【瘅】xiǎn 疲惫
【穑】xìd 种田的农活
【枵】yāo 饥饿
【伊】yī 他
【刂】zuí 截割使断

附三

吃亏（食 jiǎ 亏）　桌上（桌顶 dìng）　逃跑（逃走 zào）　天亮（天光 gng）
头发（头毛 mńg）　孤儿（孤子 gnià）　牙膏（齿 kì 膏）　打球（拍 pà 球）
进来（入 rìm 来）　里面（内 lǎi 面）　喝酒（饮 līm 酒）　说话（讲 góng 话）
下雨（落 lǒ 雨）　挑水（担 dnā 水）　宽度（阔 kuà 度）　今天（今日 rìd）
赶快（赶紧 gìn）

附四

【腌臜】àr zàr　又"沃龊"，心里不痛快，觉得很别扭。

【摒挡】bīn dǎn　收拾整理，善于经常料理。

【跰脚】bnǎi kā　瘸子；跛脚。

【板璋】bān jiōng　推排九赌具，玉木制成。

【跐倒】cū dò　又"趋倒"。滑倒，比喻当众出丑。

【度晬】dô zě　婴儿年满一周岁。

【淡薄】dǎm bò　些微；分量少。

【侗乩】dáng gī　神棍，似神灵附身，替代神佛。

【张驰】dniū dí　小心防备，戒备，警惕提防。

【籴】dià　购买谷物。

【唐突】dǒng bùd　出人意料的行为。
【躴斗】dǹg dào　身体结实，臀结肥胖。
【戥】dìng　测定贵重物品和药物重量的小秤。
【谷笪】gôr dàd　用竹篾编成的大席，晒谷或遮盖用。
【奸宄】gān guì　狡猾不真诚，惯于算计人。
【剐皮】gunā pé　剥皮，喻鞭打体罚，严厉处置。
【见笑】giàn xiǎo　羞愧，暴露丑陋耻辱。
【估衣】gô yī　出售旧衣的商摊。
【寒热】gunǎ riàd　打摆子，发冷发热的症状。
【忤逆】ggô ggìr　对长辈不孝顺，故意顶撞。
【义冢】ggǐ tiòng　坟墓集中的地方。
【歇睏】hiò kǔn　休息，歇工。
【血汉】hiàd hǎn　慷慨，不怕困难，敢作敢当。
【浑遁】hǔn dǔn　混杂分不清好坏优劣。
【嚎喊】háo huà　大声责备或呼喊。
【坎站】kám zǎm　层次，程度。
【坎坷】kám kò　命运多舛，多灾多难。
【圹堀】kòng kùd　埋葬死人的墓穴。
【倥憨】kōng kàm　幼稚，愚昧无知，傻瓜。

【躐坻】liǎo dê　走退了潮的海底通道。
【浪蹽】làng liáo　偷偷地溜走，躲避。
【落犇】làr liàn　失势，风光不再。
【拢共】lóng gǐong　合起来计算的数量。
【拢总】lóng zòng　全部，合计。
【破病】puà bnǐ　生病
【破相】puà xniǔ　残疾，特指手脚残废。
【破格】può gê　不良习惯，明显的行为失当。
【啐澜】puì nuǎ　吐口水，比喻恶心反感。
【吡相】pì xniǔ　专挑他人的不足进行讽刺耻笑，评头品足。
【鄙俚】pī lí　刻薄，斤斤计较，佔人便宜。
【佚佗】qìd tó　游玩；作弄、玩弄、耍弄。
【眳目】qnǐ vàr　眼睛受不了强光的刺激。
【上醭】qniǔ pù　酱酒或腌渍口上面白色的霉斑层。
【日头】rǐd táo　太阳。
【吐呃】tô è　打嗝
【妥直】tò dǐd　坦率，耿直，真诚，言行一致。
【粜】tiǒ　出售五谷。
【剃头】tì táo　理发。

【目睭】vǎr jiū 眼睛。
【麻雀】vǎ qiôr 即"麻将"。台湾、日本也都称"麻雀"。
【麻痹】vǎ bǐ 因血液不通引起肌肉麻木或活动不灵。
【畏挠】wì ggiāo 痒痒，怕人搔挠。
【作墙】zuò qniú 砌墙，筑墙。
【遭唠】zō ló 胡搅蛮缠。

附五

【后日】ǎo rìd 日后
【布幕】bô mô 幕布
【臭酸】cào sng 酸臭
【臭腥】cào cō 腥臭
【菜花】cài huē 花菜
【猪母】d-ī vò 母猪
【着伤】diǒ xiōng 伤着
【冻霜】dàng sng 霜冻
【地场】duě dniú 场地
【下底】ê duè 底下
【久长】gū dńg 长久
【鸡母】guē vò 母鸡
【肩垫】gnāi diǎm 垫肩
【机司】gī sī 司机
【解劝】gué kňg 劝解
【膏药】gō yò 药膏
【交结】gāo giàd 结交
【牙爪】ggǎ riào 爪牙

【奉侍】hôr sǎi 侍奉
【风台】huāng tāi 台风
【欢喜】hunā hì 喜欢
【预慢】hǎm mǎn 慢预
【石条】jiǒ liáo 条石
【石角】jiǒ gàr 角石
【石砛】jiǒ ggím 砛石
【酒醉】jiú zuǐ 醉酒
【康健】kōng giǎm 健康
【气力】kuī làd 力气
【弃嫌】kì hiám 嫌弃
【气运】kì wěn 运气
【气口】kuī kào 口气
【苦痛】kô tǎng 痛苦
【人客】lǎng kê 客人
【联对】liǎn duǐ 对联
【历日】lǎ rìd 日历
【闹热】lǎo riàd 热闹

【利便】lī biǎn 便利
【软心】lňg xīm 心软
【软手】lńg qiù 手软
【面线】mnǐ sunǎ 线面
【名姓】miǎ xnǐ 姓名
【养饲】ngiú qî 饲养
【树柏】qniǔ bê 柏树
【千秋】qiān qiū 秋千
【亲堂】qīn dóng 堂亲
【热天】ruǎ tnī 天热
【头前】tǎo znái 前头
【头额】tǎo hiǎ 额头
【诿推】wê tē 推诿
【想念】xniǔ liǎm 念想
【性僻】xìng piǎ 僻性
【依偎】yī wǎ 偎依
【椅条】yī liáo 条椅
【水泉】zuī zunǎ 泉水

附六

【喊喊】hán huà　大声呼唤、吆喝；喧叫闹腾或传闻。
【两两】lňg niù　两个一两的重量。
【石石】xiǎ jiò　大理石，磨光后显水墨山水般的纹理。
【食食】jiǎ xìd　吃的东西；平日的饭食，一日三餐。
【痛痛】tnià tǎng　爱抚，疼爱；体贴，照顾。
【烟烟】hūn yān　香烟点燃后熏出的烟气。
【相相】snā xiǒng　互相对目而审视。
【拾拾】kiò xìm　对东西十分爱惜，一点一滴都舍不得浪费。
【吹吹】bǔn cē　吹唢呐。

【拍拍】pà pìr　特指南乐拍乐板，相当于打节奏指挥。
【延延】yǎn qiān　因拖拉、迟缓而耽搁。
【盐盐】xnǐ yám　用盐腌，以防止变质或腐烂；比喻货物滞销没人买；旧时妇女常用作咒骂语。
【成成】jniǎ xniá　将近十分之一的比率。
【成成】qniǎ xíng　把未完的事继续做完，使完整或达到目的。
【刺刺】qià qǐ　皮肤刺到了荆棘。
【盖盖】kàm guǎ　在器具上遮住盖子。
【钉钉】dàn dān　把钉子钉进去。
【接接】jì jiàm　热情、诚恳的接待。

附七

【三十四】snā zǎm xǐ——snaǐm xǐ
【四十九】xì zǎm gào——xiàm gào
【管他伊】guān tā yī——guān tāi
【无看见】vǒ kuǎ gnǐ——vǒ kuǎi
【铁匙仔】tì xǐ a——tì xià

【第一好】dê yìd hò——dê hò
【到来】dǒ lài——duǎi
【出来】cùd lài——cuǎi
【起来】kì lài——kiài

附八

安排(ām)	便宜(bǎn)	狗癣(cunà)	唐山(dǐng)
中央(dnā)	到今(dnā)	动辄(diò)	合意(gà)
朝代(dě)	汀溪(dniā)	长泰(diǒ cuǎ)	勇健(gniǎ)
合药(gàm)	口供(gīng)	惊蛰(gnī)	贤惠(huě)
角色(giò xiǎo)	牙槽(ggǐ)	德化(huě)	众人(jìng)
粽叶(hà)	借口(jià)	静风(jnǐ)	工课(kāng kě)
珍珠(jīn)	咳嗽(kám)	空隙(kià)	生意(lì)
龙岩(ná)	吵闹(lǎ)	临时(liǎm)	福清(qniā)
零星(lǎn sān)	茶配(pě)	匹配(pìr)	私脚(sāi kiā)
川贝(puě)	轻飘(piǒ)	黄连(ní)	着灾(zē)
鱼翅(qǐ)	操心(qiāo)	熟悉(sǎi)	罪过(zě guǎ)
虫豸(tuǎ)	毒虫(tǎo)	冤屈(wēn)	
筵席(xià)	脚液(xiò)	山楂(xiān)	
煎药(zunā)	小肠(zǔg)	死绝(zè)	

翔安部分村落的本土名称

茂林——鳗头 muǎ táo　　东界——冬喂 tāng wê

莲河——内蚝 lǎi ó　　祥湖——上吴 jniǔ ggô

霞浯——下吴 ê ggô　　霄垅——烧人 xiō láng

阳塘——羊肠 ngiǔ dńg　　双沪——霜雨 sīng hô

城林——诗场 xī dniú　　窗东——通头 tāng tào

何厝——哇厝 wá cù　　后叶——后裔 ǎo yì

朱坑——鸟坑 jiāo knī　　同美——塘仔尾 dńg ā vè

御宅——牛宅 ggǔ tê　　霞美——下尾店 ê vé dnǎi

莲塘——内长 lǎi dńg　　　　　莲前——掠前 nǐa zhái
古垵——苦安 kô wnā　　　　　古店——苦店 kô dnǎi
何垄——活人 wǎ náng　　　　　后滨——后边 ǎo bnì
马池内——尾头内 vé tǎo lǎi　　东寺庄——东下庄 dāng ê zng
后许——后苦 ǎo kô　　　　　　桐梓——塘仔头 dīng ā táo
米仙湖——李仙奴 lí xiān lô

后　记

　　翔安方言是闽南话,闽南话在世界上60种主要语言中排行22位。被科学家录制在美国1997年发射的"旅行者二号"宇宙飞船上可保持10亿年之久的镀金唱片上,到广漠无垠的星河中寻觅知音。

　　闽南话是最重要的汉语方言之一,是一种源于古汉语的特殊方言。因此,语言学家将其视为"古汉语的活化石","以闽南话的文读音吟诵唐诗宋词,韵味和意境是最到位的"。语言不仅是传递信息的工具,更是交流思想情感的载体。在漫长的传承旅途中,携带着历史烽烟的风尘,镌刻着社会沿革的印痕,记录着民族成长的步履,积淀着人类的精神文明。因此,它是族群的魂、生命的根。

　　根里流淌着祖先的血液,"根"伸到的地方就有"魂"在萦绕,魂里饱蘸着故土的情愫。全世界会讲闽南话的有6000多万人,足迹遍布闽、浙、台、港、澳地区,远及东南亚、西欧、南北美。在所有闽南人落脚的地方,乡音都弥漫着浓浓的乡情。

　　然而,"根"在萎缩,方言在弱化,闽南话的生态环境岌岌可危:从20世纪50年代开始,闽南方言被当作推广普通话的绊脚石严加"封冻"。随着厦门经济特区向岛外发展,同城化覆盖闽南金三角,大量外来人员的涌入,把闽南话稀释、冲淡……

　　如今,不少翔安的孩子不会说本地话已是不争的事实,即使是成年人,也很难找到一个能用方言读完一张当地报纸的。于是,出现了一种现象:文化水平高的人讲方言比文盲差,城里人讲本地话比不上农村人,年纪越大讲的土话越纯正。倘若老者作古,文盲扫除,农村城市化,流传几千年的正宗闽南话将面临消亡的窘境。倘若海外游子想循着乡音寻找"摇篮血迹"认祖归宗,岂不在故土难觅知音!

　　也许,有人会认为这是杞人忧天,如今坊间老百姓不都仍然在讲本地话吗?只要稍加留意细听,可发现时下人们讲的闽南话,仅仅是机械地把普通话对译成文读音,充其量只能算是"半拉子"方言而已。如:中午(diōng ggô)、凉快(liǒng kuǎi)、操心(cāo xīm)逃跑(dǒ zāo)、说大话(góng duǒ wê)、赞叹不已(zàn tǎn bùd yì)……而真正地道的翔安话应该是：日昼(rìd dǎo)、秋清(qiū qǐn)、憋腹(bê bàr)、浪蹱(làng liáo)、凸光勇(pòng gōng yòng)、安留舌涝(ān láo jǐ kò)……不使用有地方特色的语汇，怎能算是正宗方言呢？

不会讲家乡话，失去的何止是语言交际的能力，更是一种地方文化——传统的精神文明、道德风尚、行为规范及丰富的知识经验、独特的语言技巧和奇妙的生活情趣的失落。

把根留住，要有民族的历史的责任感、紧迫感和危机感。必须像珍视物质文化遗产那样珍视非物质文化遗产，像抢救文物那样抢救闽南话，像保护古迹那样爱护家乡话。否则，闽南话在我们手里失传，我们将成为愧对子孙的千古罪人。

时下，把根留住更具有明显的现实意义。海峡两岸的人员交往日益热络，四分之三的台湾人都讲闽南话，在"语缘通"的深处，更能彰显地缘近、血缘亲、文缘深、史缘久、俗缘同、神缘合、商缘广、物缘全的"不解之缘"，这是促进台海和平统一的基础。随着海峡两岸经济区的发展建设，大批人才集聚闽南金三角地区，外来工蜂涌而至，人数总量已超过闽南人。闽南人的子女需要传承本地话来永葆闽南特征，增加闽南符号；外来者亟须通过学习闽南方言，以便融入新环境，成为地道的闽南人。

已经逝去的和正在消失的，尤为珍贵。时代呼唤"方言话本"，正是民心所向。可是，别说闽南的厦、漳、泉的方言有多少，即使是翔安区方言有多少，恐怕没人能说得清。况且，同属翔安方言，不同角落群体说话也有明显差异。如同样是让座，有的说"篮坐(ná zě)"，有的说"砧坐(diām zě)"；同样是一种海产"沙虫"，就有"白虫(bǐr tióng)""山栽(sunā cnái)""歃干(sà gunā)"的不同说法；甚至同样说"涂油(tô yiú)"，有的指花生油，有的却指煤油……如此妙趣横生的方言，要编成"话本"，无章可循，无可借鉴，岂不痴人妄想！

笔者已至耄耋，要把翔安的方言土语编成《翔安话本》，充其量只能是"瞎子摸象""海底捞针"，所获也只能是"挂一漏万"、纰缪百出。姑且让它当作唤醒世人的"引玉之砖"吧。

2013年9月

图书在版编目(CIP)数据

翔安话本/蒋大营编著.翔安区文体广电出版旅游局编.
—厦门:厦门大学出版社,2013.10
(香山文化丛书)
ISBN 978-7-5615-4337-5

Ⅰ.①翔…　Ⅱ.①蒋…②翔…　Ⅲ.①区(城市)-闽南话-方言研究-厦门市　Ⅳ.①H177.2

中国版本图书馆 CIP 数据核字(2013)第 235452 号

厦门大学出版社出版发行

(地址:厦门市软件园二期望海路 39 号　邮编:361008)

http://www.xmupress.com

xmup@xmupress.com

厦门集大印刷厂印刷

2013 年 10 月第 1 版　2013 年 10 月第 1 次印刷

开本:787×1092　1/16　印张:23.25　插页:2

字数:380 千字　印数:1~3 000 册

定价:58.00 元

本书如有印装质量问题请寄承印厂调换